BERLIN

775

macher

Porträts – ein Netzwerk

be Berlin

775 JAHRE

STIFTUNG STADTMUSEUM BERLIN

BERLIN*macher*

775 Porträts – ein Netzwerk

Herausgegeben von der Stiftung Stadtmuseum Berlin
Franziska Nentwig und Dominik Bartmann

KERBER FORUM

Grußwort

»Ich bin ein Berliner« – so wie es John F. Kennedy am 26. Juni 1963 vor dem Rathaus Schöneberg ausdrückte, erging und ergeht es vielen Menschen in der 775-jährigen Geschichte unserer Stadt: Sie fühlen sich dazugehörig, verbunden mit Menschen unterschiedlicher Herkunft, die allesamt eint: Sie kamen nach Berlin, wurden durch die Stadt bewegt und bewegten selbst eine ganze Menge für Berlin.

Berlin, die Einwanderungsstadt: Das ist ein roter Faden unserer 775-jährigen Stadtgeschichte – von den rund 2000 Siedlern, die sich im 13. Jahrhundert hier niederließen, über die europäischen Glaubensflüchtlinge seit dem 17. Jahrhundert und die in den 1960er-Jahren angeworbenen Türken bis hin zu den hippen Kreativen des 21. Jahrhunderts. Und dieser rote Faden wird auch beim Stadtjubiläum gespannt. Berlin wird 775! Zum dritten Mal begeht die Stadt feierlich ihren Geburtstag. Aber zum ersten Mal vereint und in Freiheit. Wir wollen würdigen, was Berlin ausmacht: Die Vielfalt der Menschen, das lebendige Miteinander, Offenheit und Toleranz – nicht immer in diesen 775 Jahren, aber stets in den guten Zeiten, in denen die Stadt wuchs und prosperierte.

Zum Reigen der Jubiläumsveranstaltungen zählt auch die Ausstellung »BERLIN*macher*. 775 Porträts – ein Netzwerk« der Stiftung Stadtmuseum Berlin im Ephraim-Palais. Sie verleiht der Stadtgeschichte im Wortsinne jene prägnanten Gesichter, welche die Stadt bis heute prägen.

Klaus Wowereit
Regierender Bürgermeister von Berlin

Das Netzwerk – zur Ausstellung

Zum 775-jährigen Jubiläum Berlins hat das Stadtmuseum Berlin eine Ausstellung konzipiert, die sich herkömmlichen Erzählmustern entzieht. Im Ephraim-Palais erwarten die Besucher nicht chronologisch aufgeführte Highlights der Stadtgeschichte, sondern 775 »Berlinmacher«: 75 historische und 700 heutige Bewohner unserer Stadt. Ihre Geschichte(n) verraten nicht nur viel über die Berliner und ihr Lebensgefühl, sondern auch darüber, was Berlin im Vergleich zu anderen Städten so einzigartig macht. Damit werden Berliner Lebenswelten, Leistungen und Überzeugungen ins Bewusstsein gerückt und zugleich biografische »Neuentdeckungen« ermöglicht.

Da eine umfassende Auswahl der Dramatis personae über die Jahrhunderte unmöglich ist, entschied sich das Stadtmuseum Berlin für eine künstlerische Komposition, die subjektiv ausgewählte »Berlinmacher« in einer netzwerkartigen Szenografie assoziativ verknüpft. Das gestalterische Design wird von einem prägnanten Bildmotiv bestimmt: Ein symbolischer roter Faden empfängt die Besucher und führt sie zum Auftakt-Szenenbild der Ausstellung, einer knäuelartigen Raumskulptur. Scheinbar aus ihr entwirrte Fäden leiten zu den 19 Modulen der 75 historischen »Berlinmacher«, in denen sich das Beziehungsgeflecht von einer Person im Zentrum zu drei (in einem Fall zwei) weiteren entfaltet. So verbindet beispielsweise den Eisenbahnkönig Bethel Henry Strousberg mit dem Fernhändler Conrad von Beelitz seine expansive Strategie, mit dem Zirkusdirektor Ernst Renz die Liebe zum Pferd und mit dem Theaterimpresario Max Reinhardt sein Geschäftsmodell. Der Studentenführer Rudi Dutschke hatte mit der Salonière Henriette Herz das Bedürfnis nach gesellschaftsrelevanten Diskussionen, mit dem Philosophen Friedrich Schleiermacher das Charisma der Rede und mit der DDR-Rockmusikerin Tamara Danz die Methode öffentlichen Protests gemein. Lise Meitner konvertierte wie Julius Eduard Hitzig zum Christentum, teilte mit Sebastian Haffner das Schicksal der Emigration und war wie Gottfried Forck Pazifistin.

Ein zweiter Netzstrang, der diese Module aneinander koppelt, basiert auf persönlichen Beziehungen unter Zeitgenossen. Gustav Böß eint mit Max Liebermann der vom Oberbürgermeister dem Maler überreichte Ehrenbürgerbrief. Der Sänger Ernst Busch und die Theaterfotografin Eva Kemlein wohnten beide in der Wilmersdorfer Künstlerkolonie. Die Schauspielerin Hildegard Knef war Kundin des Modemachers Heinz Oestergaard usw.

Mit einer begehbaren Installation spinnt die Ausstellung ihr Netzwerk aus der Vergangenheit in die Gegenwart hinein. Studierende der Hochschule für Technik und Wirtschaft Berlin befragten 700 Berliner in allen Bezirken, was die Stadt für sie bedeutet. Aus den Aussagen ergibt sich ein Kaleidoskop von Ansichten heutiger »Berlinmacher«.

Diese Anordnung der Ausstellung spiegelt sich im vorliegenden Katalog wider. BERLIN*macher* ist keine klassische stadthistorische Jubiläumsausstellung, sondern fast ein Theaterstück oder besser ein »Schaustück«. Die Auswahl der gezeigten Personen ist spannend, aber willkürlich, die »Handlung« konstruiert, aber berührend und dabei keineswegs abgeschlossen, sondern offen, vielfältig und bunt wie Berlin selbst. »Als Münchner wird man geboren, Berliner kann man werden«, resümierte 1958 der Kulturjournalist Walther Kiaulehn. Ganz in diesem Sinne lädt das Stadtmuseum Berlin seine Besucher und die Leser des Begleitbuchs ein, den roten Faden aufzunehmen, ihn weiterzuspinnen und sich selbst als ein Teil des Netzwerks zu empfinden.

Die Herausgeber

»Berlin ist eine Herausforderung«

Franziska Nentwig, Generaldirektorin, Stadtmuseum Berlin, und Sven Felix Kellerhoff, Mitglied des Beirats der Ausstellung, im Gespräch mit Alexandra Kilian, Redakteurin der *Welt, Welt am Sonntag* und *Berliner Morgenpost*

Alexandra Kilian: Wer oder was sind die »BERLIN*macher*«?

Franziska Nentwig: Diese Frage können wir nur gemeinsam mit allen Berlinern beantworten. Aber für mich sind »BERLIN*macher*« letztlich alle, die in unserer Stadt leben. Für die 775-Jahr-Feier wollten wir uns als Stadtmuseum Berlin etwas Besonderes ausdenken. Nicht Geschichte erzählen, wie man es gern klassischerweise macht: also historische Entwicklungen in einer Abfolge mit den dazugehörigen Wirkungen wiedergeben. Vielmehr wollten wir jene zeigen, die diese Stadt »machen«: die Menschen, die hier leben, die diese Stadt geprägt haben, heute prägen und in Zukunft prägen werden. Wir haben uns nach vielen Diskussionen durchgerungen, eine bewusst subjektive Ausstellung zu gestalten. Aus dem schier unerschöpflichen Reservoir der Berlinerinnen und Berliner der vergangenen Jahrhunderte haben wir 75 historische Personen ausgewählt: ein Mix aus bekannten und weniger bekannten Persönlichkeiten, Menschen, die auf unterschiedliche Weise mit der Geschichte unserer Stadt zu tun haben. Hinzu kommen 700 Berliner von heute, quer durch alle Bezirke, quer durch alle Altersgruppen. Wir haben sie gebeten, uns zu sagen, was sie an Berlin interessiert, was sie an dieser Stadt mögen oder auch nicht. Ihre persönlichen Statements sind Teil unserer Ausstellung, die insgesamt 775 Porträts in unterschiedlicher Tiefe präsentiert. Sie stehen für die Vielfalt und Lebendigkeit unserer Stadt. Die Ausstellung will einerseits ausgewählte individuelle Stadt-Schicksale, gewissermaßen stellvertretend für alle Berliner, würdigen und zugleich verdeutlichen, dass das »Netzwerk Stadt« wechselnde Beziehungsgeflechte zwischen Menschen ermöglicht, die auch über die Zeiten hinausgreifen. Wir möchten zeigen, was »BERLIN*macher*« sein können, was sie bewegt und was sie bewegen können, und wir möchten jedem Besucher das Gefühl vermitteln, dass auch er ein Teil dieser Stadt ist – also auch ein »BERLIN*macher*«!

Sven Felix Kellerhoff: Das Schöne an dem Titel »BERLIN*macher*« ist, dass er mehrdeutig ist. Gemeint sind damit in erster Linie Menschen, die Berlin zu dem gemacht haben, was es war und ist – da schließt sich doch unmittelbar die Überlegung an, was denn Berlin mit diesen Menschen gemacht hat? Hat die Stadt ihnen besondere Chancen eröffnet? Hat sie Karrieren beschleunigt, Entwicklungen vielleicht erst ermöglicht? Andererseits fragt man sich zwangsläufig, was denn Berlin eigentlich ausmacht? Diese Stadt hat nicht den einen prägenden Hafen, wie etwa Hamburg, Lübeck oder andere wichtige Hansestädte. Berlin hat keine Rohstoffe wie Salzburg, es liegt trotz Spree und Havel nicht an einem großen Strom wie Köln, Mainz oder Frankfurt, war deshalb lange keine überregionale Handelsmetropole. Und bei aller Wertschätzung für Brandenburg hat Berlin auch nicht in seiner unmittelbaren Umgebung so natürliche Reize wie beispielsweise München. Wenn wir Berlin so betrachten, muss es also etwas anderes sein, das diese Stadt ausmacht. Da kommt man wieder zu den Menschen zurück. Sie sind es, die Berlin ausmachen – seit 775 Jahren. Die Frage war: Wie erzählt man das »richtig«?

Nentwig: Es ist schlichtweg unmöglich, 775 Jahre Berlin auf die eine, die »richtige« Weise zu erzählen. Dazu ist die Stadt zu reichhaltig und dazu setzt sich Geschichte auch aus zu vielen Faktoren zusammen. Aber Berlin ermöglicht seinen Bewohnern schon immer die Freiheit, unkonventionelle Wege zu gehen. Diese Freiheit nehmen wir uns mit dieser Ausstellung. Die Schau verlässt bewusst und manchmal geradezu radikal den sicheren Boden der Chronologie, auf dem sich Museen gewöhnlich gern bewegen. Unsere »Komposition« verbindet in 19 Modulen jeweils eine Hauptperson mit weiteren historischen Figuren – pro Raum zumeist drei Berliner aus verschiedenen Epochen. Diese Personen haben etwas gemeinsam, manchmal gar nicht auf den ersten Blick, sondern erst auf den zweiten, dritten oder sogar fünften. Die Gemeinsamkeiten können sehr konkret sein, aber ebenso frei assoziiert. Wir versuchen, sie museal darzustellen und nutzen Exponate, die die Funktion eines Links zwischen den einzelnen Persönlichkeiten ausüben. Unsere Ausstellung gleicht eigentlich einem begehbaren Theaterstück. Eher unüblich, das gebe ich gerne zu!

Kilian: Das klingt alles sehr abstrakt. Welche Hauptperson bringt zum Beispiel wen mit?

Nentwig: Lassen Sie sich überraschen! Na ja, ein Beispiel sei vielleicht doch verraten: Der preußische Scharfrichter Krautz war unter anderem für die Hinrichtung des Kaiser-Attentäters Hödel zuständig – und er führte eine neue Kleiderordnung ein: Er trat stets mit Zylinder und Glacé-Handschuhen vor seine Delinquenten. Dann vollzog er das Urteil und verdiente damit seinen Lebensunterhalt. Mit gleicher »Arbeitskleidung« bewegte sich der Komponist Paul Lincke in der Glitzerwelt der Operette und führte seine Werke vor dem vergnügungssüchtigen Berliner Publikum der Kaiserzeit auf. Wie Sie sehen, ist Berlin – auch in solchen Dingen – eine Stadt großer Kontraste.

Kellerhoff: In der mitunter sehr freien Assoziation zwischen historischen Haupt- und Nebenfiguren liegt die Chance der Ausstellung, zugleich aber auch ihr Risiko. Denn natürlich gibt es immer unzählige andere Möglichkeiten, solche Gruppen zusammenzustellen. Im Beirat und sicher auch im Ausstellungsteam ist heftig diskutiert worden über die Zusammenstellung. Entscheidend wird sein, ob die Besucher die Vorstellung akzeptieren, dass die 75 historischen Persönlichkeiten immer nur pars pro toto stehen.

Kilian: Wie sieht das denn aus – rein räumlich?

Nentwig: Im Ephraim-Palais sind bestimmte Wege vorgegeben. Es existieren zwei Etagen, jeweils mit einem ovalen Raum im Zentrum, der vom Treppenhaus abgeht. Deshalb gibt es zwei Schlüsselinszenierungen. In der ersten geht es um historische Bezüge und den Aspekt »Netzwerk Stadt«. Sie wird geprägt von einer großen Stahlskulptur, die diese Netzwerke symbolisiert. Von der Skulptur laufen Fäden weg, im Sinne eines roten Fadens, die der Besucher für »seine« Ausstellungsentdeckung in Anspruch nehmen kann – oder auch nicht. Die Fäden geleiten durch die Räume, Themen und zu den Objekten. Der Besucher kann zu jedem Zeitpunkt und an jedem Ort der Ausstellung ein- oder aussteigen, ohne das Gefühl zu haben, er müsse alles gesehen haben oder er würde etwas verpassen. Ergänzende Medieninstallationen mit historischen und aktuellen Film- und Fernsehdokumenten zeigen, welche Aspekte typisch für Berlin sind. Es sind nicht die natürlichen Ressourcen, nicht ein Hafen, nicht eine schöne Umgebung. Aber typisch ist, dass Berlin ein Ort ist, der die Menschen anzieht, der ihre Kreativität beflügelt, der jeden ermutigt, seine Vorstellungen hier umzusetzen. Das ist eines der wichtigsten Merkmale Berlins.

Kilian: Kann man diese vielen verschiedenen Lebensmodelle schlüssig zusammenfassen?
Nentwig: Das werden wir oft gefragt. Jedes einzelne Beispiel bietet eigene Reize – genau wie die Stadt in ihrer Vielfalt. Hier analysieren zu wollen, führt in die Unendlichkeit. Zur 750-Jahr-Feier 1987 hat sich die damalige zentrale Ausstellung historisch verortet – jetzt ist es eher der Versuch einer Momentaufnahme. Ein Knäuel, dessen »Schicksalsfäden« man einzeln verfolgen kann. Dazu kommen Objekte aus unseren Sammlungen und von vielen Leihgebern, die sinnvoll die einzelnen Porträts ergänzen und anschaulich machen.

Kilian: Sind das denn wirklich originär Berliner Geschichten? Viele Persönlichkeiten auch der Stadtgeschichte haben doch einen Großteil ihrer Lebensleistung vor oder nach ihrer Zeit in Berlin erbracht.
Nentwig: Ja, aber anderseits stammen auch viele heute als »Urberliner« gesehene Persönlichkeiten eben gerade nicht aus der Stadt, wie zum Beispiel die »Berliner Pflanze« Claire Waldoff, eigentlich eine Gelsenkirchenerin. Oder Gustav Böß, Berlins Oberbürgermeister zur Zeit der Weimarer Republik, dem wir das Berliner Messegelände mit Funkturm verdanken, kam aus Gießen.
Kellerhoff: Genau genommen ist »der Berliner« ja gar keiner. Der Berliner ist klassischerweise zugewandert.
Nentwig: Exakt. Ich zum Beispiel stamme aus Dresden und wohne seit sechs Jahren in Berlin.
Kellerhoff: Ich bin in Stuttgart geboren – und lebe seit 38 Jahren hier.
Nentwig: Wir sind heute etwa 3,4 Millionen Einwohner in Berlin, davon sind allein seit 1989 zwei Millionen zugezogen. Und dennoch begreifen wir alle uns als Berliner. Die Stadt hat uns das nicht aufgedrängt.
Kellerhoff: Das wirft wieder die Frage auf, was Berlin aus den Menschen macht. Also das Wortspiel mit dem Ausstellungstitel.
Nentwig: Die Stadt als Transformator. Berlin ist ein gewaltiger Kessel voller Ideen, Auffassungen, Anregungen. Aber auch voller Probleme. Irgendwie hält diese Stadt das trotzdem aus. Eine schöne Definition stammt von Wolfgang Kaschuba, der auch zum Beirat unserer Ausstellung gehört. Er sagt: »Berlin ist ein permanenter Spannungszustand.«
Kellerhoff: »Spannungszustand« ist eine denkbare Beschreibung. Ich finde den Begriff »Schmelztiegel« noch passender. Das hat ja auch die Berlin-Studie der Gemeinnützigen Hertie-Stiftung gezeigt: Diese Stadt hat immer Menschen angezogen – und fast immer sehr schnell integriert. Man sagt ja scherzhaft: Ein echter Berliner ist eigentlich nur, wer mindestens einen Großelternteil mit polnischem Namen hat. Die Wirklichkeit ist aber anders. Jeder, der sich von Berlin angezogen fühlt, kann Berliner werden und wird es in den meisten Fällen auch. Das war schon so zu Zeiten des Großen Kurfürsten, der protestantische Glaubensflüchtlinge herholte. In der Zeit der größten Expansion, zwischen 1750 und 1940, hat sich die Bevölkerung alle 30 Jahre praktisch verdoppelt. Das geht natürlich nur durch Zuzug. Die Stadt muss also etwas an sich haben, was die Menschen anzieht. Man mag das negativ bewerten und sagen: Berlin ist ein Moloch, der Menschen verschlingt. Oder man wendet es positiv, dann sieht man die Möglichkeiten der Stadt, die Bühne, die sie Individualisten und Mutigen bietet. Da sind wir wieder beim Titel der Ausstellung.

Kilian: Was macht denn die Stadt aus den Menschen?
Nentwig: Berlin ist eine Herausforderung, damals wie heute. Man muss sich bewusst sein, dass es ein Privileg für uns als freie Europäer ist, hingehen zu können, wo wir eine Verheißung sehen. Von überall kommen Menschen hierher – aber damit ist keine Garantie auf Erfolg verbunden. Worin Erfolg besteht, muss natürlich auch jeder für sich beantworten. Berlin aber lässt sich diese Fragen eben stellen. Jeder, der hierher kommt, muss sich in diesem »Moloch«, ich würde eher sagen: in diesem urbanen Netzwerk, behaupten. Es offeriert Chancen, aber es gibt keine Garantie für Veränderung zum Positiven. Viele Menschen belässt die Stadt so, wie sie sind. Oder sie belassen die Stadt auch so, wie sie ist. Andere bewegen sich und damit etwas in der Stadt. Sie ist ein Abenteuer für jeden, der hierher kommt.

Kilian: Liegt hier der Unterschied zu anderen deutschen Städten?
Nentwig: Berlin ist einfach anders. Die Stadt hat ja auch nicht wirklich einen zentralen Ort, wie den Marienplatz in München, in Wien die Altstadt. Hier gibt's viele Mitten – und jeder trägt gewissermaßen die Mitte in sich.

Kellerhoff: Wir sollten nachdenken über die Möglichkeiten, die diese Stadt bietet. Und über die verpassten Chancen. Man muss sich fragen: Ist das ein Metropolen-Phänomen oder spezifisch berlinerisch? Hamburg und München sind ja mit Umland auch Zwei-Millionen-Städte. Aber dort gibt es viel traditionellere Strukturen. Eine lokale Selbstgewissheit, die es in Berlin so nicht gibt. Dieses Phänomen müssen wir mit anderen Ländern vergleichen.
Nentwig: Die aktuelle Metropolen-Forschung reißt das Thema an. Da wird etwas deutlich, das schon zu Zeiten der Aufklärung in Berlin ein relevanter Entwicklungsfaktor gewesen zu sein scheint. Unabhängig von früheren Ständeschranken oder heutigen Einkommensstrukturen fordert die Stadt den Dialog zwischen den Menschen. Das begann schon mit den Salons in der Aufklärungszeit, die ja interessanterweise stark von jüdischen Frauen geprägt waren. Man hat sich dort in offener Atmosphäre ausgetauscht und zum intellektuellen Disput getroffen, unabhängig von Stand oder Herkunft. Diese Offenheit hat Berlin behalten. Vielleicht auch deshalb, weil die Stadt eben nicht nachts »entmenscht« ist wie beispielsweise das Zentrum Londons. In Berlin sind Wohnen und Arbeiten, aber auch Szene- und Problembezirke eng miteinander verflochten. So genannte Parallelgesellschaften gibt es meines Erachtens hier eher weniger als in anderen Großstädten.
Kellerhoff: Eben das hat 2008 die Hertie-Berlin-Studie ergründet…
Nentwig: Im Schnitt sind die Berliner mit ihrer Stadt zufrieden. Auch wenn es ihnen, verglichen mit anderen Städten, ökonomisch vielleicht nicht so gut geht. Sie schätzen den offenen Geist einer Stadt scheinbar ohne Grenzen und ihre Möglichkeiten. Berlin gelingt es erstaunlich gut, immer zukunftsorientiert zu wirken. Deshalb gibt es gerade hier immer wieder Platz zum Entwickeln, sogar in städtebaulicher Hinsicht – wenn man zum Beispiel an eine künftige Gestaltung des heiß diskutierten Areals vor dem Roten Rathaus denkt. Ein grundlegender Unterschied zu anderen Städten. Ein solch offener Zustand ist sehr reizvoll. So kann sich jeder zumindest in Gedanken sein »Traum-Berlin« bauen.
Kellerhoff: Das ist nicht nur ein Phänomen der Gegenwart. Man sagt ja, Berlin habe keine Gegenwart, sondern nur eine Zukunft. Das war schon im 19. Jahrhundert so. Die Gegend um die Marienkirche herum zum Beispiel war damals nicht eine klassische Altstadt, sondern bestand zum größten Teil aus Geschäftshäusern, die meist erst kurz zuvor, höchstens im 18. Jahrhundert errichtet worden waren.
Nentwig: Das Modernisierungsstreben der Berliner ist enorm – manchmal auch zu Lasten an sich wertvoller historischer Substanz.
Kellerhoff: Berlin ist eine Herausforderung. Und das schon seit 775 Jahren.
Nentwig: Hier muss ich jetzt Goethe zitieren: »Es lebt aber, wie ich an allem merke, dort ein so verwegner Menschenschlag beisammen, dass man mit der Delikatesse nicht weit reicht, sondern dass man Haare auf den Zähnen haben und mitunter etwas grob sein muss, um sich über Wasser zu halten.«
Kellerhoff: Die Menschen sind das Besondere. Deswegen finde ich es richtig, die Geschichte Berlins über seine Bewohner zu erzählen. Auf diese Weise kann man Vergangenheit plakativ und verständlich machen. Und weil man niemals alle Menschen dieser Zeit porträtieren kann, muss man natürlich hinnehmen, dass Lücken entstehen – und bleiben.
Nentwig: Ja, und dann kann man trefflich streiten. Ich sehe darin ein weiteres elementares Merkmal von Berlin; ob im Städtebau, in der Kultur- oder der Museumspolitik: Hier wird immer irgendwo gestritten; mehr jedenfalls als in anderen Städten, so mein Eindruck. In Berlin wird hart gefochten, hart diskutiert. Aber dafür ist fast jede noch so erbittert geführte Auseinandersetzung nach kurzer Zeit wieder vergessen – und dann wenden sich die Menschen und die Medien wieder anderen Themen zu. Deswegen haben wir uns auch von der Idee verabschiedet, einen allgemein gültigen Weg zu finden, 775 Jahre Berlin darzustellen. So einfach, wie das manche Geschichtsbücher zu erklären versuchen, ist Berlin eben nicht. Es ist eine Stadt, in der sich alles kreuzt, in der sich Tradition und Moderne und Zeitschichten überlagern. Und das haben wir bei den »BERLIN*machern*« dann auch zum Prinzip erhoben: Alles kann irgendwie in Beziehung zueinander kommen. Andererseits wollten wir die Besucher nicht mit Exponaten ersticken, also mussten wir die Qualität der Objekte im Blick behalten. Viele denkbare Gliederungsprinzipien haben wir durchdiskutiert. Und jeder aus dem Team hat dafür gekämpft, »seine Berliner« bei den 75 historischen Porträts unterzubringen. Auch das war wirkliches »Berlin-Machen«. Das Ausstellungsteam und unser Beirat haben die Diskussionen zu Inhalt und Gestalt der Ausstellung mit großer Lebendigkeit, Leidenschaft geführt – und dabei durchaus auch mit Berliner »Herz und Schnauze« agiert. Es sind ja auch alles »echte« Berliner, die die »BERLIN*macher*« entwickelt haben. Sie haben es geschafft, dieses Vibrieren der Stadt aufzunehmen und wenigstens einen Teil davon darzustellen.

Kilian: Und wie war das mit den aktuellen 700 Berliner Stimmen?
Nentwig: Wichtig für die Ausstellung insgesamt war uns, dass man viele Arten von Lebensentwürfen nachverfolgen kann, auch gebrochene. Wir haben für die Gegenwartsinszenierung mit Studenten der Hochschule für Technik und Wirtschaft zusammengearbeitet. Sie haben die Befragung umgesetzt. Es sind tolle Sachen dabei heraus gekommen. Jeder der 700 überrascht auf seine Weise mit treffenden Aussagen zu Berlin und den Berlinern. Ich erinnere mich gerade an die Antwort einer

jungen Frau auf die Frage, weshalb sie ihre Stadt liebe: »Weil Berlin große Arme hat und einen gigantischen Mund.« Berliner verstehen sich wunderbar auf Stadt-Beschreibungen! Das Stadtmuseum bedankt sich bei allen, die zu unserer Ausstellung beigetragen haben.

Kilian: Machen wir einen praktischen Test. Wenn Sie plastisch beschreiben sollten, was Berlin aus der Dresdnerin Franziska Nentwig gemacht hat – was antworten Sie?
Nentwig: Ich habe Dresden immer geliebt. Aber das war immer eine gewissermaßen eindimensionale Liebe. Für Berlin fehlen mir auch nach sechs Jahren noch die Worte. Es ist eine Herausforderung, und man kann jeden Tag mit einem anderen Gefühl nach Hause gehen. Einmal kann man sich sagen: »Heute hab ich's gepackt, ich habe diese Stadt bestanden.« Dann regt man sich wieder fürchterlich auf, über den Verkehr, Schmutz oder die ewigen Baustellen auf den Straßen. Und dann fragt man sich, warum muss ich eigentlich hier sein?
Kellerhoff: Haben Sie nie den Wunsch gehabt, in eine schöne ruhige Provinzstadt gehen zu wollen?
Nentwig: Nein, niemals. Ich kann übrigens auch nicht verstehen, dass man wieder weg will aus Berlin. Ich zumindest habe das Gefühl, dass ich hier nicht wieder weggehen könnte. Wenn man sich das überlegt: Allein diese Formulierung ist doch eine Liebeserklärung an die Stadt.

Kilian: Bleibt diese Anziehungskraft, die Berlin auf die Menschen ausübt, also auch bestehen, wenn sie längst hier leben?
Nentwig: Ja, eindeutig, zumindest bei mir. Übrigens ist es nicht nur Liebe, wohlgemerkt. Es ist mehr, eine tiefe Faszination.
Kellerhoff: Aber was ist das, was Berlin so liebenswert macht, also ausmacht?
Nentwig: Da würde ich gern mit Götz Aly antworten: Berlin ist »beunruhigend«. Und zwar nicht in einem negativen, Angst machenden Sinn – sondern man bleibt im Zustand der Unruhe. Das ist in diese Stadt eingewoben. Sie hat einen anderen Takt, den schnellsten in Deutschland.

Kilian: Entspricht das dem offiziellen Stadtmotto »be Berlin«?
Nentwig: Das ist sehr gescholten worden. Aber ich finde es in seiner Einfachheit treffend. »sei Berlin« – das ist doch die Aufforderung, ein »BERLIN*macher*« zu werden.
Kellerhoff: Ich habe mich mehr am inoffiziellen Stadtmotto »arm aber sexy« gerieben. Weil ich das nicht treffend finde. Daraus spricht ein stabiles Selbstbewusstsein, was ich so in dieser Stadt nicht spüre. Gerade diese Ruhe, die Zufriedenheit mit den herrschenden Verhältnissen kann ich so nicht empfinden.
Nentwig: Ich finde »sei Berlin« einfach passend, weil jeder Berliner auf unerfindliche Weise beiträgt zum »Kraftzentrum« Berlin. Es stimmt ja: Ruhe ist das Letzte, was mir einfällt, wenn es um Berlin geht. Dazu ist die Stadt viel zu zerfetzt, geografisch, aber auch historisch. Man muss sich vor Augen halten, was Berlin alles schon war. Preußische Residenz, die größte Industriestadt Europas, die geteilte und wiedervereinigte Stadt, und heute lobt man die Kreativszene, die Medienstadt, die Hauptstadt der Bundesrepublik Deutschland.
Kellerhoff: Man kann sich auch fragen, ob es ein Nachteil oder nicht eigentlich doch ein Vorteil ist, dass Berlin kein solch gewachsenes, selbstbewusstes Bürgertum hat.
Nentwig: Sicher gibt es Kritiker, die das beklagen. Aber auf der anderen Seite steht der stetige Bevölkerungsaustausch. Wie soll sich heute so etwas wie ein Berliner Bürgertum verfestigen, wenn die Stadt ständig in Bewegung ist? Berlin hat auf Grund seiner historischen Brüche heute kein so wirtschaftlich gewachsenes Rückgrat wie zum Beispiel Hamburg. Dort gibt es eine verlässliche Handels- und Wirtschaftstradition Dafür lebt man hier komfortabel, lebendig, freudig – ohne allerdings die dauerhaft stabilen wirtschaftlichen Grundlagen zu haben, auf der sich sonst ein städtisches Bürgertum entwickelt.

Kilian: Wird sich das denn in 20 Jahren verändert haben? Was haben die »BERLIN*macher*« im Jahr 2030 aus der Stadt gemacht? Oder wird Berlin immer Zukunft bleiben?
Nentwig: Ich würde mir wünschen, dass Städte Leitbilder geben. Aber ich glaube, dass wird in Berlin nie möglich sein. Und das ist auch gut so. Und wir im Museum erzählen Geschichte, indem wir nichts Fertiges liefern, sondern die Menschen an der Geschichte, an der Entwicklung der Stadt teilhaben lassen. Und das erlaubt die Beschäftigung mit Berliner Biografien besonders gut.
Kellerhoff: Die Ausstellung ist allerdings fertig konzipiert, damit statisch, nicht mehr in Bewegung.
Nentwig: Sie ist ein Angebot an Berlin, Deutschland und die Welt. Reges Wahrnehmen ist es, was wir uns wünschen. Die Besucher werden die Ausstellung mögen oder auch nicht. Genauso, wie man Berlin hassen oder lieben kann. Und wir hoffen auf breites Interesse. Und auf die gleiche Leidenschaft beim Anschauen, wie wir sie beim Entwickeln der Ausstellung empfunden haben. Berlins Geschichte ist so atemberaubend vielfältig – es kann eigentlich nicht genug Experimente geben, sich mit ihr zu beschäftigen.

Berlin, Berlin – wir leben in Berlin

Michael Zürn

Die Einschätzung Berlins durch Menschen, die nicht in dieser Stadt leben, neigt zu Extremen. Auf der einen Seite steht ein Berlin-Hype, der vor allem im Ausland besonders ausgeprägt auftritt. Da gilt Berlin als eine der coolsten Städte der Welt, voller (sub)kultureller Vielfalt, Partys und unentdeckter Ecken. Der anhaltende Tourismusboom mit zweistelligen Wachstumsraten belegt dies. Auf der anderen Seite scheint das Berlin-Bashing inzwischen eine eigenständige Textsorte zu konstituieren. So einladende Buchtitel wie *I hate Berlin. Unsere überschätzte Hauptstadt*, *Vergiss Berlin. Eine Reisewarnung* oder *Berlin ist das Allerletzte. Absagen in höchsten Tönen* sind unübersehbarer Teil des Berlin-Bildes. Diese Einschätzungen der Extreme gilt es zu ergänzen um die Sicht der Menschen, die in dieser Stadt leben. Die wichtigsten Befunde einer Umfrage unter 2000 Berlinerinnen und Berlinern aus dem Jahr 2008 werden hier unter sechs Überschriften zusammengefasst.[1]

Berlin – eine Stadt der sozialen Gegensätze

Berlin gilt als eine Stadt der besonders krassen sozialen Gegensätze, weil es Armut wie in kaum einer anderen deutschen Großstadt gibt und der besser gestellte Mittelstand vergleichsweise klein ist. Im Zuge der ökonomischen Veränderungen nach dem Fall der Mauer hat sich die Wohlstandsschere sogar weiter geöffnet. Auf der Sonnenseite stehen die wenigen erfolgreichen Unternehmer, das Showbiz, das sich inzwischen in Berlin angesiedelt hat, und viele der Zugewanderten vor allem aus Westdeutschland und aus Westeuropa. Sie besetzen die attraktiven Jobs im »neuen« Berlin, werden zumeist gut, nicht selten sehr gut bezahlt und können mit diesem Einkommen Vielfalt und Annehmlichkeiten des preiswerten Lebens in Berlin genießen. Auf der Schattenseite stehen nicht, wie vielfach vermutet, »die« Ost-Berliner. Im Schatten stehen viel mehr die West-Berliner mit einfacher Ausbildung, darunter sehr viele mit türkischem oder arabischem Hintergrund: Wedding und auch immer noch Neukölln sind die Orte, an denen sich Verlierer bündeln. Viele Einwanderer aus den Staaten der früheren Sowjetunion, die vornehmlich in den Plattenbauvierteln in Marzahn und Hellersdorf wohnen, haben es materiell nicht besser. Auch ihnen geht es objektiv schlecht.

Die Berliner Bevölkerung im Ganzen reagiert eher unaufgeregt, fast gelassen auf die sozialen, ökonomischen und kulturellen Gegensätze. Die Berlinerinnen und Berliner nehmen die objektiven Unterschiede zwischen den verschiedenen Bevölkerungsgruppen zwar realistisch und ungeschminkt wahr. Sie werden aber von der Mehrheit der Bevölkerung als erträglich wahrgenommen, der Grad der Heterogenität gilt als gerade noch akzeptabel. 89 Prozent der Berlinerinnen und Berliner leben gern oder sehr gern in der Stadt, nur elf Prozent fühlen sich ganz einer benachteiligten Gruppe zugehörig. Lauter Protest und erregte Empörung ist nicht zu erkennen. Es scheint, als ob die Berliner Bevölkerung ihren Frieden mit den Gegensätzen und Ungleichheiten geschlossen hat. Das wird besonders deutlich, wenn man die Befunde mit einer Parallelstudie zu Frankfurt am Main vergleicht.[2] Dort ist die Zufriedenheit mit der Stadt zwar gleichfalls hoch, aber weniger ausgeprägt als in Berlin – ein Befund, der angesichts der enormen Wohlstandsdifferenzen zwischen dem Rhein-Main-Gebiet und Berlin überrascht und erklärungsbedürftig ist. Wie ist es möglich, dass in einer Stadt mit enormen Ungleichheiten und ökonomischen Problemen die Zufriedenheit derart hoch ist?

Stadt der Szenen und Kieze

Bieten die vielen Berliner Szenen und Kieze eine Antwort auf diese Frage? Bieten sie jene sicheren Nischen, dank derer soziale Differenzen zu ertragen sind? Die Ergebnisse der

1 Es handelt sich um die *Hertie-Berlin-Studie*, hg. von der Hertie-Stiftung, Hamburg 2008. Die wissenschaftliche Leitung der Studie erfolgte durch Klaus Hurrelmann und mich, in Kooperation mit Hartmut Häußermann und dem TNS Infratest für Sozialforschung. Der vorliegende Text beruht auf dem Kapitel »Was sagt die erste Hertie-Berlin-Studie über die Stadt und ihre Bewohner?« (Michael Zürn, Klaus Hurrelmann, Hartmut Häußermann).

2 Gemeinnützige Hertie-Stiftung (Hg.), *Hertie-Studie Frankfurt Rhein Main*, Frankfurt a. M. 2010.

Hertie-Studie lassen sich in diesem Sinne interpretieren. Die Berlinerinnen und Berliner leben in Kiezen und Szenen, die jeweils eine überschaubare räumliche und soziale Lebenswelt bereit stellen. Sie leben in lokalen Milieus und Szenen, die sich mehr oder weniger stark unterscheiden, die räumlich voneinander separiert sind, aber insgesamt zusammengehören. Die Konzentration von verschiedenen Ethnien und Lebensstilen der Stadtbevölkerung in verschiedenen Räumen der Stadt entschärft demnach im Sinne einer »positiven Segregation« die Konflikte zwischen fremden Gruppen. Soziale und kulturelle Distanzen werden in räumliche Distanzen übersetzt. Die verschiedenen Lebenswelten berühren einander, überlappen sich bei vielen Gelegenheiten, sind aber mit sozialen »Pufferzonen« versehen und geraten kaum miteinander in Konflikt.

Wenn die Berlinerinnen und Berliner ein Modell der Stadt als Mosaik in ihren Köpfen haben – und darauf deuten ihre Antworten hin –, betonen sie vor allem die produktiven Kontakte zwischen verschiedenen Gemeinschaften. Mit dem Modell sind nicht »Parallelgesellschaften«, sondern »durchlässige Lebenswelten« gemeint. Jede Gettoisierung wäre hingegen äußerst problematisch. Davon kann aber nach Ansicht der großen Mehrheit der Berlinerinnen und Berliner nur in sehr wenigen Bereichen die Rede sein. Sie halten die Stadträume im Gegenteil grundsätzlich für offen, allseitig durchlässig und aufeinander bezogen. Sie koppeln gleichsam die Vorteile des Lebens im Dorf mit denen der Großstadt. Das gemeinschaftliche Bewirtschaften des eigenen Kiezes, sei er ethnisch oder stilistisch definiert, erleben sie positiv, sie genießen gleichzeitig, jederzeit in die offene Gesellschaft der Großstadt aufbrechen zu können.

Nur 13 Prozent der Berlinerinnen und Berliner haben ihre Freunde und Bekannte vorrangig im eigenen Kiez. 87 Prozent verorten sie entweder außerhalb des eigenen Kiezes oder – in der absoluten Mehrheit – sowohl innerhalb als auch außerhalb der eigenen Lebenswelt. Die Befragung zeigt also: Die Berlinerinnen und Berliner bilden ihren Stil in ihrem Kiez unbefangen aus, die Reichhaltigkeit der Szenen wird bei Bedarf genossen, es gibt genügend Berührungspunkte und Überlappungen. Die Einwohner verharren nicht in ihrem Kiez, sondern steuern bei Bedarf andere Umgebungen an. So geben fast 80 Prozent der deutschen Bevölkerung in Berlin an, dass sie mindestens ab und zu Kontakt haben mit Menschen, die nicht aus Deutschland stammen. Umgekehrt verkehren 97 Prozent der Menschen mit Migrationshintergrund regelmäßig mit Deutschen. Bemerkenswert ist, dass diese Kontakte mehrheitlich nicht als erzwungen (in der Arbeit oder in der Schule) empfunden, sondern freiwillig gesucht werden (in der Freizeit oder im persönlichen Freundkreis). Ebenso überraschend: 79 Prozent der Deutschen in Berlin bewerten die Kontaktqualität positiv, 19 Prozent als ambivalent und nur zwei Prozent negativ. Und: Die spiegelbildliche Einschätzung der Menschen mit Migrationshintergrund ist praktisch identisch. Berlinerinnen und Berliner haben also Kontakt über ethnische Grenzen hinweg, schätzen ihn und stimmen unabhängig von der Herkunft in dieser Einschätzung weitgehend überein. Kontakte zwischen den Lebenswelten als eine Voraussetzung für das Integrationsmodell Stadt als soziales Mosaik durchlässiger Lebenswelten sind also gegeben.

Eine Stadt der Kieze kann aber nur dann als Ganzes funktionieren, wenn ein entsprechendes Deutungs- und Identitätsangebot als Gemeinwesen besteht. Die einzelnen Teile müssen sich zu einem Ganzen fügen. Nach Einschätzung der Mehrheit der Berlinerinnen und Berliner trifft das zu. Es fällt ihnen leicht, eine positive Identifikation mit ihrer Stadt herzustellen. Das gilt für Einheimische wie Zugewanderte, für Langzeit- wie für Kurzbewohner, für Ost-Berliner ebenso wie für West-Berliner. Man hält sich für weltoffen und international, gleichzeitig für sinnlich und gemütlich. Die Bevölkerung ist eindeutig bereit, ein Leben in heterogenen Welten zu führen und dabei das Ganze der Stadt im Bewusstsein zu haben, nebeneinander zu leben mit regelmäßigen »grenzüberschreitenden« Kontakten, im Bewusstsein, in einer spannenden und interessanten Stadt zu wohnen.

Charakteristisch für dieses Selbstbild ist, dass sie sich explizit von einer engen Vorstellung des Deutschseins absetzen. Gewiss sind die Berlinerinnen und Berliner angetan von der Hauptstadtrolle. Doch deren Wertschätzung wird durch Stolz auf Weltoffenheit und Toleranz noch übertroffen. Sie sehen ihre Stadt als Metropole eines neuen Deutschlands. Sie wollen mit dem alten Deutschland nichts zu tun haben – weder mit der autoritären und großmannsüchtigen Gesellschaft in der Phase der Weltmachtgelüste noch mit dem bescheidenen, kleinbürgerlich beengten Westdeutschland und West-Berlin nach dem Zweiten Weltkrieg. Die Studie zeigt: Die Bevölkerung schätzt ihre Stadt zwar als arm und wirtschaftlich labil ein, zugleich aber als aufstrebend, lebensfroh und international.

Das gilt besonders für Zugewanderte. Sie sind begeisterte Fans dieser Stadt, genießen das Unfertige, das zerbrechlich Unbekannte, das Ungewisse mit geheimnisvoller Atmosphäre, das sie mit Berlin verbinden. Sie nehmen Stärken und Schwächen wahr, aber existentielle Sorgen im Hinblick auf die Stadt haben sie nicht. Während in Frankfurt die Alteingesessenen am zufriedensten mit ihrer Stadt sind, ist das in Berlin genau umgekehrt. Gerade diejenigen, die seit dem Mauerfall frisch in die Stadt gezogen sind – mit ungefähr 2 Millionen Menschen die Mehrheit! –, sind die Zufriedensten. Das dürfte ein Alleinstellungsmerkmal für Berlin sein.

Die skizzierten Identitätserfolge bleiben aber prekär. Die krassen Gegensätze werden nur ertragen, wenn sie nicht gegen ein Mindestmaß von empfundener sozialer Gerechtigkeit verstoßen. Wenn die sozialen Gegensätze zu scharf werden, dann besteht die Gefahr, dass die Zufriedenheit mit der Stadt deutlich abnimmt. Kommt es am oberen und am unteren Rand der sozialen Leiter zu manifester Aussonderung und Ausgrenzung, dann wird die Gelassenheit des heterogenitätsgewohnten Großstädters durch Aggression, Konflikt und Spannung abgelöst. Heterogenität wird immer dann schädlich, wenn Menschen auf ihre Unterschiedlichkeit unmittelbar, direkt und diskriminierend hingewiesen werden, wenn Unverträglichkeiten tagtäglich erfahren werden und ein Gefühl von Ausgrenzung entsteht. Dann leidet nicht nur die »exkludierte« Bevölkerungsgruppe, sondern der Zusammenhalt der gesamten Gesellschaft. Igeln sich Bevölkerungsgruppen in abgekapselten räumlichen und sozialen Bezirken ein oder werden sie in solche Enklaven abgedrängt, dann ist die Kohäsion der Stadtgesellschaft gefährdet.

In der Tat berichten die Bewohner der Stadt von vielen Unerträglichkeiten, vor allem, wenn sie in verarmten und sozial abgedrängten Quartieren wohnen. Aus früheren Arbeitervierteln werden dann reine Arbeitslosenviertel, in denen ein Klima des sozialen Abstiegs und der Resignation herrscht. Es kommt zu »überforderten Nachbarschaften«, in denen Toleranz gegenüber abweichendem Verhalten und Integrationskraft gering sind. Solche Milieus bilden unproduktive oder sogar gefährliche Erfahrungsräume für die Sozialisation von Kindern und Jugendlichen. Sie trainieren vielleicht Techniken des Überlebens unter schwierigen Bedingungen, aber sie erlernen nicht die Kulturtechniken, die für den Erfolg auf dem Arbeitsmarkt und eine gesicherte Lebensführung notwendig sind. In dieser Konstellation gerät die Bereitschaft an Grenzen, soziale Unterschiede zu akzeptieren und als positives Element von Vielfalt zu sehen. Unsere Befragung dokumentiert, dass eine Minderheit der Berliner Bevölkerung solche Probleme intensiv wahrnimmt.

Die Ausgangslage in Berlin ist allem Anschein nach trotzdem nicht schlecht. Die deutliche Mehrheit der Berlinerinnen und Berliner wünscht sich eine »Koexistenz in Heterogenität«. Die meisten von ihnen glauben auch, einen solchen offenen und tolerierenden Lebensstil in die Realität umsetzen zu können. Aber es ist auch deutlich, wie prekär die Lage für die Minderheit der Abgehängten und Benachteiligten ist. Sie brauchen die Gewissheit, dass sie dazu gehören und nicht ausgeschlossen werden, ein festes Minimum an sozialer Integration. Wird es ihnen nicht gewährt, steht die Essenz des städtischen Zusammenlebens für sie und indirekt damit für alle Bewohner der Stadt Berlin auf dem Spiel.

Stadt der Migration

Ein weiterer Grund für die Gesamtzufriedenheit der Berlinerinnen und Berliner ist die positive Einstellung der Menschen mit Migrationshintergrund. Trotz der Schulprobleme empfehlen zwei Drittel aller zugewanderten Menschen anderen, sich in Berlin niederzulassen. Über ein Drittel der Menschen mit Migrationshintergrund sehen sich als Deutsche und berichten von hervorragenden Kontakten zur einheimischen Bevölkerung, die Mehrheit spricht von guten Kontakten. Das ist beachtlich. Denn der Migrationsbevölkerung geht es wirtschaftlich deutlich schlechter als den Einheimischen. Auch liegt ihr durchschnittlicher Bildungsgrad erheblich unter dem der einheimischen Bevölkerung. Objektiv also geht es Migrantinnen und Migranten schlechter als der einheimischen Bevölkerung – subjektiv aber sind sie eher optimistisch. Wie kommt es zu dieser Diskrepanz?

Die skizzierte Logik der Szenen und Kieze bezieht sich unmittelbar auch auf viele Migrantenviertel. Sie hat es einigen, vor allem den unterprivilegierten Migrantengruppen ermöglicht, eine territorial verankerte Gemeinschaft zu entwickeln, die räumlich und sozial freilich so sehr mit anderen Kulturen überlappen, dass man von durchlässigen Lebenswelten sprechen kann. Berlin scheint die einzige deutsche Großstadt zu sein, in der sich ethnisch definierte Gemeinschaften auf einem ausreichend großen, räumlich zusammenhängenden Gebiet ausgebildet haben. So gibt es in Berlin zwar keine »Chinatown« und auch keine »Turkeytown«, aber doch bemerkenswerte türkisch und auch osteuropäische Verdichtungen auf benennbaren Gebieten.

Offensichtlich sorgt diese Struktur für ein Wohlbefinden und bietet somit eine Erklärung für die Diskrepanz zwischen objektiver Lage und subjektivem Empfinden bei den Menschen mit Migrationshintergrund. Ob dies langfristig der Integration dient, zeigen unsere Daten nicht. Amerikanische Erfahrungen mit ethnisch verdichteten Vierteln stimmen eher optimistisch.

Hinzu kommt eine weitere Besonderheit Berlins: Das Selbstbild als internationale, weltoffene Stadt hat eine reale Basis. In Berlin heißt Ausländer nicht automatisch »Türke« oder aus dem »ehemaligen Jugoslawien« stammend. Internationalität bedeutet hier nicht nur hohen Ausländeranteil, es bedeutet auch viele verschiedene ausländische Gruppierungen. Von der Wohnbevölkerung ab 14 Jahren, die nicht in Deutschland geboren wurde, stellen gemäß der Befragung die Türkinnen und Türken mit zirka 20 Prozent zwar die größte Gruppe. Das wird aber vielfältig ergänzt: Polen machen immerhin inzwischen zehn Prozent aus, die Nachfolgestaaten des ehemaligen Jugoslawiens acht Prozent, Russland, Weißrussland und die Ukraine genauso wie das übrige Osteuropa jeweils sechs Prozent. Aus Afrika stammen drei Prozent. 52 Prozent der Migrantinnen und Migranten in Berlin kommen mithin aus Regionen, die überall in Deutschland stark vertreten sind, wobei die starke Präsenz Osteuropas Berlin eine besondere Note gibt. Die andere knappe Hälfte belegt den globalen Charakter der Berliner Migrationsbevölkerung: 13 Prozent kommen aus Asien, neun Prozent aus Amerika und gut 20 Prozent aus Westeuropa. Gemäß unserer Erhebung sind also die ausländischen Bewohner aus Westeuropa und aus der Türkei die beiden größten Gruppen.

Verknüpft man das Herkunftsgebiet dieser Menschen mit ihrem jeweiligen Bildungsabschluss, lassen sich grob vier Typen von Berlinerinnen und Berlinern mit Migrationshintergrund unterscheiden: Erstens Menschen, die zum Zeitpunkt der Migration aus vergleichsweise armen und problembeladenen Ländern wie Afrika, Türkei oder der ehemaligen Sowjetunion kommen und niedrige oder keine Bildungsabschlüsse haben. Diese Gruppe macht 30 Prozent aus und steht vor den größten Integrationsproblemen. Menschen aus denselben Regionen, die mindestens einen mittleren Bildungsabschluss erlangt haben, stellen heute bereits 40 Prozent der Bevölkerung mit Migrationshintergrund. Sie stellen zumeist jene Gruppe, die sich in der deutschen Gesellschaft diszipliniert nach oben arbeiten will und eine wichtige Ressource für die Stadt darstellt. Weitere 20 Prozenten der Menschen mit Migrationshintergrund kommen aus Ländern der OECD und haben eine gute Bildung. Als Teil einer transnational orientierten Kreativklasse fühlen sie sich oft spezifisch von Berlin angezogen und geben der Stadt gleichzeitig besonderen Glanz. Es bleiben etwa zehn Prozent, die aus wohlhabenden Nachbarländern kommen, aber keine hohe Bildung aufweisen. Vielfach versuchen sie in Berlin einen Neuanfang. Insgesamt überwiegen also mit 60 bis 70 Prozent Menschen mit Migrationshintergrund, die gute Voraussetzungen für eine erfolgreiche Integration mitbringen.

Viele unter ihnen haben ihre Heimat nicht aus Not verlassen. Viele ziehen nach Berlin, weil die Stadt attraktiv ist, weil man Teil eines Aufbruchs sein möchte. Damit verbindet sich die Bereitschaft, bei Gelegenheit weiter zu ziehen. Was für Diplomatenfamilien zum Berufsbild gehört, gilt auch für manche transnationalen Kreativen, etwa aus der modernen Kunst und der Modeszene: Sie definieren sich eher als Reisende.

Stadt der Transformation

Ein besonderer Reiz von Berlin besteht in seinem Charakter als Stadt der Transformation. Auch dadurch wird ein Teil der Berliner Zufriedenheit erklärt. Nichts steht so sehr für das Konzept der Transformation Berlins wie die Überwindung des Ost-West Gegensatzes. Wenn die Transformation am Zusammenwachsen von Ost- und West gemessen wird, dann überwog bisher Skepsis. Allerorten wird von der fortbestehenden Spaltung in den Köpfen gesprochen. Auch in Berlin gebe es im Kern nur Ossis und Wessis, die eben hier nur enger zusammenlebten. Einerseits stützt unsere Umfrage diese Ansicht: Nur 14 Prozent der Befragten meinen, dass West- und Ost-Berliner sich aufeinander zu bewegen. 44 Prozent sagen, man habe nichts gegeneinander, aber auch wenig miteinander zu tun. Immerhin 16 Prozent wollen gar nichts miteinander zu tun haben. Zugleich empfinden 25 Prozent keinen Unterschied mehr zwischen Ost- und West-Berlinern.

Trotz der mehrheitlich skeptischen Selbsteinschätzung der Berlinerinnen und Berliner scheinen jedoch die 25 Prozent uneingeschränkt Recht zu haben. Bei fast allen relevanten Fragen zur Werteorientierung, zur Identität und selbst zu den von uns abgefragten politischen Einstellungen zur Internationalität sind die Unterschiede zwischen Ost und West verschwindend gering. Zumeist erweist sich die Differenz zwischen Frauen und Männern als größer. Hier zeigt sich, dass die Spaltung zwischen Ost und West in Berlin überwunden ist, wenn man die Mauer als Grenzlinie zieht. Als »Westdeutsche« oder »Ostdeutsche« fühlen sich nur wenige; Berlinerinnen und Berliner empfinden sich unabhängig vom Wohnort vorrangig als Berliner, Deutsche, Europäer, manchmal auch als Weltbürger oder Kiez-Bewohner, kaum aber als Ossis oder Wessis. Dieses Bild bestätigt sich etwa in der Bewertung der größten Probleme der Stadt – auch hier decken sich die Einschätzungen weitgehend.

Die fast drei Jahrzehnte währende Trennung durch die Mauer spielt offensichtlich keine große Rolle mehr, wenn es darum geht, die Stadt soziokulturell zu kartografieren. Um relevante Differenzen hinsichtlich der Werte, Identitäten und Einstellungen der Berlinerinnen und Berliner zu ermitteln, muss man mit feineren Kategorien als der Unterscheidung zwischen Ost und West arbeiten. Da ist zunächst die »neue Mitte«, bestehend aus Prenzlauer Berg, Friedrichshain, Kreuzberg und den Straßenzügen zwischen Friedrich- und Rosenthaler Straße. Hier leben und arbeiten die Kreativen, Aufsteiger und viele Studierende, die Mächtigen und die Menschen, die aus reichen, westlichen Ländern nach Berlin gekommen sind. Hier ist die Zufriedenheit mit Berlin am höchsten. Dann gibt es die andere, die *proletarische Mitte* – bewohnt von einer überwiegend migrantischen Unterschicht. Dazu zählen Wedding, große Teile von Tiergarten und auch Neukölln. Hier ist Berlin wirklich arm, und man sieht es. Doch das übersetzt sich noch nicht in eine abgeschlossene Kiezkultur oder große Unzufriedenheit mit der Stadt. Die Zufriedenheitswerte sind nur leicht unterdurchschnittlich. Auch der Osten kennt nicht nur Gewinner. Der »Plattenbauosten« mit Teilen des Bezirks Mitte, aber vor allem mit Lichtenberg und Marzahn steht materiell bei den objektiven Kennziffern kaum besser da als die proletarische Mitte. Diese Großsiedlungen entpuppen sich als Übergangslager für jene, die es in eine bessere Welt schaffen wollen, und als Sackgasse für diejenigen, die dort verharren. Das trifft jedoch nicht auf alle Plattenbausiedlungen zu. Zum Teil leben hier auch junge Familien, die ästhetische Defizite und mangelnde Urbanität zugunsten der Komfort- und Preisvorteile der Kinder zuliebe in Kauf nehmen. Im ehemaligen Ost-Berlin hat sich zudem längst ein kleinbürgerliches Milieu mit Ostprägung entwickelt. Im Ring Pankow-Weißensee, Hohenschönhausen, Hellersdorf leben ältere Menschen, die schon immer im Osten gewohnt haben, aber auch Handwerker und junge Familien, die ins Grüne wollen. Auch das ehemalige West-Berlin hat kleinbürgerliche Milieus (mit Westprägung), vor allem im Norden in Reinickendorf und im Westen in Spandau. Hier leben viele einheimische Mittelschichtler, die einen sozialen Abstieg fürchten, sowie aufstiegsorientierte Migrantenfamilien, die die proletarische Mitte hinter sich gelassen haben. Der Berliner Süden mit Teilen von Schöneberg und Steglitz, Tempelhof, Lankwitz und weiter südlich Mariendorf, aber auch der Südosten mit Treptow und Köpenick befindet sich soziokulturell zwischen diesen Welten. Hier lebt gleichsam der Berliner Durchschnitt, ohne auffällige Ausschläge. Im gehobenen Westen und Südwesten Berlins schließlich, Charlottenburg, Wilmersdorf und Zehlendorf, ist das Durchschnittseinkommen deutlich höher als im Rest der Stadt. Hier dominiert ein Bürgertum, das konservativer lebt und denkt als die jüngere Mitte, aber gleichfalls großstädtisch aufgeschlossen ist und ähnlich wie die neue Mitte gut situierte Migrantinnen und Migranten aus Westeuropa und Nordamerika beherbergt. Man fühlt sich wohl, genießt einen hohen Lebensstandard und eine große Zufriedenheit.

Sicherlich, es gibt sie noch, die typischen Ost- und die typischen Westmilieus. Die Unterschiede sind aber geringer geworden und haben sich kleinteiliger ausdifferenziert. Eine gewichtige Rolle spielt dabei die »neue Mitte«. Sie wächst weiter, zu ihr gehören heute viel mehr Menschen als vor zehn Jahren. Vor allem junge Menschen ziehen dorthin, es wird viel neu gebaut und gleichzeitig erweitert sich dieses Lokalmilieu räumlich. Insofern wächst Berlin wieder, wie schon vor 150 Jahren, von innen nach außen.

Stadt der Kreativen

Die Selbsteinschätzung der Berlinerinnen und Berliner stützt die These, Berlin sei eine Stadt der Kreativen. Deckt sich dieses Selbstbild mit den Ergebnissen der vergleichenden Stadtforschung und bietet es eine weitere Erklärung für die Zufriedenheit mit der Stadt?

Eine erfolgreiche Stadt hat Zentren der Technologie, die zur Weltspitze gehören und in enger Kooperation mit etablierten Firmen möglichst viele Patente anmelden. Zweitens hat eine erfolgreiche Stadt kompetente Bürgerinnen und Bürger, die sie in Schulen wie Hochschulen und Spitzenuniversitäten ausbildet. Drittens braucht und hat die erfolgreiche moderne Stadt Toleranz, eine lebendige und kreative Lebensqualität, ein reiches innerstädtisches Leben mit vielen subkulturellen Vierteln. San Francisco ist nicht zufällig das reale Ideal von Richard Floridas Stadtmodell der drei »T's« (Technologie, Talent, Toleranz).

Studien zeigen, dass Berlin mit Blick auf die drei »T's« eine enorme Spreizung aufweist. Innerhalb Deutschlands belegt Berlin einen Spitzenplatz bei »Toleranz«, dazu kommen sehr gute Platzierungen bei zumindest der Mehrheit der Indikatoren im Bereich Talent. Große Defizite ergeben sich aber im Bereich der angewandten Technologie. Laut der Theorie der kreativen Klasse hat Berlin damit mittelfristig ein großes Potenzial, denn Toleranz und Talent sind die Vorboten von Wohlstand – und zugleich die großen Stärken Berlins. Wichtig ist die Verfügbarkeit von Optionen, auch wenn man sie nicht immer realisieren möchte. Das »Chancenpotenzial« ist entscheidend, die Vielfalt der Anregungen aus Bildung und Wissenschaft, ebenso das kulturelle Angebot und ein tolerantes Klima. Diesen Mix bietet Berlin wie keine andere Stadt Deutschlands. Sie hat inzwischen auch eine beachtliche Kreativwirtschaft ausgebildet – immerhin 28 Prozent der Beschäftigten sind im weiteren Sinne hier tätig.

Dabei entfaltet insbesondere die Kulturwirtschaft in Berlin eine bemerkenswerte Dynamik. Betrachtet man den Buch- und Pressemarkt, die Film- und Fernsehwirtschaft, den Kunstmarkt, die Musikwirtschaft, die Werbebranche, darstellende Kunst, Architektur und kulturelles Erbe sowie die Softwareentwicklung zusammen, so spricht man über 18 000 zumeist kleine und mittelständische Unternehmen, die zusammen rund elf Prozent des Berliner Bruttoinlandsprodukts erwirtschaften – genauso viel wie das gesamte verarbeitende Gewerbe. In der Kulturwirtschaft arbeiten acht Prozent der sozialversicherungspflichtigen Beschäftigten sowie eine hohe Zahl selbstständiger Künstler. Nirgendwo in Deutschland leben relativ zur Bevölkerungszahl gemessen so viele Künstler wie in Berlin. Auch in absoluten Zahlen liegt die Stadt nach einer Untersuchung des Senates mit fast 20 000 nur knapp hinter den großen Flächenländern Bayern (21 916) und Nordrhein-Westfalen (24 641), aber deutlich vor Ländern wie Baden-Württemberg (14 481) und Niedersachsen (7327). Berliner Künstler arbeiten auch erfolgreich. Das Jahreseinkommen liegt zwar mit 18 540 Euro für die Branche traditionell niedrig, aber doch 40 Prozent über dem Durchschnitt selbstständiger Künstler in Deutschland. Insgesamt steigen die Anzahl der Beschäftigten und der Umsatz in der Kulturwirtschaft stärker an als in anderen Wirtschaftssektoren.

Der kreative Humus ist aber vor allem auf Diversität und Möglichkeiten angewiesen, in denen sich die »Phantasie unausgefüllter Räume« (Robert Musil) entfalten kann. Die Restflächen der industriellen Epoche bilden daher ein reiches Potenzial. Viel spricht dafür, dass die zukunftsgerichtete Struktur der Berliner Wirtschaft einen Teil der Zufriedenheit der Berlinerinnen und Berliner ausmacht.

Stadt der Vergangenheit oder Stadt der Zukunft?

Zusammenfassend lässt sich nun sagen: In Berlin sind die sozialen Gegensätze und das Ausmaß von Armut ausgeprägter als in vielen anderen deutschen Städten. Dennoch zeigen sich die Berlinerinnen und Berliner sehr zufrieden mit ihrer Stadt; sie und ihre Stadt strahlen sogar eine gewisse Leichtigkeit und Zukunftsgewissheit aus. Die Gründe dafür liegen im Sozialen und Kulturellen. Berlin ist eine Stadt der durchlässigen Lebenswelten, die mosaikartig die Stadt zusammenführen. Es ist diese mosaikartige Grundstruktur der Stadt, die auch dafür Sorge trägt, dass die Migrantinnen und Migranten trotz erheblicher materieller Probleme alles in allem zufrieden und optimistisch gestimmt sind und sich nicht ausgeschlossen fühlen. Und es ist die Prägekraft dieser Grundstruktur der Stadt, die den alten Ost-West-Gegensatz in der Vielfalt der Milieus weitgehend hat verschwinden lassen. Die mosaikartige Grundstruktur der Stadt hat schließlich auch die Voraussetzung dafür geschaffen, dass Berlin auf dem bestem Wege dazu ist, die Stadt der Toleranz und der Talente zu werden und damit den Boden für eine Kreativwirtschaft bereitet, die den Motor für eine mittelfristig gesehen wirtschaftliche Erholung der Stadt bereitstellen kann. Insofern ist Berlin alles gleichzeitig: die Stadt der sozialen Gegensätze, aber auch die Stadt der Szenen und Kieze, die Stadt der Migration, die Stadt der Überwindung des Ost-West Gegensatzes und die Stadt der Kreativen. Berlin hat in der Tat eine schon fast einzigartige Vielfältigkeit.

Zum Paradox Berlin gehört auch, dass die Stadt zukunftsorientiert ist – und dennoch von manchen wie dem Magazin *L'Express* als »Hauptstadt der Erinnerung« gesehen wird. In der Tat ist die Vergangenheit, mit Mahnmalen und Museen, ein zentraler Standortfaktor. Trotzdem käme kaum jemand auf die Idee, Berlin museal zu nennen. Berlin schaut nach vorne, erstaunlich wenig nach hinten. Die großartigen Museen der Stadt sind Teil der zukunftsgerichteten Kultur- und Erlebniswirtschaft. Eine Stadt mit so vielfach gebrochener Geschichte muss die Erinnerung pflegen. Die Erinnerungskultur dient aber auch der Attraktivität der Stadt. Berlin wird keine Stadt der Erinnerung werden, dafür versteht sie sich zu sehr als eine Stadt mit Zukunft.

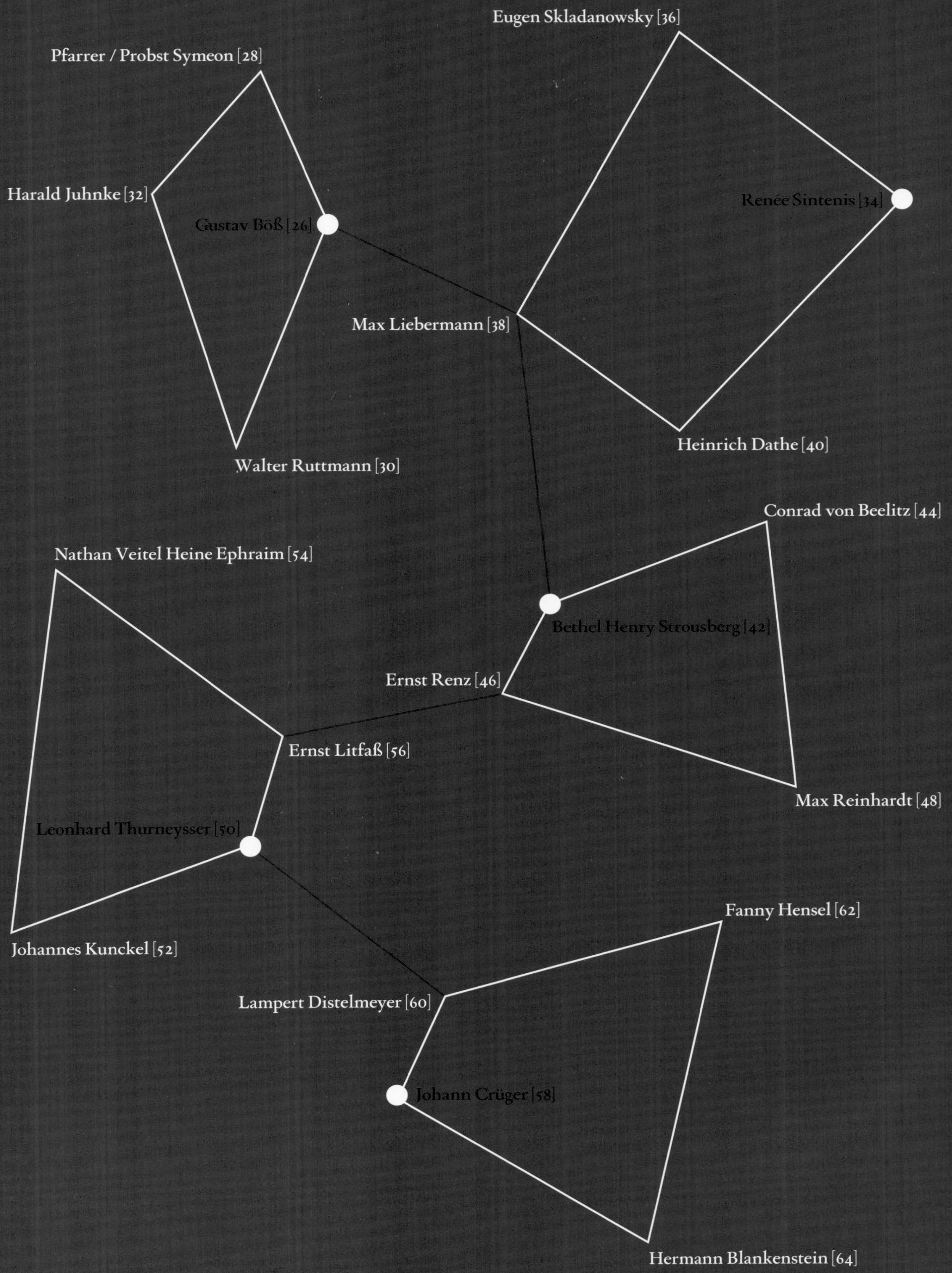
Eugen Skladanowsky [36]
Pfarrer / Probst Symeon [28]
Harald Juhnke [32]
Renée Sintenis [34]
Gustav Böß [26]
Max Liebermann [38]
Heinrich Dathe [40]
Walter Ruttmann [30]
Conrad von Beelitz [44]
Nathan Veitel Heine Ephraim [54]
Bethel Henry Strousberg [42]
Ernst Renz [46]
Ernst Litfaß [56]
Max Reinhardt [48]
Leonhard Thurneysser [50]
Fanny Hensel [62]
Johannes Kunckel [52]
Lampert Distelmeyer [60]
Johann Crüger [58]
Hermann Blankenstein [64]

Gustav Böß – Modernisierer mit Schmiss

1873 geboren am 11. April in Gießen | Studium der Rechtswissenschaften und der Volkswirtschaft an der Universität Gießen | Tätigkeit im hessischen Finanzdienst und bei der Verwaltung der Preußisch-Hessischen Eisenbahngemeinschaft **1901** Übersiedlung nach Berlin **1910** Verkehrsstadtrat in Schöneberg **1912** Kämmerer der Stadt Berlin **1921** am 20. Januar als Kandidat der DDP (Deutsche Demokratische Partei) mit den Stimmen der SPD zum Oberbürgermeister von Berlin gewählt **1930** am 20. Mai Dienstentlassung infolge des Sklarek-Skandals; am 1. Oktober weitgehende Rehabilitierung **1933** unter den Nationalsozialisten neunmonatige Inhaftierung **1934** Freilassung; Übersiedlung nach München, dann nach Bernried am Starnberger See **1946** gestorben am 6. Februar in Bernried

Max Oppenheimer
Gustav Böß, 1926
Öl auf Leinwand, 107 x 90 cm
Stadtmuseum Berlin

Das Ausstellungsgelände der Reichshauptstadt am Kaiserdamm (zu Seite 91)
Anfang 1929 vorhandene Hallenbauten: Halle I, Alte Autohalle (rechte obere Halle) 16500 qm; Halle II, Neue Autohalle (linke obere Halle) 12500 qm; im Vordergrunde die Funkhalle 11000 qm. Auf dem Ausstellungsfreigelände (links) der 138 m hohe Funkturm mit dem in 55 m Höhe gelegenen, 180 Personen fassenden Restaurant. Entwurf des Funkturms und der Alten Funkhalle (im Vordergrunde des Bildes) von Professor Heinrich Straumer

Großsiedlung Britz (zu Seite 128) Aufn. Hansa Luftbild
768 Einfamilienhäuser, 1542 Wohnungen von 1–4 Zimmern, 11 Läden, 1 Apotheke und 1 Café. Erbaut 1925–1929 von der Gemeinnützigen Heimstätten-, Spar- und Bau-Aktiengesellschaft Berlin (Gehag) – Architekten Bruno Taut und Dr.-Ing. Wagner – und von der Deutschen Gesellschaft zur Förderung des Wohnungsbaues, Gemeinnützigen Aktiengesellschaft Berlin-Schöneberg (Dewoge) – Architekten Engelmann und Fangmeyer

Das Ausstellungsgelände der Reichshauptstadt am Kaiserdamm
Großsiedlung Britz
(Gustav Böß, *Berlin von heute. Stadtverwaltung und Wirtschaft*,
Berlin: Gsellius 1929)
Stadtmuseum Berlin

Anonymer Schmähbrief mit aufgeklebter Karikatur
aus dem *Völkischen Beobachter* vom 27.4.1933
Landesarchiv Berlin

Kaum ein Berliner Bürgermeister hat die Modernisierung der Stadt so vorangetrieben wie Gustav Böß. Die Voraussetzung dafür hatte das Groß-Berlin-Gesetz von 1920 geschaffen, das Berlin und sieben benachbarte Städte mit insgesamt 3,8 Millionen Einwohnern zusammenfasste. In der zweiten Hälfte der 1920er-Jahre, nach Überwindung der Inflation, konnte Berlin seine Stellung als größte Industriestadt des Kontinents ausbauen.

1929 legte Böß eine städtebauliche Dokumentation vor, in der er die urbane und ökonomische Entwicklung Berlins miteinander verzahnte. Zu den Aufgaben der Verwaltung zählte er nicht nur sämtliche Sozialmaßnahmen, sondern auch die Energieversorgung der Wirtschaft. Aufgrund seiner Erfahrungen im Transport-, Verkehrs- und Finanzwesen setzte er auf wirtschaftliche Prosperität als Garant für eine gesunde gesellschaftliche Entwicklung und förderte sie durch geeignete Infrastrukturmaßnahmen. Ob Messegelände mit Funkturm, Flughafen Tempelhof, Westhafen, Kraftwerk Klingenberg, Alexanderplatz oder West-City: Anlage, Aus- oder Umbaumaßnahmen der »Ära Böß« kommen der Stadt großenteils bis heute zugute.

Im Sinne eines geordneten Städtebaus verlangte Böß eine vom Zentrum zur Peripherie abnehmende Dichte und Höhe der Bebauung. Wolkenkratzer lehnte er ab und sah sich darin auf einer USA-Reise kurz vor dem erzwungenen Ende seiner Amtszeit bestätigt. Die Errichtung von Mustersiedlungen als Alternative zu den gründerzeitlichen Mietskasernen, die Anlage von Sportstätten wie dem Strandbad Wannsee, Mommsen- und Poststadion sowie die Ausgestaltung der Jungfernheide zum großen Volkspark sollten zur Verbesserung der Lebensqualität auch der einkommensschwachen Schichten beitragen. Zugleich dienten solche Initiativen der Bekämpfung der Arbeitslosigkeit.

1929/30 setzte der »Sklarek-Skandal« dem erfolgreichen Wirken des Oberbürgermeisters ein jähes Ende. Die Brüder Sklarek, Inhaber eines Textilgroßhandels, hatten mit dem Magistrat einen Monopolvertrag über die Lieferung von Kleidung für Mitarbeiter der Stadtverwaltung abgeschlossen, was zahlreiche Fälle indirekter Bestechung sowie betrügerische Kreditgeschäfte zum Schaden der Berliner Stadtbank nach sich zog. Auch Böß' Ehefrau hatte von den Sklareks eine Pelzjacke bezogen und eine unangemessen niedrige Rechnung dafür erhalten. Nach folgenloser Beanstandung kaufte Böß für einen Teil des vermuteten Differenzbetrags ein Bild von Max Pechstein für seine Dienstwohnung.

Böß beantragte ein Disziplinarverfahren gegen sich selbst, das – abgesehen von der Pelz-Geschichte – mit seiner Rehabilitierung endete. Siegfried Kracauer meinte, »eine maßlose Hetze« habe sich »auf diesen Prozess wie auf eine willkommene Beute gestürzt« und ihn »über jedes zulässige Maß hinaus zu Propagandazwecken verwertet« – Repräsentanten der Demokratie und jüdische Unternehmer in kriminelle Machenschaften verstrickt zu sehen, entsprach einem verbreiteten Stereotyp der politischen Rechten. Gustav Böß verbrachte nach mehrmonatiger Haft zu Beginn der NS-Herrschaft ab 1934 unbehelligt und mit vollen Pensionsbezügen seinen Lebensabend in Oberbayern.

Dominik Bartmann

Pfarrer / Probst Symeon – Zeuge der Keimzelle

vermutlich 1190/1200 geboren wahrscheinlich 1215/1220 Ausbildung zum Geistlichen an der Brandenburger Domschule um 1230 Ernennung zum Pfarrer von Cölln an der Spree 1237 am 28. Oktober Zeuge im Zehntstreitvergleich zwischen den Markgrafen Johann I. und Otto III. von Brandenburg sowie dem Bischof Gernand von Brandenburg um 1238 Berufung zum Propst von Berlin 1244 am 16. Januar Zeuge in einer markgräflichen Verzichtserklärung auf die Nachlässe verstorbener Geistlicher 1245 am 9. Januar Zeuge in einer Urkunde des Prämonstratenserklosters Gramzow (Ernennung der Brandenburger Markgrafen zu Schirmvögten) 1247 Zeuge in einer Schenkungsurkunde der Markgrafen Johann I. und Otto III. von Brandenburg für das Kloster Lehnin 1247 am 29. April Zeuge in einer Dotationsurkunde des Bischofs Rutherus von Brandenburg für das Kloster Walkenried vor 1265 gestorben in Berlin; Beisetzung vermutlich in der Nikolaikirche

Am 28. Oktober 1237 versammelten sich mehrere geistliche und weltliche Herren im Großen Krankenhaus des Domstiftes zu Brandenburg, um einen seit 1210 zwischen den Markgrafen und dem Bischof schwelenden Streit über den Einzug des Zehnten im Bistum beizulegen. Die Markgrafen Johann I. und Otto III. sowie der Bischof Gernand von Brandenburg handelten an diesem Tag einen Vergleich aus, den der Pfarrer Symeon von Cölln mit beglaubigte. Diese Schlichtung sicherte den Markgrafen das Vorschlagsrecht für die Besetzung der Archidiakonate – der Verwaltungsbezirke des Bistums – und die Erhebung des Zehnten in den »Neuen Landen« (Barnim, Ruppiner Land, Uckermark), zu denen auch Berlin gehörte. Kurz nach der endgültigen Besiegelung des Vertrags am 28. Februar 1238 durch die vom Papst Gregor IX. bestellten Richter – Bischof Eggehard, Dompropst Rudolf und Scholastikus Ernst von Merseburg – erfolgte die Erhebung der Berliner Pfarrei an der Nikolaikirche zur Propstei. Die Markgrafenbrüder beriefen den Cöllner Pfarrer Symeon zum ersten Archidiakon dieses geistlichen Verwaltungsbezirks, der wahrscheinlich die bischöflichen Steuereinzugsgebiete (Sedes) Berlin-Cölln, Strausberg und Friedland mit 77 Ortschaften umfasste.

Die brandenburgischen Landesherren nutzten ihr Vorschlagsrecht, um die Propststellen in den »Neuen Landen« mit loyalen Parteigängern zu besetzen und so auch geeignete und schriftkundige Kräfte für die Verwaltung ihrer Landesherrschaft zu gewinnen, sei es als Kanzleibeamte, Landschreiber oder Räte. Deshalb ist es nicht verwunderlich, dass in landesherrlichen Urkunden der Jahre 1244, 1245 und 1247 der Archidiakon Symeon von Berlin im Gefolge der Markgrafenbrüder Johann I. und Otto III. von Brandenburg bezeugt wird.

Uwe Winkler

Oberteil eines Weihrauchgefäßes vom Krögel in Berlin, Anfang 13. Jh.
Messing, Höhe 13 cm
Stadtmuseum Berlin

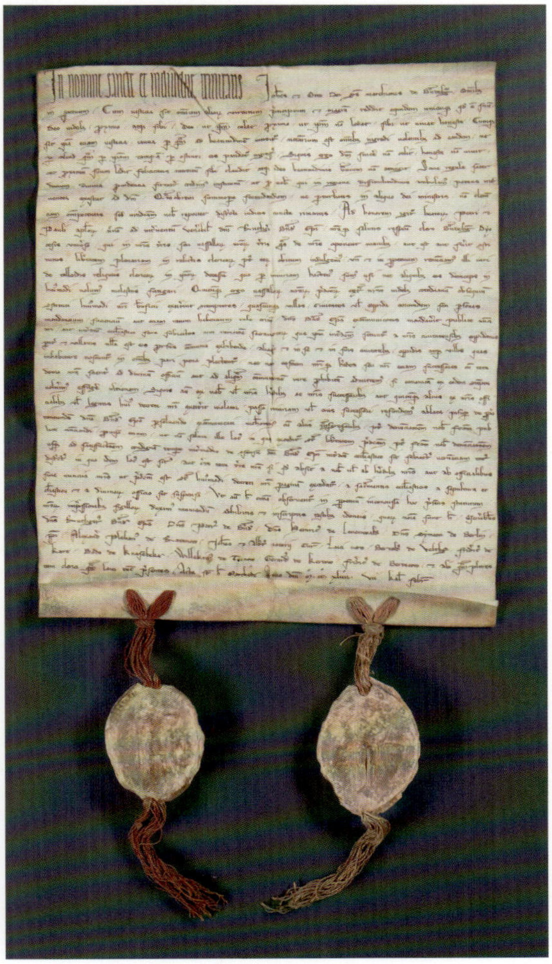

Urkunden vom 28. Februar 1238 und 26. Januar 1244
Domstift Brandenburg, Domarchiv

Walter Ruttmann – Sinfoniker der Großstadt

1887 geboren am 28. Dezember in Frankfurt am Main 1907 Architekturstudium in Zürich 1909 Ausbildung zum Maler an der Münchner Akademie; Weiterbildung in Marburg bei dem Maler und Illustrator Otto Ubbelohde 1914–1917 Kriegsdienst an der Ostfront 1918 Übersiedlung nach Wasserburg am Inn 1919 Gründung der Ruttmann-Film GmbH in München 1921–1925 experimentelle Kurzfilme *Lichtspiel opus 1* bis *4* 1922 Übersiedlung nach Berlin 1923–1926 Zauber-Szenen für Lotte Reinigers Scherenschnittfilm *Die Abenteuer des Prinzen Achmed*; Falkentraum-Sequenz für Fritz Langs *Die Nibelungen* 1926/27 Monatagefilm *Berlin: Die Sinfonie der Großstadt* 1929 Erster deutscher Tonfilm *Melodie der Welt* 1930 »Photografisches Hörspiel« *Weekend* Anfang der 1930-er Jahre Aufträge in Paris und Italien 1934 Propagandafilm *Blut und Boden* 1935 Mitarbeit an Leni Riefenstahls Propagandafilm *Triumph des Willens* 1941 gestorben am 15. Juli 1941 in Berlin

Dass der Regisseur des berühmtesten aller Berlin-Filme, *Die Sinfonie der Großstadt*, ursprünglich Maler war, ist kaum bekannt. Und doch bildeten avantgardistische Strömungen der bildenden Kunst – Futurismus, Konstruktivismus und Dada – die Voraussetzung für Ruttmanns bewegte Kompositionen, in denen er mit Simultaneität, Überblendung und Montage experimentierte.

In seinem nur fragmentarisch erhaltenen malerischen Werk zeigt sich eine Tendenz von einer anfangs naturalistischen Ausdrucksweise zu fortschreitender Abstraktion und Reduktion. Das Gemälde *Spaziergang im Wald* belegt Ruttmanns frühe Versuche, Bewegung in einem starren Medium einzufangen. Doch drängte es ihn konsequenterweise zum Film, wie schon der programmatische Titel seines undatierten, wohl Ende des Ersten Weltkriegs entstandenen Aufsatzes *Malerei mit Zeit* andeutet. Ruttmann sagte die Entstehung eines neuen Künstlertypus voraus, der zwischen Malerei und Musik stehe. Die Technik der Vorführung nannte er »Kinematografie«, ihre Gesetze seien am nächsten mit denen der Malerei und des Tanzes verwandt. Ruttmanns erster Umgang mit der Kamera mündete in einem abstrakten Formenspiel von Kreisen und Linien. *Lichtspiel opus 1* von 1921 ist der erste in Deutschland aufgeführte abstrakte farbige Trickfilm, bestehend aus 10 000 einzelnen eingefärbten Bildern. Der Kritiker Alfred Kerr bezeichnete Ruttmanns Lichtspiel-Experiment im *Berliner Tageblatt* als »Expressionismus in Bewegtheit«.

Der stilbildende Dokumentarfilm *Berlin: Die Sinfonie der Großstadt*, 1926/27 in Zusammenarbeit mit dem Komponisten Edmund Meisel entstanden, fängt den Rhythmus eines Tagesablaufs unter rein formalen Aspekten ein. War Ruttmanns Meisterwerk technisch gesehen als Stummfilm mit sinfonischer Originalbegeleitung angelegt, gilt *Melodie der Welt* von 1929 als erster abendfüllender deutscher Tonfilm. Auch er ist wie eine Sinfonie konzipiert, indem Analogien und Kontraste menschlichen Tuns in aller Welt spannungsreich in Bezug zueinander gesetzt werden. Die Methode der Montage setzte Ruttmann gleichfalls in dem 1930 entstandenen Hörspiel *Weekend* ein, es beginnt und endet mit einem »Jazz der Arbeitsgeräusche«, unterbrochen von Lauten der Fahrt ins Freie und der ländlichen Umgebung.

Es mag befremden, dass Ruttmann, der während der Weimarer Republik in linken Kreisen verkehrte, 1933 im Gegensatz zur Mehrzahl seiner berühmten Kollegen dem neuen Deutschland die Treue hielt. Der Streifen *Blut und Boden* im Auftrag des Reichsbauernführers zeigt, wie problemlos sich Ruttmanns Bildsprache von der nationalsozialistischen Ideologie vereinnahmen ließ. Leni Riefenstahl gewann ihn 1935 als Mitarbeiter für ihr Reichsparteitags-Epos *Triumph des Willens.* Als Angestellter der Ufa-Werbefilm AG drehte Ruttmann noch einige Industrie- und weitere Propagandafilme, bevor er, künstlerisch isoliert, 54-jährig an den Folgen einer Beinamputation starb.

Dominik Bartmann

Walter Ruttmann, 1929
Fotografie
ullstein-bild

Szene aus dem Film *Berlin: Die Sinfonie der Großstadt*, 1926/27
ullstein-bild

Walter Ruttmann
Spaziergang im Wald, 1915
Öl auf Leinwand, 110 x 82
Stadtmuseum Berlin

Harald Juhnke – ein Mann für alle Fälle

1929 geboren am 10. Juni in Berlin 1948 erster Bühnenauftritt im Haus der Kultur der Sowjetunion (heute: Maxim-Gorki-Theater) 1950 Engagements am Theater Neustrelitz und an der Freien Volksbühne Berlin 1950er und 1960er-Jahre Karriere als Schauspieler in Unterhaltungsfilmen ab 1977 Auftritte im Fernsehen in Unterhaltungsserien, Sketchen und als Showmaster 1971 in zweiter Ehe mit der Schauspielerin Susanne Hsiao verheiratet 1990er-Jahre Comeback als Charakterdarsteller in Spielfilmen 1995 Verarbeitung seiner Alkoholsucht in dem Film *Der Trinker* 1996 Rolle als *Hauptmann von Köpenick* im Maxim-Gorki-Theater 2000 Erkrankung am Korsakow-Syndrom (Gedächtnisstörung) 2005 gestorben am 1. April in Rüdersdorf

Harald Juhnke verkörperte in seiner Person wie in seinen Rollen die Ambivalenz von Kiez und Metropole, von Trivialität und Weltläufigkeit, von U(nterhaltung) und E(rnst). Er wuchs als Sohn eines Polizisten im Wedding auf und bewohnte schließlich eine Villa im Grunewald. Vor allem zu Beginn seiner Filmkarriere in den 1950er-Jahren chargierte er als liebenswerter Tolpatsch mit Berliner Schnauze durch zeittypische Heimat-Schmonzetten wie *Gruß und Kuß vom Tegernsee.* Hauptsache war, dass Gage, Aussehen der Partnerinnen und Location stimmten, wie er später freimütig bekannte. Der andere Juhnke, der sich erst nach Jahrzehnten wieder zu Wort meldete, hatte als seriöser Schauspieler 1948 in dem Revolutionsstück *Ljubow Jarowaja* debütiert, in der Rolle eines russischen Offiziers. Auf der Bühne fand er seine eigentliche Domäne allerdings schon bald im gehobenen Boulevard, hier glänzte er bis in die 1990er-Jahre in Inszenierungen des Renaissance- und Schloßparktheaters oder der Komödie am Kurfürstendamm.

Inge Kundel-Saro
Harald Juhnke im Café Kranzler, 1988
Fotografie
Inge Kundel-Saro

Wilfried Böing
Harald Juhnke als Wilhelm Voigt in
Der Hauptmann von Köpenick von Carl Zuckmayer
Maxim-Gorki-Theater, 27.1.1996
Fotografie, 24 x 17,1 cm
Stadtmuseum Berlin

Werbeplakat für das Chinarestaurant Tai-Tung
seines Schwiegervaters im Bikini-Haus
Farbdruck, 59,4 x 84,1 cm
Gernot Schaulinski

Ab 1977 trat er verstärkt im Fernsehen auf, er spielte in populären Vorabend- und Comedyserien und nahm als Showmaster der Sendereihe *Musik ist Trumpf* ein Millionenpublikum für sich ein.

Erst spät bot man ihm Charakterrollen an. 1992 erhielt er den Ernst-Lubitsch-Preis für seine Verkörperung des Ressortleiters Pit Kummer in *Schtonk!*, einer Satire auf die gefälschten Hitler-Tagebücher. In der TV-Verfilmung von Hans Falladas *Trinker* setzte er sich mit seinen immer häufiger wiederkehrenden, von starkem Medieninteresse begleiteten Alkoholexzessen auseinander. Je älter er wurde, desto unverfälschter gab er sich. Seine letzte Paraderolle war die des Hauptmanns von Köpenick – sowohl auf der Bühne des Maxim-Gorki-Theaters als auch im Film. Mit dem arbeitslosen Schuster Wilhelm Voigt, der sich im Oktober 1906 als Garde-Hauptmann verkleidete, kurzerhand zehn Soldaten seinem Kommando unterstellte, das Rathaus von Köpenick besetzte und die Stadtkasse beschlagnahmte, hatte er manches gemein: die Herkunft aus kleinen Verhältnissen, das Streben nach Höherem, die Verwandlungskunst und das komödiantische Talent.

Juhnke lebte seine Originalität, selbst wenn er mit Weltstadtattitüde Frank Sinatras Song *New York, New York* adaptierte. Aus seinem Mund verwandelten sich so simple Zeilen wie »Das Leid ist vorbei, / du bist wieder frei, / die ganze Welt kommt gern zu dir, Berlin, Berlin« und »Ich kann nicht anderswo, / so glücklich sein und froh, / bleib hier bei dir, Berlin, Berlin« in Statements tiefer Wahrhaftigkeit. Das Geheimnis seines Erfolgs war die Authentizität, die er ausstrahlte, nicht der Glamour, den er suchte.

Dominik Bartmann

Renée Sintenis – »Neue Frau« mit schaffenden Händen

1888 geboren am 20. März in Glatz / Schlesien als Renate Alice Sintenis 1905–1910 Studium an der Unterrichtsanstalt des Berliner Kunstgewerbemuseums 1917 Heirat mit dem Maler, Grafiker und Gestalter Emil Rudolf Weiß 1922 Beginn der Freundschaft mit Joachim Ringelnatz 1931 Berufung in die Akademie der Künste 1934 Ausschluss aus der Akademie aus »rassischen« Gründen 1944/45 Ausbombung des Ateliers 1948 Verleihung des Kunstpreises der Stadt Berlin 1948–1955 Leiterin einer Meisterklasse für Tierplastik an der Hochschule für Bildende Künste 1952 Verleihung des Ordens Pour le Mérite für Wissenschaft und Kunst 1953 Verleihung des Großen Bundesverdienstkreuzes 1955 Wiederaufnahme in die Akademie der Künste 1965 gestorben am 22. April in Berlin

Ihre Liebe zu Tieren, insbesondere zu Pferden, entdeckte Renée Sintenis als Kind in der ländlichen Atmosphäre Neuruppins. Jungtiere in ihrer spielerischen Bewegung, graziöse weibliche und sportliche männliche Aktfiguren, Masken und Porträts bildeten die Motive ihrer bevorzugt kleinformatigen Plastiken. Sie stellte ab 1913 zunehmend erfolgreich in der Freien Secession, später in der Akademie der Künste sowie in den Galerien von Fritz Gurlitt, Alfred Flechtheim und Alex Vömel, der sie bis nach Paris und New York vermittelte, aus.

In der Weimarer Republik avancierte sie zum Liebling von Hautevolee und Boheme. Sie verkörperte in höchster Vollkommenheit die »Neue Frau« der Epoche: mit markantem Profil unter mondäner Bubikopf-Frisur, im Herrensattel hoch zu Ross oder am Steuer ihres Studebakers. Vor allem im Studio der Porträtfotografin Frieda Riess traf sie auf illustre Kreise und bedeutende Persönlichkeiten der Hauptstadt. Mit dem Schriftsteller Joachim Ringelnatz verband sie eine enge Freundschaft. Hans Cürlis, Leiter des Berliner Instituts für Kulturforschung, filmte sie bei der Arbeit im Atelier für seine Reihe *Schaffende Hände*. 1930 fand sie Aufnahme in den Band *Menschen der Zeit. Hundert und ein Bildnis aus deutscher Gegenwart* – als Modernitätsikone am Ende einer langen Reihe noch ziemlich kaiserzeitlicher Politiker, Generäle, Wirtschaftskapitäne, Atlantik-Flieger und Gelehrter im Stehkragen.

Eben noch hoch geehrte Repräsentantin der Republik, überstand sie die Zeit des Nationalsozialismus in zunehmender Isolation. Wegen der jüdischen (zum evangelischen Glauben konvertierten) Eltern ihrer Mutter galt sie als »nicht arisch«. Ihr im Sommer 1944 angelegtes Selbstporträt, eine Lebendmaske mit eingefallenen Zügen, geriet zu einem Sinnbild des Leids dieser Zeit.

Nach Kriegsende gehörte sie im Kreis der Galerie von Gerd Rosen zu den Künstlerinnen der ersten Stunde. Den Weg zu regelrechter Popularität ebnete ihr bald darauf ein Werk, dessen künstlerische Urheberschaft heute fast vergessen ist: die Goldenen und Silbernen Bären, welche die Internationalen Filmfestspiele in Berlin seit 1951 verleihen. Seit 1957 begrüßt eine lebensgroße Variante des Sintenis-Bären alle über den Grenzkontrollpunkt Dreilinden nach (West-)Berlin Einreisenden.

Ihre Wiederaufnahme in die Akademie der Künste 1955 bedeutete späte Wiedergutmachung. Das Ehrengrab mit einer schlichten, von Richard Scheibe gestalteten Grabplatte auf dem Waldfriedhof Dahlem teilt sie mit ihrer Partnerin der letzten Lebensjahre, Magdalena Goldmann. Werke von Renée Sintenis stehen auf dem nach ihr benannten Platz in Friedenau und vor der Renée-Sintenis-Schule in Frohnau.

Dominik Bartmann

Bildgießerei Noack (1999)
nach Renée Sintenis (1932)
Silberner Bär der Berlinale
Bronze, versilbert, Höhe 22,4 cm
Michael Gwisdek

Renée Sintenis
Selbstbildnis, 1944/45
Gips, farbig gefasst, Höhe 36 cm
Stadtmuseum Berlin

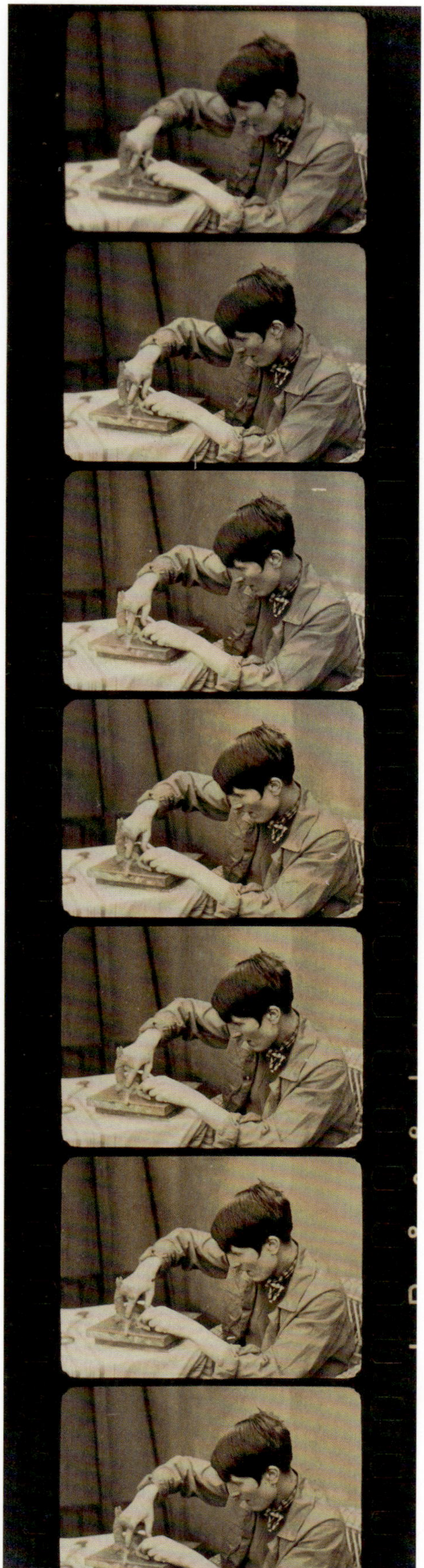

Institut für Kulturforschung Berlin
Schaffende Hände. Künstlerhände im Film, 1920er-Jahre
Album mit Kontaktabzügen von Filmstreifen
Stadtmuseum Berlin

Eugen Skladanowsky – der erste Filmschauspieler der Welt

1859 geboren am 10. Januar in Berlin 1874 Anschluss an den Wanderzirkus Klieber | Engagement beim Zirkus Blumenfeld als Tänzer, Reiter, Springer und Clown 1879–1882 Militärzeit in Königsberg / Neumark | Engagements in den Zirkussen Corty-Althoff, Busch und Ciniselli 1889–ca. 1897 beim Zirkus Renz Berlin bis 1911 im Königlich Niederländischen Zirkus Oskar Carré als Clown, Pantomime und Darsteller von Manegenrollen seit 1912 Gelegenheitsarbeiten in der Gastronomie 1914–1917 Packer in einer Kaffee-Rösterei in Berlin 1917–1919 vermutlich Kino-Leiter 1919–1931 Arbeit in der Firma »P.f.A« (Projektion für Alle) seines Bruders Max 1945 gestorben am 23. Januar in Eichwalde

Sich selbst bezeichnete Eugen Skladanowsky als »Circus Artist und der erste Filmschauspieler der Welt«. Seine Mission sei es gewesen, so dichtete er in seinen Lebenserinnerungen 1939, »der Menschheit Freude zu bereiten, Scherz und Humor im Volk [zu] verbreiten«. Das ist ihm in einer über sechs Jahrzehnte andauernden Bühnen- und Manegenkarriere bestens gelungen. Als Artist wagte er den Salto mortale über zehn Pferde, als komödiantisches Talent imitierte er berühmte Persönlichkeiten wie den Alten Fritz oder Buffalo Bill, und als Lehrer brachte er den Zirkuskindern nicht nur Lesen und Schreiben bei, sondern führte sie auch in die Kunst des Springens ein. Engagiert war er als einer der zahlreichen Weißclowns beim Zirkus Renz in Berlin und als Darsteller auch theatralischer Manegenrollen im Königlichen Zirkus in Amsterdam, mit dem er fast 20 Jahre lang weltweit gastierte.

Eugen Skladanowskys Ambitionen gingen aber darüber hinaus. Seine jüngeren Brüder Max und Emil Skladanowsky hatten die »Kurbelkiste« und den Projektionsapparat »Bioscop« erfunden, mit dem sie am 1. November 1895 im Berliner Varieté Wintergarten erstmals ein 15-minütiges Programm mit Streifen wie *Komisches Reck* oder *Das boxende Känguru* einem zahlenden Publikum vorführten. Sie gelten daher als Wegbereiter des Films, dessen weitere Entwicklung eng mit Berlin und Potsdam-Babelsberg verbunden ist. Während anfangs die Technik im Vordergrund stand und allein die bewegten Bilder als Sensation galten, sollten nun die Filme auch unterhalten. Idee und Aufbau der jetzt von Bruder Eugen geplanten Filmburlesken hatten populäre Zirkussketche zum Vorbild. Der Akteur wusste aus eigener Erfahrung genau, welche Gags und Pantomimen beim breiten Publikum ankamen. Die erste spielfilmartige Szene, mit der Eugen als »Drehbuchautor« und Schauspieler in Deutschland auf den Plan trat, wurde am 10. Januar 1896 im Garten des Berliner Central-Theaters in der Alten Jakobstraße gedreht. Ateliers gab es noch nicht und auch keine Jupiterlampen, so wurde aus alten Theaterdekorationen ein »Zimmer« unter freiem Himmel gebaut, Sonne und Wind verursachten unnatürliche Schatten und Bewegung. Entstanden sind vermutlich nach Filmwechsel zwei Szenen in gleicher Kulisse: *Der nächtliche Freier*, so der vielsagende Titel des »ersten Films der Welt«, zeigt nur, wie der Ehemann verprügelt wird, in der zweiten Folge *La Puce (Der Floh)* geht dieser »Szene einer Ehe« eine Flohjagd voraus.

Erhalten geblieben sind lediglich Druckbogen mit je 48 Phasen. Auf perforiertem Filmmaterial mit dem »Kurbelkasten II« aufgenommen, wurden die Einzelbilder beider Filme später auf Druckstöcke umkopiert und gedruckt als »Daumenkino« vertrieben. Diese erfreuten sich größter Beliebtheit. Das einheitliche Szenario wurde jedoch nie als Gesamtfilm vor Publikum auf eine Leinwand projiziert. Die Legende vom »ersten Filmdrama der Welt« entstand Jahre später in der Familie Skladanowsky, so berichtete später Lucie, die Tochter von Max Skladanowsky.

Wim Wenders setzte 1995, zum 100. Geburtstag des Kinos, den Gebrüdern Skladanowsky in seinem gleichnamigen Film ein Denkmal, eine Augen zwinkernde Montage aus Fiktion und Dokumentation, Historie und Gegenwart unter Rückgriff auf Charakteristika der Stummfilmära.

Angelika Ret

A. Greiner
Eugen Skladanowsky als Clown Eugen
(Cirque Oscar Carré, Amsterdam), 1909
Cabinet-Fotografie, 16,6 x 10,9 cm
Stadtmuseum Berlin

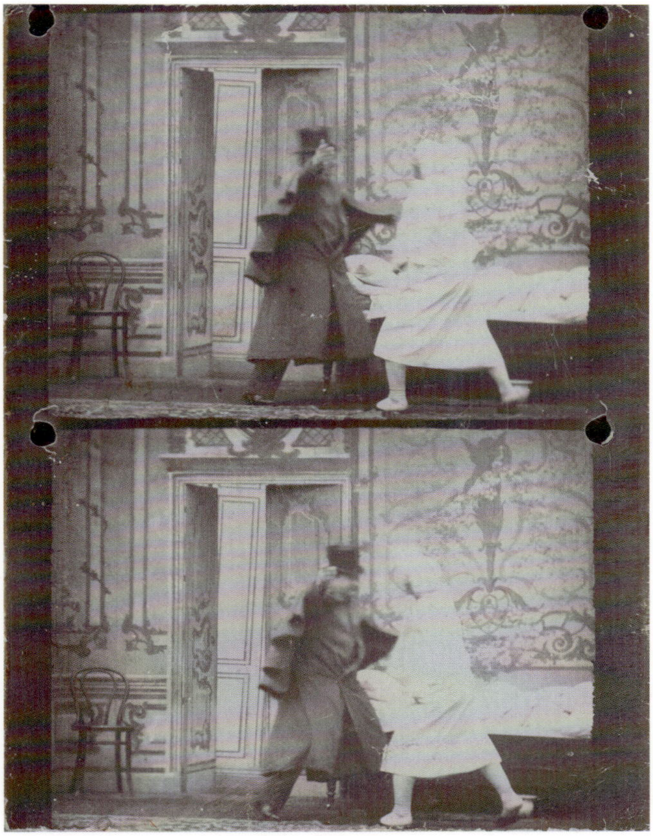

Eugen Skladanowsky und Lavater Lee in
Der nächtliche Freier, 1896
Kontaktabzug von zwei Sequenzen eines Filmstreifens,
8,2 x 6,1 cm
Stadtmuseum Berlin

Eugen und Max Skladanowsky mit Bioskop, 1934
Fotografie, 12,5 x 17 cm
Stadtmuseum Berlin

Max Liebermann – Reiter im Tiergarten

1847 geboren am 20. Juli in Berlin 1868–1873 Studium an der Kunstschule in Weimar 1871 erste von regelmäßig wiederkehrenden Studienreisen nach Holland 1873–1878 meist Aufenthalt in Paris 1884 Übersiedlung von München nach Berlin 1892 Mitbegründer der avantgardistischen Vereinigung der XI; Bezug des elterlichen Hauses am Pariser Platz 1898 Mitglied der Königlichen Akademie der Künste 1899 Wahl zum Präsidenten der im Vorjahr von ihm, Walter Leistikow, Franz Skarbina u. a. gegründeten Berliner Secession 1909/10 Bau eines Sommerhauses am Wannsee 1912 Wahl in den Senat der Akademie und Ehrendoktor der Berliner Universität 1913/14 Übertritt zur Freien Secession, danach deren Ehrenpräsident 1920–1932 Präsident der Akademie, anschließend Ehrenpräsident 1927 Ehrenbürger der Stadt Berlin 1933 Austritt aus der Akademie 1935 gestorben am 8. Februar in Berlin

Ein junger Mann, etwas aus der Art geschlagen: Obwohl einer wohlhabenden Industriellenfamilie entstammend, fühlte sich der 15-jährige Max Liebermann vom sozialistischen Gedankengut Ferdinand Lassalles angezogen. Wäre es nach seinem Vater gegangen, wäre er nach passender Ausbildung ins Familienunternehmen eingestiegen. Nur ihm zuliebe absolvierte er das Gymnasium und immatrikulierte sich dann pro forma an der Philosophischen Fakultät der Berliner Universität. Statt zu studieren, brachte er die Zeit lieber mit Ausritten im Tiergarten zu. Und er schnupperte bei dem bekannten Pferdemaler Carl Steffeck, bei dem er bereits als Schüler Zeichenunterricht erhalten hatte, Atelierluft.

Schließlich setzte er eine weiterführende künstlerische Ausbildung in Weimar durch und bildete sich in Frankreich und Holland weiter. Unter dem Eindruck von Gustave Courbet, Jean François Millet und Jozef Israëls setzte er sich seit den späten 1870er-Jahren mit dem Idealbild ländlicher Arbeitswelt auseinander. Liebermanns Realismus führte zu heftigen Angriffen durch die konservative Kritik, gegen deren Widerstand er der modernen Kunst maßgeblich zum Durchbruch verhalf. In den späten 1880er-Jahren griff er Stilelemente des französischen Impressionismus auf. Nun gewann er Anerkennung auch durch das liberal gesonnene Großbürgertum, dem er selbst angehörte und dessen Vertreter er in einer an Frans Hals geschulten Manier porträtierte. Auch Künstlerkollegen, Schauspieler und Dichter hielt er auf Leinwand und Papier fest. Eine Lithografie mit dem Porträt Fontanes schenkte Liebermann dem Schriftsteller Georg Hermann (siehe S. 92).

Max Liebermann
Selbstbildnis mit Pinsel, 1913
Öl auf Holz, 72,5 x 60
Stadtmuseum Berlin

Im Zusammenspiel der von Liebermann geleiteten Künstlervereinigung Berliner Secession mit Sammlern und Mäzenen wie Eduard Arnhold oder der Familie Mendelssohn, mit Verlegern und Galeristen wie den umtriebigen Vettern Bruno und Paul Cassirer sowie mit aufgeschlossenen Museumsdirektoren wie Wilhelm von Bode und Hugo von Tschudi löste Berlin um 1900 München als deutsche Kunsthauptstadt ab.

Kind der preußischen Monarchie und durchdrungen vom Patriotismus des jüdischen Bürgertums, gehörte im Oktober 1914 auch Liebermann zu den Unterzeichnern des *Aufrufs an die Kulturwelt*, mit welchem 93 berühmte Gelehrte und Künstler dem gegnerischen Vorwurf einer barbarischen deutschen Kriegführung zu widersprechen versuchten. Den Sieg der Revolution von 1918 empfand er als Zusammenbruch, dennoch bekannte er sich als Akademiepräsident schon bald zu den demokratischen Strukturen der Weimarer Republik. Oberbürgermeister Gustav Böß (siehe S. 26) verlieh ihm 1927 die Berliner Ehrenbürgerschaft.

Die Ermordung des Reichsaußenministers Walther Rathenau – Sohn von Liebermanns Cousin Emil – im Jahr 1922 erwies sich im Nachhinein als Fanal. Am 30. Januar 1933 musste er den Fackelzug der SA zu Hitlers Machtübernahme durch das Brandenburger Tor von seinem Wohnhaus aus mit ansehen. Noch im Vorjahr zu seinem 85. Geburtstag mit

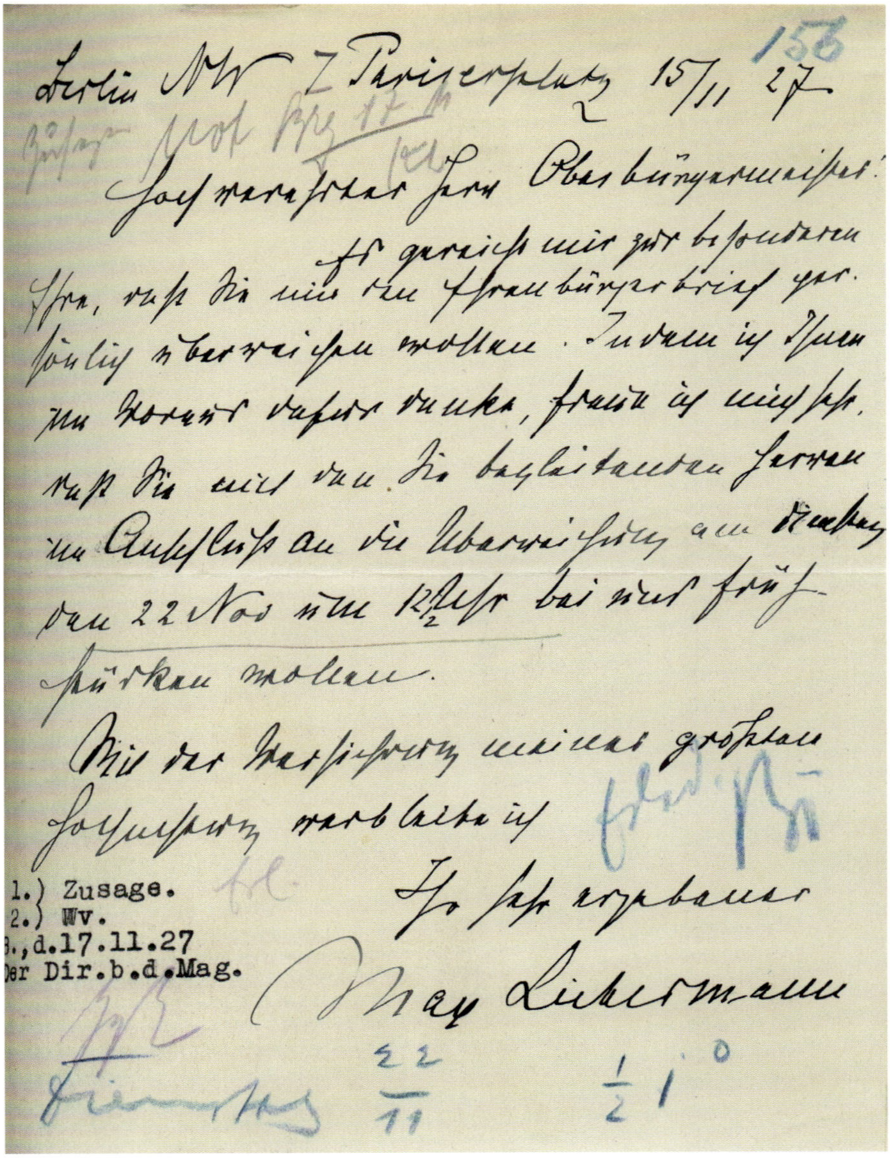

Berlin NW 7 Pariserplatz 15/11 27

Hochverehrter Herr Oberbürgermeister!

Es gereicht mir zur besonderen Ehre, daß Sie mir den Ehrenbürgerbrief persönlich überreichen wollen. Indem ich Ihnen im Voraus dafür danke, freue ich mich sehr, daß Sie mit den Sie begleitenden Herren im Anschluß an die Überreichung am Dienstag den 22 Nov um 12½ Uhr bei mir frühstücken wollen.

Mit der Versicherung meiner größten Hochachtung verbleibe ich

Ihr sehr ergebener

Max Liebermann

1.) Zusage.
2.) Wv.
B.,d.17.11.27
Der Dir.b.d.Mag.

Schreiben von Max Liebermann an den Oberbürgermeister Gustav Böß
zur Verleihung des Ehrenbürgerrechts, 15.11.1927
Landesarchiv Berlin

Max Liebermann
Gerhart Hauptmann, 1912
Öl auf Leinwand, 95,5 x 113 cm
Stadtmuseum Berlin

Max Liebermann
Reiter im Tiergarten, 1922
Holzschnitt, 10 x 14 cm
Privatbesitz

Ehrungen überhäuft, sah er sich nun aus dem öffentlichen Kunstleben verbannt. Um seinem Ausschluss aus der Preußischen Akademie der Künste zuvorzukommen, erklärte er am 7. Mai 1933 seinen Austritt, da »Kunst weder mit Politik noch mit Abstammung« etwas zu tun habe. 1935 folgte auf dem Jüdischen Friedhof an der Schönhauser Allee nur eine überschaubare Zahl von Freunden und Verwandten seinem Sarg, darunter Käthe Kollwitz (siehe S. 152). Liebermanns Tochter Käthe emigrierte 1938 mit ihrer Familie nach New York, seine Witwe Martha entzog sich 1943 der drohenden Deportation durch Selbstmord.

Dominik Bartmann

Heinrich Dathe – Bärenvater mit Sendungsbewusstsein

1910 geboren am 7. November in Reichenbach / Vogtland **1930–1936** Studium der Zoologie, Botanik und Geologie an der Universität Leipzig **1934** Wissenschaftlicher Mitarbeiter an verschiedenen naturkundlichen Museen und am Zoo Leipzig **1936** Promotion mit dem Thema *Bau des männlichen Kopulationsorgans beim Meerschweinchen und anderen hystricomorphen Nagetieren* **1940** Stellvertretender Direktor des Leipziger Zoologischen Gartens **1945–1947** britische Kriegsgefangenschaft **1950** Wiederanstellung im Leipziger Zoologischen Garten, 1955–1957 als Kommissarischer Direktor **1954–1990** Direktor des Tierparks Berlin-Friedrichsfelde **1957** Verleihung des Professorentitels **1958–1990** Leitung der Forschungsstelle für Wirbeltierforschung an der Akademie der Wissenschaften der DDR **1966** Nationalpreis der DDR **1982** Verleihung der Ehrenbürgerschaft seiner Geburtsstadt Reichenbach **1991** gestorben am 6. Januar in Berlin

Als Junge wollte Heinrich Dathe eigentlich Forschungsreisender werden, aber er interessierte sich auch für die heimische Fauna und Flora, insbesondere für die Vogelwelt. Zoologische Gärten mochte er damals allerdings gar nicht, sah er in ihnen doch nur Gefängnisse, in die man Tiere einsperrt. Hingegen träumte er in einem Schulaufsatz aus dem Jahr 1923 bereits von seiner späteren größten beruflichen Herausforderung: »[…] ich würde mir einen größeren Garten anlegen, worin ich Pflanzen und Tiere verwildern ließe […] Endlich ließe ich mir eine große Halle bauen, die von unten geheizt werden könnte, damit tropische Hitze erzeugt würde.«

Als ihm der Magistrat 1954 die Aufgabe stellte, für den Ostteil der Stadt einen völlig neuen Tierpark nach seinen Vorstellungen einzurichten, entwarf Heinrich Dathe eine weitläufige Anlage mit vielen Freigehegen, plante für die Zukunft auch ein Palmenhaus. Aus dem verwilderten Friedrichsfelder Schlosspark wollte er etwas Besonderes machen: »attraktiv für den Besucher, gesund für die Tiere und praktisch für die Pfleger«.

Mit dem ehrgeizigen Projekt rettete der promovierte Zoologe nicht nur das Schloss vor dem Abriss, sondern er schaffte es auch, nach nur zehnmonatiger Bauphase am 2. Juli 1955 den Tierpark Berlin zu eröffnen. Noch erwarteten lediglich 400 Tiere in 120 Arten die große Zahl der Schaulustigen, später sollten es bis zu 10 000 Tiere in 1000 Arten auf 160 Hektar Parklandschaft werden. Schnell wurde das »Paradies für Tiere« über alle Grenzen hinweg bekannt, und bald fand auch ein internationales Fachpublikum wegen des hohen wissenschaftlichen Niveaus und einzigartiger Zuchterfolge den Weg nach Friedrichsfelde.

Besonderes Augenmerk widmete Dathe den Bärengehegen, die er natürlichen Felsformationen nachbilden ließ. Das Bärenschaufenster am heutigen Haupteingang entstand 1958. Drei Jahre später wurden die Dathes »Bäreneltern wider Willen«, als sie den ersten in einem Zoo lebend geborenen

Weiblicher Eisbär
Dermoplastik von Manfred Gräfe
Stadtmuseum Berlin

Malaienbären, später »Evi« genannt, adoptieren mussten, weil die Mutter das sieben Wochen alte Jungtier verstoßen hatte. Für die Tiere hat Heinrich Dathe gelebt und gearbeitet, als akribischer Tagebuchschreiber protokollierte er jede Beobachtung in den Stallungen und Gehegen. Er war Herausgeber und Autor wissenschaftlicher Publikationen, wurde Gastgeber zahlreicher Kongresse. »Seinen« Tierpark verstand er vor allem als Bildungsstätte für Kinder und Erwachsene.

Die zahllosen Auftritte des Tiergärtners in Rundfunk und Fernsehen beförderten die große Popularität des Parks in Friedrichsfelde. Seit 1957 plauderte Dathe sonntags mit Radioreporterin Karin Rohn über seine Tiere, zwei Jahre später war die Fernsehgemeinde regelmäßig mit der Moderatorin Annemarie Brodhagen *Zu Besuch bei Prof. Dr. Dr. Dathe* (seit 1973: *Tierparkteletreff*). Ähnliches Medientalent hatte Dathe schon Ende der 1940er-Jahre bewiesen, indem er als Vogelstimmenimitator beim Rundfunk brillierte.

Im Gegensatz zu den weltweit anerkannten Verdiensten Heinrich Dathes stand im Dezember 1990 seine Pensionierung unter unwürdigen Umständen. Zu alledem drohte seinem Lebenswerk zeitweilig die Abwicklung.

Heute lockt der Tierpark Berlin in Friedrichsfelde neben dem traditionsreichen Zoologischen Garten in Charlottenburg jährlich tausende Besucher an. Die Attraktivität der Anlage soll mit komplexen Sanierungen und der Schaffung von Erlebniswelten wie *Galapagos* in Zukunft noch gesteigert werden.

Angelika Ret

Erich Schmitt
Tierpark-Skizzen, o. J.
Feder in Schwarz, blau laviert, 30 x 21 cm
Stadtmuseum Berlin

Heinrich Dathe
Sie können mich mal...
im Tierpark besuchen, o. J.
Bleistift, 11,2 x 5 cm
Staatsbibliothek zu Berlin – Preußischer Kulturbesitz

Gerhard Budich
Heinrich Dathe in der Tropenhalle des Alfred-Brehm-Hauses, 1964
Fotografie, 18 x 24 cm
Tierpark Berlin, Archiv

Bethel Henry Strousberg – Visionär am falschen Ort

1823 geboren am 20. November in Neidenburg/Ostpreußen als Baruch Hirsch Strousberg **1835** Tod des Vaters und Übersiedlung nach London; Ausbildung zum Kaufmann im Geschäft für Galanteriewaren und Spielzeug der beiden Onkel **1845** Eintritt in die anglikanische Kirche und Anglisierung seines Namens; Heirat mit Mary Ann Swan, Tochter eines Weißwarenhändlers aus London; im Selbststudium Aneignung gründlicher Kenntnisse in Recht, Nationalökonomie, Banken- und Versicherungswesen; Manager einer kleinen Lebensversicherungsgesellschaft **1855** Übersiedlung nach Berlin; Tätigkeit als Versicherungsagent **1857** nach Einreichung seiner in London verfassten Beiträge für das von ihm herausgegebene *Merchant's Magazine* Promotion an der Philosophischen Fakultät der Universität Jena »in absentia« **1862** erste Konzession für den Bau der Ostpreußischen Südbahn Tilsit- Insterburg; danach weitere Strecken, darunter Berlin-Görlitz und Hannover-Altenbeken **1866** Herausgeber der neuen, in Berlin erscheinenden Tageszeitung *Die Post* **1868** Konzessionen für den Eisenbahnbau in Rumänien; Sitz im Reichstag der Norddeutschen Bundes für die Alt-Konservativen **1875** Festnahme in St. Petersburg und Anklage wegen Anstiftung zu Kreditvergehen **1877** nach Prozess und Haft Rückkehr nach Berlin **1884** gestorben am 31. Mai in Berlin

»Der größte Mann in Deutschland ist unbedingt der Strousberg. Der Kerl wird nächstens deutscher Kaiser. Überall wo hin man kommt, spricht Alles nur von Strousberg«, schrieb Friedrich Engels im September 1869 an Karl Marx. Da hatte Bethel Henry Strousberg den Zenit seiner Karriere als »europäischer Eisenbahnkönig« erreicht. Als Generalunternehmer baute er in nur wenigen Jahren über 2500 Kilometer Eisenbahnen – 1700 Kilometer davon in Preußen. Das fast unglaubliche war: Strousberg hatte kein wirkliches Kapital und auch keinen Kredit bei Banken. Für seine Projekte gewann er Investoren aus der Hocharistokratie, die dazu geeignet waren, das Vertrauen weiterer Anleger zu gewinnen. Kurzfristig finanzierte er sich über die Vorleistung seiner Lieferanten, gab diesen zur Überbrückung Wechsel, bis die ersten Erträge aus deren Leistungen anfielen. Die Eisenbahngesellschaften bezahlten ihren Generalunternehmer für jeden vollendeten Streckenabschnitt nicht bar, sondern mit Aktien, die Strousberg unter Nennwert an den Mann brachte, was den Aktiengesellschaften, damals nicht anders als heute, verboten war. All dies geschah allerdings mit ausdrücklicher Billigung des preußischen Handelsministers – das wirtschaftlich aufstrebende Preußen brauchte weitere Eisenbahnen und setzte in den 1860er-Jahren ganz auf private Initiative.

Um die Abhängigkeit von seinen Lieferanten zu verringern, stieg Strousberg schließlich selbst in die Produktion der zum Eisenbahnbau notwendigen Materialien ein, kaufte Kohle- und Erzgruben, Hüttenwerke, Stahlbaufirmen und Radhersteller. Als sein Geschäftspartner Borsig in Berlin nur noch gegen Barzahlung liefern wollte, erwarb Strousberg mit der Maschinenfabrik Georg Egestorff, der späteren Hanomag, eine eigene Lokomotivenfabrik. Zeitweise waren über 100 000 Arbeiter für ihn tätig.

Die enormen Gewinne aus seinen Unternehmungen ermöglichten es Strousberg, einen wahrhaft extravaganten Lebensstil zu führen, für den wohl Englands »landed gentry« das Vorbild abgab. Getreu dem Motto »für jedes Kind ein Rittergut« – er hatte sieben – erwarb er Landgüter in großem Stil und wurde mit 440 000 Hektar zu einem der größten Grundbesitzer Europas. In London mietete er in Westminster das Palais 5 am Grosvenor Place. In Berlin kaufte er mehrere Häuser, in der

Der Görlitzer Bahnhof, 1869
Fotografie, 16,7 x 27 cm
Stadtmuseum Berlin

Hermann Günther
Berliner Viehhof, 1870
Fotografie, 33,5 x 39,7 cm
Stadtmuseum Berlin

Ende und Böckmann
Bethel Henry Strousberg im Salonwagen, 1870
Aquarell, 52,5 x 46 cm
Stadtmuseum Berlin

Aktie des Vereins für Pferderennen in Preußen,
Inhaber: Herr Dr. Strousberg, 1869
Stadtmuseum Berlin

Jägerstraße und Unter den Linden. 1870 bezog er, wenn auch nur für kurze Zeit, in der Wilhelmstraße das »Palais Strousberg«, einen Bau von bis dahin nicht gekanntem Luxus, der später Sitz der Britischen Botschaft wurde. Nach eigenem Selbstverständnis »wohltätig«, baute er gleichsam stellvertretend für die öffentliche Hand am Humboldthain den ersten Viehhof Berlins. Am Schiffbauerdamm pachtete er die erste Markthalle, um der Versorgung der Bevölkerung mit Lebensmitteln unter hygienischen Bedingungen zum Erfolg zu verhelfen.

Als das Bahnprojekt in Rumänien wegen steigender Kosten 1870 ins Stocken geriet und die Kupons der Aktionäre nicht eingelöst werden konnten, begann der Niedergang des Imperiums. Anfang 1873 war im preußischen Abgeordnetenhaus gar vom korrupten »System Strousberg« die Rede. 1875 wurde er in St. Petersburg verhaftet und – zu unrecht – in Moskau wegen Anstiftung zu Kreditvergehen angeklagt. Unmittelbar danach geriet er in Deutschland, Österreich und Russland in Konkurs. Nach zweijähriger Haft wieder in Berlin, drangsaliert von seinen Gläubigern, gelang es ihm nicht mehr, an seine Karriere als großer Unternehmer anzuknüpfen. Seinen Lebensunterhalt bestritt er vornehmlich als Journalist und Herausgeber des von ihm gegründeten *Kleinen Journals.* Die letzten Jahre vor seinem Tod lebte er bescheiden in einem kleinen Hotel in der Nähe des Gendarmenmarktes. Am 4. Juni 1884 wurde er ohne große öffentliche Anteilnahme auf dem Matthäi-Kirchhof in Berlin-Schöneberg in der Familiengruft beigesetzt.

Peter Schwirkmann

Conrad von Beelitz – ein früher Pendler

vermutlich um 1250/1260 geboren in Beelitz (Zauche) oder Berlin 1288 am 10. April Nennung im Zunftprivileg für die Schneider als Mitglied des Berliner Rats 1290 als Zeuge in einer Schenkungsurkunde für das Berliner Franziskanerkloster aufgeführt 1290–1302 namentliche Eintragungen als Fernhändler im Hamburger Schuldbuch 1308 gestorben am 15. Mai in Berlin; Beisetzung in der Franziskanerklosterkirche

Conrad von Beelitz gehörte zu den Pionieren der Berliner Großkaufmannschaft und zu den führenden Persönlichkeiten der mittelalterlichen Stadtgemeinde, kaum dass sich diese herausgebildet hatte.

Ersteres beweisen seine von 1290 bis 1302 namentlich belegten Eintragungen im Hamburger Schuldbuch, der wichtigsten Quelle für die umfangreichen Handelsbeziehungen Berlin-Cöllner Kaufleute mit dem sich entwickelnden hansischen Wirtschaftsraum. Das Kreditverzeichnis enthält von 1288 bis 1349 in Hamburg beglaubigte private Handelsschulden, zu deren Begleichung eine Zahlungsfrist gewährt wurde. Voraussetzung für die notariellen Beurkundungen war die persönliche Anwesenheit des Kreditnehmers.

Conrad von Beelitz hat in den Jahren 1290, 1291, 1295, 1298 und 1302 in Hamburg zum Teil beträchtliche ausstehende Geldsummen in das Buch notieren lassen, meist zusammen mit anderen Berliner Mitschuldnern. Gläubiger bei diesen Geschäften waren Großkaufleute aus Gent und Utrecht. Diese Tatsache belegt die Teilnahme des Berliner Fernhändlers auch am Warenaustausch über Hamburg hinaus nach Holland und Flandern.

Seine Handelstätigkeit begünstigten dabei die Zollprivilegien für märkische Kaufleute in den Grafschaften Holstein (von 1236) und Holland (von 1252) sowie die Zollfreiheit Berlin-Cöllner Kaufleute in der Mark Brandenburg (vor 1251).

Zu den Hauptausfuhrprodukten dieses Fernhandels zählten Getreide (vor allem Berliner Roggen) für die Nahrungsmangelgebiete des Westens und Nordens sowie zu Bohlen oder Brettern geschnittenes Eichenholz, das im Schiffs- und Städtebau, in der Herstellung von Bier- und Heringsfässern Verwendung fand. Außerdem exportierten die Kaufleute Wolle, Pelze, Bier, Pottasche, Wachs und grobe Leinwand für Segel. Die Importe bestanden aus flandrischen feinen Tuchen, Steinzeug, Metall, Waffen, Meersalz, Gewürzen sowie Waid, dem Grundprodukt für blaue Textilfarbe. Hinzu kamen Heringe von der Schonen-Küste und andere Produkte der Seefischerei als Nahrung für die Fastenzeit

Der Warenaustausch von Berlin-Cölln nach Hamburg erfolgte über Spree, Havel und Elbe mit märkischen Frachtkähnen (Prahmen). Ein Weitertransport der Güter nach Holland, Flandern und England machte ihre Umladung im Hamburger Hafen auf seetüchtige Schiffe – Koggen – notwendig.

Die monumentale Grabplatte des Conrad von Beelitz mit seinem eingeschlagenen Abbild aus der ehemaligen Franziskanerklosterkirche dokumentiert eindrucksvoll seine herausgehobene Stellung im mittelalterlichen kommunalen Leben Berlins am Ende des 13. und Anfang des 14. Jahrhunderts sowie seinen durch den Fernhandel erworbenen enormen Reichtum.

Uwe Winkler

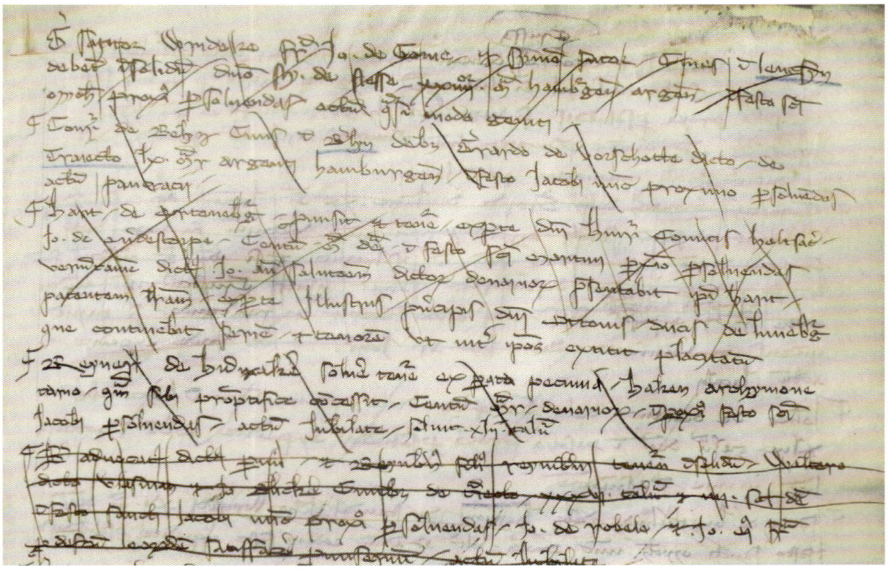

Liber debitorum
(Das hamburgische Schuldbuch), 1288
Staatsarchiv der Freien und
Hansestadt Hamburg

Grabstein des Conrad von Beelitz
aus der Berliner Klosterkirche,1308
Sandstein, 220 x 126 cm
Stadtmuseum Berlin, Märkisches Museum

Münzwaage, 13. Jh.
Fundort: Berlin-Hellersdorf
Bronze, Höhe ca. 38 cm
Stadtmuseum Berlin

Denare (Markgraf Otto IV.), 1266–1308
Silber
Stadtmuseum Berlin

Ernst Jakob Renz – Sieger im Berliner Zirkuskrieg

1815 geboren am 18. Mai in Böckingen bei Heilbronn **1821–1842** Lehrzeit und Anstellungen in den Kunstreitergesellschaften Maxwell, de Bach und Brilloff **1843** erste Selbstständigkeit des Kunst- und Schulreiters Renz mit dem Cirque équestre **seit 1846** Direktionsjahre in Berlin im Olympischen Circus auf dem Dönhoffplatz und im Großkopfschen Circus, Charlottenstraße 90 **1852** Vorstellungen des Olympischen Circus im ehemaligen Dejeanschen Zirkusbau, Friedrichstraße 141 **1863** Kauf des nach einem Brand 1855 zerstörten und neu entstandenen Baus in der Friedrichstraße **seit 1879** Auftritte im zunächst gepachteten, 1886 erworbenen Markthallenzirkus **1892** gestorben am 3. April in Berlin

Ein Hang zum Phantastischen und Waghalsigen machte sich schon bei dem sechsjährigen Knaben bemerkbar. Für den Sohn eines Seiltänzers stand schon nach den ersten bewussten Begegnungen mit der Welt der Artisten und Komödianten fest, dass hier seine berufliche Zukunft lag. Fleiß, Energie, aber auch Mut und überragendes Talent machten ihn während der fünfjährigen Ausbildung in der Kunstreiter- und Seiltänzertruppe Maxwell zur Hauptstütze des Geschäfts. Nach weiteren zwei Jahren bei der damals bedeutendsten Kunstreitertruppe de Bach wurde Ernst Renz Schüler und Pflegesohn des Prinzipals Brilloff. Im Drahtseiltanz, als Tremplinspringer und Gymnastiker, in Kunstreiterei, Pferdedressur und Schulreiten brachte er es zu höchster Meisterschaft. Als erster in Berlin zeigte er athletisch-künstlerische Darbietungen auf zwei bis zwölf Pferden. Seine große, schlanke Figur eignete sich besonders zu dieser Art Darstellungen, und die imposante Erscheinung als kühner Fra Diavolo oder römischer Triumphator blieb nicht nur den Berlinern im Gedächtnis.

Renz' erste eigene Truppe bestand lediglich aus acht Personen, sein Marstall aus nur wenigen Pferden, darunter sein Lieblingspferd Soliman. Mit äußerster Disziplin befolgte der junge Zirkusdirektor seine Maximen Ordnung, Pünktlichkeit und Sauberkeit, er selbst garantierte als vielseitiger Künstler, Regisseur und Lehrmeister den sich bald einstellenden Erfolg seines Cirque équestre.

1846 kam die Gesellschaft erstmals nach Berlin, dem erstrebten Hauptziel aller Wünsche des 30-Jährigen. Noch stand die Residenz im Banne des vorherrschenden französischen Zirkusstils. Die Eleganz von Renz' Rassepferden, frappierende Dressuren, dazu die teuren und geschmackvollen Kostüme und die vornehme Zäumung mussten diese Konkurrenz jedoch nicht fürchten. Renz schloss seine erste Saison mit einem für die Berliner völlig neuen »öffentlichen Kunstwettrennen« ab, einem sensationellen Parforceritt. Als er Jahre später mit verstärkten Kräften zurückkam, trug er den Sieg im »Berliner Zirkuskrieg« über den französischen Rivalen davon, den Cirque National de Paris von Louis Dejean. Renz zog darauf in dessen Berliner Zirkusbau in der Friedrichstraße 141 ein. Im Jahre 1855 entstand

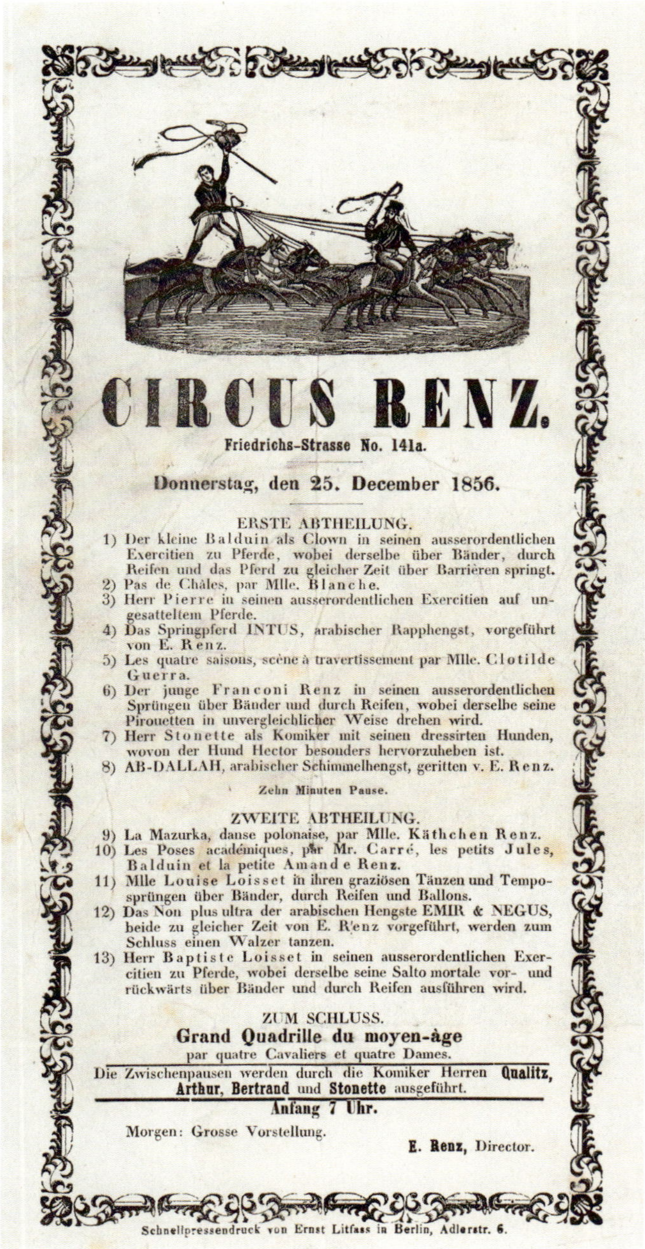

CIRCUS RENZ.

Friedrichs-Strasse No. 141a.

Donnerstag, den 25. December 1856.

ERSTE ABTHEILUNG.

1) Der kleine Balduin als Clown in seinen ausserordentlichen Exercitien zu Pferde, wobei derselbe über Bänder, durch Reifen und das Pferd zu gleicher Zeit über Barrièren springt.
2) Pas de Châles, par Mlle. Blanche.
3) Herr Pierre in seinen ausserordentlichen Exercitien auf ungesatteltem Pferde.
4) Das Springpferd INTUS, arabischer Rapphengst, vorgeführt von E. Renz.
5) Les quatre saisons, scène à travertissement par Mlle. Clotilde Guerra.
6) Der junge Franconi Renz in seinen ausserordentlichen Sprüngen über Bänder und durch Reifen, wobei derselbe seine Pirouetten in unvergleichlicher Weise drehen wird.
7) Herr Stonette als Komiker mit seinen dressirten Hunden, wovon der Hund Hector besonders hervorzuheben ist.
8) AB-DALLAH, arabischer Schimmelhengst, geritten v. E. Renz.

Zehn Minuten Pause.

ZWEITE ABTHEILUNG.

9) La Mazurka, danse polonaise, par Mlle. Käthchen Renz.
10) Les Poses académiques, par Mr. Carré, les petits Jules, Balduin et la petite Amande Renz.
11) Mlle Louise Loisset in ihren graziösen Tänzen und Temposprüngen über Bänder, durch Reifen und Ballons.
12) Das Non plus ultra der arabischen Hengste EMIR & NEGUS, beide zu gleicher Zeit von E. Renz vorgeführt, werden zum Schluss einen Walzer tanzen.
13) Herr Baptiste Loisset in seinen ausserordentlichen Exercitien zu Pferde, wobei derselbe seine Salto mortale vor- und rückwärts über Bänder und durch Reifen ausführen wird.

ZUM SCHLUSS.

Grand Quadrille du moyen-âge

par quatre Cavaliers et quatre Dames.

Die Zwischenpausen werden durch die Komiker Herren Qualitz, Arthur, Bertrand und Stonette ausgeführt.

Anfang 7 Uhr.

Morgen: Grosse Vorstellung.

E. Renz, Director.

Schnellpressendruck von Ernst Litfass in Berlin, Adlerstr. 6.

Schnellpressendruck von Ernst Litfass
Anschlagzettel
für den Circus Renz, 25.12.1856
Stadtmuseum Berlin

hier ein Neubau, der erste massive, aus Stein gebaute Zirkus überhaupt. 1872 verkaufte er Grundstück und Gebäude für den Bau des Central-Bahnhofs (heute: Bahnhof Friedrichstraße). Seit 1879 trat er im zunächst gepachteten Markthallenzirkus auf, den Renz schließlich 1886 für 1,33 Millionen Mark erwarb und dessen Zuschauerraum er auf 5600 Plätze erweitern ließ.

Ernst Renz unterhielt weitere Zirkusgebäude in Wien, Hamburg und Breslau. Er etablierte neben seinen Pferdedarbietungen artistische Vielfalt sowie Zirkus-Pantomimen und riesige Ausstattungsstücke mit bis zu mehreren hundert Mitwirkenden. Gekrönt wurde seine Karriere durch die Ernennung zum königlichen Kommissionsrat. Sein Ehrengrab befindet sich auf dem Friedhof Liesenstraße.

Angelika Ret

Carl Weber
Ernst Renz, um 1880
Cabinet-Fotografie, 16,5 x 10,5 cm
Stadtmuseum Berlin

Touchiergerte mit Pferdekopf, vermutlich aus dem Besitz von Therese Renz
Stadtmuseum Berlin

H. Schnabeli & Co.
Herr Direktor E. Renz auf Gladiator, um 1890
Fotografie, 16,7 x 20,2 cm
Stadtmuseum Berlin

Max Reinhardt – Impresario im Reich des Menschentraums

1873 geboren am 9. September in Baden/Niederösterreich als Max Goldmann 1888 nach dem Schulbesuch Aufnahme einer Banklehre 1890 Debüt an einem Wiener Eleventheater nach privatem Schauspielunterricht 1894 Engagement am Deutschen Theater in Berlin 1901 Mitbegründer der Kleinkunstbühne Schall und Rauch 1903 Leitung des Kleinen Theaters und des Neuen Theaters 1905 Kauf des Deutschen Theaters und der angrenzenden Grundstücke von Adolph L'Arronge und Übernahme der Direktion; Gründung einer angegliederten Schauspielschule 1909 Verleihung des Professoren-Titels durch Herzog Carl Eduard von Sachsen-Coburg-Gotha 1919 Eröffnung des Großen Schauspielhauses als Arenatheater im ehemaligen Zirkus Schumann, umgebaut nach Plänen von Hans Poelzig 1924 Eröffnung der Komödie am Kurfürstendamm 1930 Ehrendoktorwürde der Universitäten Frankfurt am Main und Kiel 1933 Übersiedlung nach Österreich 1937 Emigration in die USA, Workshop in Hollywood 1943 gestorben am 31. Oktober in New York

Seit September 1894 überzeugte der ambitionierte junge Schauspieler Max Reinhardt in den neuen Stücken von Gerhart Hauptmann und Henrik Ibsen, die der Intendant Otto Brahm auf die Bühne seines Deutschen Theaters brachte. Mit der Zeit genügte ihm der starre Wirklichkeitsbegriff der naturalistischen Dramatik allein nicht mehr, und er versuchte gemeinsam mit Kollegen in Sommergastspielen und im Kreis eines intimen Künstlerklubs neue Spielformen zu erproben. »Was mir vorschwebt, ist ein Theater, das den Menschen wieder Freude gibt.« Unter dem Namen »Schall und Rauch« fand die Gruppe seit Januar 1901 mit Kabarettnummern und pantomimischen Szenen viel Applaus. Getragen von diesem Zuspruch, wurde der Architekt Peter Behrens beauftragt, einen Tanzsaal Unter den Linden 44 zur ständigen Spielstätte umzubauen, die seit Dezember 1902 als Kleines Theater firmierte. Max Reinhardt förderte das Unternehmen auch als Regisseur und kündigte seinen Vertrag mit dem Deutschen Theater. Die künstlerischen und finanziellen Erfolge mit Frank Wedekinds *Erdgeist* und Maxim Gorkis *Nachtasyl* ermöglichten es ihm 1903, zusätzlich das Neue Theater am Schiffbauerdamm zu mieten, um den Publikumsansturm zu befriedigen.

Den eingeschlagenen Weg, alle Künste im Dienste des Dramas zu vereinigen, setzte Reinhardt konsequent fort. In die künstlerische Gestaltung wollte er den gesamten Bühnenraum einbeziehen und nutzte dafür die Drehbühne als dramaturgisches Mittel. Am 31. Januar 1905 drehte sich in der berühmten *Sommernachtstraum*-Inszenierung erstmals der Wald.

Mit Hilfe der klugen und weitsichtigen Finanzstrategie seines Bruders konnte Max Reinhardt 1905 das Deutsche Theater kaufen und grundlegend modernisieren. Als Direktor und Besitzer des ersten Schauspieltheaters der Stadt begann er zielstrebig seine vielfältigen Pläne zu verwirklichen. Schon 1906 ließ er das angrenzende Gebäude zu einem Kammer-

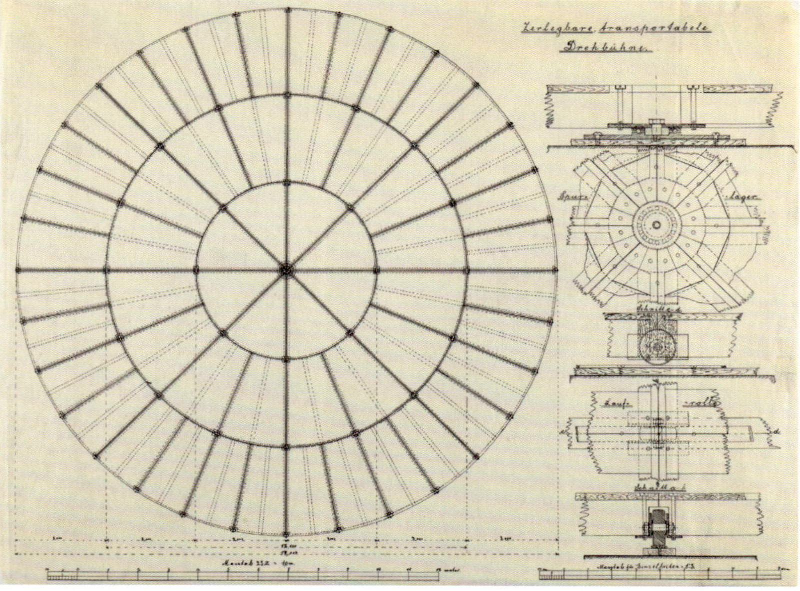

Plan für den Bau einer Drehbühne, nach 1907
Technische Zeichnung, 50,8 x 66,8 cm
Stadtmuseum Berlin

Programmheft
Der Hauptmann von Köpenick, 1931
Farbdruck, 22,2 x 15,3 cm
Stadtmuseum Berlin

Max Reinhardt, nach 1924
Fotografie, 57,5 x 43,4 cm
Stadtmuseum Berlin

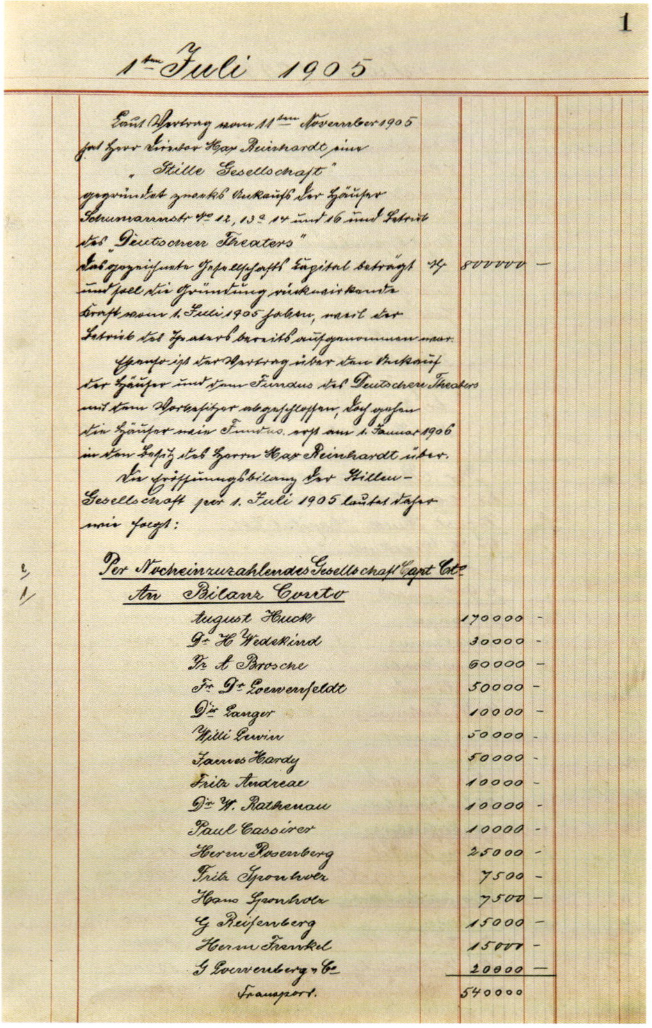

1

1ten Juli 1905

Laut Vertrag vom 11ten November 1905 hat Herr Direktor Max Reinhardt eine „Stille Gesellschaft“ gegründet zwecks Ankaufs der Häuser Schumannstr. No 12, 13a 14 und 16 und Betrieb des „Deutschen Theaters“. Das gezeichnete Gesellschaft Kapital beträgt M 800000 – und soll die Gründung rückwirkende Kraft vom 1. Juli 1905 haben, weil der Betrieb des Theaters bereits aufgenommen war. Ferner ist der Vertrag über den Ankauf der Häuser und dem Fundus des Deutschen Theaters mit dem Vorbesitzer abgeschlossen, daß gehen die Häuser wie Fundus erst am 1. Januar 1906 in den Besitz des Herrn Max Reinhardt über. Die Eröffnungsbilanz der Stillen-Gesellschaft per 1. Juli 1905 lautet daher wie folgt:

2/1 Per Nocheinzuzahlendes Gesellschaft Capt Cto
An Bilanz Conto

August Huck	170000 –
Dr H Wedekind	30000 –
Fr A Brosche	60000 –
Fr Dr Loewenfeldt	50000 –
Dr Langer	10000 –
Willi Lewin	50000 –
James Hardy	50000 –
Fritz Andreae	10000 –
Dr W. Rathenau	10000 –
Paul Cassirer	10000 –
Herrn Rosenberg	25000 –
Fritz [illegible]	7500 –
Hans [illegible]	7500 –
G Reißenberg	15000 –
Herrn Fraenkel	15000 –
G Loewenberg & Co	20000 –
Transport	540000

Journal No 1
Erste Seite im Contobuch des Deutschen Theaters unter der Direktion von Max Reinhardt, 1905
Deutsches Theater, Archiv

spielraum umbauen und am 8. November mit Ibsens *Gespenstern* in der Ausstattung von Edvard Munch eröffnen.

Gemeinsam mit seinen Mitarbeitern baute Reinhardt ein Theaterimperium auf, zu dem 1915 bis 1918 die Berliner Volksbühne, seit 1919 das Große Schauspielhaus, seit 1924 die Komödie am Kurfürstendamm und seit 1928 das Berliner Theater gehörten. In den Jahren von 1920 bis 1924 vorwiegend in Salzburg und Wien tätig, ermutigte ihn der sensationelle Erfolg von Shaws *Die heilige Johanna* – mit Elisabeth Bergner in der Titelrolle – im Deutschen Theater, wieder in Berlin zu arbeiten. Die Eröffnung der Komödie mit seiner Inszenierung von Goldonis *Diener zweier Herren* markierte die Wiederaufnahme der künstlerischen Leitung der Berliner Bühnen durch Max Reinhardt.

Nach der Uraufführung von Hauptmanns *Vor Sonnenuntergang* im Deutschen Theater 1932 zog Reinhardt sich endgültig von der Direktion zurück, seinen Entschluss mit der »tiefen und mehr und mehr unüberwindlich gewordenen Abneigung gegen das Unternehmertum« begründend. Im Frühjahr 1933 verließ er Berlin und erklärte am 16. Juni in einem Brief aus Oxford an die nationalsozialistische Regierung seine Ablehnung, weiter in Deutschland zu arbeiten; den ideellen und materiellen Bestand seines Lebenswerkes übereignete er dem deutschen Volk. Mit der endgültigen Übersiedlung nach Amerika erhielt Reinhardt 1940 die amerikanische Staatsbürgerschaft. Zur Feier seines 70. Geburtstags im Kreis zahlreicher Emigranten nur wenige Wochen vor seinem Tod würdigte ihn Franz Werfel mit den Worten: »so ist er der Einzige im Reiche des Menschentraumes, der Theater heißt, dem heute der Königsrang zugesprochen werden darf«.

Bärbel Reißmann

Leonhard Thurneysser – Unternehmer im Bund mit dem Teufel

1531 geboren am 22. Juli in Basel 1571 Ansiedlung in Berlin als »Bestallter Leib Medicus« des Kurfürsten Johann Georg von Brandenburg mit Wohnung und Laboratorium im Grauen Kloster 1572/73 Anlage einer Druckerei 1576 Anlage einer Schriftgießerei mit fremdländischen Lettern; Anordnungen für die von Pest befallene Stadt Berlin 1578 Schlaganfall, folgende Schwäche und Persönlichkeitsveränderung 1583/84 Beitrag zur Renovierung der Klosterkirche 1584 Weggang aus Berlin 1596 gestorben am 8. Juli in Köln

Als »ehrwürdiger wunderlicher Goldschmied« begegnet uns Leonhard Thurneysser in E. T. A. Hoffmanns (siehe S.102) Erzählung *Die Brautwahl*. Aus den Berliner Sagen ist er als »im Bund mit dem Teufel« bekannt. Tatsächlich wirkte er in Berlin viele Jahre in den Diensten des Kurfürsten Johann Georg von Brandenburg und als der erste Großunternehmer der Region.

Leonhard Thurneysser stand im 40. Lebensjahr, als ihn Johann Georg zum Leibmedikus mit großzügigem Gehalt, Wohnung und Laboratorium im Grauen Kloster ernannte. Da hatte er in ersten Schriften begonnen, seine außergewöhnlich reichen Kenntnisse und Erfahrungen zu publizieren. Der gelernte Goldschmied war Famulus bei einem Physiker und Mediziner gewesen, hatte sich sodann auf Wanderschaft begeben, sich als Söldner, Bergwerks- und Hüttenbetreiber verdingt, hatte im Auftrag des Erzherzogs Ferdinand II. von Österreich mehrjährige Studienreisen bis nach Ägypten unternommen und sich bereits als Apotheker und Medikus betätigt.

Unzufrieden mit der Druckqualität der *Archidoxa*, einer ersten astrologischen Abhandlung, und der *Quinta Essentia*, eines »chemiatrischen« Werkes, ging er zum Drucken von Münster nach Frankfurt an der Oder. »Dis Wasser der Sprew ist etwas grünferbig und lauter. Es fuehret in seinem Schlich Gold, und eine schöne Glasur« – mit dieser Äußerung hatte Thurneysser die Aufmerksamkeit des Kurfürsten bereits während der Drucklegung seines *Pison*, einer Schilderung der Gewässer Europas, erlangt. Die Vorstellung von edlen Metallen und Mineralien in Brandenburger Flüssen interessierte Johann Georg, der mit der gerade erlangten Kurfürstenwürde auch hohe Staatsschulden übernommen hatte. Die Heilung der Kurfürstin Sabina gab dann den Ausschlag für die Anstellung als Leibarzt.

Thurneyssers kometenhafter wirtschaftlicher Aufstieg in Berlin begann mit Krankendiagnosen aus der Ferne. Vertraut mit den Schriften von Paracelsus, entwickelte er selbst erste Ansätze einer technisch-apparativen Diagnostik. Bei seinem Verfahren der Destillation von Harnproben zog er Schlüsse aus den entstehenden Dämpfen und Ablagerungen. Für fürstliche Honorare gab er zu eingesandten Proben seine Diagnose ab und verkaufte dem schnell wachsenden Patientenkreis Tinkturen mit wohlklingenden Namen wie Aurum potabile oder Bernstein-Essenz aus seinem Laboratorium, dazu häufig noch Horoskope und Talismane. Noch bedeutender waren seine Druckerei und Schriftgießerei. Damit verfügte er über eines der ersten großen Unternehmen in Berlin mit zeitweise 200 Angestellten, darunter Magister, die Texte übersetzten, Schreiber für ausgedehnte Briefwechsel, Drucker und Laboranten. Neben seinen eigenen Werken und den jährlichen Almanachen führte er auch andere aufwendig gestaltete Buchproduktionen aus.

Der überaus erfolgreiche, kenntnisreiche Geschäftsmann ohne akademische Bildung erfuhr hohe Anerkennung, musste sich aber auch fachlicher Anfeindungen erwehren. Thurneysser finanzierte von seinen Einkünften ein herrschaftliches Leben, legte Berlins ersten botanischen und zoologischer Garten, ein Naturalienkabinett und eine kostbare Bibliothek an, hortete einen Schatz an Silbergeräten und besaß eine umfangreiche Waffensammlung.

Die Situation Thurneyssers änderte sich jäh durch seine dritte, unglückliche Heirat. Bei der Scheidung kam er um sein ganzes Vermögen. 1584 verließ er Berlin und starb 1596 mittellos in Köln. Sein ungewöhnliches Leben weist auf mögliche Aufbrüche in der frühen Neuzeit hin – die Ahnung von einer Berliner »Renaissance« scheint darin auf.

Nele Güntheroth

Leonhard Thurneysser
Holzschnitt, koloriert, 20,1 x 14,4 cm
(*Historia sive descriptio plantarum omnium* [...] /
Leonhard Thurneysser, Berlin: Michael Hentzke 1578)
Stadtmuseum Berlin

Von Leonhard Thurneysser gestifteter
Wappenstein zur Erinnerung an
die Wiederherstellung der Klosterkirche, 1584
Stadtmuseum Berlin

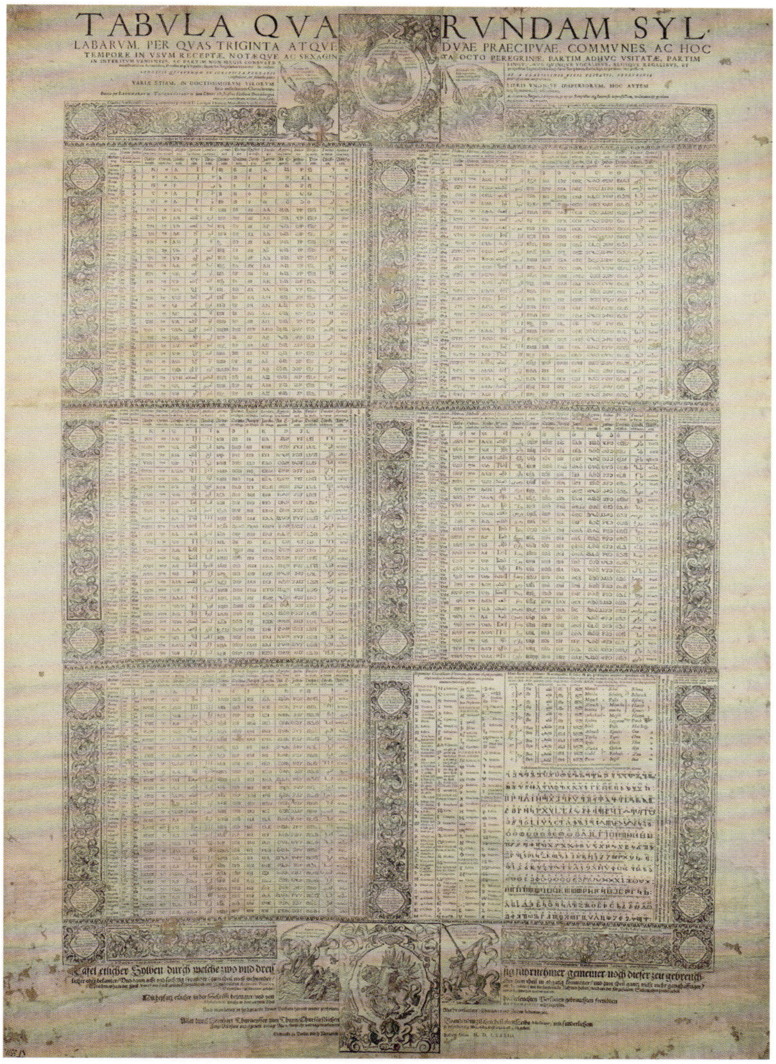

Leonhard Thurneysser
Tabula quarundam syllabarum [...],
Beilage zu: *Onomasticum*, 2. Teil, Berlin: Nikolaus Voltz 1583
Einzelbögen auf grobes Leinen montiert, 122 x 84 cm
Stadtmuseum Berlin

Johannes Kunckel – der Alchemist der Insel

um 1638 geboren in Plön / Schleswig (?) | Dienst für Herzog Franz von Sachsen-Lauenburg als Kammerdiener und Chymicus; Experimente im Laboratorium und Verantwortung für die Hof- und Leib-Apotheke 1670 Ruf an den Dresdner Hof durch Kurfürst Johann Georg II. von Sachsen und Berufung zum Direktor des kurfürstlichen Laboratoriums 1678 Einladung des Kurfürsten Friedrich Wilhelm von Brandenburg an den Berliner Hof und Aufnahme der glastechnischen Versuche auf dem kurfürstlichen Vorwerk Drewitz bei Potsdam 1679 Pächter der neuen Cristallin-Glashütte auf dem Hackdamm bei Potsdam und Veröffentlichung des Lehrbuchs *Ars Vitraria Experimentalis, Oder Vollkommene Glasmacher-Kunst* 1685 Schenkung der Pfaueninsel durch den Kurfürsten und Errichtung des Glaslaboratoriums 1688 Beginn des beruflichen Niedergangs mit dem Tod des Großen Kurfürsten 1689 Brand des Laboratoriums auf der Pfaueninsel und wirtschaftlicher Ruin 1692 endgültiger Bruch mit dem brandenburgischen Fürstenhof 1693 Ruf Carls XI. an den schwedischen Königshof, Ernennung zum »Königlichen Bergrath« und Erhebung in den Adelsstand mit dem Beinahmen »von Löwenstein« 1694 Rückkehr nach Berlin 1703 gestorben am 20. März im Ausland an unbekanntem Ort

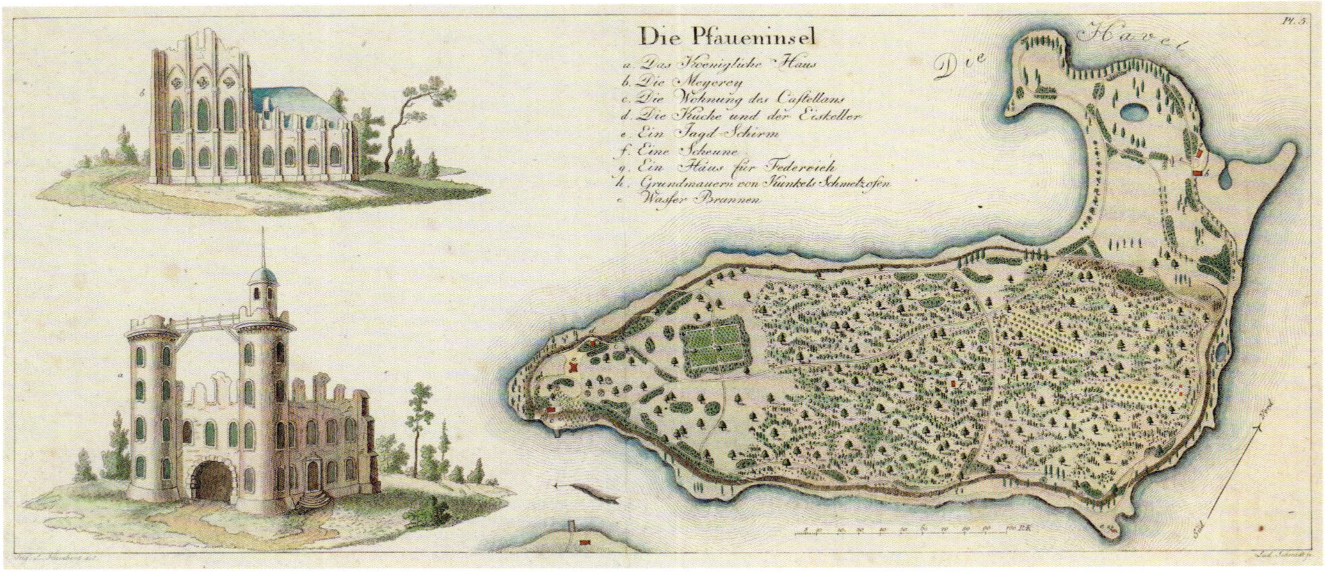

L. Humbert
Die Pfaueninsel, 1798
Radierung, koloriert, 31,4 x 58,7 cm
Stadtmuseum Berlin

Wie kostbar muss Goldrubinglas gewesen sein, dass der Große Kurfürst einem Alchemisten beträchtliche Privilegien zugestand und ihm sogar eine Insel schenkte?

Kurfürst Friedrich Wilhelm holte 1678 Johann Kunkkel nach Brandenburg. Bereits am Dresdner Hof hatte dieser bei intensiven chemischen Experimenten mit verschiedenen Metallen umfassende Erfahrungen bei der Glasherstellung gesammelt. Seine Erkenntnisse veröffentlichte er in den Schriften *Nützliche Observationes* und *Chymische Anmerkung*. Diese enthielt eine Anleitung zur Herstellung von Gold, wobei der geschäftstüchtige Autor den entscheidenden letzten Schritt nicht preisgab. Immerhin herrschte noch zu Kunckels und Johann Friedrich Böttgers Zeiten die Meinung, dass es möglich wäre, aus unedlen Metallen Gold zu machen. Nach dem Dreißigjährigen Krieg musste Friedrich Wilhelm die Staatskasse schnell wieder füllen, aber an das Goldmachen glaubte der technisch-wissenschaftlich interessierte Kurfürst sicherlich nicht. Sein Anliegen war es, die Glasherstellung in Brandenburg konkurrenzfähig zu machen, und dazu fehlten im eigenen Land die Fachkräfte.

Kunckel nahm bei Potsdam sofort seine glastechnischen Versuche auf, und der Kurfürst persönlich veranlasste jegliche Unterstützung. Die Experimente führten schnell zum Erfolg. Aus den Öfen kamen Gläser, die nach dem Schliff tief rot leuchteten. Weiterhin perfektionierte Kunckel die Herstellung von Kristallglas und künstlichen Rubinen, aus denen glänzender Schmuck entstand. Ein anderes sehr erfolgreiches Produkt der Hütte waren farbige Glasperlen, so genannte »Korallen«. Besonders die Seefahrer, die bis nach Afrika vordrangen, begehrten die Glasperlen als Tauschobjekte für wertvolle Waren. Neben seiner Arbeit in der Hütte gab Kunckel 1679 das Glaslehrbuch *Ars vitraria experimentalis* heraus. Hier fasste er alle bis dahin bekannten Erfahrungen von europäischen Glasmachern zusammen und ergänzte diese mit eigenen Erkenntnissen. Die von Kunckel aufgezeigten Möglichkeiten der Verwendung einheimischer Rohstoffe dürften dabei für seinen Landesherrn von besonderem Interesse gewesen sein.

Die exklusiven Gläser verschenkte der Große Kurfürst über die Landesgrenzen hinaus als Luxusartikel. Damit weckte er Begehrlichkeiten und schuf einen brandenburgischen Exportschlager. Kunckel war das noch nicht genug. Er kannte nun das Verfahren der Rotfärbung mit Gold und verfolgte unermüdlich sein Ziel, Goldrubingläser in gewerblicher Produktion herzustellen.

Den Arbeitseifer belohnte der Kurfürst 1685 mit der Schenkung der Pfaueninsel. Im Verborgenen richtete Kunkkel am Nordufer sein Glaslaboratorium ein. Die Insellage war als Schutz gegen die hohe Brandgefahr und zur Geheimhaltung bestens geeignet. Jedem war es unter Strafe verboten, die Insel zu betreten. Nur der Kurfürst ließ sich immer wieder hinüberrudern, um die Fortschritte seines Glasmachers zu begutachten. Diese Vorkehrungen und die Rauchschwaden über der Insel schürten die Spekulationen über Goldmacherei und Hexerei, Sagen und Legenden entstanden.

Mit dem Tod des Großen Kurfürsten am 9. Mai 1688 verlor Kunckel nicht nur seinen Förderer, sondern auch die ihm gewährten großzügigen Privilegien. Ein Jahr später besiegelte der Brand des Laboratoriums auf der Pfaueninsel seinen unaufhaltsamen Niedergang. Nach dem endgültigen Bruch mit dem brandenburgischen Fürstenhof folgte Kunckel dem Ruf Carls XI. an den schwedischen Königshof.

Johann Kunckel war ein hochtalentierte Mensch und großer Erfinder des 17. Jahrhunderts. Auf die Frage, was denn der Nutzen seiner kostspieligen Arbeiten gewesen sei, antwortete er: »Der hochselige Herr Kurfürst war ein Liebhaber von seltenen und kuriosen Dingen und freute sich, wenn etwas zustande gebracht wurde, was schön und zierlich war. Was dieses genützt hat, diese Frage kann ich nicht beantworten.«

Constanze Schröder

Johann Kunckel
Teekanne, Potsdam, 1679–1693
Goldrubinglas, vergoldete Silbermontierung,
Höhe 12 cm, Breite 17,3 cm
Zwei Koppchen mit Unterschale, Potsdam, 1679–1693
Goldrubinglas, Höhe 5 cm,
Unterschale Durchmesser 9,5 cm
Stadtmuseum Berlin

Johannes Kunckel, um 1690
Öl auf Leinwand, 22 x 17,5 cm
Stadtmuseum Berlin

Nathan Veitel Heine Ephraim – Friedrichs Finanzier

1703 geboren in Berlin 1727 Heirat mit Elke Fränkel, Tochter des Kaufmanns Hirschel Benjamin Fränkel 1730 Beginn regelmäßiger geschäftlicher Aufenthalte auf der Leipziger Messe 1737 erste Silberlieferungen an die Münze 1745 Hofjuwelier Friedrichs II. 1750 Oberältester der Berliner Judenschaft 1761 königliche Ausnahmeregelung »Recht der christlichen Kaufleute und Bankiers« für Ephraim mit der Möglichkeit des Landerwerbs 1762 Kauf des Grundstücks Mühlendamm / Ecke Poststraße für den Bau eines repräsentativen Palais 1775 gestorben am 16. Mai in Berlin

Eine der vermutlich ältesten noch existierenden jüdischen Stiftungen Deutschlands geht auf den bekanntesten und größten Münzunternehmer Friedrichs II. zurück – von dem seltsamerweise kein Abbild überliefert ist. In seinem Testament von 1774 bestimmte Nathan Veitel Heine Ephraim jährlich aus dem Gewinn der vererbten Unternehmen »800 Rth zur Unterhaltung des von mir in meinem Wohnhause etablierten Gymnasio, welches beständig in diesem Wohnhause verbleiben soll«. Der Sohn Ephraim Veitel Ephraim gab dieser jüdischen Bildungsstätte mit seiner testamentarisch verfügten Stiftung eine langfristige Perspektive. Nach der »Arisierung« während der NS-Zeit und nachfolgenden Widrigkeiten konnte die Stiftung erst 2003 reorganisiert werden. Heute unterstützt sie Vorhaben, »die der Verständigung und dem Zusammenleben von Menschen jüdischer und anderer Konfession dienen.«

Als Nathan Veitel Heine Ephraim geboren wurde, lebten in Berlin etwa 1000 Juden, erst ab 1671 hatten sie sich hier wieder ansiedeln können. Zunächst kamen 50 wohlhabende Familien, denen der Große Kurfürst nach ihrer Vertreibung aus Wien die Niederlassung in der Mark gewährt hatte – darunter war auch die Familie von Ephraims Mutter Hannele Levy. Nach dem Dreißigjährigen Krieg waren Zuwanderer beim Wiederaufbau des zerstörten Landes gern gesehen. Im Unterschied etwa zu den Hugenotten mussten jüdische Familien jedoch neben den üblichen Steuern noch eine jährliche Schutzgebühr entrichten oder auch für eine Heiratserlaubnis eine Gebühr bezahlen. Der Zugang zu den Zünften war Juden versperrt, allein der Handel war ihnen erlaubt. Ephraim arbeitete im väterlichen Geschäft des Juwelenhandels mit, das er später weiterführte; wie sein Vater wurde er Hofjuwelier und Ältester der Jüdischen Gemeinde.

Aus bescheidenen Anfängen entwickelte sich die Firma Chajim Heine & Sohn, später Ephraim & Söhne zu einem wirtschaftlichen Großunternehmen. Ephraim galt als sehr geschäftstüchtig; er übernahm wichtige Finanzgeschäfte für Friedrich II., dem er schon in dessen Kronprinzenzeit Geld und Juwelen geliehen hatte. Als Münzpächter hatte Ephraim großen Anteil an der Finanzierung des Siebenjährigen Krieges, gelangte allerdings auch in Verruf. Im Auftrag des preußischen Königs stellte er ab 1756 in der Leipziger und Dresdner Münze kursächsisches Geld in minderer Qualität, die so genannten »Ephraimiten«, her. Später dehnte das Konsortium Ephraim & Söhne, Daniel Itzig und Moses Isaak wiederum unter königlichem Vertrag die Münzverschlechterung auf alle preußischen und sächsischen Münzstätten aus. 29 Millionen Taler, etwa 17 Prozent der Kriegskosten, flossen in die Staatskasse.

Seinen Gewinn investierte Ephraim in Manufakturen und Fabrikationsstätten sowie den Erwerb von Grundbesitz. Auch die Stiftung einer jüdischen Armenschule war geplant. Die Münzunternehmer Ephraim & Söhne und Daniel Itzig baten 1761 in einer Eingabe die preußische Regierung um die Erlaubnis, eine jüdische Schule stiften zu dürfen. Warum daraus nichts wurde, ist nicht überliefert. Möglicherweise gibt es einen Bezug zu dem im Testament von 1774 erwähnten »Gymnasio« in Ephraims Wohnhaus, vermutlich dem Haus am Mühlendamm. 1762 hatte Ephraim das Grundstück am geschäftigen Molkenmarkt erworben. Im Zuge des Umbaus der vorhandenen Gebäude errichtete der Baumeister Friedrich Wilhelm Diterichs ein prächtiges Palais, die »schönste Ecke« Berlins, mit Säulen, goldenen Balkongittern und Putten verziert. Das Ephraim-Palais war bis 1823 in Familienbesitz, 1936 wurde es für Verkehrsbauten abgerissen und 1987 im Zuge der 750-Jahrfeier Berlins in unmittelbarer Nähe des alten Standortes neueröffnet – und ist zur 775-Jahrfeier 2012 Schauplatz der Ausstellung »BERLIN*macher*«.

Nele Güntheroth

Friedrichs d'or
Königreich Preußen, preußische Kriegsprägung der Jahre 1758 bis 1763, geprägte Jahreszahl 1757, Münzstätte A (Berlin)
Gold
Stadtmuseum Berlin

Detail des chinesischen Zimmers im Ephraim-Palais
vor dem Abriss 1936
(Rolf-Herbert Krüger, *Friedrich Wilhelm Diterichs: Architekt, Ingenieur und Baubeamter im Preußen des 18. Jahrhunderts*, Potsdam 1994)

Wilhelm Christian Meyer
Putto mit Weintrauben
vom Balkon des Ephraim-Palais, um 1765
Sandstein, Höhe 106 cm
Stadtmuseum Berlin

Groschen (1/24 Taler)
Königreich Polen – Kurfürstentum Sachsen,
preußische Kriegsprägung der Jahre 1758 bis 1763
mit Leipziger Prägestempel, geprägte Jahreszahl 1753
Billon
Stadtmuseum Berlin

Ernst Litfaß – Berlins Reklamekönig

1816 geboren am 11. Februar in Berlin | Buchdruckerlehre in der Schlesingerschen Buch- und Musikantenhandlung, Unter den Linden 1845 Kauf des väterlichen Geschäfts von seinem kranken Stiefvater, zeitgemäße Ausstattung der Druckerei 1849 Präsentation eines Riesenplakats auf der Berliner Industrieausstellung 1851 Gründung des *Tages-Telegraphen*, Ratgeber für Konzerte, Theater, Einkäufe usw. 1854 Vorlage eines Plans zum Aufstellen von Anschlagsäulen beim Polizeipräsidenten und Konzession für 150 Säulen 1855 Aufstellung der ersten Säule 1862 Ernennung zum Hofbuchdrucker 1863 Errichtung eines neuen Druckereigebäudes, Einführung der Dampfkraft und Einbau eines Fahrstuhls 1869 Errichtung der Lithographischen Anstalt für Plakatbuntdruck und erster Plakatbuntdruck in Berlin für ein Gastspiel im Zirkus Renz 1871 feierliche Begehung des 25-jährigen Betriebsjubiläums 1874 gestorben am 27. Dezember in Wiesbaden

Eigentlich wollte Ernst Litfaß Schauspieler werden – am Ende seines Lebens war er der Reklamekönig von Berlin. Noch heute stehen seine Säulen im Stadtraum und erfüllen ihren Zweck, Werbebotschaften zu transportieren. Die ersten 100 Säulen und 50 Brunnenumhüllungen durften die Berliner am 1. Juli 1855 bestaunen. Nur ein Jahr vorher hatte Litfaß die Idee, an geeigneten Orten in der Stadt Anschlagsäulen aufzustellen und damit einen Platz für die Zettel- und Plakatflut zu schaffen, die bis dahin an Häuserwänden klebte. Mit seiner erfolgreichen Druckerei trug er selbst zur Zettelflut bei und schuf sich somit eine sichere Einnahmequelle. Der Polizeipräsident war zufrieden, dass mit den Anschlagsäulen nicht nur das wilde Kleben unterbunden wurde, sondern auch eine besserte Kontrolle der Inhalte gegeben war.

Die Basis seines Erfolgs hatte Litfaß fast zehn Jahre zuvor mit der Übernahme der Druckerei seines Stiefvaters gelegt, die dieser nach dem frühen Tod von Litfaß' Vater weitergeführt hatte. Der junge Litfaß erkannte die Anforderungen der Zeit, stellte umgehend Schnellpressen an Stelle der alten hölzernen auf und führte neue Schrifttypen ein. Neben der Erweiterung der Druckerei entwickelte er neue Werbemethoden. Die Anregungen dazu dürfte er auf Reisen in verschiedene europäische Hauptstädte erhalten haben oder durch seinen Freund Ernst Renz, der als Zirkusdirektor in der Welt umher kam und für den er die Programme druckte.

Einen ersten Coup landete Litfaß 1849 mit der Präsentation eines Riesenplakats in der für Deutschland bis dahin einmaligen Größe von 6,28 x 9,42 Metern auf der Berliner Industrieausstellung. Ein weiterer Schritt zu seinem Ruf als Reklamekönig bestand in der Herausgabe des *Tages-Telegraphen* 1851, sozusagen ein Vorläufer heutiger Programmzeitschriften – Wegweiser für Konzerte, Bälle und Vergnügungen aller Art. Und natürlich druckte Litfaß auch für den preußischen Hof, was ihm 1863 den Titel »Königlicher Hofdrucker« einbrachte. Seine Erneuerungen gipfelten 1868 in der Einführung des Buntdruckverfahrens und der Gründung einer lithografischen Anstalt.

Zeitlebens agierte Litfaß geschäftstüchtig, er war aber auch wohltätig und gesellig. Für Verwundete und Hinterbliebene aus den Kriegen von 1864, 1866 und 1870/71 organisierte er, oft zusammen mit Renz, Konzerte, Feuerwerke und Korsofahrten. Als vielleicht erster Eventmanager der Stadt richtete er Großveranstaltungen und legendäre Bälle aus. Den Höhepunkt bildeten die Feierlichkeiten zum 25-jährigen Jubiläum seiner Geschäftsleitung am 16. Januar 1871: Die eigens komponierte *Annoncir-Polka* wurde aufgeführt, Leierkästen spielten den Titel *Litfaß 150 Kinder*, und Souvenirs warben für das Unternehmen – Miniaturnachbildungen der Säulen als Feuerzeuge, Zigarren-Reservoirs oder Scherzartikel.

Ernst Litfaß, um 1871
Fotografie, 45,3 x 33,2 cm (Passepartout)
Stadtmuseum Berlin

An einer der lebendigsten Stellen Berlins, dem Litfaß-Platz nahe Hackescher Markt, erinnert seit 2011 eine über fünf Meter hohe Säule an den genialen Unternehmer.

Constanze Schröder

A. Müller-Schönhausen
Die Friedensdepesche, 1871/72
Öl auf Leinwand, 31,5 x 24,5 cm
Stadtmuseum Berlin

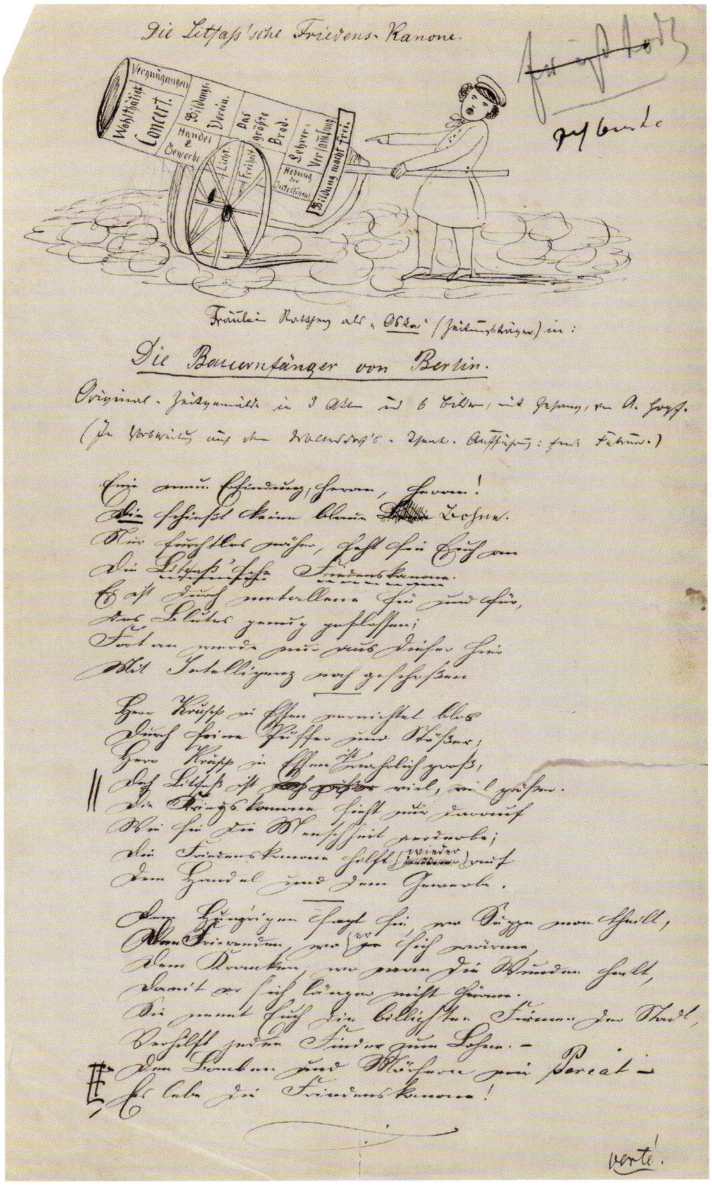

Die Bauernfänger von Berlin
Original-Zeitgemälde in 3 Akten und 6 Bildern
(Gedicht mit Karikatur auf die Litfaßsäule)
Stadtmuseum Berlin

Johann Crüger – Kantor des Luthertums

1598 geboren am 9. April in Groß Breesen bei Guben **1614** nach Besuch der Lateinschule in Guben und etappenreicher Schulwanderung musikalische Ausbildung am Gymnasium Poeticum in Regensburg **ab 1615** Hauslehrer bei dem Berliner Mühlenhauptmann Christoph von Blumenthal und Besuch des Berlinischen Gymnasiums zum Grauen Kloster **1619/20** Veröffentlichung erster Gelegenheitskompositionen **1620–1622** Studium der Theologie in Wittenberg; Erstveröffentlichung des *Musikalischen Lustgärteleins* **1622** Berufung zum Kantor der Hauptpfarrkirche St. Nikolai und Lehrer am Berlinischen Gymnasium zum Grauen Kloster **1630** Veröffentlichung der bedeutenden Musik- und Kompositionslehre *Synopsis Musica* **1630–1640** gesteigerte Kriegsnöte und private Krisen, Tod seiner Frau und Neuheirat; 1639 aufgrund einer Pesterkrankung im Ratsprotokoll für tot erklärt **1640** Beginn einer neuen Schaffensphase, Veröffentlichung des ersten lutherischen Gesangbuchs in Berlin, Entwicklung eines neuen, für den Rest des Jahrhunderts prägenden musikalischen Satztyps **ab 1643** fruchtbare Zusammenarbeit mit dem Liederdichter Paul Gerhardt **ab 1647** Herausgabe des bedeutenden Gesangbuchs *Praxis Pietatis Melica* **1662** gestorben am 23. Februar in Berlin nach 40 Dienstjahren als Nikolaikantor; Beisetzung in der Nikolaikirche

Noch als Student hatte der gerade 24-jährige Johann Crüger den Grundstein für seine Berliner Karriere gelegt: Beim Drucker Georg Runge im Grauen Kloster ließ er sein *Musikalisches Lustgärtelein*, ein Büchlein mit Kompositionen, drukken und eignete es seinen Berliner Förderern und Gönnern zu. Zuvor schon hatte Crüger auf sich aufmerksam gemacht, indem er neben seinen Studien am Berlinischen Gymnasium und seiner Tätigkeit als Hauslehrer einige sehr erfolgreiche Gelegenheitskompositionen veröffentlichte. Das *Musikalische Lustgärtelein* ebnete endgültig Crügers Weg in das wichtigste musikalische Amt, das Berlin zu vergeben hatte: Nach nur zwei Wittenberger Studienjahren berief ihn der Magistrat 1622 als Kantor an die Hauptpfarrkirche St. Nikolai. Crüger sollte dieses, mit dem Titel »Musikdirektor zu Berlin« verbundene Amt bis zu seinem Tod innehaben und Berlin erstmals zu einer Musikstadt von europäischem Rang machen.

Das Leben Johann Crügers blieb allerdings von mancherlei Entbehrungen gezeichnet. Zwar gelang dem aus der Niederlausitz zugewanderten Gastwirtssohn nicht zuletzt durch Heirat auch ein gesellschaftlicher Aufstieg. Das schmale Salär eines Kantors war indes kaum geeignet, die widrigen Lebensumstände während des Dreißigjährigen Krieges und der Jahre danach zu mildern. Kindstod in der Familie, Krankheit und persönliche Krisen kamen hinzu. Zudem waren die mit dem Amt verbundenen Pflichten allzu breit gefächert. Neben den täglichen musikalischen Verpflichtungen als Kantor hatte Crüger umfangreichen Schuldienst im Berlinischen Gymnasium zu versehen und musste mit seinem Chor bei städtischen oder kirchlichen Festen, Leichenbegängnissen, Hochzeiten oder Kindstaufen zur Verfügung stehen. Sogar die Kurrende hatte er zu betreuen, mit deren Gesang sich weniger bemittelte Gymnasiasten Aufenthalt und Zubrot verdienten. Wann sollte da Zeit bleiben für die Kunst?

Und dennoch brachte Johann Crügers 40-jährige Schaffenszeit ein Gesamtwerk hervor, dessen Nachhall bis heute lebendig ist. Für die ersten Jahre, aus denen auch einige größere Chorwerke datieren, liegt der Schwerpunkt auf Unterrichtswerken und musiktheoretischen Schriften. Mit seiner *Synopsis Musica*, der ersten vollständig auf harmonischer Grundlage beruhenden Satzlehre, prägte Crüger die Kompositions- und Musizierpraxis seines Jahrhunderts. Eine nicht zuletzt auch biografische Zäsur markiert sein *Newes vollkömliches Gesangbuch Augspurgischer Confession*, das erste lutherische Gesangbuch der Mark Brandenburg überhaupt. Später umbenannt in *Praxis Pietatis Melica*, erschien die berühmte Kirchenliedersammlung mit zahlreichen eigenen Vertonungen Crügers in immer wieder erweiterten Auflagen. Diese dokumentieren beispielsweise auch eindrucksvoll die Entwicklung des Liedwerks von Paul Gerhardt. Über hundert Melodien hat Johann Crüger geschaffen. Die Kunst seines Tonsatzes blieb noch für Generationen prägend.

Albrecht Henkys

PARADISUS MUSICUS.
Musicalisches Lust-gärtelein / Auß lieblicher Dreystimmiger Harmonia zugericht / vnnd mit schönen Blümlein / so im Garten des Heiligen Geistes abgebrochen / besetzt vnd verfertiget
Von
JOHANNE CRÜGERO Gub: Silesio S. S. Theol: Stud;
SVPREMA VOX.
Gedruckt zu Berlin im Grawen Kloster / durch George Rungen / In verlegung Martin Guthen Buchhändlern doselbst / Anno 1622.

Johann Crüger
Paradisus Musicus. Musicalisches Lustgärtelein […] von Johanne Crügero [Suprema vox], Berlin: Georg Runge 1622
Sammlungen des Berlinischen Gymnasiums zum Grauen Kloster (Streitsche Stiftung)

Michael Konrad Hirt
Epitaph für Johann Crüger, 1663
Öl auf Leinwand, 122,5 x 97,5 cm
Stadtmuseum Berlin, Nikolaikirche
Dauerleihgabe der Evangelischen Kirche
Berlin-Brandenburg-schlesische Oberlausitz

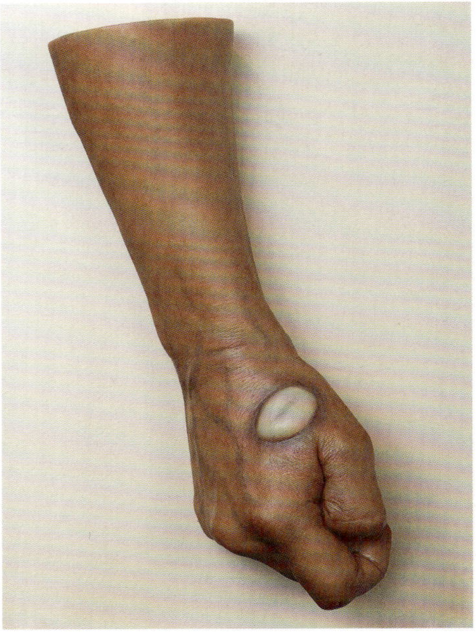

Pestpustel
Wachsmoulage
Berliner Medizinhistorisches Museum
der Charité

Emil Koller
Berliner Currende-Sänger, 1847
Öl auf Leinwand, 22,5 x 47,5 cm
Stadtmuseum Berlin

Lampert Distelmeyer – Administrator der Reformation

1522 geboren am 22. Februar in Leipzig bis 1544 nach Besuch der Leipziger Thomasschule anfänglich Studium der Theologie, später der Rechtswissenschaften an der Leipziger Universität 1544 Eintritt in den sächsischen Staatsdienst 1547 Berufung zum Syndikus der Stadt Bautzen, Promotion und Lehre an der Leipziger Universität 1551 Berufung als Hofrat an den Berliner Kurfürstlichen Hof Joachims II. 1555 brandenburgischer Stimmführer auf dem Augsburger Reichstag 1558 Ernennung zum kurfürstlich-brandenburgischen Kanzler durch Joachim II. 1569 Verhandlung der Mitbelehnung Brandenburgs mit Preußen auf dem polnischen Reichstag in Lublin; Erhebung in den Adelsstand 1571 nach dem Tod Joachims II. weiter Kanzler unter Kurfürst Johann Georg 1588 gestorben am 12. Oktober; Beisetzung in der Berliner Nikolaikirche

Andreas Ludwig Krüger nach Johann Stridbeck
Prospect der Kloster=Kirche in Berlin, 1690 / 1796
Feder und Pinsel in Grau, 23 x 31 cm
Stadtmuseum Berlin

Angeblich soll ausgerechnet Philipp Melanchthon dem 20-jährigen Leipziger Theologiestudenten Lampert Distelmeyer aufgrund dessen auffallender Gewandtheit in der lateinischen Rede zu einer staatsmännischen Laufbahn geraten haben. Jedenfalls wechselte Distelmeyer von der Theologie zu den Rechtswissenschaften, trat nur zwei Jahre später in den sächsischen Staatsdienst ein, wurde 25-jährig zum Syndikus der Stadt Bautzen berufen und promovierte im Jahr 1549. Diese erstaunliche Karriere des Sohnes einer aus Lüneburg zugewanderten, mittellosen Schneiderfamilie legt nicht nur Zeugnis von seinen Gaben und Talenten ab, sondern auch von umfassender Vorbildung an der berühmten Leipziger Thomasschule. Immerhin hatte er seine Schulzeit bereits als Baccalaureus – heute würde man sagen: Bachelor – abgeschlossen.

Mit seiner Berufung an den Hof des brandenburgischen Kurfürsten Joachim II. als Hofrat war Distelmeyer zunächst dem Kanzler Johann Weinlöben zugeordnet, erzielte aber bald

Gedächtnisbild für Kanzler Lampert Distelmeyer (Ausschnitt), um 1580
Öl auf Holz, 295,5 x 212,5 cm
Stadtmuseum Berlin, Nikolaikirche
Dauerleihgabe der Evangelischen Kirchengemeinde St. Petri – St. Marien, Berlin

Avers Revers

Münzmeister Lippold ben Chluchim
Denkmünze auf die 1569 erfolgte Mitbelehnung des Kurfürstentums Brandenburg mit dem Herzogtum Preußen, 1570
Silber
Stadtmuseum Berlin

so überzeugende, vor allem außenpolitische Erfolge, dass er nach Weinlöbens Tod selber zum Kanzler ernannt wurde. So konnte er entscheidend dazu beitragen, die brandenburgische Herrschaft in den Bistümern Magdeburg und Halberstadt zu sichern, und wirkte 1555 als Stimmführer des Kurfürstentums am Augsburger Religionsfrieden mit. Als Kanzler verhandelte Distelmeyer Brandenburgs Mitbelehnung mit Preußen auf dem polnischen Reichstag 1569 in Lublin, bewirkte Erbansprüche auf die Fürstentümer Jülich und Cleve und betrieb 1575 die Erwerbung der böhmischen Lehnsherrschaften Beeskow und Storkow. Schon 1569 hatte ihn Joachim II. in den Adelsstand versetzt und mit Gütern belehnt. Nach dem Tod Joachims II setzte Distelmeyer seine Arbeit in den Diensten von Johann Georg fort.

Distelmeyers entscheidende Leistungen, die ihn zum wichtigsten brandenburgischen Staatsmann des Reformationsjahrhunderts haben werden lassen, bestanden jedoch im Aufbau einer zentralen Behördenorganisation, in der Reform des Rechtswesens und in der Verankerung der Reformation in die Gesetze und Strukturen des Landes. Von seiner Hand stammt auch die 1573 veröffentlichte brandenburgische Konsistorial-Verfassung. In besonderem Maße machte sich Distelmeyer um die Entwicklung des Berliner Bildungswesens verdient. Er setzte sich für die Zusammenlegung der beiden Lateinschulen bei der St. Nikolai- und der St. Mariengemeinde zu einem Gymnasium ein, das 1574 im Grauen Kloster sein offizielles Domizil erhielt. Der neuen Schule spendete der Kanzler die stattliche Summe von 500 Talern, weitere Zuwendungen folgten. Mit seinem Erbbegräbnis in St. Nikolai hat sich Lampert Distelmeyer unübersehbar auch als Bürger der Stadt verewigt.

Albrecht Henkys

Fanny Hensel – eine virtuose Cäcilie

1805 geboren am 14. November in Hamburg als Fanny Zippora Mendelssohn **1811** Rückkehr der Familie nach Berlin **1816** getauft unter dem Namen Fanny Cäcilie Mendelssohn-Bartholdy **1820** Eintritt in die Berliner Sing-Akademie zusammen mit Bruder Felix **1823** Beginn der regelmäßigen Sonntagsmusiken im Hause Mendelssohn **1827** Veröffentlichung erster eigener Lieder, jedoch unter dem Namen des Bruders **1829** Heirat mit dem Hofmaler Wilhelm Hensel **1830** Geburt des Sohnes Sebastian; endgültige Übernahme der Leitung der berühmt gewordenen Sonntagsmusiken **1831** Komposition eines Oratoriums nach Worten der Bibel (*Cholera-Musik*) zum Gedenken an die Toten einer Cholera-Epidemie in Berlin; Italienreise mit Sohn Sebastian; in Rom Begegnung mit dem französischen Komponisten Charles Gounod **1846/47** Herausgabe einiger der inzwischen über 470 Kompositionen – erstmals unter eigenem Namen **1847** gestorben am 14. Mai in Berlin durch Schlaganfall während einer Orchesterprobe

»Sie spielt wie ein Mann!« An niemand Geringeren als Goethe waren die Worte Carl Friedrich Zelters gerichtet, der die talentierte Tochter aus dem Hause Mendelssohn ab ihrem 15. Lebensjahr in seiner Sing-Akademie unterrichtete. Inzwischen hatte sie – im privaten Umfeld der Berliner bürgerlichen Gesellschaft – eine erstaunliche musikalische Entwicklung genommen. Zelters Lob allein als Ausdruck konventioneller Rollenbilder zu bewerten, greift daher zu kurz. Gewiss: Ihr Vater hatte in der Tat schon früh die aus damaliger Sicht naturgegebene Bestimmung seiner Tochter als Frau und Mutter gegen ihren Traum einer beruflichen Karriere gesetzt. Ihr Ehemann Wilhelm Hensel indes soll seiner jungen Frau am Tag nach der Hochzeit ein leeres Notenpapier auf den Flügel gelegt und sie aufgefordert haben, doch fortzufahren in ihrer Leidenschaft für die Musik. Zwar war der Hofmaler politisch eher konservativ und unmusikalisch obendrein, die Künste seiner Frau begleitete er jedoch mit Begeisterung. Anders das aufgeklärte und – so würde man heute sagen – linksliberale Elternhaus: Bei aller Unterstützung der musikalischen Umtriebe von Schwester und Tochter blieben die Geschlechtergrenzen hier fest gefügt.

Mutter Lea, geborene Salomon, entstammte der auch musikalisch bedeutenden Familie Itzig. Vater Abraham, Sohn des Philosophen Moses Mendelssohn (siehe S. 136), musste sein Geld als Kaufmann verdienen, nachdem ihm die ersehnte musikalische Laufbahn versagt geblieben war. Beider Eltern Wurzeln lagen in Berlin, wohin die Familie bald nach Geburt des Sohnes Felix zurückkehrte. Mit der noch im Verborgenen

Ludwig Eduard Lütke
Die Sing-Akademie zu Berlin, um 1850
Farblithografie, 16,2 x 33,5 cm
Stadtmuseum Berlin

Wilhelm Hensel
Fanny Hensel mit ihrem Sohn Sebastian – eine »jüdische Madonna«, um 1833/34
Öl auf Leinwand, 110 x 82,4 cm
Staatsbibliothek zu Berlin – Preußischer Kulturbesitz, Musikabteilung mit Mendelssohn-Archiv

vollzogenen evangelischen Taufe ihrer vier Kinder gingen die Mendelssohns dort einen ersten Schritt hin zur Konversion. Aus Fanny Zippora wurde nun Fanny Cäcilie. Mit der späteren Taufe der Eltern wurde dem jüdischen Familiennamen der Zusatz »Bartholdy« angefügt, nach dem früheren Eigentümer einer Meierei am Schlesischen Tor, die sich seit langem im Familienbesitz der Itzigs befand.

Ersten Klavierunterricht hatte Fanny bei ihrer Mutter erhalten, Studienaufenthalte in Paris schlossen sich an. Nach ihrer Rückkehr trat sie in die Berliner Sing-Akademie ein und ließ sich durch Zelters Tonsatzlektionen zu ersten Kompositionen anregen. Schauplatz ihres Virtuosentums wurden die vierstündigen musikalischen Matineen (»Sonntagsmusiken«) im Hause Mendelssohn in der Leipziger Straße. Später leitete Fanny – jetzt schon Ehefrau und Mutter – selbstständig diese im Berliner bürgerlichen Leben höchst populären Veranstaltungen. Daneben entstanden weitere Kompositionen, deren Zahl auf über 470 ansteigen sollte. Erst kurz vor Fannys überraschendem Tod publizierte sie einige wenige davon unter eigenem Namen. Ein paar weitere kannte das Publikum bereits – allerdings unter dem Namen ihres Bruders Felix. Die meisten Werke blieben unveröffentlicht, gelangten erst viel später in das kulturelle Bewusstsein und werden heute gerne aufgeführt. »Sie spielt wie ein Mann!« – dies freilich ist eine Erfahrung, welche die Nachwelt nicht mehr teilen kann.

Albrecht Henkys

Porträt eines Cholera Präservativ=Mannes, um 1835
Lithografie, koloriert, 27,5 x 22,5 cm
Stadtmuseum Berlin

Hermann Blankenstein – Schinkels Erbe

1829 geboren am 10. Januar in Grafenbrück bei Finowfurt als Sohn eines Wasserbauinspektors **1849–1851** nach Militärdienst Studium an der Berliner Bauakademie mit Prüfung als Bauführer, danach erste berufliche Erfahrungen **1854–1856** Fortsetzung des Studiums mit Abschluss als Landbaumeister **1857** Errichtung der altlutherischen Kirche in der Berliner Annenstraße als erstes eigenes Bauprojekt **1858–1865** berufliche Stationen in Berlin (Militär-Baukommission), Stettin (Regierungsbaumeister) und Stargard / Pommern, dazwischen weitere Studien **1862** Abschluss des Studiums als Wasser-, Wege- und Eisenbahnbaumeister **ab 1865** Tätigkeit für die Ministerial-Baukommission in Berlin **1866–1872** im Nebenamt Lehre an der Berliner Bauakademie **1872–1896** Stadtbaurat, ab 1876 Mitglied der städtischen Baudeputation **1876–1878** nach Wettbewerb Erneuerung der Berliner St. Nikolaikirche **1896** Verleihung des Titels »Stadtältester« **1910** gestorben am 6. März in Berlin

Otto Blankenstein
Hermann Blankenstein, 1894
Öl auf Leinwand, 118 x 92 cm
Felix Blankenstein

Als Hermann Blankenstein sein Studium an Schinkels Berliner Bauakademie aufnahm, wurden dessen Grundsätze und Prinzipien noch unverändert vermittelt. Zwar war Schinkels Dienstwohnung inzwischen zum Museum geworden, aber Blankensteins Generation stand noch ganz unter dem Eindruck der Formensprache des großen preußischen Baumeisters. War es zu Schinkels Zeiten revolutionär, das Erscheinungsbild staatlicher Zweckbauten in einem Wechselspiel aus Funktion und neu interpretiertem Stil jeweils individuell zu justieren, galt dies zu Blankensteins späterer Amtszeit als Stadtbaurat nicht mehr unbedingt als zeitgemäß. Inzwischen bestimmte der pracht- und formenreiche Historismus, der Rückgriff auf frühere Stilepochen, die Architektur. Daher verwundert es, wie es Blankenstein gelang, sein Vorbild immer wieder zu zitieren: Nahezu ausnahmslos führte er die fast unüberschaubare Zahl seiner funktionalen öffentlichen und kirchlichen Bauten in Backstein aus. Seine roten oder gelben, oft mit aufwendigen Ornamenten und Formsteinen geschmückten Klinkerfassaden prägen das Berliner Stadtbild bis heute.

Weniger von historistischem Prunk als von preußischer Nüchternheit und Gründlichkeit war auch der Lebensweg Hermann Blankensteins geprägt. Als Sohn eines Wasserbauinspektors in die Welt des Planens und Bauens hineingeboren, war sein späteres, immer wieder um neue Abschlüsse erweitertes Studium an der Berliner Bauakademie quasi vorbestimmt gewesen. Unterbrochen hatte Blankenstein seine Studien durch Tätigkeiten in der Praxis. Bald kamen aber auch Funktionen in Ämtern und Kommissionen hinzu. Alle diese Erfahrungen hatten ihn dann in der Mitte seines Lebens für das Amt des Berliner Stadtbaurats qualifiziert, welches er über 24 Jahre als Architekt und Behördenleiter erfolgreich auszufüllen verstand. Ohne Geschick im Umgang mit Politik und Verwaltung wäre es ihm vermutlich weniger möglich gewesen, den neuen Idealen des Historismus seine als »preußischen Kasernenstil« gescholtene spätklassizistische Bauweise entgegenzusetzen.

Auch wenn Blankenstein sich eher als Stadtplaner und Ingenieur verstand – die Qualität seiner öffentlichen Bauten ist nicht zu übersehen. Ob im Komplex des zentralen Viehhofs, seinen Krankenhausanlagen oder Schulbauten, immer führte er die unterschiedlichen Aufgaben und Anforderun-

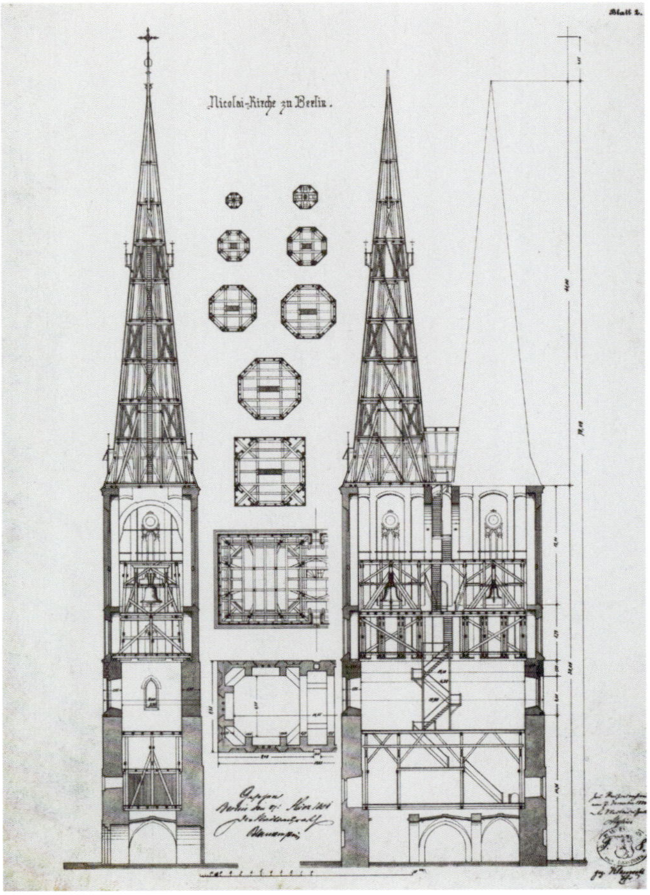

Hermann Blankenstein
Zwillingstürme der Nikolaikirche,
Aufriss mit Konstruktionsdetails, 1881
Brandenburgisches Landesamt für Denkmalpflege,
Messbildarchiv

Michael Setzpfandt
Orgelempore der Nikolaikirche, 2009
Fotografie
Stadtmuseum Berlin

gen auch architektonisch zu funktionalen Ensembles zusammen. Ein besonderes Merkmal ist Blankensteins Bauten dabei zusätzlich eigen: Sie gelten heute noch als außerordentlich nutzungsfreundlich und sind erstaunlich offen für notwendige technische Modernisierungen.

Auch einige bedeutende Kirchenbauten gehören in Blankensteins Œuvre. Die Zwölf-Apostel-Kirche in Schöneberg gehört ebenso dazu wie seine Restaurierung der Berliner Nikolaikirche. Mit deren neugotischer Zwillingsturmanlage schuf er ein weithin sichtbares Berliner Wahrzeichen.

Albrecht Henkys

»Der Geist ist ein gewaltiger Gleichmacher«

Die Berliner Salons als gesellschaftliche Netzwerke der besonderen Art

Petra Kabus

Wo führte ihr Hauslehrer die Brüder Alexander und Wilhelm von Humboldt schon als halbwüchsige Knaben ein? Wo gab Bettina Brentano ihre Verlobung mit Achim von Arnim bekannt? Wo traf sich zuweilen das ganze diplomatische Korps von Berlin? Wo erfuhr Theodor Fontane inspirierende Details aus der Brandenburger Geschichte, und wo wurden die politischen Kapriolen von Kaiser Wilhelm II. ausgewertet? Im Berliner Salon.

Abgeleitet vom Empfangssaal in (groß-)bürgerlichen und adligen Häusern, bezeichnete man mit Salon eine bestimmte Art von Geselligkeit, die in diesen Räumlichkeiten stattfand und in deren Mittelpunkt die Dame des Hauses stand. Für den Kreis der »ein für allemal« willkommenen Gäste sprach man nicht jedes Mal eine spezielle Einladung aus; man hielt sein Haus einfach an festen Tagen der Woche geöffnet. Dann kam ganz ungezwungen, wer an geistreicher Konversation Interesse hatte, und brachte auch Freunde und Bekannte mit. Das kulturhistorisch und letztlich auch politisch Bedeutsame: Zu diesen Gesellschaften gehörten erstmals Angehörige verschiedener Stände, die durch gemeinsame geistige Interessen zusammengeführt wurden.

Soziale Bedingungen für die Entstehung von Salons

Salons gab es nicht nur in Berlin, sie wurden hier auch nicht erfunden, doch entwickelte man im ausgehenden 18. und beginnenden 19. Jahrhundert eine ganz eigene Spezies und trieb sie zu besonderer Blüte: »nur in Berlin bildete sich in der Tradition der Generationen [...] eine aus Längs- und Querfäden dicht gewebte Struktur von Salonkultur heraus«, schreibt Petra Wilhelmy-Dollinger, die 1989 mit ihrer Publikation *Der Berliner Salon im 19. Jahrhundert (1780–1914)* die immer noch umfassendste Untersuchung zum Thema vorgelegt hat. Für knapp 150 Jahre verzeichnet sie ca. 90 Salons und unzählige Salongänger.[1] Wer sich also mit der Kulturgeschichte der Stadt beschäftigt oder in die Biografien einzelner Berliner bzw. Berlin-Besucher eintauchen will, kommt am Phänomen Salon nicht vorbei. Deshalb soll im Folgenden die Entwicklung skizziert werden, die die Berliner Salons über eineinhalb Jahrhunderte nahmen. Als besonders spannend erweist sich dabei die Frage, wie es überhaupt zu ihrer Entstehung kam.

Der erste Berliner Salon wird Henriette Herz zugeschrieben, als sein ungefährer Beginn das Jahr 1780 genannt. Ein Jahr zuvor hatte Gotthold Ephraim Lessing seinen *Nathan der Weise* vollendet. Von Moses Mendelssohn, dessen Bild mancher im Nathan durchscheinen sieht, erschien im selben Jahr eine Übersetzung der Bibel ins Deutsche, gedruckt in hebräischer Schrift, damit sie die deutschen Juden lesen konnten. Johann Gottfried Herder brachte die später unter dem Titel *Stimmen der Völker in Liedern* bekannte Sammlung heraus. Johann Wolfgang Goethe war bereits mit dem *Götz von Berlichingen* und vor allem den *Leiden des jungen Werther* berühmt geworden. Schiller schrieb neben seiner Promotion an den *Räubern*. Wie Immanuel Kants *Kritik der reinen Vernunft* erschien das Stück 1781.

Das neue Menschenbild, das sich in den letzten Jahrzehnten des 18. Jahrhunderts und u. a. in diesen Schriften herauskristallisierte, umfasste die Freiheit des Geistes und die Möglichkeit, ihn umfassend zu bilden – und zwar bei allen Menschen gleich. Auch wenn man sich mit wirklicher Gleichstellung noch lange schwer tat, die Idee war in der Welt.

Und der Salon bot die passende Geselligkeit dazu. Anders als in den adligen Salons im Frankreich des Ancien Régime trafen sich hier Menschen quer durch die gesellschaftlichen Schichten. Anders als bei Hofe galt keine strenge Etikette. Anders als in Vereinen und Gesellschaften beschränkte man sich nicht auf feste Gegenstände wie wissenschaftliche

1 Petra Wilhelmy, *Die Berliner Salons im 19. Jahrhundert (1780–1914)*, Berlin, New York 1989. Zit. n. Petra Wilhelmy-Dollinger, *Der Berliner Salon. Mit kulturhistorischen Spaziergängen*, Berlin, New York 2000, S. 3.

Erörterungen, das gemeinschaftliche Lesen oder Musizieren, sondern pflegte eine thematisch möglichst breite Konversation. Und anders als in den übrigen Bereichen des Lebens traten Frauen und Juden gleichberechtigt auf, ja es waren jüdische Frauen, die den ersten Salons vorstanden.

Um das Besondere und Neue dieser Konstellation voll erfassen zu können, muss man sich vergegenwärtigen, dass in Preußen noch immer ein feudal-absolutistisches Gesellschaftssystem herrschte, das für das Leben des Einzelnen detaillierte Handlungsanweisungen parat hielt. Klar geregelt war, wie man sich in dieser Ständegesellschaft zu verhalten hatte, welche Berufe man ergreifen durfte, welche nicht, wo man seinen Wohnort zu wählen hatte, dass man nicht nur eine Erlaubnis zur Ansiedlung im Lande, sondern auch für das Reisen außer Landes benötigte, wen man heiraten durfte und mit wem man Umgang pflegen sollte. So gut wie nichts in dieser Ständegesellschaft konnte frei gewählt werden. Im Rahmen dieser Reglementierungen, die alle Schichten betrafen, waren die Juden besonderer Diskriminierung unterworfen.[2]

Nun aber entwickelte das Bürgertum, befördert durch ein allmählich die Massen erfassendes Bildungssystem, durch einen sprunghaften Anstieg von Geschriebenem und Gedrucktem, einen wahren Hunger auf Bildung.[3] Wo man es sich leisten konnte, musste die Frau nicht mehr am Geldverdienen teilnehmen. Die Beschränkung ihres Wirkungskreises auf den Haushalt einer Kleinfamilie bot gleichzeitig die Möglichkeit zu einer ungeheuren Horizonterweiterung – wenn man sie nur wahrnahm und zeitliche Freiräume mit Lesen füllte. Frauen waren in diesen Jahren das Hauptpublikum für die sich geradezu explosionsartig entwickelnde schöngeistige Literatur, Bildung für Frauen war ein Thema, das zunehmend an Bedeutung gewann, auch wenn es zunächst oft nur darum ging, dem Gatten eine unterhaltsame Frau, den Kindern eine kluge Mutter zu sein und das Haus in der Öffentlichkeit angemessen zu repräsentieren.[4]

Friedrich Schleiermacher, der erste, der in Geselligkeit eine philosophische Kategorie sah, setzte als Ausgangspunkt seiner Betrachtungen die Trennung bürgerlichen Lebens in den häuslichen und den beruflichen Bereich. Ersterer, so sagt er, sei zu beschränkt in den Personen, zweiter in den Tätigkeiten, so dass eine freie Geselligkeit notwendig sei, in der sich möglichst viele Sphären überschneiden, um durch die »Aussicht in eine andere und fremde Welt«[5] vielfältige Anregungen für die Bildung des Individuums zu erhalten. In diesem Zusammenhang spricht er geradezu von einem »Werk der Noth«, wenn Frauen nach seiner Beobachtung die besseren Gesellschaften zustande bringen, eben weil sie im Gegensatz zu den Männern nur in der häuslichen Sphäre leben, was sie noch mehr ansporne, aus dieser Beschränkung auszubrechen.[6]

Jüdische Geselligkeit als Keimzelle der Berliner Salons

Doch waren es an erster Stelle nicht die bürgerlich-christlichen, sondern jüdische Frauen, die in der Halböffentlichkeit des der Gesellschaft geöffneten Privathaushalts die ersten Salons etablierten.

Nach mehreren Vertreibungen hatte man 1671 wieder jüdische Familien nach Brandenburg geholt. Da man mit ihrer Hilfe die Folgen des Dreißigjährigen Krieges überwinden wollte, hatte man darauf geachtet, dass es wohlhabende Familien waren. So gab es jetzt eine vergleichsweise breite (groß-)bürgerliche jüdische Schicht in Berlin und einige ausnehmend reiche Familien, die engste geschäftliche Verbindungen zum Königshaus hatten. Von Schwestern Friedrichs II. ist überliefert, dass sie sogar jüdische Feierlichkeiten besuch-

2 Vgl. dazu Wolfgang Ribbe, »Der wirtschaftliche und politische Status der Juden in Brandenburg-Preußen im Zeitalter des Merkantilismus«, in: Marianne Awerbuch, Stefi Jersch-Wenzel (Hg.), *Bild und Selbstbild der Juden Berlins zwischen Aufklärung und Romantik*, Berlin 1992, S. 1 ff. sowie Deborah Hertz, *Die jüdischen Salons im alten Berlin*, Frankfurt a. M. 2002.

3 Allein in den knapp eineinhalb Jahrzehnten von 1773 bis 1787 verdoppelte sich die Zahl der deutschen Schriftsteller auf etwa 6000. Vgl. Günter de Bruyn, *Das Leben des Jean Paul Friedrich Richter*, Frankfurt a. M. 2004, S. 61.

4 Vgl. Petra Kabus, *Caroline de la Motte Fouqué. Texte zur Stellung der Frau in der Gesellschaft, zu ihrer Erziehung und Bildung*. Ausgewählte Werke, Bd. 3, Hildesheim, Zürich, New York 2005.

5 Friedrich Schleiermacher, »Versuch einer Theorie des geselligen Betragens«, in: *Kritische Gesamtausgabe*, Abt. I, Bd. 2, S. 165.

6 Ebd. S. 178.

ten. Prinzessin Amélie nahm an einem Laubhüttenfest teil, Königin Ulrike von Schweden besuchte eine jüdische Hochzeit.[7] Auf der anderen Seite hatte Friedrich II. sein Generalprivileg von 1750, das weniger ein Vorrecht als eine Beschränkung jüdischen Lebens darstellte, in den Folgejahren noch verschärft. Die Berufung Moses Mendelssohns in die Akademie der Wissenschaften scheiterte an seinem Einspruch. Und ebenfalls von Mendelssohn liegen Berichte vor, wie es zuweilen zu Pöbeleien und Steinwürfen kam, wenn er mit seiner Familie im Lustgarten spazieren ging.[8]

Gerade die geistig gebildeten Juden mussten ihr gesellschaftliches Außenseitertum auf besonders eindrückliche Weise erleben. Aus diesen Erfahrungen heraus entfernten sich die Angehörigen der Kinder-Generation der jüdischen Aufklärer später so weit als möglich vom Judentum.[9] Zunächst aber versuchten sie einen anderen Weg. Da man sie nicht einlud, luden sie ein: Henriette Herz zu Essen und geselligen Runden, die die wissenschaftlichen Vorlesungen ihres Mannes ergänzten, Mendelssohns Tochter Brendel Veit (spätere Dorothea Schlegel) in eine Lesegesellschaft, Rahel Levin, Sara Levy (geb. Itzig) und Philippine Cohen (geb. Pessel Zülz-Bernhardt) zu Geselligkeiten, in denen sie eine exponierte Rolle einnahmen. Doch standen sie mit ihrem Streben nach gesellschaftlicher Anerkennung und Assimilation nicht allein, sondern teilten es mit ihren männlichen Angehörigen. Henriette Herz berichtete von mehreren jungen Ehepaaren, die »ihr Haus den beiderseitigen Bekannten eröffneten«.[10] Rahel Levin empfing als einzige Ledige im elterlichen Haus.

Und im Grunde taten sie alle nur, was schon ihre Väter getan hatten: Sie verbanden Geschäftliches mit Geselligkeit. Es war ja gang und gäbe, dass Arbeit noch zu Hause stattfand. Handwerker hatten ihre Werkstätten im Wohnhaus, Ärzte hielten hier ihre Praxis und Wissenschaftler Privatvorlesungen ab. Auch Büroarbeit, Bank- und andere Geschäfte wurden zu Hause erledigt. Kunden und Kollegen wurden also in einem Raum zwischen Öffentlichkeit und Privatheit empfangen. Dieser Zug ins Privat-Familiäre wurde verstärkt durch die Gewohnheit, das Geschäft mit einem Essen zu verbinden. Dies konnte als Geste der Ehrerbietung vor dem Gast – aber auch als Ausdruck des Selbstvertrauens des Gastgebers verstanden werden.

Die Salonièren gaben weder Kredite noch Vorlesungen; sie durften als Frauen weder Geldgeschäfte abwickeln noch studieren geschweige denn lehren. Sie gaben ihre Bildung, ihren Charakter und ihre Fähigkeit, eine anregende Atmosphäre zu erzeugen. Auf unterhaltsame Weise bedienten sie als Kunstkennerinnen und Musen, (potenzielle) Liebhaberinnen – ein gewisser exotischer Reiz der jungen Jüdinnen war sicher hilfreich –, aber auch als Mutterfiguren ein breites Erwartungsspektrum und waren unmittelbar für das Wohlbefinden ihrer Gäste und damit den Erfolg des Salons verantwortlich. Das revolutionär Neue des Salons aber fußte auf einer bereits vorher existierenden Form der Geselligkeit, die nun mit neuen Inhalten gefüllt und von einer neuen Art von Gästen getragen wurde. Der Biograf von Henriette Herz bemerkt, dass sie die gesellschaftliche Kluft zwischen Juden und Nichtjuden überstiegen habe, »ja eigentlicher noch, sie zog die jenseits Stehenden zu sich herüber«.[11] Dass ihr und den übrigen Salonièren dies gelang, dazu hatten die Gepflogenheiten der jüdischen Väter, Geschäfte und Privates zu verbinden und so nichtjüdische Geschäftspartner zum gesellschaftlichen Umgang quasi zu zwingen, den Weg geebnet.

Nun trugen auch die Salons ein Stück dazu bei, dass sich die Juden in diesen Jahren in die Mitte der Gesellschaft bewegten. Beispielhaft manifestierte sich das beim Einzug der späteren Königin Luise mit ihrer Schwester Friederike in Berlin im Jahr 1793. Die jüdische Gemeinschaft nahm nicht nur am Festumzug teil, man hatte auch einen gewaltigen

7 J. Fürst (Hg.), *Henriette Herz (1764–1847). Ihr Leben und ihre Erinnerungen*, Berlin 1850, S. 17. Zur ökonomisch-sozialen Lage der Juden als Grundlage zur Herausbildung der Salons vgl. die detaillierten Untersuchungen in Hertz 2002 (s. Anm. 2).

8 Heinz Knobloch, *Herr Moses in Berlin*, Berlin 1979, S. 318.

9 Arendt benutzt in ihrer Rahel-Biographie in diesem Zusammenhang geradezu die Formulierung »infame Geburt«. Hannah Arendt, *Rahel Varnhagen. Lebensgeschichte einer deutschen Jüdin aus der Romantik*, München 1981, S. 75.

10 Fürst 1850 (s. Anm. 7), S. 120.

11 Ebd., S. 5.

Triumphbogen errichtet, an dem die Prinzessinnen extra begrüßt wurden. Und am staunenswertesten: Die höfische Gesellschaft traf sich, um Luise zu erwarten, im Landhaus des Bankiers Itzig.[12]

Auch ganz privat bahnten sich Beziehungen an: Salonbekanntschaften mündeten in einer ganzen Reihe von Eheschließungen zwischen Juden und Christen. Berlin erlebte um 1800 eine regelrechte Welle von Konversionen, krassester Ausdruck des Strebens um Assimilation. Am Beispiel einer der berühmtesten Salonièren, Rahel Levin, zeigten sich freilich die Grenzen der Bereitschaft, sich mit Juden wirklich gleich zu stellen: Ihre Verlobung mit Karl Graf von Finckenstein scheiterte letztlich an der ablehnenden Haltung der Familie gegenüber der Jüdin.[13]

Was das Binnenverhältnis der nichtjüdischen Schichten betraf, boten jüdische Häuser ein neutrales Terrain. Dies erleichterte Begegnungen zwischen Adligen und Bürgerlichen, die sonst nicht ohne weiteres möglich waren.

Salons im kulturellen Leben der Stadt

In diesen Jahren kursierte das Sprichwort: »Wer den Gensd'armenmarkt und Mad. Herz nicht gesehen, hat Berlin nicht gesehen.«[14] Oder um es mit Henriette Herz' eigenen Worten zu sagen: »*pour comble* wurden wir zuletzt Mode, denn auch die fremden Diplomaten verschmähten uns nicht.«[15] Weil es aber eben mehr war als eine Mode, weil der Salon Ausdruck einer neuen Geisteshaltung war, fanden sich bald nichtjüdische Nachahmer. Der Salon der Sophie Sander entstand auf ganz ähnliche Weise wie die jüdischen Salons, nämlich aus geschäftlichen Interessen des Mannes, der als Verleger tätig war und seine Autoren auch privat an sich binden wollte. An die französische Salonkultur knüpfte die Geselligkeit der Henriette von Crayen, einer Hugenottennachfahrin, an. Mit Luise Fürstin von Radziwill und Dorothea Herzogin von Kurland luden zwei Vertreterinnen des Hochadels ein, und die Tochter der letzteren führte sogar einen »Kindersalon«.

Der Geist ist eben, wie es Henriette Herz formuliert, »ein gewaltiger Gleichmacher«[16], der es erleichterte, gesellschaftliche Schranken zu überschreiten. Jeder gebildete und an Konversation interessierte Berliner oder Berlin-Besucher, der den Standesdünkel hinter sich lassen konnte, besuchte die Salons. Hier wurden Freundschaften und Arbeitskontakte geschlossen, man las aus den neuesten Büchern vor oder musizierte gemeinsam. Vor allem aber pflegte man das geistvolle Gespräch. Und auch eine scheinbare Nebensächlichkeit ist ein Charakteristikum des Salons: Die Bewirtung war vergleichsweise bescheiden. Dabei spielte nicht unbedingt die finanzielle Situation der Gastgeberinnen eine Rolle; betont wurde damit vielmehr, dass es hier eben vor allem um geistige Nahrung ging.

Es ist kein Zufall, dass sich in diesen frühen Jahren der Salons die neue Geistesströmung der Romantik entwickelte und Berlin als eines der Zentren der Romantik auch die Stadt mit der ausgeprägtesten Salonkultur wurde. Die Romantiker prägten für das gemeinsame Denken, das man auch im Salon pflegte, sogar einen eigenen Begriff und nannten es »Symphilosophieren«. Andere von ihnen gepflegte Formen des geselligen Kontakts bildeten den Kontext für die Salons. Etliche Romantiker arbeiteten an gemeinsamen Projekten, lebten eng beieinander, besuchten sich – in den Sommermonaten bildeten die »Musenhöfe«, die ländlichen Güter einiger adliger Künstler wie etwa der Fouqués, ein Pendant zu den städtischen Salons[17] – oder schrieben sich lange Briefe. Briefe sind sozusagen schriftliche Besuche beim anderen, sie wurden damals mit Leidenschaft manchmal über mehrere Wochen hinweg geschrieben, man breitete seine Gefühls- und Gedankenwelt vor

12 Reinhard Rürup, »Jüdisches Großbürgertum am Ende des 18. Jahrhun-derts«, in: *Themenportal Europäische Geschichte* (2006), www.europa.clio-online.de/2006/Article=142.

13 Nachzulesen z. B. in de Günter Bruyn, *Rahels erste Liebe*, Berlin 1985 und ders., *Die Finckensteins. Eine Familie im Dienste Preußens*, Berlin 1999.

14 Rainer Schmitz, *Henriette Herz in Erinnerungen, Briefen und Zeugnissen*, Frankfurt a. M. 1984, zit. n. Wilhelmy 1989 (s. Anm. 1), S. 486, FN 121.

15 Fürst 1850 (s. Anm. 7), S. 127.

16 Ebd., S. 126.

17 Vgl. dazu Petra Kabus, »Der romantische Salon« und Petra Dollinger, »Literarische Landgeselligkeit in Nennhausen. Der Dichterkreis um die Fouqués im Schloß des letzten Briest«, in: Petra Kabus, Andreas Keller, Knut Kiesant (Hg.), *Blühende Landschaften. Romantik in Brandenburg. Ein Lesebuch*, Berlin 2002, S. 63ff. und 72ff.

den Lesern aus, von denen man wusste, dass sie nicht nur aus den eigentlichen Empfängern bestanden: Briefe wurden in Gemeinschaft gelesen, Freunde und Bekannte partizipierten davon, und entsprechend viel Mühe gab man sich beim Schreiben. Mit Briefromanen und Reiseberichten entstanden daraus ganz neue literarische Formen. Und es nimmt nicht wunder, dass eine der bekanntesten Salonièren, Rahel Levin, spätere Friederike Varnhagen von Ense, keine Zeile Literatur im engeren Sinn geschrieben hat und doch ihren festen Platz in der Literaturgeschichte fand: Nicht nur in der mündlichen Konversation, auch in ihren Briefen übte sie sich darin, die deutsche Sprache nach dem Vorbild der französischen »durch alle Geselligkeitsröhren« zu treiben, sie an ihrem »Kunststoff« »Tagesleben« zu schärfen.[18]

Zu Beginn des neuen Jahrhunderts hatten sich die Salons neben Clubs, Gesellschaften, Vereinen fest im gesellschaftlichen Leben der Stadt etabliert, auch wenn nicht jeder mit der neuen Berliner Offenheit zurecht kam. Jean Paul, der 1801 in der Stadt war und hier seine Frau kennenlernte, schrieb an Karoline Herder ein eher zwiespältiges Urteil: »Hier bleib' ich nicht. – Der Ton hier übertrift an Unbefangenheit weit den Weimar'schen. Der Adel vermengt sich hier mit dem Bürger [...] Gelehrte, Juden, Offiziere, Geheime Räthe, Edelleute, kurz alles was sich an andern Orten [...] die Hälse bricht, fället einander um diese, und lebt wenigstens freundlich an Thee- und Estischen beisammen.«[19]

Jäh unterbrochen wurden die Geselligkeiten durch den Einzug der französischen Truppen in die preußische Hauptstadt im Jahr 1806. Der königliche Hof und mit ihm viele Beamte flüchteten nach Ostpreußen. Nur zwei Salons, die der Herzogin von Kurland und der Sara Levy, blieben in dieser Zeit geöffnet. Und auch das geistige Klima änderte sich. Es dauerte Jahre, bis sich Preußen nach der Niederlage von Jena und Auerstedt wieder gegen Napoleon positionierte; mehr oder weniger wurde der König durch eine allmählich erstarkende Volksbewegung dazu gezwungen. Zwar fielen in jene Jahre auch die Stein-Hardenbergschen Reformen wie die Einführung der Gewerbefreiheit, die auch Juden zugute kamen. Doch formierte sich gleichzeitig ein Nationalismus, der in der Positionierung gegen die fremden Besatzer das Eigene, Deutsche betonte, dabei oftmals bizarre Formen annahm und auch einen insofern neuen Antisemitismus gebar, als nun nicht mehr nur die andere Religion, sondern auch die »fremde« Rasse betont wurde – eine Argumentation, der mit Konversion nicht beizukommen war.

Als die Befreiungskriege schließlich siegreich geendet hatten und das gesellige Leben zurückkehrte, öffneten auch die Salons wieder. Zwischen 1815 und 1830 wurden zwölf Salons geführt. Doch die Aufbruchstimmung der ersten Jahre des neuen Jahrhunderts war einer restaurativen Gegenbewegung gewichen. Etliche der politischen Reformen wurden wieder abgeschwächt. Und auch die Romantiker waren keine jugendlichen Hitzköpfe mehr, sondern hatten teilweise erschreckend reaktionäre Entwicklungen genommen. Von der integrativen Kraft der Salons grenzte man sich nun ganz bewusst ab: Seit 1811 trafen sich Achim von Arnim, Clemens Brentano, Karl Friedrich Schinkel, E. T. A. Hoffmann, Josef Eichendorf u. a. in der Christlich-teutschen Tischgesellschaft, die nicht nur Philister, sondern auch Juden und »Weiber« ausschloss. Obwohl etliche Mitglieder fleißige Salongänger waren, verstand sich ihre neue Gesellschaft explizit als Anti-Salon. So ist es mehr als die Sentimentalität des Alters beim Blick auf die vergangene Jugend, wenn Rahel Varnhagen, die seit 1819 ihren zweiten Salon in Berlin führte, feststellte: »Es sind unendlich viele gescheidte Leute hier: und ein Rest von Geselligkeit, der in Deutschland einzig ist. Aber *Meine* sind weg. Die da sind, sind veraltet.« Dabei ging es nicht ums Älterwerden der Protagonisten:

18 Zit. n. Wilhelmy 1989 (s. Anm. 1), S. 134.

19 Jean Paul an Karoline Herder, Berlin, 12.1.1801, in: *Jean Pauls Sämtliche Werke*. Hg. Eduard Berend, Abt. III, Bd. 4, Weimar 1960, S. 41f. Nr. 75.

»Die ganze Konstellation von Schönheit, Grazie, Koketterie, Neigung, Liebschaft, Witz, Eleganz, Kordialität, Drang Ideen zu entwickeln, redlichem Ernst, unbefangenem Aufsuchen und Zusammentreffen, launigem Scherz, ist zerstiebt.«[20]

Trotzdem blieb das Phänomen Salon noch das ganze 19. Jahrhundert hindurch lebendig. An den unterschiedlichen Entwicklungen, die der Berliner Salon nahm, lässt sich ein Stück Sozialgeschichte nachvollziehen. Zeichnete sich etwa die Zeit des Berliner Biedermeier durch die Kultivierung innerer, geistiger, ästhetischer Werte aus und waren die biedermeierlichen Salons entsprechend von einer häuslichen, familiären Atmosphäre geprägt, politisierte sich die Gesellschaft in den Jahren vor der Revolution von 1848 wieder stärker. Zwar versuchte man, die Salons mit ihrer ungezwungenen Atmosphäre davon weitgehend frei zu halten. So wurden etwa im Hause Arnim zwei Salons abgehalten: der der freigeistigen Mutter Bettina und der der konservativen Töchter Maxe und Armgart. Doch zeigten sich hier eben auch die Grenzen der Salongeselligkeit, die wirklich tiefgehende Differenzen zwischen den Besuchern nicht ausgleichen konnte.[21]

Der preußische Hof hatte schon früh seine Vertreter in die Salons entsandt. So hatte Prinz Louis Ferdinand regelmäßig bei Henriette Herz verkehrt. Selbst einen Salon zu führen, wäre dann aber doch zu viel des Guten gewesen. So beauftragte der »Romantiker auf dem Thron«, Friedrich Wilhelm IV., den Generaldirektor der Königlichen Museen Ignaz von Olfers, in seinem Hause »einen Mittelpunkt für Künstler, Gelehrte und Fremde zu bilden«. Und Prinz Georg von Preußen verlagerte seine Geselligkeiten eben wegen der Schwierigkeiten mit der Etikette in das Haus seiner Freundin Minna von Treskow.[22]

Niedergang der Salonkultur

Allmählich zeigte die räumliche Ausweitung der Stadt Auswirkungen. Lebte man um 1800 noch eng beieinander im alten Stadtkern, zog es im Laufe des Jahrhunderts immer mehr Gutbetuchte in die neuen schicken Stadtteile am Rande. Die Salons zogen mit, und das gesellige Leben wurde unübersichtlicher. Doch auch in den Jahren, in denen Berlin sich quasi auf seine Rolle als Hauptstadt des Kaiserreichs vorbereitete und immer mehr Weltstadt wurde, blühten die Salons: Zwischen 1860 und 1890 gab es mindestens 25 von ihnen, darunter mancher eher höfisch, andere eher bürgerlich geprägt, manche eher künstlerisch, manche ausgesprochen politisch ausgerichtet.

Immer wieder, nachdem die erste Generation von Salonièren ihre Aktivitäten eingestellt hatte, wurde das Ende der Salons angekündigt. Immer wieder aber passten sie sich dem Zeitgeist, wechselnden Interessen und Strömungen an. Einzelne Salonièrenpersönlichkeiten reichten mit ihren Gesellschaften weit in die folgenden Generationen hinein und sorgten so jeweils für Kontinuität. Doch spätestens seit ca. 1890 rückte das Ende wirklich näher. Die Gründe dafür sind so vielfältig wie einst die Voraussetzungen für ihr Entstehen.

Die nunmehr meist deutlich älteren Salonièren beklagten die zunehmende geistige Enge und starre Etikette der inzwischen kaiserlichen Hofgesellschaft, in der Spontaneität und Unbefangenheit nicht mehr gefragt waren, gleichzeitig den Verfall der Sitten, den Mangel an echter Vornehmheit. Schwerer wog, dass es »im hektischen Massenzeitalter«[23] eine Vielzahl neuer Freizeitaktivitäten wie Kino, Sport oder Reisen gab, denen man sich hingeben konnte. Zunehmend schwand die gemeinsame geistige Grundlage der Gesellschaft. Kulturelle Autoritäten verloren ihre integrative Kraft, traditionelle Werte wurden grundsätzlich in Frage gestellt, und mit der Herausbildung von Parteien seit Mitte des 19. Jahrhunderts war auch für die politische Diskussion ein neuer Raum entstanden.

20 Wilhelmy 1989 (s. Anm. 1), S. 133.

21 Ebd., S. 120, 140, 192.

22 Ebd., S. 174 u. 210.

23 Ebd., S. 387.

Vor allem aber wandelte sich die Stellung der Frau in der Gesellschaft grundlegend. Hatten gebildete gutsituierte bürgerliche oder adlige Frauen lange Zeit nur in den Salons, bei musischer Betätigung oder allenfalls noch bei Bemühungen in der Wohlfahrt ein Betätigungsfeld und Bestätigung finden können, standen ihnen nun vielfältigere Möglichkeiten zur Verfügung. Ihr Weg in die Berufstätigkeit wurde durch den Ersten Weltkrieg in besonderer Weise forciert. Aus dem Bereich »männlicher« Arbeit, die Frauen im Krieg übernehmen mussten, ließen sie sich nach dessen Ende nur unvollständig wieder vertreiben. Bereits 1908 hatten sich die preußischen Universitäten als letzte im Reich für Frauen geöffnet, 1919 wurde auf nationaler Ebene das Wahlrecht für Frauen eingeführt. Eine der letzten Berliner Salonièren, Katharina von Oheimb, war gleichzeitig Reichstagsabgeordnete.

War der Salon für Frauen der erste Schritt in eine Öffentlichkeit, die aber noch im häuslichen Umfeld verortet war, hatte er sich nun, da die Fixierung auf den häuslichen Kreis entfiel, überlebt. Er selbst hatte die Grundlagen für sein Ende mit geschaffen. Eine neue integrative Kraft konnte die Institution Salon nicht entwickeln. Den vielfältigen Strömungen, Lebensmustern und -möglichkeiten der Moderne war der im gutbürgerlichen oder adligen Hause sich treffende Zirkel gänzlich unangemessen. So verschwanden nach eineinhalb Jahrhunderten in den Jahren der Weimarer Republik die letzten Berliner Salons.

Das Ideal Salon in der Gegenwart

Die beschränkte politische Öffentlichkeit in der DDR hätte vielleicht noch einmal einer Salonkultur zuträglich sein können; die informellen intellektuellen Runden, in denen man wie fast zwei Jahrhunderte zuvor literarische, philosophische und politische Schriften debattierte, hatten etwas salonartiges. Doch standen dem freien geistigen Austausch die Enge und die Repressionen einer von Spitzeln durchsetzten Gesellschaft entgegen.

Noch heute wird die Bezeichnung »Salon« gern benutzt. Es gibt den Berliner Salon im Palais am Festungsgraben, den Salon Berlin-Geflüster, einen Berliner Salon für Fotokunst, einen Neuen Berliner Geschichtssalon und mit dem Berliner Zimmer sogar einen Salon im Internet. Doch selbst wenn der Präsident der Deutschen Forschungsgesellschaft einen Berliner Salon abhält, ist unverkennbar, dass an die alten Zeiten nicht mehr angeknüpft werden kann. Das, was heute unter der Bezeichnung Salon firmiert und geistige Interessen verfolgt, ist nicht ansatzweise so breitenwirksam wie der historische Salon, andere Gesellschaften gleichen Namens sind oftmals der reine Etikettenschwindel und einfach gesellschaftlich-geschäftliche Seilschaften, die vernachlässigen, dass Salons zwar Netzwerke bildeten, dies aber nicht ihr eigentliches Anliegen war, sondern im Mittelpunkt eine möglichst freie gebildete Unterhaltung stand.

Gibt es vielleicht eine gesellschaftliche Konstellation, die noch einmal die Schwungkraft der alten Salonkultur entwickeln könnte? Wieder leben ja heute in der Stadt Angehörige verschiedener Nationalitäten in richtiggehenden Parallelgesellschaften nebeneinander her. Könnten salonartige Zirkel sie vielleicht zusammenführen? Oder muss man in neuen Medien denken, und fehlt den verschiedenen sozialen Internetnetzwerken nur ein wenig mehr Inhalt?

Die Freiheit, in einer vielgestaltigen Welt den verschiedensten Lebensentwürfen zu folgen, schließt auch ein breites Spektrum von Kommunikationsmöglichkeiten ein. So ist es wohl eher illusorisch, dass noch einmal ein neues Kapitel Salongeschichte aufgeschlagen wird.

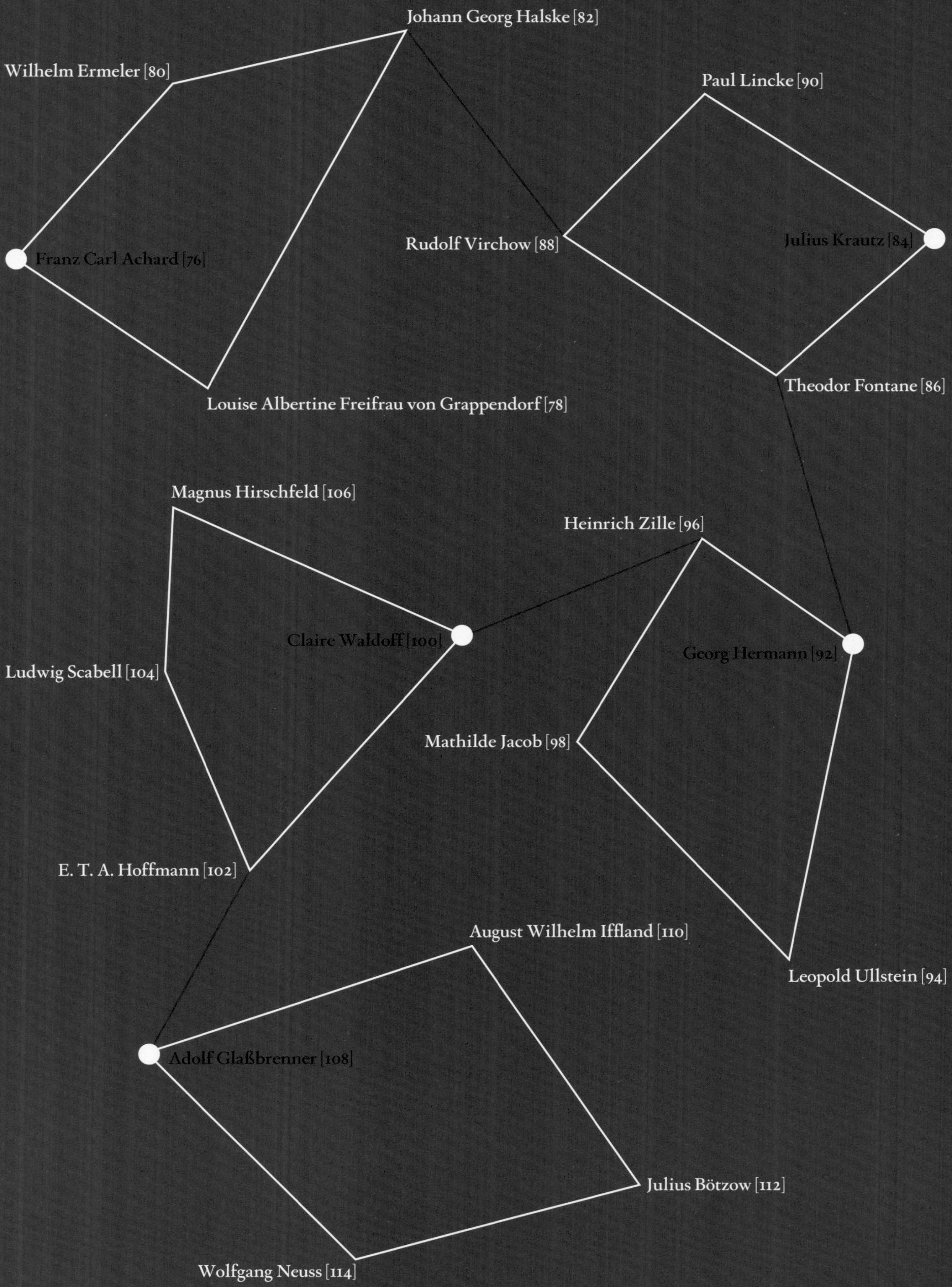

Johann Georg Halske [82]
Wilhelm Ermeler [80]
Paul Lincke [90]
Rudolf Virchow [88]
Julius Krautz [84]
Franz Carl Achard [76]
Theodor Fontane [86]
Louise Albertine Freifrau von Grappendorf [78]
Magnus Hirschfeld [106]
Heinrich Zille [96]
Claire Waldoff [100]
Georg Hermann [92]
Ludwig Scabell [104]
Mathilde Jacob [98]
E. T. A. Hoffmann [102]
August Wilhelm Iffland [110]
Leopold Ullstein [94]
Adolf Glaßbrenner [108]
Julius Bötzow [112]
Wolfgang Neuss [114]

Franz Carl Achard – Forscher mit merkantilen Interessen

1753 geboren am 28. April in Berlin **1772–1775** autodidaktische Studien, erste Experimente und Veröffentlichungen **1776** Anstellung als Chemiker bei der Akademie der Wissenschaften **1776–1786** Versuche mit Edelsteinen, mit Kautschuk und zum Anbau von Tabak **1782** Direktor der Physikalischen Klasse der Akademie der Wissenschaften; erste Versuche mit zuckerhaltigen Pflanzen **1783** erster unbemannter Ballonaufstieg in Berlin **1785–1787** Versuche zum Siedeverhalten, Bau eines Elektromessers **1787–1797** Meteorologe der Akademie; Experimente mit Farben **1795** Entwicklung und Vorführung eines Feldtelegrafen **1799–1801** Großversuche zur Rübenzuckerfabrikation **1812–1815** Einrichtung einer Lehranstalt zur Rübenzuckerherstellung in Cunern / Schlesien **1821** gestorben am 20. April in Cunern

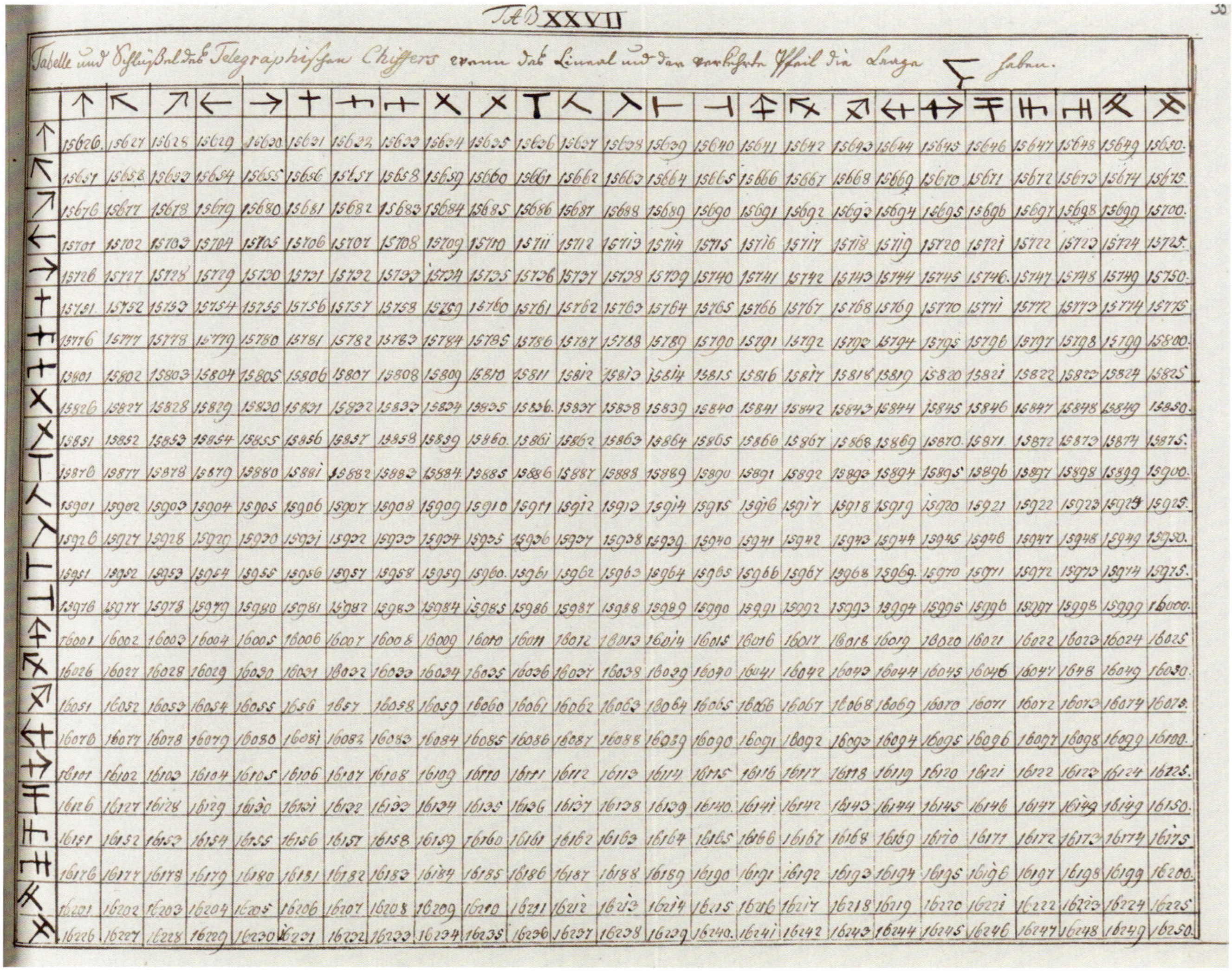

F. A. Achard, *Telegraphie zur Correspondenz über alle Arten der Gegenstände nebst Tabellen der telegraphischen Chiffren*, Berlin um 1795
Staatsbibliothek zu Berlin – Preußischer Kulturbesitz

Johann Samuel Ludewig Halle
Franz Carl Achard, um 1805
Kupferstich, 16 x 10 cm
Stadtmuseum Berlin

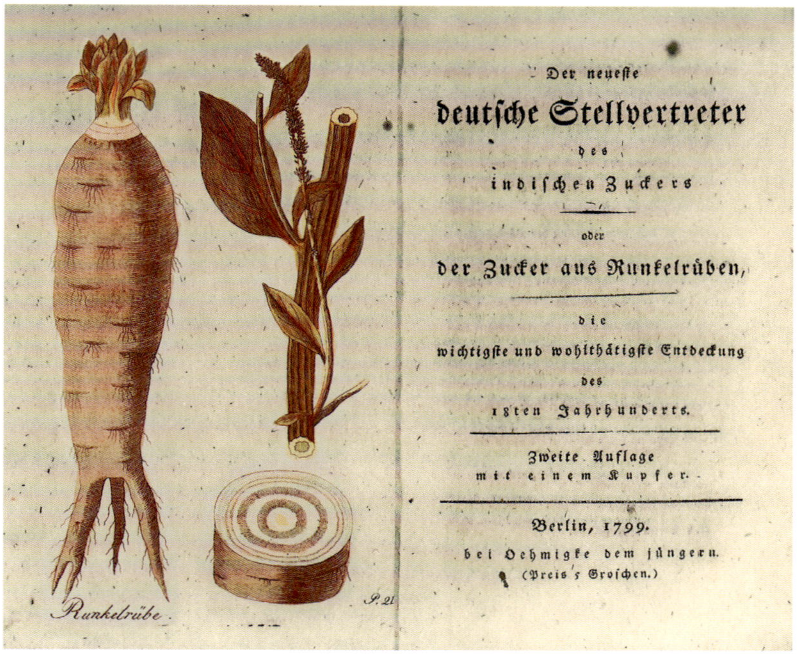

J. L. Christ, *Der neueste deutsche Stellvertreter des indischen Zuckers oder der Zucker aus Runkelrüben*, Berlin: Oehmigke 1799
Privatbesitz

Franz Carl Achard war ein Naturwissenschaftler und als solcher ganz Kind des 18. Jahrhunderts. Er stammte aus einer begüterten Familie, deren Mitglieder hoch angesehene Positionen in der französischen Kolonie Berlins bekleideten. Sein Vater war Pfarrer der Französisch-Reformierten Friedrichswerderschen Kirche. Franz Carl erhielt zwar keine reguläre Schul- oder universitäre Ausbildung. Der Autodidakt fand aber durch erste Experimente und Veröffentlichungen Zugang zu den wissenschaftlichen Eliten. Bereits mit 23 Jahren wurde er als Chemiker an der Akademie der Wissenschaften angestellt, zunächst ohne Gehalt. Im Alter von 29 Jahren übernahm er das Direktorenamt der Physikalischen Klasse dieser Akademie, welches er viele Jahre innehatte.

Sein Leben lang unternahm Achard Experimente und Versuche auf den verschiedensten Wissensgebieten. Forschungen zur Elektrizität, zur künstlichen Erzeugung von Edelsteinen, zum Zugverhalten von Kautschuk und zum Siedeverhalten von Flüssigkeiten loteten den Rahmen des damals bekannten Wissens aus. Er ließ die ersten Gas- und Luftballons über Berlin aufsteigen und die ersten Blitzableiter installieren. Als Meteorologe beschäftigte er sich mit dem Wetter. Anbauversuche mit fremden Grassorten verfolgten das Ziel, das Futteraufkommen in Preußen zu steigern. Auch die Forschungen zum Färbeverhalten einheimischer Pflanzen waren diesem merkantilistischen Interesse verpflichtet. Einem Befehl Friedrichs II. folgend, führte er zudem Anbauversuche mit verschiedenen Tabaksorten durch. Das Vorhaben, eine reguläre Tabakplantage unter seiner Direktion anzulegen, wurde jedoch nicht realisiert. Seiner Zeit voraus war er bei der optischen Telegrafie. Sein nach französischem Vorbild weiterentwickeltes Zeichensystem sollte den Weg für die schnelle Nachrichtenübermittlung innerhalb Preußens ebnen. Doch kam die praktische Umsetzung erst Jahrzehnte später zustande.

Bleibenden Ruhm erlangte Achard mit seinen Experimenten zur Zuckergewinnung aus Runkelrüben. Achard beschäftigte sich intensiv mit dieser Problematik. Ab 1783 begann er auf seinem Gut Kaulsdorf mit der Züchtung der heute als Zuckerrübe bekannten Pflanze. Er legte zudem im Laboratorium der Akademie eine »königliche Rohzuckerfabrik« an. 1801 ließ er sich eigens von seinem Direktorenamt beurlauben, um mit Hilfe eines großzügigen königlichen Darlehens und einer in Aussicht gestellten hohen Belohnung eine Zuckerfabrik im schlesischen Cunern aufzubauen. Schon im Jahr darauf produzierte die Fabrik gebrauchsfertigen Rübenzucker. Mit mehreren Veröffentlichungen wusste Achard geschickt seine Neuentwicklung publik zu machen. Doch sollte dem Unternehmen kein dauerhafter Erfolg beschieden sein: Die Folgen der napoleonischen Besetzung ruinierten Achard gänzlich. Zwischen 1812 und 1815 dienten die Produktionsanlagen nur noch als Lehranstalt. Erst Jahre nach seinem Tod setzte sich das Rübenzuckerverfahren auf dem europäischen Kontinent durch. Doch wurde Deutschland erst in den 1830er-Jahren von den Zuckerrohrlieferungen aus Übersee unabhängig.

Jan Mende

Louise Albertine Freifrau von Grappendorf – »schönste Seele im hübschesten Leibe«

1729 geboren am 13. Dezember 1753 gestorben am 28. November in Neustadt-Eberswalde

Sarg 23/3, der reich verzierten Form nach aus der Mitte des 18. Jahrhunderts stammend, enthält die erstaunlich gut erhaltene Leiche einer jungen Frau. Sie trägt ein Kostüm aus goldfarbener Atlasseide mit tief ausgeschnittenem Dekolleté. Wie eine vor kurzem erfolgte Erforschung der rund 140 in der Gruft der Parochialkirche gelagerten Totenkisten ergeben hat, handelt es sich bei Nummer 23/3 um die im Alter von 24 Jahren verstorbene Louise Albertine von Grappendorf, geb. von Brandt. Die Zuordnung wurde durch den Umstand erschwert, dass seit der Teilzerstörung der Kirche im Zweiten Weltkrieg immer wieder Spaßvögel, Leichenfledderer oder Anatomiestudenten die Totenruhe gestört haben.

Die Bestattung in Kirchen war schon immer ein Privileg. Da die 1695–1703 als Vierkonchenanlage errichtete Parochialkirche im Innern nicht genug Platz bot, wurden 30 unterirdische Gewölbe geschaffen. Hier einen Platz für die Ewigkeit zu finden, setzte allerdings entsprechende Vermögensverhältnisse voraus: Er kostete nach heutigen Maßstäben 5000 Euro, eine komplette Kammer sogar 40 000. Das zur Vermeidung von Verwesungsgeruch installierte Belüftungssystem sorgte für eine Austrocknung der Körper, die so unabsichtlich mumifiziert wurden. Freifrau von Grappendorf starb im Spätherbst, daher konnten keine Fliegenmaden die Haut durchlöchern.

In der Blüte ihres Lebens, noch dazu als römische Frühlingsgöttin Flora, hat sie der preußische Hofmaler Antoine Pesne festgehalten. Angetan mit einem kostbaren, verführerisch geschnittenen Seidenkleid bedient sie sich aus einem Blumenkorb, der ihr ein herbei geflogener Putto darreicht. Vermutlich entstand das Gemälde um die Zeit ihrer Heirat mit dem Oberjägermeister Wilhelm Hilmar Freiherr von Grappendorf. Es ist in der Art der Porträts gehalten, die Pesne von den Hofdamen der Königin Elisabeth Christine, der ungeliebten Gattin Friedrichs des Großen, malte. Tatsächlich fungierte Louise Albertine als Hofdame der Königinmutter Sophie Dorothea und der Prinzessin Luise Amalie von Preußen.

Als Louise Albertine nach scheinbarer Genesung von einem schweren Kindbett überraschend auf einer Reise nach Schwedt starb, schrieb der Kammerherr der Königin, Ernst Ahasverus Heinrich Graf Lehndorff, in seinen geheimen Aufzeichnungen: »Es war wohl die schönste Seele in dem hübschesten Leibe, den ich je gesehen habe.« Von »esprit« (Geist), »enjoûment« (Heiterkeit) und »beauté« (Schönheit) ist auch in Versen die Rede, die einem Stich von Georg Friedrich Schmidt nach Blaise-Nicolas Le Sueur von 1756 beigegeben sind. Ein Medaillon mit Darstellung der Unvergleichlichen wird dort an Chronos vorbei von einem Engel und zwei Putti in die Lüfte getragen. Das letzte Wort des Huldigungsgedichtes lautet »immortalité«. Unsterblichkeit hat sie, wenn auch anders als gedacht, tatsächlich in gewisser Weise erlangt.

Dominik Bartmann

Antoine Pesne
Louise Albertine Freifrau von Grappendorf als Flora, um 1750
Öl auf Leinwand, 146,5 x 112 cm
Stadtmuseum Berlin, Leihgabe der Erbengemeinschaft nach Lebrecht von Klitzing, Demerthin

Ernst von Brauchitsch
Parochialkirche, 1904
Fotografie, 21,7 x 16 cm
Stadtmuseum Berlin

Burkhart Rüchel
Die Gruft der Parochialkirche, Anfang 1990er-Jahre
Fotografie
Burkhart Rüchel

Wilhelm Ermeler – Selfmademan der Tabakindustrie

1784 geboren am 6. Februar in Berlin **um 1796** Beginn einer sechsjährigen Kaufmannslehre **1804** Organisation eines Ballonaufstiegs über Berlin **1808** Gründung einer Tabakhandlung am Mühlendamm 12/13 **1818** Umzug der Fabrik an den Köllnischen Fischmarkt 6 **1824** Kauf des Hauses Breite Straße 11 **1830** erste Reise nach Paris **1840/41** Reise nach Italien **1844/1858** Ernennung zum Kommerzienrat bzw. Geheimen Kommerzienrat **1848** Inbetriebnahme einer Dampfmaschine **1866** gestorben am 24. Juni in Tiergarten

Ein Selfmademan, obgleich Sohn eines Kattundruckerei-Besitzers: »Mein Anfang war 100 Thaler, jetzt 56 Jahr alt, habe ich schon über 200 000 Taler nach u[nd] nach u[nd] ohne Speculation redlich verdient.« Wilhelm Ermeler war einer der Begründer der Berliner Tabakindustrie. Erfolgreich verstand er es, die zunehmende Nachfrage nach Pfeifen- und Schnupftabak durch die Gründung einer eigenen Fabrik zu bedienen. Ihn zeichneten insbesondere Organisationsgeschick und Gewinnorientierung aus. Seine Vorstellungen von Selbstverantwortlichkeit, Rechtschaffenheit und Bescheidenheit standen allgemein für die moralischen Grundsätze der bürgerlichen Mittel- und Oberschichten Berlins. »Innere Erkenntnis« suchte er in Selbstbildung und auf zahlreichen Reisen, die ihn nach Frankreich, Italien, Russland und nach Schweden führten. Ermeler war Freimaurer, engagierte sich im preußischen Gewerbeverein und betätigte sich auch auf sozialem Gebiet. Seiner Ehe mit Henriette Becherer entstammten acht Kinder, von denen vier jung verstarben.

Als Unternehmer agierte er mit ungeheurem Geschick, sowohl, was die Führung des Produktionsprozesses betraf, als auch die Vermarktung: »Wo kommt der beste Tabak her? Merk auf, mein Freund, von Ermeler!« – mit diesem eingängigen Vers warb er schon früh für seine Produkte. Die Rauchtabake wurden werbewirksam in weißer Verpackung ausgeliefert, auf der ein federgeschmückter Mohr zu sehen war. Erst später wurde die stilisierte Darstellung zweier Pfeifenraucher zum Markenzeichen. 1841 beschäftigte Ermeler in seinem Unternehmen 150 Arbeiter. Sie fertigten in jenem Jahr insgesamt 6000 Packungen mit 110 verschiedenen Rauch- und Schnupftabaksorten und 100 000 Zigarren. Mit jährlich 260 000 Talern erwirtschaftete Ermeler einen bedeutenden Gewinn. Wohlstand, Bildung und soziales Engagement bildeten für ihn die Grundlage seines gesellschaftlichen Aufstiegs. Großer Beliebtheit erfreuten sich die wöchentlichen Mittwochabende in seinem Haus, wo sich Unternehmer, Wissenschaftler, Künstler und Beamte in einer ungezwungenen Atmosphäre begegnen konnten.

Nachlasspäckchen
von Ferdinand Wilhelm Ermeler
»Nicht früher als nach 100 Jahren zu öffnen, Wilh. Ermeler 1840 Breite Straße No 11«,
1969 bei Abriss entdeckt
Stadtmuseum Berlin

August Kaselowsky
Wilhelm Ermeler unter der Tasso-Eiche in Rom, 1841
Öl auf Leinwand, 74 x 98,5 cm
Stadtmuseum Berlin

Musikalische und literarische Darbietungen gehörten ebenso dazu wie die offene Diskussion über politische und kulturelle Themen.

In dem nach ihm benannten Gebäude in der Breiten Straße vereinte er repräsentatives Wohnen im Vorderhaus mit der praktischen Tätigkeit der Fabrik im Hinterhaus. Das Ermelerhaus war 1761/62 errichtet worden und besaß eine bemerkenswerte Innenausstattung aus der Zeit des Rokoko. Nachdem es von der Familie Ermeler an die Stadt verkauft worden war, richtete Walter Stengel, der damalige Direktor des Märkischen Museums, hier 1932 eine populäre kulturhistorische Ausstellung ein. 1966/67 abgetragen, wurde das Haus anschließend an seinem heutigen Standort an der Friedrichsgracht wiederaufgebaut. Bei diesem »Umzug« entdeckte man unter Fußbodendielen ein Nachlasspäckchen aus dem Jahr 1840 mit dem Vermerk »Nicht früher als nach 100 Jahren zu öffnen«. Es enthielt neben persönlichen Gegenständen, einem Journal und einem Kassenbuch – eine Tüte Tabakblätter.

Jan Mende

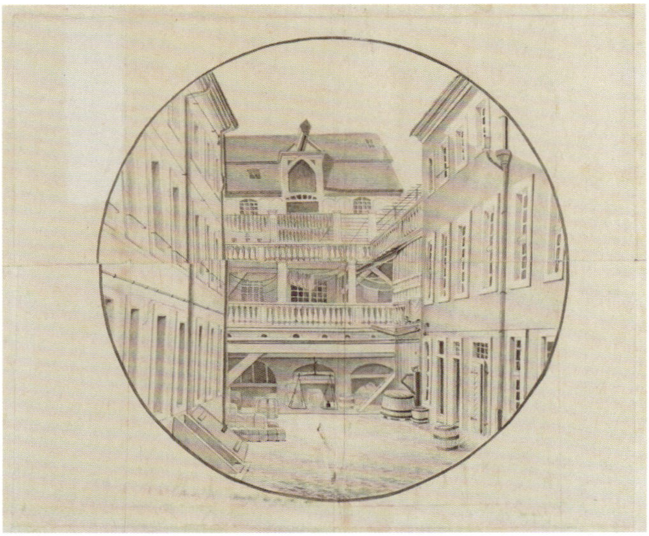

Hofansicht des Ermelerhauses, 2. Drittel 19. Jh.
Bleistift, 41 x 47 cm
Stadtmuseum Berlin

Johann Georg Halske – Tüftler hinter Siemens

1814 geboren am 30. Juli in Hamburg 1825–1828 Schüler am Gymnasium Zum Grauen Kloster in Berlin 1828–1843 Lehr- und Gesellenzeit in Berliner und Hamburger Feinmechanikunternehmen 1844 Gründung der Werkstatt Halske & Boetticher für chemische und mechanische Apparaturen 1845 Aufnahme in die Physikalische Gesellschaft von Berlin 1847 Gründung der Telegraphen-Bauanstalt von Siemens & Halske; Produktionsbeginn des Zeigertelegrafen 1851 erfolgreiche Teilnahme an der Weltausstellung in London 1852 Bezug des Produktionsstandorts Markgrafenstraße 94 1867 Rückzug aus dem Unternehmen 1867 Mitbegründer und Vorstand des Kunstgewerbemuseums 1880–1886 ehrenamtlicher Berliner Stadtverordneter und Stadtrat 1890 gestorben am 18. März in Berlin

Johann Georg Halske steht exemplarisch für den aus dem Handwerk aufgestiegenen Fabrikunternehmer, wie er für die Berliner Industrialisierung des 19. Jahrhunderts typisch ist. Nach einer gediegenen Schul- und Lehrausbildung sammelte der Mechaniker zunächst Erfahrungen bei der Fertigung hochpräziser Messinstrumente – so bei der renommierten Berliner Werkstatt Pistor & Martins. Früh kam er daher mit Wissenschaftlern in Kontakt, insbesondere mit Physikern. Diese schätzten seine praktischen Kenntnisse und sein innovatives Auffassungsvermögen bei der Umsetzung neuartiger Instrumente und Apparaturen. Bereits 1845 gehörte Halske daher dem Gründungskollegium der noch heute bestehenden Physikalischen Gesellschaft an – gemeinsam mit Heinrich Gustav Magnus, Hermann Helmholtz und Hermann Knoblauch, dem Experimentalphysiker und Neffen des Architekten Eduard Knoblauch.

Bereits 1844 gründete Halske mit dem Mechaniker Boetticher in Berlin ein Unternehmen, das sich auf die Herstellung wissenschaftlicher Geräte für Chemie und Physik spezialisierte. Die kleine Werkstatt in der Karlstraße fertigte neben Waagen und Vakuumpumpen vor allem Geräte auf dem Gebiet der Elektrizität und der Optik.

Richtungweisend für Johann Georg Halske wurde jedoch die Begegnung mit Werner Siemens im Jahr 1846. Siemens hatte einen Apparat entwickelt, der auf elektrischem Wege Nachrichten über große Entfernungen übertragen konnte. Tatsächlich erkannten beide die Relevanz dieser Neuentwicklung, da diese der bestehenden optischen Telegrafie an Schnelligkeit, Zuverlässigkeit und Qualität bedeutend überlegen war. Halske machte den Apparat unter dem Namen »Zeigertelegraph« produktionsreif. Zudem sicherte ein auf acht Jahre ausgestelltes Patent die alleinigen Verwertungsrechte in Preußen. Am 1. Oktober 1847 eröffneten die beiden schließlich die Telegraphen-Bauanstalt von Siemens & Halske in einem Hinterhaus in der Schöneberger Straße 19 in Kreuzberg. Während Siemens die kaufmännische Führung des Unternehmens übernahm, stellte sich Halske als technischer Leiter an die Spitze der Produktion.

Den kommerziellen Durchbruch erzielte die junge Firma mit dem Staatsauftrag, eine auf kautschukummantelte Erdkabel gestützte Telegrafenlinie von Berlin nach Frankfurt am Main zu bauen. Nachdem diese erste lange Telegrafenlinie Europas im Winter 1848/49 eröffnet worden war, folgten weitere Großaufträge. Trotz einer vorübergehenden Verstimmung mit der Verwaltung der preußischen Staatstelegrafie war der wirtschaftliche Aufschwung des Unternehmens beachtlich. Daran hatten auch die Zweigunternehmen der Brüder von Werner Siemens in Petersburg und London großen Anteil. Mitte der 1850er-Jahre besaß der Berliner Fabrikstandort mehr als 100 Mitarbeiter, die bereits unter den industriellen Bedingungen der arbeitsteiligen Serienfertigung arbeiteten. Die für Berlin so zukunftsträchtige Elektroindustrie hatte hier ihre erste Basis.

Jan Mende

Johann Georg Halske, o. J.
Fotografie, 51 x 42 cm
Stadtmuseum Berlin

Ludwig Burger und Ernst Milster
Schmuckblatt mit Doppelbildnis von
Werner Siemens (links) und Johann Georg Halske (rechts), 1855
Farblithografie, 51,9 x 63,2 cm
Stadtmuseum Berlin

Firma Siemens & Halske
Zeigertelegraf mit Selbstunterbrechung, 1847–1856
Messing, Holz, Elfenbein, Höhe 20 cm
Museum für Kommunikation Frankfurt am Main

Julius Krautz – Henker mit Stil

1843 geboren am 11. September in Zehden / Kreis Königsberg, Neumark (heute Polen) 1859–1861 Lehre als Abdecker beim Scharfrichter in Jerichow 1865 Einberufung zum Militärdienst nach Breslau 1867 Beförderung zum Unteroffizier 1868 Werkführer der Berliner Abdeckerei 1878–1889 Preußischer Scharfrichter 1886 Pachtung der Spandauer Scharfrichterei 1890–1919 Betreibung einer Rossschlächterei an verschiedenen Standorten in Berlin 1920 Umzug nach Burig bei Neu Zittau (östlich von Berlin) 1921 gestorben am 24. April in Rüdersdorf

Julius Krautz wuchs im Milieu von Scharfrichterei und Abdeckerei auf. Ein früher Versuch, aus diesem Umfeld durch eine Lehre als Konditor auszubrechen, scheiterte kläglich. Als Jugendlicher beseitigte er Tierkadaver und fing streunende Hunde. Als junger Mann assistierte er indes auch bei mehreren Hinrichtungen. Sein beruflicher Werdegang, unterbrochen durch die Militärzeit und durch die Teilnahme an den Kriegen von 1866 und 1870/71, nahm eine entscheidende Wendung, als er am 14. August 1878 in Berlin zum Scharfrichter von ganz Preußen vereidigt wurde. Damit ging sein mittlerweile innigster Wunsch in Erfüllung, Vollstrecker der irdischen Gerechtigkeit zu werden.

Zwei Tage später waltete Krautz das erste Mal seines Amtes. Im Hof des Zellengefängnisses Moabit vollstreckte er das Todesurteil an Emil Heinrich Max Hödel, der einen Attentatversuch auf Kaiser Wilhelm I. unternommen hatte. Das Henkersbeil entlieh er zu diesem Zweck aus dem Märkischen Provinzialmuseum. Später sollte er über ein eigens für ihn angefertigtes Beil verfügen, das zwölf Pfund wog, einen schwarzen Griff besaß und auf dem Blatt die Namen der Hingerichteten aufzählte. Von der Würde seines neuen Amtes getragen, zelebrierte er die Hinrichtungen formvollendet. So führte er eine neue Kleiderordnung ein, die bis 1927 galt. Seinen Pflichten als Scharfrichter kam er stets in Frack, Weste, Zylinder und weißen Handschu-

Handbeil und Richtblock aus dem Besitz des Scharfrichters Julius Krautz, Anfang 19. Jh.
Stadtmuseum Berlin

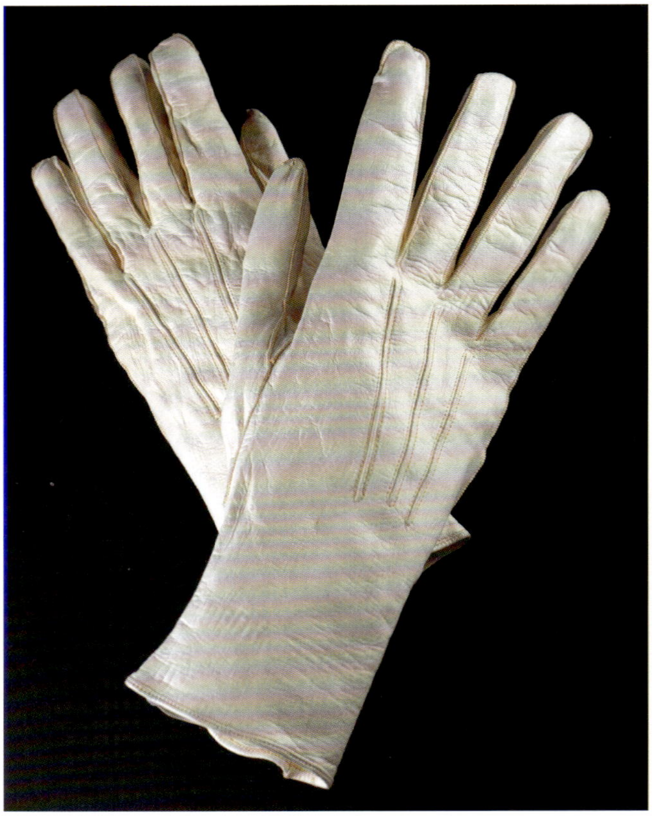

Glacéhandschuhe, um 1900
Stadtmuseum Berlin

Julius Krautz
(Maximilian Schmidt, *Julius Krautz, der Scharfrichter von Berlin. Ein Kulturbild aus dem neunzehnten Jahrhundert*, Berlin: Schmidt 1893)

hen nach. Erst nachdem seine Gehilfen den Delinquenten auf dem Richtblock an Kopf und Händen festgegurtet hatten, zog er den Frack aus, unter dem das Richtbeil verborgen war. Den tödlichen Streich führte er in Weste und Hemd mit aufgekrempelten Ärmeln. Bis April 1889 köpfte er mit dem Handbeil weitere 52 Männer und eine Frau, darunter am 7. Februar 1885 in Halle August Reinsdorf und Emil Küchler, die bei der Einweihung des Niederwald-Denkmals einen Sprengstoffanschlag auf die versammelten Festgäste geplant hatten. Pro Hinrichtung erhielt Krautz zwischen 300 und 500 Goldmark. Davon musste er aber für sich und seine Gehilfen die Auslagen – Lohn, Reisekosten, Verköstigung – bestreiten.

Krautz war dem Alkohol sehr zugeneigt. Im Berliner Restaurant Krenitz zettelte er eine Schlägerei mit einem seiner Gehilfen an, an deren Folgen sein Assistent starb. In einem Aufsehen erregenden Prozess am 24. Juni 1889 wurde er vom Vorwurf des Totschlags freigesprochen. Trotzdem verzichtete die preußische Justiz auf seine weiteren Dienste als Scharfrichter. Durch den Fortsetzungsroman *Der Scharfrichter von Berlin* von Heinrich Sochaczewski (unter dem Pseudonym »Victor von Falk«) erlangte Julius Krautz bald nach seiner Demission zweifelhaften Ruhm im ganzen Land – als bekanntester Vertreter einer anrüchigen Zunft.

Uwe Winkler

Theodor Fontane – Dichter in Preußen

1819 geboren am 30. Dezember in Neuruppin 1833 Besuch der Friedrichswerderschen Gewerbeschule in Berlin, Abgang im März 1836 mit dem »Einjährigen«-Zeugnis 1836–1847 Apothekerlehre in Berlin, bis 1844 Arbeit in verschiedenen Apotheken in Berlin, Magdeburg, Leipzig und Letschin; Abschluss der Ausbildung als »Apotheker erster Klasse« 1844 Militärdienst als Einjährig-Freiwilliger beim Kaiser-Franz-Garde-Grenadierregiment 1845–1866 Mitglied im literarischen Sonntagsverein »Tunnel über der Spree« 1852, 1855–1859 Arbeit in London als Korrespondent; daneben Reportagen, Feuilletons, Theaterkritiken 1861 erster Band der *Wanderungen durch die Mark Brandenburg* 1864, 1866, 1870 Reisen als Berichterstatter zu den Kriegsschauplätzen in Dänemark, Böhmen, Süddeutschland und Frankreich 1876 Mai bis August Anstellung als Erster ständiger Sekretär an der Akademie der Künste; seit September freier Schriftsteller 1878 erster Roman *Vor dem Sturm* 1898 gestorben am 20. September in Berlin, Potsdamer Straße 134c

So wie der Vater sollte auch der Sohn die Apothekerlaufbahn einschlagen. Schon während der Ausbildung suchte Theodor Fontane in Cafés und Vereinen Anschluss an die literarisch-politische Öffentlichkeit, er verfasste Gedichte und Aufsätze. Mit dem Ende der Lehrzeit fiel sein erstes öffentliches Auftreten als Schriftsteller zusammen: Im *Berliner Figaro* erschien die Erzählung *Geschwisterliebe.* Seit Ende der 1840er-Jahre profilierte er sich als freier Mitarbeiter verschiedener Zeitungen, es erschienen seine ersten Bücher, *Von der schönen Rosamunde* und ein Gedichtband.

1850 heiratete Fontane Emilie Rouanet-Kummer und gab den ungeliebten Apothekerberuf endgültig auf. Als freier Literat fand er kein Auskommen und musste sich von nun an mühevoll als Journalist und Privatlehrer durchschlagen. Die ersten Ehejahre waren von großen wirtschaftlichen Sorgen geprägt. Bis 1856 kamen fünf Söhne zur Welt, drei davon starben sehr früh, 1860 wurde die Tochter geboren, der jüngste Sohn folgte 1864.

Seit 1850 arbeitete er als Lektor für die preußische Regierung, von 1860 bis 1870 stellte er als Redakteur der konservativen *Preußischen (Kreuz-) Zeitung* den »Englischen Artikel« zusammen. Die nur drei Stunden umfassende Arbeitszeit ließ ihm ausreichend Freiheit, seine Arbeit an den *Wanderungen durch die Mark Brandenburg* fortzusetzen. Seit 1870 verfasste er Theaterkritiken für die *Vossische Zeitung.* Seine letzte feste Stelle – die eines Sekretärs der Akademie der Künste – gab er 1876 nach nur wenigen Monaten wieder auf.

Fontane war einer der ersten deutschen Schriftsteller, der sich mit der literarischen Darstellung des Krieges in der Moderne auseinandersetzte. Im Auftrag des Verlegers Decker verfasste er drei umfangreiche Bücher über die preußischen Feldzüge von 1864, 1866 und 1870/71. Ende September 1870 reiste er an die französischen Kriegsschauplätze. Bei einem Ausflug zum Geburtsort der Jeanne d'Arc, dem nicht von deutschen Truppen besetzten Domrémy, geriet er als vermeintlicher preußischer Spion in Gefangenschaft. In die Zitadelle von Besançon überführt, drohte ihm das Todesurteil. In Berlin unternahm seine Frau alles nur Mögliche, um das Schlimmste abzuwenden. Doch erst ein Schreiben des Ministerpräsidenten Otto von Bismarck bewirkte, dass Fontane am 5. Dezember frei kam. Seine Erlebnisse schrieb er noch während der Kriegsgefangenschaft nieder. Sie erschienen Ende Dezember 1870 bis Februar 1871 in der *Vossischen Zeitung* und anschließend bei Decker als Buch.

Erst im späteren Alter entstanden Fontanes Romanwerke. Den Anfang machte 1878 *Vor dem Sturm.* Das vier Bände umfassende Werk gilt heute als einer der bedeutendsten deutschen Geschichtsromane. Zu seinen erfolgreichen Erzählwerken zählen *Irrungen, Wirrungen* (1888), *Unwiederbringlich* (1892), *Frau Jenny Treibel* (1893), *Effi Briest* (1896) und *Der Stechlin* (1899). Darin lässt Fontane – oft ironisch oder humoristisch – die Berliner oder ländlich-altpreußische Gesellschaft seiner Zeit Revue passieren: den teils in seinen überkommenen Lebensformen verharrenden, teils anpassungsbereiten Adel; die lärmend-geschwätzigen Parvenüs der Gründerzeit; die kleinen Leute mit zähem Aufstiegswillen; Menschen, die sich in den gesellschaftlichen Konventionen einrichten und solche, die daran zerbrechen.

Bettina Machner

Theodor Fontane
Kriegsgefangen. Erlebtes 1870,
Berlin: F. Fontane 1892
Stadtmuseum Berlin

Max Liebermann
Theodor Fontane, 1896
Lithografie, 36,9 x 27,6 cm
Stadtmuseum Berlin

Schreibtischutensilien
aus dem Besitz Theodor Fontanes
Stadtmuseum Berlin

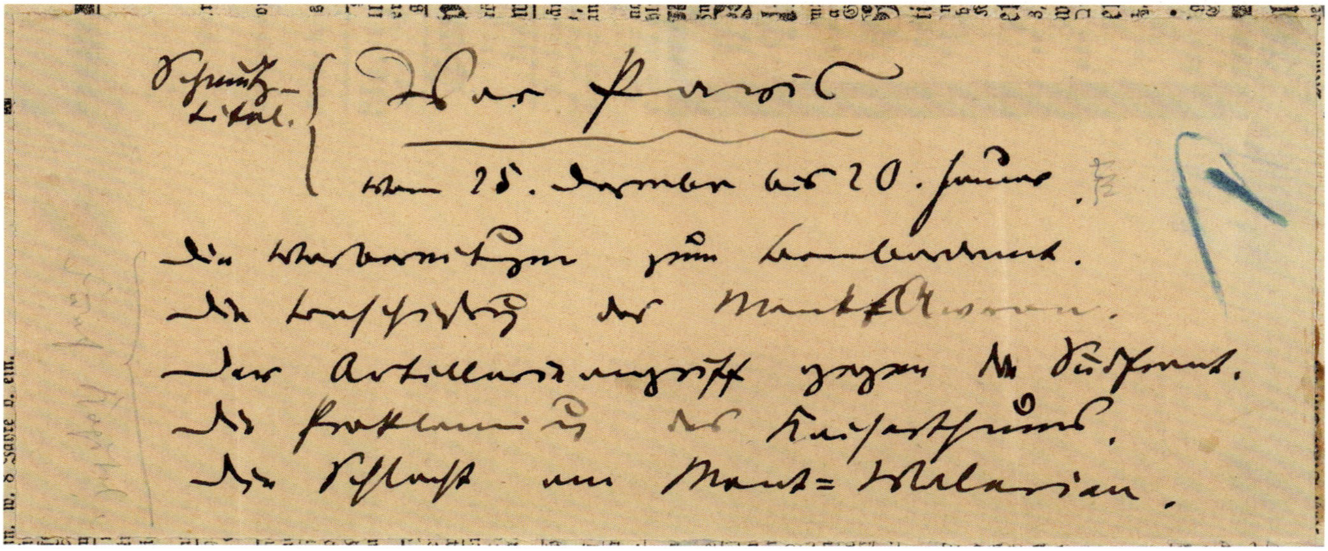

Schmutz-titel. Vor Paris
vom 25. Dezember bis 20. Januar.
Die Vorbereitungen zum Bombardement.
Die Beschießung des Mont Avron.
Der Artillerieangriff gegen die Südfront.
Die Proklamirung des Kaiserthums.
Die Schlacht am Mont-Valérien.

Theodor Fontane
Der Krieg gegen Frankreich 1870–1871
Banderole für das Kapitel *Vor Paris*
Stadtmuseum Berlin

Rudolf Virchow – Doktor mit Hirn und Herz

1821 geboren am 13. Oktober in Schivelbein / Pommern **1839–1843** Medizinstudium an der Pépinière **1843** Promotion, Unterarzt an der Charité **1846** Prosektor an der Charité **1847** gemeinsam mit Benno Reinhardt Begründung der heute *Virchows Archiv* genannten Zeitschrift *Archiv für pathologische Anatomie und Physiologie und für klinische Medizin* **1848** Beteiligung an den Straßenkämpfen im März auf Seiten der radikalen Demokraten **1849** Amtsenthebung aus politischen Gründen; Übernahme des Lehrstuhls für Pathologische Anatomie an der Universität Würzburg **1856** Berufung auf den neu eingerichteten Lehrstuhl für Pathologische Anatomie an der Berliner Universität, Direktor des neu errichteten Pathologischen Instituts **1859** Wahl in die Stadtverordnetenversammlung von Berlin **1861** Mitbegründer der Deutschen Fortschrittspartei **1862** Wahl in das Preußische Abgeordnetenhaus **1880–1893** Mitglied des Deutschen Reichstags **1899** Eröffnung des Pathologischen Museums der Berliner Friedrich-Wilhelms-Universität auf dem Gelände der Charité **1902** gestorben am 5. September in Berlin

Da Rudolf Virchow, Sohn eines Stadtkämmerers aus Hinterpommern, die Gebühren für ein Universitätsstudium nicht aufbringen konnte, trat er 1839 ins preußische Heer ein und wurde Eleve der Berliner Pépinière, einer militärärztlichen Ausbildungsstätte. Nach dem Studium erhielt er eine Stelle an der Charité. Anfang 1848 reiste der junge Prosektor im Auftrag der preußischen Regierung nach Oberschlesien, um eine Typhusepidemie zu untersuchen. Resultat: Die Ausbreitung der Krankheit wurde von sozialen Faktoren begünstigt, Armut, Unterernährung und Unbildung der Bevölkerung. In dieser Erfahrung wohl wurzelte Virchows lebenslang verfochtene Forderung nach Chancengleichheit und Bildung »mit ihren Töchtern Freiheit und Wohlstand« für alle. Dafür ging er im März 1848 auf die Barrikaden und verlor 1849 aus politischen Gründen sein Amt an der Charité. Er verließ Berlin. Aber bereits 1856, nach einigen Jahren in Würzburg, folgte er einem ehrenvollen Ruf auf den neu begründeten Lehrstuhl für Pathologie an der Berliner Universität.

Virchow hat viele wegweisende Entdeckungen gemacht, einige tausend Publikationen gehen auf sein Konto. Seine wohl wichtigste Schrift ist die 1858 erschienene *Cellularpathologie in ihrer Begründung auf physiologische und pathologische Gewebelehre.* Darin führte er alle Lebensvorgänge, Gesundheit und Krankheit, auf erkennbare spezifische Zellveränderungen zurück – »Omnis cellula a cellula«, eine Zelle kann immer nur aus einer Zelle entstehen. Die Einführung der naturwissenschaftlichen Methode in die Pathologie kam einer Revolution gleich und war ein großer Schritt in Richtung der modernen naturwissenschaftlich orientierten Medizin.

Auch als etablierter Wissenschaftler blieb Rudolf Virchow seinen politischen Überzeugungen treu. Mit Gleichgesinnten gründete er 1861 die liberale Deutsche Fortschrittspartei, die er in drei Parlamenten vertrat. So wie er die Medizin als soziale Wissenschaft begriff, war für ihn die Politik »weiter nichts, als Medicin im Großen«. Berlin verdankt seinem Einsatz die städtischen Krankenhäuser, eine moderne Kanalisation, Markthallen, den Zentralen Vieh- und Schlachthof nach hygienischen Grundsätzen, gesetzlich vorgeschriebene Trichinenschau und vieles mehr.

Die Berliner liebten ihren »kleinen Doktor«. Als Bismarck ihn 1865 nach einer hitzigen Etat-Debatte im Landtag zum Duell forderte, lehnte Virchow mit der Begründung ab, er dürfe als Abgeordneter nicht gegen das Gesetz verstoßen. In der folgenden Schmutzkampagne, die Konservative gegen ihn anzettelten, stellten sich die Berliner Bürger auf seine Seite und sammelten hunderte von Unterschriften »für Virchows Ehre«.

Nicht zuletzt war Rudolf Virchow ein leidenschaftlicher Sammler. Neben der Anthropologischen und der Prähistorischen Sammlung lagen ihm vor allem die pathologisch-anatomischen Präparate am Herzen. Kein Tag sollte ohne ein neues Präparat vergehen. Gern hätte er auch das Gehirn des am 16. August 1878 von Scharfrichter Julius Krautz (siehe S. 84) hingerichteten Kaiserattentäters Max Hödel untersucht und in seine wissenschaftliche Sammlung integriert. Das wurde ihm aber verwehrt. 1899 konnte er auf dem Gelände der Charité sein Pathologisches Museum – Vorgänger des heutigen Medizinhistorischen Museums – mit mehr als 20 000 Objekten in zwölf großen Sälen eröffnen.

Der Abgeordnete Eugen Richter prognostizierte in einem Festvortrag zu seinem 80. Geburtstag, dass sich in künftigen Jahrhunderten wohl die Sage verbreiten werde, »Virchow« sei kein einzelner Mensch, sondern ein Sammelname für eine Reihe hervorragender Zeit- und Altersgenossen gewesen.

Petra Lennig

Carl Brasch
Rudolf Virchow, um 1890
Fotografie, 19,2 x 12,5 cm
Stadtmuseum Berlin

Richard Placht
Medaille auf den Tod von Rudolf Virchow, 1902
Avers: Porträt Rudolf Virchow im Alter von 80 Jahren
Revers: Untersuchung eines Gehirns am geöffneten Schädel
Bronze, Durchmesser 6 cm
Stadtmuseum Berlin

Emil Salingré
Rudolf Virchows Arbeitszimmer,
Blumes Hof 15, 1902
Fotografie, 19,7 x 17,4 cm
Stadtmuseum Berlin

Erinnerungsbuch
an die Weihnachtsfeier 1870
in den Baracken des Berliner Hilfsvereins
für die deutsche Armee im Felde
von Rudolf Virchow, 1870
Berliner Medizinhistorisches Museum
der Charité

Paul Lincke – Glühwurm im Frack

1866 geboren am 7. November in Berlin 1881 dreijährige Ausbildung zum Musiker in der Stadtpfeiferei Wittenberge 1884 erstes Engagement als Fagottist in Berlin 1885 Orchestermusiker am Ostend-Theater in der Großen Frankfurter Straße 1886 Hochzeit mit der 16-jährigen Soubrette Anna Müller 1893–1897 gefeierter Kapellmeister und Komponist »parodistischer Operetten« am Apollo-Theater in der Friedrichstraße 1897–1899 Engagement am Varieté-Theater Folies Bergère in Paris 1905–1908 Hauskomponist des Thalia-Theaters Dresdener Straße 1901 Beteiligung am Apollo-Verlag in der Oranienstraße 1908 Wechsel an das Metropol-Theater in der Behrenstraße 1941 Verleihung der Ehrenbürgerwürde der Stadt Berlin 1946 gestorben am 3. September in Hahnenklee

Als sich 1899 der Vorhang für *Frau Luna* hob, war zugleich die »Berliner Operette« geboren und damit eine Form der Unterhaltungsmusik, die den Geschmack, Ton und Rhythmus der Stadt um die Jahrhundertwende traf. Es überrascht nicht, dass Paul Lincke, Komponist der eingängigen Marsch- und Walzermelodien, den Berlinern im Jahr 1904 auch eine Art Stadthymne bescherte: *Das ist die Berliner Luft, Luft, Luft. ...*

Als zweiter Sohn des Magistratsdieners August Lincke und seiner Frau Emilie 1866 in der Nähe der Jungfernbrücke zur Welt gekommen, wuchs Paul nach dem frühen Tod des Vaters in der Umgebung des Lausitzer Platzes auf. Sein großes Interesse an der Musik, vor allem der öffentlichen Militärmusik, bestärkte die Mutter darin, ihren Sohn nach Abschluss der Realschule zur Lehre in die Stadtpfeiferei Wittenberge zu schicken. Nach drei Jahren Ausbildung in Fagott, Geige, Tenorhorn, Schlagzeug und Klavier kehrte Paul 1884 nach Berlin zurück und bewarb sich als Militärmusiker.

Aus gesundheitlichen Gründen blieb ihm der preußische Militärdienst verschlossen, aber es gelang ihm, am Central-Theater in der Alten Jakobstraße ein erstes Engagement zu erhalten. Als Korrepetitor und Kapellmeister an kleinen Spielstätten zwischen Schweizer Garten und Belle-Alliance-Theater sammelte Lincke fortan wertvolle Erfahrungen mit Unterhaltungs- und Tanzmusik. Im Apollo-Theater an der Friedrichstraße erregte der elegante, stets in tailliertem Frack und weißen Glacéhandschuhen dirigierende Kapellmeister mit seinen revueartigen musikalischen Einaktern großes Aufsehen. Nach einem zweijährigen In-

Notenblatt *Frau Luna*
Berlin: Apollo-Verlag 1900
Druck, 34 x 26,5 cm
Stadtmuseum Berlin

Notenblatt *Donnerwetter-tadellos!*
Berlin: Apollo-Verlag 1908
Druck, 34 x 26,8 cm
Stadtmuseum Berlin

Scherls Bilderdienst
Paul Lincke, o. J.
Fotografie, 16,5 x 9,5 cm
Stadtmuseum Berlin

Programmheft *Frau Luna*, 1899
Druck, 26,1 x 12,5 cm
Stadtmuseum Berlin

termezzo am damals berühmtesten europäischen Varieté-Theater, den Folies Bergère in Paris, feierte Lincke in Berlin einen Riesenerfolg nach dem anderen: 1899 *Frau Luna*, 1900 *Im Reiche des Indra*, 1902 die Operette *Lysistrata* mit der unsterblichen Melodie vom *Glühwürmchen*.

Im Jahr 1908 konnte ihn Direktor Richard Schultz für das Metropol-Theater in der Behrenstraße gewinnen. Mit *Donnerwetter, tadellos!*, einer humoristisch-satirischen Ausstattungsrevue, gab er seinen Einstand und schuf mit dem gleichnamigen Titellied das berühmteste aller Couplets, das je im Metropol-Theater gesungen wurde.

Nach dem Ersten Weltkrieg widmete er sich dem Apollo-Verlag, den er nach dem Tod des Musikalienhändlers Richard Rühle allein weiterführte, und unterstützte seinen Neffen Bruno im gemeinsamen Musikgeschäft Friedrichstraße 114. Er aktualisierte seine Musikstücke, schrieb Melodien für den Tonfilm und dirigierte weiterhin seine Operetten, die weltweit aufgeführt wurden.

Nachdem es im Laufe der 1920er-Jahre still um Lincke geworden war, erinnerten sich die Theaterleiter nach dem Verbot der jüdischen Komponisten 1933 wieder an ihn. Mit Neuinszenierungen seiner beliebtesten Operette *Frau Luna* ehrten die Berliner Bühnen den 70-Jährigen im Admiralspalast und fünf Jahre später im Theater des Volkes. Huldigungen der Nationalsozialisten entzog sich Lincke nicht und empfing am 7. November 1941 dankbar die Ehrenbürgerwürde seiner Heimatstadt im Rahmen einer großen, medienwirksam inszenierten Propagandaveranstaltung.

Vor den Bombardierungen in Berlin brachte er sich 1943 durch ein Gastspiel im tschechischen Marienbad in Sicherheit. Nach Kriegsende gelangten er und seine Haushälterin mit Hilfe eines amerikanischen Offiziers, der den *Glow Worm* liebte, ins fränkische Arzberg, von dort im Juli 1946 nach Hahnenklee im Harz. Bis zuletzt auf die beantragte Zuzugsgenehmigung nach Berlin hoffend, starb er dort am 3. September 1946, einen Tag bevor dieselbe schließlich eintraf.

Bärbel Reißmann

Georg Hermann – Schöpfer der »jüdischen Buddenbrooks«

1871 geboren am 7. Oktober in Friedenau bei Berlin als Georg Hermann Borchardt **1896–1899** Besuch kunstgeschichtlicher, literarischer und philosophischer Vorlesungen an der Berliner Universität **1896** Veröffentlichung des ersten Romans *Spielkinder* **1906, 1908** Romane *Jettchen Gebert* und Fortsetzung *Henriette Jacoby* **1909** Mitbegründer, 1910–1913 erster Vorsitzender des Schutzverbandes Deutscher Schriftsteller **1910** Roman *Kubinke* **1914** Umzug mit seiner Familie nach Neckargemünd bei Heidelberg **1931** Rückkehr nach Berlin **1933** ab 15. März Exil in Holland; am 10. Mai Verbrennung seiner Bücher auf dem Berliner Opernplatz **1940** nach der deutschen Besetzung Hollands Internierung in einem Amsterdamer Getto **1943** am 16. November mit einem Transport in das KZ Auschwitz deportiert und vermutlich am 19. November ermordet

Georg Hermanns zahlreichen Erzählungen, Romane und kulturhistorischen Abhandlungen haben fast ausschließlich seine Heimatstadt Berlin zum Gegenstand. Er stammte aus einer alteingesessenen jüdischen Kaufmannsfamilie, deren Werdegang ihn tief prägte. Einer seiner Brüder, der Archäologe Ludwig Borchardt, sollte später die Nofretete ausgraben. Der Vater ging bankrott, als Georg kaum sechs Jahre alt war. Der Verlust des Wohlstands sowie der gewohnten Umgebung im vornehmen alten Berliner Westen zwischen Landwehrkanal und Tiergarten hinterließen Spuren. Als Akt der Ehrenrettung für den Vater nahm der werdende Schriftsteller dessen Vornamen als Familiennamen an.

Fortan sollte das Schicksal der Gestrauchelten, Erniedrigten und Verzweifelten ein Hauptmotiv in den Romanen Hermanns bilden. Minutiös, als sollten Verluste kompensiert werden, rekonstruierte er historische Milieus der Berliner Vergangenheit. In seinen außerordentlich erfolgreichen Fortsetzungsromanen *Jettchen Gebert* und *Henriette Jacoby* beschrieb er die Welt des reichen und gebildeten Berliner Judentums in der Zeit des Biedermeier. Die weiblichen Hauptpersonen scheitern in ihrem Anspruch auf Glück und Selbstverwirklichung an den gesellschaftlichen Konventionen. Zeitgenossen bezeichneten das zweiteilige Werk in Bezug auf Thomas Manns nur wenige Jahre zuvor erschienenen Roman als »Die

Georg Hermann
Kubinke, Berlin: Egon Fleischel & Co. 1910
Einbandillustration von Heinrich Zille
Privatbesitz

Felix Borchardt
Georg Hermann, 1914
Öl auf Leinwand, 74 x 55 cm
Stadtmuseum Berlin

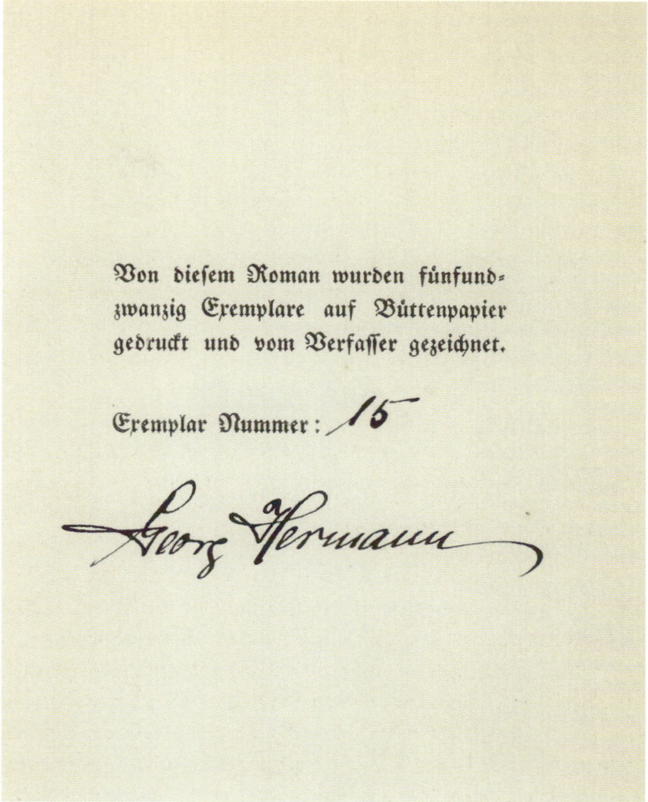

Von diesem Roman wurden fünfund-
zwanzig Exemplare auf Büttenpapier
gedruckt und vom Verfasser gezeichnet.

Exemplar Nummer: 15

Georg Hermann

Georg Hermann
Jettchen Geberts Geschichte, Berlin: Fleischel 1908
1. Band: *Jettchen Gebert*
2. Band: *Henriette Jacoby*
Nr. 15 von 25 vom Verfasser signierten Exemplaren
Stadtmuseum Berlin

jüdischen Buddenbrooks«. Wie jener sah auch Hermann im Werk Theodor Fontanes eines seiner literarischen Vorbilder. In *Kubinke* begeht der traurige Titelheld, ein Friseurgehilfe, in der Qual der Wahl zwischen drei Dienstmädchen und angesichts drohender Alimentenforderungen Selbstmord. Dieser Roman erschien auch im Berliner Ullstein-Verlag; der Autor zählte zu den Hausautoren des Unternehmens.

1914 zog sich Hermann in ein süddeutsches Kleinstadtidyll zurück, sei es weil der überzeugte Kriegsgegner die hurrapatriotische Atmosphäre dort weniger zu spüren hoffte als in Berlin, sei es auf der Flucht vor den Folgen seiner Prominenz als Bestsellerautor. Von der Verbrennung auch seiner Bücher auf dem Berliner Opernplatz im Mai 1933 erfuhr er im holländischen Exil. Hier erschien noch 1935 sein Roman *Rosenemil*, ein Abgesang auf das alte Berlin. Mit seiner Familie lebte er nun unter dürftigen Existenzbedingungen, wenn auch in trügerischer Sicherheit, die mit dem Einmarsch der deutschen Armee in Holland 1940 endete.

Im westlichen, mehr noch im östlichen Nachkriegsdeutschland versuchte man durch Neuauflagen, an den liebenswürdigen und eleganten, dabei immer literarisch anspruchsvollen Schilderer des alten Berlins zu erinnern. Die Resonanz blieb indes bis heute hinter seinem einstigen Ruhm zurück.

Andreas Teltow

Leopold Ullstein – Pressezar mit amerikanischen Methoden

1826 am 6. September in Fürth geboren 1847 Übernahme der väterlichen Papiergroßhandlung zusammen mit seinen Brüdern 1855 Gründung einer eigenen Papiergroßhandlung in Berlin 1871 Mitglied in der Gesellschaft der Freunde, zu dieser Zeit eine Vereinigung vorwiegend des jüdischen Bürgertums, später allgemein von Berliner Wirtschafts- und Finanzgrößen 1871–1877 Berliner Stadtverordneter 1877 Kauf von Druckerei und Verlag des *Neuen Berliner Tageblatts* 1878 Kauf der *Berliner Zeitung* 1881 Umzug von Druckerei und Verlag in die Kochstraße 25; innerhalb von drei Jahrzehnten Ausdehnung des Unternehmens auf den Häuserblock Kochstraße – Charlottenstraße – Markgrafenstraße – Besselstraße 1887 erstmaliges Erscheinen der *Berliner Abendzeitung*, später *Abendpost* 1894 Übernahme der *Berliner Illustrirten Zeitung* 1898 Gründung der *Berliner Morgenpost* 1899 am 4. Dezember in Berlin gestorben; Weiterführung der Verlagsgeschäfte durch Ullsteins Söhne 1934 »Arisierung« des Unternehmens, Umbenennung in Deutscher Verlag (1937) 1945 Rückgabe der Unternehmensreste an die Familie Ullstein 1956–1959 schrittweise Übernahme durch Axel Springer

Dass eine Nachricht, um eine solche zu werden, zunächst einmal des Papiers und sodann eines möglichst schnellen Verfahrens bedarf, dasselbe zu bedrucken, ist im Zeitalter des Internets und anderer elektronischer Medien nicht mehr selbstverständlich. Im 19. Jahrhundert sah das ganz anders aus. Leopold Ullstein war der dritte Berliner Pressemogul, der die ebenso hoch gebildete wie technisch zurückgebliebene Zeitungswelt der preußischen Hauptstadt »vom Kopf auf die Füße stellte« – neben Rudolf Mosse, der das Annoncenwesen und damit die ökonomische Grundlage der Zeitung revolutionierte, und August Scherl, der dasselbe mit seinen Boulevardblättern und der Macht der Bilder besorgte.

Der Nachkomme eines Papiergroßhändlers im fränkischen Fürth hatte sich auch in Berlin zunächst darauf beschränkt, die zahlreichen Berliner Verlage und Druckereien mit Papier zu versorgen. Als die Redaktion von Mosses *Berliner Tageblatt* sich selbstständig machte, ein *Neues Berliner Tageblatt* ins Leben rief, aber bald mitsamt ihrem Verlagspartner in wirtschaftliche Schieflage geriet, griff Ullstein zu. Er war als Stadtverordneter 1877 gerade nicht wiedergewählt worden, suchte also nach neuen Herausforderungen.

Die aufstrebende Hauptstadt bot dafür ideale Voraussetzungen. Ullstein ließ die bis dahin in der Berliner Presselandschaft ausschließlich existierenden Ein-Blatt-Unternehmungen erfolgreich hinter sich. Er gab eine Abendzeitung heraus, zu der sich bald die bis heute existierende *Berliner Morgenpost* gesellte. Die stets auf den neuesten Stand gebrachten Druckmaschinen waren nun den ganzen Tag ausgelastet. Mit seinen »amerikanischen« Methoden gelang es Ullstein schließlich, seine Zeitungen zu den auflagenstärksten in Berlin zu machen. Dazu gehörten der Verzicht auf den langfristigen Abonnement-Zwang und die Direktzustellung ohne Inanspruchnahme der Post. Die Produktion der *Berliner Illustrirten Zeitung* bedingte eine eigene Klischee-Anstalt für die Abbildungen. Eine 1902 – nach Ullsteins Tod – in der Ullstein-Druckerei aufgestellte Komplett-Rotationsmaschine vermochte schließlich eine gesamte Nummer einschließlich Bildteil zu drucken und wurde zu einer Berliner Sehenswürdigkeit.

In der Person Leopold Ullsteins verbanden sich weitsichtiges kaufmännisches Unternehmertum und liberal-frei-

Nach Johannes Götz (1902)
Leopold Ullstein
Bronze, Höhe 62 cm
Axel Springer Verlag AG, Unternehmensarchiv

Magnus Zeller
Umbruch der B.Z. am Mittag, 1928
Öl auf Leinwand, 91 x 104,5 cm
Axel Springer Verlag AG, Unternehmensarchiv

Georg Hermann
Kubinke, Berlin: Ullstein & Co. um 1915
Stadtmuseum Berlin

sinnige politische Ansichten. Zu seinen Freunden gehörten Franz Duncker oder Rudolf Virchow (siehe S. 88) und damit das von Bismarck ins politische Abseits manövrierte Milieu der »1848er«, das gleichwohl in Gestalt der Fortschrittspartei die Fahne des Liberalismus hochhielt. In diesem Sinne wirkte Ullstein als Stadtverordneter, in diesem Geiste schrieben die Redakteure seiner Zeitungen, die in den 1870er- und 1880er-Jahren einer beispiellosen staatlichen Repression ausgesetzt waren.

Im Grunde lief das Ullstein-Imperium erst in der nachfolgenden Generation zu voller Blüte auf, unter Leopold Ullsteins fünf Söhnen Hans, Louis, Franz, Rudolf und Hermann, die 1914 als krönenden Schlussstein die alterwürdige *Vossische Zeitung* hinzu erwarben. Bis in die 1920er-Jahre hinein wurden Blätter neu gegründet, so die Humorzeitschrift *Uhu* oder die *Grüne Post.* Zu einer weiteren erfolgreichen Sparte avancierte seit 1903 der Buchverlag.

Der weitgehend verblasste jüdische Familienhintergrund der Eigentümer bildete eher den Vorwand, unter dem die Nationalsozialisten das modernste Verlagshaus Europas nach 1933 möglichst schnell unter ihre Kontrolle zu bringen versuchten. Nach »Arisierung«, Kriegszerstörung und Neubeginn erweisen sich heute das Hochhaus der Axel Springer AG am traditionellen Ullstein-Standort sowie das einstige Druckhaus in Tempelhof als beredte Zeugen einer mehr als 130-jährigen erfolgreichen Geschichte – die mit dem Papierlieferanten Leopold Ullstein ihren Anfang nahm.

Andreas Teltow

Heinrich Zille – Zeichner des Milljöhs

1858 geboren am 10. Januar in Radeburg bei Dresden als Rudolf Heinrich Zill 1867 Übersiedlung der Familie nach Berlin 1872–1875 Lehrzeit als Lithograf, Zeichenunterricht bei Carl Domschke, Theodor Hosemann, Sonntagskurse bei Anton von Werner 1877 Anstellung bei der Photographischen Gesellschaft in Berlin um 1880 Namensänderung in »Zille« 1880–1882 Militärdienst in Frankfurt an der Oder 1903 Aufnahme in die Berliner Secession 1907 Entlassung aus der Photographischen Gesellschaft, fortan freischaffender Künstler 1910 Menzel-Preis des Ullstein-Verlags 1913 Vorstandsmitglied der Freien Secession 1924 Mitglied der Preußischen Akademie der Künste, Ernennung zum Professor 1929 gestorben am 9. August in Berlin

Heinrich Zilles Popularität hält auch mehr als 80 Jahre nach seinem Tod ungebrochen an. Wie kaum einem anderen gelang es ihm, dem »Volk aufs Maul zu schauen« und das Leben in den proletarischen Vierteln Berlins festzuhalten. Was existenzielle Not bedeutete, hatte er als Jugendlicher am eigenen Leib erfahren: Sein Vater war vor seinen Gläubigern in die preußische Hauptstadt geflohen, die Familie hauste in einer Kellerwohnung nahe dem Schlesischen Bahnhof. *Mein Milljöh*, der Titel einer 1913 erschienenen und mit einem Vorwort des von Zille geschätzten Georg Hermann (siehe S. 92) versehenen Sammlung von Zeichnungen, wirkte wie eine Quintessenz des Selbsterlebten.

Es mutet seltsam an, dass sich mit der Darstellung von Armut – wenn auch humorvoll verpackt – ein Auskommen bestreiten ließ. Schon zu Lebzeiten stieg der liebevoll als »Pinselheinrich« titulierte Zille zu einer Berühmtheit auf, wurde

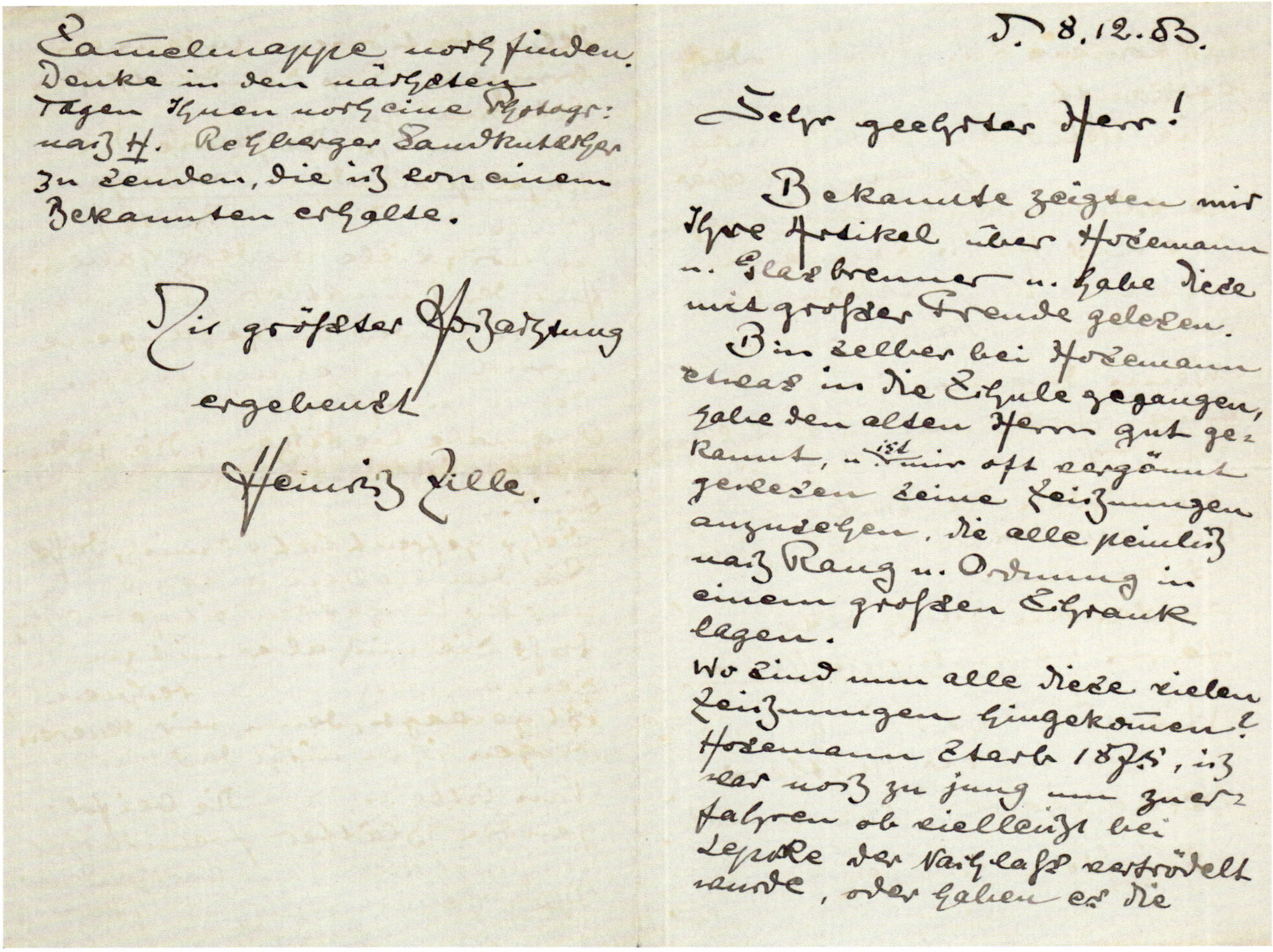
B. 8.12.03.

Sehr geehrter Herr!

Bekannte zeigten mir Ihre Artikel über Hosemann u. Glasbrenner u. habe diese mit großer Freude gelesen.
Bin selber bei Hosemann etwas in die Schule gegangen, habe den alten Herrn gut gekannt, u. ist mir oft vergönnt gewesen seine Zeichnungen anzusehen, die alle peinlich nach Rang u. Ordnung in einem großen Schrank lagen.
Wo sind nun alle diese vielen Zeichnungen hingekommen? Hosemann starb 1875, ich war noch zu jung um zu erfahren ob vielleicht bei Lepke der Nachlaß vertrödelt wurde, oder haben es die

Sammelmappe noch finden. Denke in den nächsten Tagen Ihnen noch eine Photogr: nach H. Rechberger Sandkutscher zu senden, die ich von einem Bekannten erhalte.

Mit größter Hochachtung
ergebenst
Heinrich Zille.

Heinrich Zille
Brief an Georg Hermann, 8.12.1903
Stadtmuseum Berlin

von Kurt Tucholsky und Claire Waldoff (siehe S. 100) bedichtet und besungen.

Allerdings war der Weg dahin nicht einfach. Am Anfang stand eine Lithografenlehre, anschließend verdingte sich Zille als Gebrauchs- und Werbegrafiker, dann folgten drei Jahrzehnte Lohnarbeit in der Photographischen Gesellschaft. In diesem Zusammenhang entstand sein fotografisches Werk, das erst gegen Ende der 1960er-Jahre bekannt wurde. In den 1880er-Jahren begann der Künstler, seine Umwelt zeichnerisch zu erkunden. Häufig war er nun mit dem Zeichenblock unterwegs und skizzierte nahezu alles, was ihm begegnete. Auf der Straße, in ärmlichen Wohnungen und Kaschemmen fand er seine Vorlagen.

1905 erschienen erstmals eigene Zeichnungen in den Berliner *Lustigen Blättern* und der Münchner *Jugend*. Seinem ersten Bildband *Kinder der Straße* (1908) folgten bald weitere nach. Für viele hatte der nun rasch bekannte Zille den Ruf eines sozial engagierten Witzblattzeichners, der mit seinen gelegentlich erotischen Motiven die Grenzen der damaligen Anstandsregeln überschritt. Ein ernstzunehmender Künstler war er zunächst nur für wenige. Mit seinem 1909 erschienenen ersten Mappenwerk *Zwölf Künstlerdrucke* beeindruckte er jedoch die in der Berliner Secession versammelten führenden Berliner Kollegen wie die Bildhauer August Kraus und August Gaul, vor allem aber den Maler Max Liebermann (siehe S. 38). Zilles wachsende künstlerische Anerkennung äußerte sich 1913 in seiner Zugehörigkeit zum Vorstand der Freien Secession und in der 1924 erfolgten Ernennung zum Ordentlichen Mitglied der Akademie der Künste, womit sich der Professorentitel verband.

Seine letzten Lebensjahre standen im Zeichen allgemeiner Würdigung, aber auch inflationärer Vermarktung und einer zunehmend folkloristisch verharmlosenden Wahrnehmung seiner Sujets. Die Ausstellung *Zilles Werdegang* 1928 im Märkischen Museum anlässlich des 70. Geburtstags wurde zu einem Publikumsmagneten. Die in diesem Zusammenhang vom Museum erworbenen mehr als hundert Zeichnungen gingen fast ausnahmslos im Zweiten Weltkrieg verloren. Der heutige Zille-Bestand in der Graphischen Sammlung der Nachfolgeeinrichtung Stiftung Stadtmuseum Berlin gehört mit annähernd 3000 Arbeiten aber wieder zum umfangreichsten überhaupt.

Andreas Teltow

Heinrich Drake
Heinrich Zille, 1968/69
Bronze, Höhe 37 cm
Stadtmuseum Berlin

Heinrich Zille
Mein Milljöh. Mit einem Vorwort von Georg Hermann, Berlin: Eysler 1916
Stadtmuseum Berlin

Mathilde Jacob – der gute Engel Rosa Luxemburgs

1873 geboren am 8. März in Berlin **1892** Ausbildung zur Buchhalterin **ab 1908** Inhaberin eines Schreib- und Übersetzungsbüros **1913** Bekanntschaft mit Rosa Luxemburg **1919–1921** Mitglied der KPD **1922** Mitglied zunächst der USPD, dann der SPD **1942** am 27. oder 28. Juli Deportation nach Theresienstadt **1943** Tod am 14. April im KZ Theresienstadt

»Meine liebste Mathilde« lautete die vertraute Anrede von Rosa Luxemburg in Briefen aus dem Gefängnis an ihre Sekretärin Mathilde Jacob. Die eher unauffällige und weithin unbekannte Adressatin war die älteste Tochter einer Familie jüdischer Fleischwarenhändler und verlebte ihre Kindheit in der Poststraße 17 gegenüber dem Ephraim-Palais. Sie erlernte den Beruf einer Buchhalterin und betrieb seit 1908 ein kleines Schreib- und Übersetzungsbüro in der Essener Straße 13, seit 1909 in der Altonaer Straße 11 in Berlin-Tiergarten.

Durch ihre Tätigkeit lernte sie 1913 die Sozialisten Karl Liebknecht, Leo Jogiches und Rosa Luxemburg kennen. Mathilde wurde die private Sekretärin Rosa Luxemburgs, und zwischen den beiden Frauen entstand bald ein freundschaftliches Verhältnis. Es bewährte sich vor allem in der Zeit der Gefängnisaufenthalte Rosa Luxemburgs zwischen 1915 und 1918, in denen Mathilde die Verbindung der Freundin zur Außenwelt aufrecht erhielt. Sie schmuggelte Briefe in die Zelle und handschriftliche Manuskripte heraus, u. a. die *Junius-Broschüre* (*Die Krise der Sozialdemokratie*, verbreitet 1916 unter dem Pseudonym »Junius«) und die *Spartakusbriefe*. Sie spielte eine wichtige Rolle beim Vertrieb der seit dem 9. November 1918 zunächst Illegal erscheinenden Zeitung *Rote Fahne*, wenig später Zentralorgan der im folgenden Januar gegründeten Kommunistischen Partei Deutschlands, und fungierte kurzzeitig als deren Kassiererin. Nach der Ermordung Rosa Luxemburgs am 15. Januar 1919 arbeitete Mathilde für den KPD-Vorsitzenden Paul Levi und setzte dies fort, als er 1922 wieder in die SPD zurückkehrte. Nach Levis Tod 1930 zog sie sich aus dem politischen Leben zurück.

Das Jahr 1933 bedeutete einen tiefen Einschnitt. Die politischen und antisemitischen Repressalien wirkten sich direkt auf Mathilde Jacobs finanzielle Existenz aus; ihre Kunden mussten emigrieren oder blieben aus Angst fern. Erst spät versuchte sie vergeblich, ihre Heimat zu verlassen. Aber sie hatte auch eine Mission zu erfüllen: Sie brachte sowohl den Levi-Nachlass als auch alle in ihrem Besitz befindlichen Briefe, Notizen und Dokumente von Rosa Luxemburg in Sicherheit. Ein Teil des Rosa-Luxemburg-Nachlasses befindet sich seitdem in der Stanford University / Hoover Institution in Kalifornien.

Bevor sich Mathilde Jacob gemeinsam mit Hunderten anderer jüdischer Bewohner Berlins im Sammellager des Jüdischen Altersheims in der Großen Hamburger Straße einfinden musste, war sie verpflichtet, eine Vermögenserklärung auszufüllen. Diese unterschrieb sie am 18. Juli 1942 mit dem Vornamen Mathel, den sie nach einem Erlass von 1938 als Zwangsvornamen gewählt hatte. Am 27. oder 28. Juli 1942 wurde sie nach Theresienstadt deportiert, wo sie ihren 70. Geburtstag nur wenige Wochen überlebte. Ein Grab gibt es nicht, nur eine Gedenktafel an der Ruhestätte der Eltern auf dem Jüdischen Friedhof in Berlin-Weißensee.

Karin Dömsky

Mathilde Jacob, 1939
(Rosa Luxemburg, *Ich umarme Sie in großer Sehnsucht. Briefe aus dem Gefängnis 1915–1918*, Berlin, Bonn: Dietz 1980)

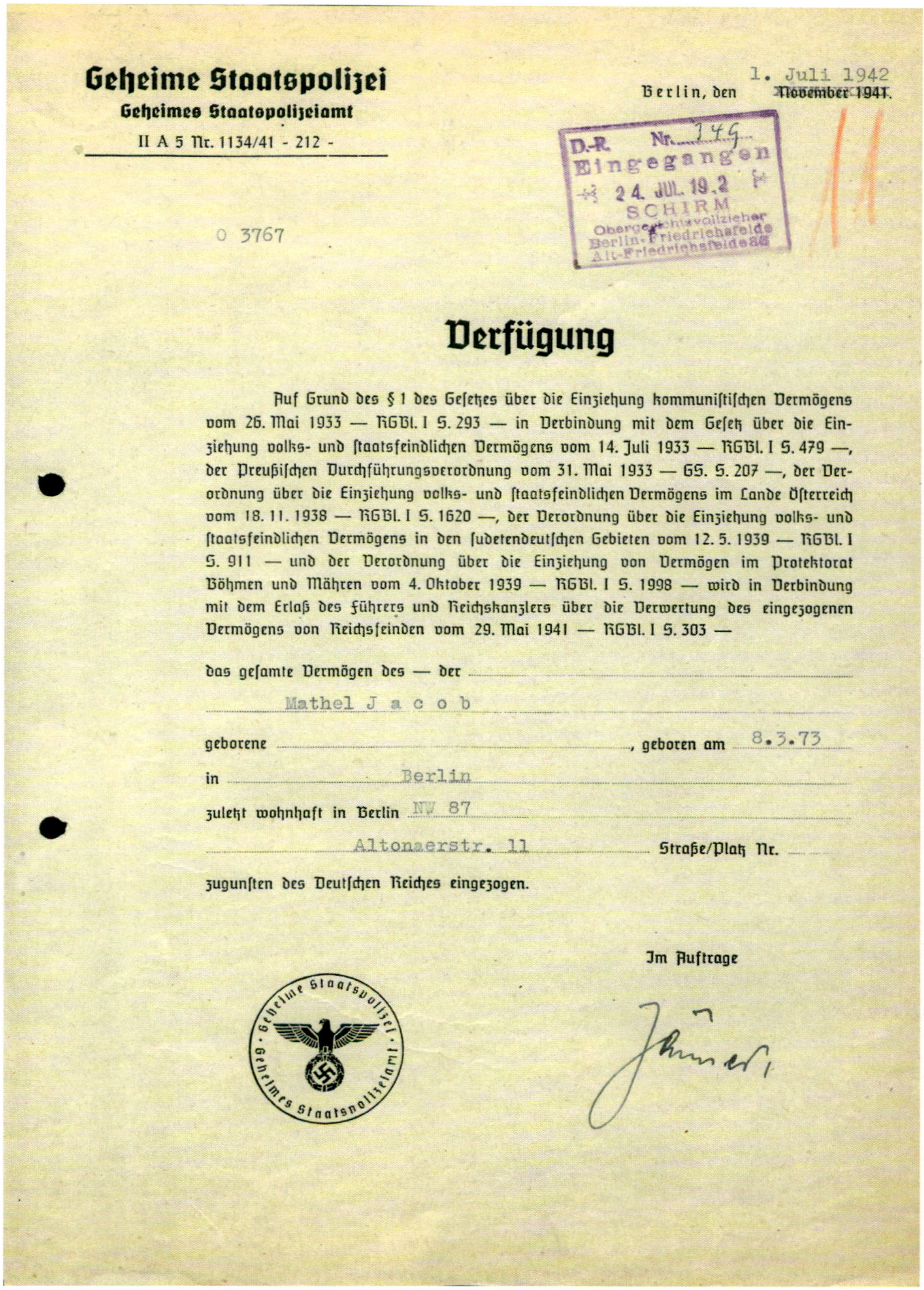

Geheime Staatspolizei
Geheimes Staatspolizeiamt
II A 5 Nr. 1134/41 - 212 -

Berlin, den ~~November 1941.~~ 1. Juli 1942

D.-R. Nr. 149
Eingegangen
24. JUL. 1942
SCHIRM
Obergerichtsvollzieher
Berlin-Friedrichsfelde
Alt-Friedrichsfelde 86

0 3767

Verfügung

Auf Grund des § 1 des Gesetzes über die Einziehung kommunistischen Vermögens vom 26. Mai 1933 — RGBl. I S. 293 — in Verbindung mit dem Gesetz über die Einziehung volks- und staatsfeindlichen Vermögens vom 14. Juli 1933 — RGBl. I S. 479 —, der Preußischen Durchführungsverordnung vom 31. Mai 1933 — GS. S. 207 —, der Verordnung über die Einziehung volks- und staatsfeindlichen Vermögens im Lande Österreich vom 18. 11. 1938 — RGBl. I S. 1620 —, der Verordnung über die Einziehung volks- und staatsfeindlichen Vermögens in den sudetendeutschen Gebieten vom 12. 5. 1939 — RGBl. I S. 911 — und der Verordnung über die Einziehung von Vermögen im Protektorat Böhmen und Mähren vom 4. Oktober 1939 — RGBl. I S. 1998 — wird in Verbindung mit dem Erlaß des Führers und Reichskanzlers über die Verwertung des eingezogenen Vermögens von Reichsfeinden vom 29. Mai 1941 — RGBl. I S. 303 —

das gesamte Vermögen des — der
Mathel J a c o b
geborene ……, geboren am 8.3.73
in Berlin
zuletzt wohnhaft in Berlin NW 87
Altonaerstr. 11 Straße/Platz Nr.

zugunsten des Deutschen Reiches eingezogen.

Im Auftrage

Geheime Staatspolizei · Geheimes Staatspolizeiamt

Jänisch

Verfügung der Geheimen Staatspolizei
über die Einziehung des Vermögens von Mathel Jacob, 1.7.1942
Brandenburgisches Landeshauptarchiv

Ingeborg Hunzinger
Gedenken an Mathilde Jacob,
1996/1999 (Teilansicht)
Stele mit Keramikreliefs,
Höhe ca. 320 cm
Berlin, Franz-Mehring-Platz

Claire Waldoff – eine Große der Kleinkunst

1884 geboren am 21. Oktober in Gelsenkirchen als Clara Wortmann **1896** Besuch des Mädchengymnasiums in Hannover **1903–1904** erste Engagements an Schauspielbühnen in Pyrmont und Kattowitz **1906** Umzug nach Berlin; Bühnenerfolg am Figaro-Theater von Olga Wohlbrück **1907** Debüt am Kabarett Roland von Berlin in der Potsdamer Straße mit Walter Kollos Lied vom *Schmackeduzchen* **1908** Engagement am Kabarett Chat-Noir in der Potsdamer Straße, **1909** am Linden-Cabaret in der Friedrichstraße **1913** Erkennungsmelodie *Herrmann heeßt er* von Ludwig Mendelssohn im Linden-Cabaret **1917** Verkörperung der Köchin Auguste in Walter Kollos Operette *Drei alte Schachteln* im Theater am Nollendorfplatz **seit 1924/25** Mitwirkung in Eric Charells Ausstattungsrevuen; Höhepunkt der Karriere mit Auftritten in den Revuen der Varietés Scala, Plaza und Wintergarten sowie Tourneen durch Deutschland **1939** Übersiedlung nach Bayrisch-Gmain bei Bad Reichenhall mit ihrer Lebensgefährtin Olly von Roeder **1957** gestorben am 22. Januar in Bad Reichenhall, beigesetzt auf dem Pragfriedhof in Stuttgart

Jo Steiner
Lindencabaret, Claire Waldoff, 1914
Plakat, 71 x 94,5 cm
Stadtmuseum Berlin

»Eine Sängerin, blutjung, temperamentvoll, wild, berlinisch, proletarisch, fast mehr Mann als Frau – eine hinreißende, das Publikum entweder abstoßende oder einfach umwerfende Erscheinung…«, so beschrieb der Conferencier Willi Schaeffers seine Kollegin Claire Waldoff, die 1908 am Kabarett Chat Noir engagiert war. Nur wenige Monate zuvor war sie auf der Bühne des Roland von Berlin über Nacht zum »Stern von Berlin« geworden. Großen Anteil an diesem gelungenen Debüt der 23-jährigen Autodidaktin hatte ihr ebenso junger Kollege, der Komponist und Pianist Walter Kollo, der ihre ersten Auftrittslieder schrieb.

Claire Waldoffs Markenzeichen waren ihre brandroten Locken und eine schlichte Bühnenkleidung – Rock, Hemdbluse und Schlips. Sie besaß einen unvergleichlichen Vortragsstil, der so auf einer Kabarettbühne noch nie zu erleben war. Statt ausladender theatralischer Gesten unterstrich sie ihre Darbietungen mit einfachster, aber äußerst wirkungsvoller Mimik. Ihre Lieder erzählten vom Alltag der kleinen Leute, den sie auf den Straßen, in der Laubenkolonie und in den Kneipen Berlins studierte. Oft kehrte sie mit ihren Bühnenkollegen im Künstler-Restaurant Stallmann in der Jägerstraße ein oder besuchte den Toppkeller in der Schwerinstraße, das »verschwiegene Eldorado der Frauen«. Berliner Wesensart und Jargon erlebte sie unmittelbar im Restaurant Nussbaum in der Fischerstraße, in dem sie manchen Abend an der Seite ihres Freundes Heinrich Zille verbrachte. Diese Erfahrungen flossen direkt in ihr Repertoire ein, sie selbst verwandelte sich in die Protagonisten ihrer Lieder, die sie lebensecht, ohne jegliche Rührseligkeit vortrug. Sie sang von Berliner Männern und Frauen, der einfachen Verkäuferin oder der Köchin, aber auch vom neuen Typ Frau wie der »Hannelore« vom Halleschen Tor. Sie selbst galt als »Zille-Göre«, die sie 1925 auch im Großen Schauspielhaus, in Hans Brennerts Singspiel *Hofball bei Zille* oder Sein Milieu, zum Besten gab.

Claire Waldoff wurde zum Inbegriff der »Berliner Pflanze«. Über drei Jahrzehnte war sie ein Kassenmagnet des Kabaretts und der Varietébühnen. Ihr Repertoire umfasste mehr als 300 Volkslieder, Chansons und Couplets. Mit ihrer außergewöhnlich modulationsfähigen Stimme und ihrer großen Musikalität konnte sie alle Nuancen zwischen derbem Gassenhauer und einfühlsamer Ballade interpretieren.

Claire Waldoff, um 1910
Fotopostkarte, 13,5 x 9 cm
Stadtmuseum Berlin

Odeon
Claire Waldoff / Horst Platen / Text: Willy Hagen
Hannelore, 1928
Schallplatte mit Cover
Stadtmuseum Berlin

Um 1930 nahm sie monatlich Schallplatten auf und wirkte im Rundfunk-Kabarett mit; sie gehörte zu den beliebtesten Interpretinnen ihrer Branche. Schon zu Lebzeiten wurde Claire Waldoff von vielen Künstlerkollegen bewundert; der Dichter Kurt Tucholsky, der ihr in den 1920er-Jahren einige Liedtexte schrieb, verglich sie mit der Berolina, dem Wahrzeichen der Stadt Berlin. Maler wie Emil Orlik oder Walter Trier schufen Porträts dieser besonderen Künstlerin.

1933 wurde sie zur »unerwünschten Person« erklärt; sie konnte ihren Beruf zwar noch ausüben, doch die Zahl ihrer Auftritte ging merklich zurück. 1939 verließ sie Berlin gemeinsam mit ihrer Lebensgefährtin Olly von Roeder. In der Nachkriegszeit trat sie in einigen westdeutschen Städten auf und 1950 noch ein letztes Mal in Berlin, im Titania-Palast. Ein Comeback gelang ihr nicht mehr. 1953 erschien ihre Autobiografie *Weeste noch?*. Zahlreiche Lieder, die Claire Waldoff einst so unnachahmlich gesungen hat, sind auch heute noch auf Kleinkunstbühnen zu hören, ihre ursprüngliche, natürliche und charmante Interpretation allerdings ist bis heute unerreicht geblieben.

Anne Franzkowiak

Claire Waldoff, um 1930
Fotografie, 11,2 x 17,4 cm
Stadtmuseum Berlin

E. T. A. Hoffmann – Jurist, Säufer und Poet

1776 geboren am 24. Januar in Königsberg 1782 Besuch der reformierten Burgschule 1792–1795 Jura-Studium in Königsberg 1798 Referendarexamen und Versetzung an das Berliner Kammergericht 1800 Assessor-Examen mit der Note »vorzüglich«; Anstellung in Posen 1802 Verteilung selbst gezeichneter Karikaturen bei einer Karnevals-Redoute; daraufhin Annullierung seiner Beförderung zum Regierungsrat und Strafversetzung 1804 Ernennung zum Regierungsrat; Versetzung nach Warschau, Freundschaft mit Julius Eduard Hitzig 1805 Mitbegründer und Dirigent der Musikalischen Gesellschaft 1807 Entlassung infolge der Besetzung Warschaus durch die Truppen Napoleons, danach erfolglose Stellungssuche in Berlin 1814 Freundschaft mit Adelbert von Chamisso, Friedrich de la Motte Fouqué und Ludwig Tieck 1815 als Expedient im Justizministerium; Freundschaft mit dem Schauspieler Ludwig Devrient 1816 Ernennung zum Kammergerichtsrat 1822 Einleitung eines Disziplinarverfahrens wegen Karikierung des Polizeidirektors in Meister Floh; zensierte Erstausgabe der Erzählung 1822 gestorben am 25. Juni in Berlin

»Die Wochentage bin ich Jurist und höchstens etwas Musiker, sonntags, am Tage wird gezeichnet, und abends bin ich ein sehr witziger Autor bis in die späte Nacht.«

Das Leben des ungewöhnlichen Kammergerichtsrats bewegte sich stets in Gegensätzen, der gewissenhafte Beamte war gleichzeitig ein leidenschaftlicher Künstler. In seinen Werken stehen Alltag und Fantasie nebeneinander und gehen nicht selten ineinander über.

Der Sohn eines Rechtsanwalts begann bereits 16-jährig sein Studium, drei Jahre später legte er das erste juristische Examen ab und trat als Referendar in den Staatsdienst ein. Parallel dazu zeichnete und malte, schrieb und komponierte er. Das Leben des hochintelligenten, unangepassten jungen Mannes war von stetigen Veränderungen gekennzeichnet. Der Beruf führte ihn von Königsberg nach Berlin, einer Stellung in Posen folgte die Strafversetzung nach Plock an der Weichsel, der Versetzung nach Warschau die erfolglose Stellungssuche in Berlin. 1807 ließ er sich in Bamberg nieder, wo er am Theater als Musikdirektor wirkte. Nach Ablösung von diesem Posten verdiente er seinen Lebensunterhalt als Kapellmeister, Theatermaler, Komponist oder Theaterarchitekt und Musiklehrer. 1813 erhielt er in Dresden ein einjähriges Engagement als Kapellmeister.

Im September 1814 kam Hoffmann endgültig nach Berlin. Wahrscheinlich hatte er gehofft, nach erfolgreicher Aufführung seiner Zauberoper *Undine* an den Königlichen Schauspielen eine Anstellung als Operndirigent zu erhalten. Die Erwartung erfüllte sich jedoch nicht. Er sah sich gezwungen, wieder in den Staatsdienst einzutreten; seit 1815 verrichtete er am Kammergericht in der Lindenstraße Dienst. Nun führte er gewissermaßen zwei Leben – als Jurist und als Künstler. Zu Ehren Mozarts hatte er 1809 seinen dritten Vornamen Wilhelm in Amadeus geändert, und er liebte es, mit Künstlerfreunden bei Lutter & Wegner am Gendarmenmarkt nächtelang bei Rum oder Champagner zusammenzusitzen. Dass »E. T. W.« und »E. T. A.« ein- und dieselbe Person bezeichneten, wussten alle Berliner, selbst König Friedrich Wilhelm III. musste es, wenn auch missbilligend, schließlich zur Kenntnis nehmen.

Hoffmann litt zeitlebens unter der Enge, Armseligkeit und Tristesse der preußischen Wirklichkeit, die er immer

E. T. A. Hoffmann
Selbstbildnis, o. J.
Radierung nach einer Kopie von Ludwig Buchhorn, 11,7 x, 6,6 cm
Stadtmuseum Berlin

Hermann Kramer
E. T. A. Hoffmann und Ludwig Devrient
bei Lutter & Wegner, 1843
Öl auf Leinwand, 36,5 x 28 cm
Stadtmuseum Berlin

wieder in seinen Geschichten, Romanen und Märchen mit der Genauigkeit des detailbesessenen Untersuchungsrichters darstellte. Er war der Meinung. dass nur Künstler und Kinder dank ihrer Fantasien den Zwängen des Alltags entfliehen könnten. Hoffmanns einzige Tochter war im Alter von zwei Jahren gestorben; er freundete sich mit Kindern an, wo immer er sie traf. Aus dem Stegreif erfand er für sie Geschichten und Märchen, die niemals aufgeschrieben wurden. Den Kindern seines Freundes Julius Eduard Hitzig, Friedrich und Marie, baute er zum Weihnachtsfest 1816 die prächtig erleuchtete Burg Ringstetten aus *Undine*. Die beiden konnten sich in dem im selben Jahr bei Nicolai erschienenen Märchen *Nussknacker und Mausekönig* wiedererkennen. Es kam seitdem in über 40 verschieden illustrierten Ausgaben auf den Markt und inspirierte Peter Tschaikowski zu seinem abendfüllenden Ballett *Der Nussknacker*.

Marie Hitzig, der erklärte Liebling Hoffmanns, starb 13-jährig im Januar 1822. Kurze Zeit darauf erkrankte Hoffmann schwer. Ans Bett gefesselt, schrieb er die Erzählung *Meiser Floh* und diktierte nach vollkörperlicher Lähmung *Des Vetters Eckfenster*.

Bettina Machner

E. T. A. Hoffmann
Der Kunzische Riß
Karikatur nach einer Zeichnung, 1815 / 1904
(Aussicht aus Hoffmanns Wohnung, Ecke Tauben- und Charlottenstraße)
Druck, 24 x 39,5 cm
Stadtmuseum Berlin

Ludwig Scabell – Branddirektor mit System

1811 geboren am 25. September in Berlin | Studium des Baufachs | Königlicher Bauinspektor in Liegnitz | Betriebsdirektor der Berlin-Stettiner Eisenbahn **um 1845** Bauinspektor beim Berliner Polizeipräsidenten und Oberspritzencommissarius **1847** Vorlage eines Reorganisationsplans zur Schaffung einer Berufsfeuerwehr beim Berliner Magistrat (beschlossen 1851) **1851** Ernennung zum Königlichen Branddirektor sowie zum Leiter der Straßenreinigung **1852** Aufnahme von Verhandlungen in London zum Bau des ersten Berliner Wasserwerks (1856 in Stralau errichtet) **1854** Leiter der neu eingerichteten Abteilung Feuerwehr beim Königlichen Polizeipräsidium **1855** Errichtung öffentlicher Wasch- und Badeanstalten nach seinen Zeichnungen und unter seiner Leitung **1875** vorzeitige Entlassung und Ruhestand **1885** gestorben am 9. Juni in Berlin

»Gebrochen ist des Feuers Macht, seitdem Scabell darüber wacht!« hieß es schon bald in ganz Berlin, nachdem der erste Königliche Branddirektor 1851 in sein Amt berufen worden war. Zuvor hatte sich Ludwig Scabell als Oberspritzencommissarius weit über die eigenen Belange hinaus für die noch unzureichende Brandbekämpfung der Stadt engagiert. Er schulte sein Personal, das er mit neuen Lederkappen, Leitern und Spritzen ausrüstete. Gezielt reiste er nach Paris, London, Mailand und St. Petersburg, um die entsprechenden Verhältnisse in anderen Großstädten zu studieren. Vermutlich sein Werk war auch der 1847 vorgelegte Reorganisationsplan des Berliner Feuerlöschwesens, der aus Kostengründen vom Magistrat zunächst abgelehnt, vom 1848 berufenen Polizeipräsident Karl Ludwig von Hinkeldey 1850 dem preußischen Innenministerium unterbreitet und im Folgejahr beschlossen wurde.

Einsatzübung der Berliner Feuerwehr
unter Leitung von Ludwig Scabell, um 1865
Fotografie
Feuerwehrmuseum Berlin

Allezeit hilfsbereit, o. J.
Plakat, 90 x 73 cm
Stadtmuseum Berlin

Ludwig Scabell, um 1865
Fotografie
Feuerwehrmuseum Berlin

Scabell nahm die Umsetzung des Plans sofort in Angriff und schuf erstaunlich schnell eine völlig neue und effektive Organisationsform der Brandbekämpfung, die den Bedürfnissen der wachsenden Großstadt entsprach. Schon wenige Monate nach seinem Amtsantritt hatte er die erste Berufsfeuerwehr aufgestellt, die rund um die Uhr einsatzbereit war. Die Mannschaften waren sportlich ausgebildet, um jeder Gefahrensituation körperlich gewachsen zu sein, und unterlagen einer militärischen Disziplin. Sie erhielten »Instruktionen«, in denen Scabell ihre Aufgaben und die Technik des Brandeinsatzes beschrieb. Oberstes Prinzip war es, jedes Feuer im Entstehen zu bekämpfen. Dazu musste die Brandstelle möglichst schnell bekannt gemacht werden, was erstmalig mit dem elektro-magnetischen Telegrafennetz möglich wurde, das die Firma Siemens & Halske (siehe S. 82) installierte und 1852 in Betrieb setzte. Nach dem Erhalt des Signals in den Feuerwachen rückten die Mannschaften auf Pferdewagen mit hoher Geschwindigkeit aus den Depots und führten Geräte und Wasser auf Wagen mit sich. Ein Wasserrohrnetz mit Hydranten stand auf Scabells Betreiben seit 1856 zur Verfügung. Insgesamt sechs Feuerwachen sind unter seiner Leitung in Berlin entstanden, selbstständige Einheiten, die Wachen und Depots vereinten.

Scabell war wie seine Berufsfeuerwehr in Berlin ungewöhnlich populär. Sogar Bühnenwerke zeugen von diesem hohen Ansehen, so Peter Ludwig Hertels Ballett *Flick und Flocks Abenteuer*, das 1858 am Königlichen Opernhaus aufgeführt wurde. Der *Feuerwehrgalopp* daraus ist bis heute als Gassenhauer *Lampenputzer ist mein Vater* bekannt.

Während seiner Amtszeit wohnte der Branddirektor in der Hauptfeuerwache in der Breiten Straße, die 1865 in die Lindenstraße zog. 1874 brachte Scabell eine Vorlage für die Pensionsregelung des Feuerwehrpersonals beim Magistrat ein, die jedoch auf Ablehnung stieß. Wiederholt bemühte er sich vergeblich, seine Institution den neuen Erfordernissen der Reichshauptstadt anzupassen. Zudem eröffnete der Magistrat ein Disziplinarverfahren wegen »ungeregelter Verwaltung« gegen ihn. Dies waren wohl seine Gründe, vorzeitig aus dem Amt zu scheiden. Am 1. Oktober 1875 wurde er mit 64 Jahren in den Ruhestand versetzt und zog zunächst in das am selben Tag neu eröffnete Hotel Kaiserhof am Ziethenplatz. Nur neun Tage später brannte das Hotel lichterloh. Nachdem Scabell fast ein Vierteljahrhundert das Leben, die Gesundheit und das Eigentum der Berliner erfolgreich beschützt hatte, musste er selbst den Flammen weichen. Bis zu seinem Tod lebte er in der Markgrafenstraße am Gendarmenmarkt. Er wurde auf dem Friedhof der Petrigemeinde in der Friedensstraße bestattet, die Grabstelle ist nicht mehr vorhanden. An Ludwig Scabell, den Gründer der Berliner Berufsfeuerwehr, erinnert heute nur noch eine kleine Straße im Ortsteil Wannsee.

Anne Franzkowiak

Illustrirte Zeitung.

Nr. 1686.] Erscheint jeden Sonnabend. Leipzig, 23. October 1875. Vierteljährlicher Abonnementspreis 6 Mark. [Beilage.

Der Brand des Kaiserhofs in Berlin.

Seit einigen Monaten unter Dach und Fach und erst seit wenigen Tagen seiner Bestimmung als Musterhôtel übergeben, wurde am 11. October das neue großartige Hôtel der Kaiserhof am Ziethenplatz zu Berlin von einer verheerenden Feuersbrunst betroffen, welche den Mittelbau, in welchem sich der schöne Speisesaal befand, bis auf die Grundmauern, den Dachstuhl, das fünfte und vierte Stockwerk gänzlich und das dritte zum Theil zerstörte. Einen nicht minder beträchtlichen Schaden richteten auch die Wassermassen an, welche die zahlreichen Spritzen zum Löschen des mit rasender Schnelligkeit sich verbreitenden Elements in das Haus warfen. Das Feuer brach um 10½ Uhr vormittags in den obersten Räumen aus, und bald stand das Dach an allen vier Ecken in Flammen. Trotz der anstrengendsten Thätigkeit der als vorzüglich bekannten Feuerwehr, die von dem zur Löschung commandirten Militär wacker unterstützt wurde, konnte man erst gegen 11 Uhr nachts des Feuers Herr werden, und noch am andern Tag waren mehrere Spritzen thätig, um die hier und da wieder auflodernden Flammen im Keim zu ersticken. Die Entstehung des Brandes ist noch nicht aufgeklärt, wie denn auch wol schwerlich je über die directe Ursache desselben etwas sicheres zu erfahren sein wird. Wesentlich zum schnellen Umsichgreifen des Feuers trugen die Ventilationsschachte im Mittelbau bei, an denen die Flammen von Stockwerk zu Stockwerk hinab ihren Weg nahmen.

Das Hôtel war mit allem Mobiliar auf rund 2,750,000 M. versichert. Ein Verlust an Menschenleben ist glücklicherweise nicht zu beklagen, nur einige Feuerwehrleute sind leicht im Gesicht verletzt worden. Das Directorium des Kaiserhofs hat sofort beschlossen, das Hôtel in der vorigen Weise wieder auszubauen, und die bereits angeordneten Wiederherstellungsarbeiten werden eine baldige Wiedereröffnung möglich machen. Es dürfte deshalb eine Beschreibung des Prachtgebäudes, wie es gewesen ist und bald wieder neu erstehen wird, hier am Platz sein.

Der Kaiserhof, welcher sich als ein in moderner Renaissance gehaltener, fünf Stock hoher Bau darstellt, dessen große Massen durch Eck- und Mittelrisalite gegliedert und durch eine große Anzahl von Balkonen sowie eine mit Vasen und einem Wappenaufbau decorirte Attica belebt werden, ist schon durch seine schöne Lage, an dem Ziethen- und dem Wilhelmsplatz, vor andern berliner Hôtels bevorzugt. Der Haupteingang ist am Ziethenplatz. Von dem Vestibul vermitteln zur linken Hand eine marmorne Haupttreppe, zur rechten ein durch Wasserkraft bewegter Personenaufzug die Verbindung mit den vier Stockwerken, welche zusammen 262 Fremdenzimmer enthalten. Von diesen Fremdenzimmern, welche wie die Corridors und Treppenfluren mittels Warmwasserheizung in einer angenehmen gleichmäßigen Temperatur gehalten werden, sind nur eine kleine Zahl als Salons, alle übrigen als Schlafzimmer eingerichtet. In den großen Sälen des Erdgeschosses ist mit Aufwand bedeutender Decorationsmittel eine Reihe von glänzenden Repräsentationsräumen geschaffen. Ein innerer glasbedeckter Vorsaal bildet den Mittelpunkt dieser Saalanlage. Von diesem gelangt man in der Hauptachse zum Speisesaal, welcher, mit schwarzen Stuckmarmorsäulen an dem ringsumlaufenden Marmorpaneel, welche das

Der Brand des Hotels Kaiserhof in Berlin am 11. October. Originalzeichnung von Karl Röhling.

Nach Karl Röhling
Der Brand des Hotels Kaiserhof
Holzstich, 39,2 x 27 cm
(*Leipziger Illustrirte Zeitung*, 23.10.1875)
Stadtmuseum Berlin

Magnus Hirschfeld – Arzt anders als die Andern

1868 geboren am 14. Mai in Kolberg / Westpommern (heute Polen) 1887 Studium der Philologie in Breslau 1888–1892 Studium der Medizin in Straßburg, München, Heidelberg und Berlin 1894 Eröffnung einer Praxis für Naturheilkunde und Allgemeinmedizin in Magdeburg 1896 Arztpraxis in Charlottenburg; Veröffentlichung seiner ersten Schrift zur Homosexualität *Sappho und Sokrates oder Wie erklärt sich die Liebe der Männer und Frauen zu Personen des eigenen Geschlechts?* 1897 Gründung des Wissenschaftlich-humanitären Komitees 1899–1923 Herausgabe des *Jahrbuchs für sexuelle Zwischenstufen* 1903/04 erste statistische Befragungen von Studenten und Metallarbeitern zur sexuellen Orientierung 1910 Spezialarzt für nervöse und seelische Leiden 1918 Gründung der Magnus-Hirschfeld-Stiftung 1919 Eröffnung des Instituts für Sexualwissenschaft; Mitwirkung in Richard Oswalds Film *Anders als die Andern* 1931 Vortragsreise durch Nordamerika, Asien und den Orient; anschließend Exil in Ascona, Paris und Nizza 1933 am 5. Mai Schließung und Zerstörung des Instituts für Sexualwissenschaft 1935 gestorben am 14. Mai in Nizza

An das erste und in seiner Zeit einzigartige Institut für Sexualwissenschaft erinnert heute nur noch eine Gedenktafel nahe dem ehemaligen Standort In den Zelten 10 im Berliner Tiergarten.

Der Arzt und Sexualwissenschaftler Magnus Hirschfeld hatte 1918 die einstige Villa des Geigenvirtuosen Joseph Joachim erworben und unter ihrem Dach eine private Stiftung zur Erforschung der menschlichen Sexualität begründet. Kurse und Vorträge zur sexuellen Aufklärung, Führungen durch Archiv und Lehrmuseum gehörten zum Angebot. Patienten mit Sexualproblemen fanden in diesem Institut Beratung, Therapie und notfalls auch Zuflucht.

Mit 28 Jahren war der junge Arzt aus bürgerlichem Hause nach Berlin gekommen, nach eigener Aussage noch tief betroffen vom Prozess gegen den britischen Schriftsteller Oscar Wilde, der 1895 wegen seiner Homosexualität eine Haftstrafe mit Zwangsarbeit antreten musste. Bedrückt hatte Hirschfeld zudem das Schicksal eines seiner homosexuellen Patienten, der sich am Vorabend der eigenen Hochzeit erschoss. Die Notlage einer Minderheit, der er selbst angehörte, bildete den Ausgangspunkt für Hirschfelds couragierte Arbeit gegen bestehende Vorurteile und diskriminierende Gesetze.

Die allgemeine Lebensreformbewegung um 1900 brachte bereits ein differenzierteres Forschungsinteresse an der Homosexualität mit sich, nachdem diese bisher lediglich als pathologisches Phänomen oder Straftatbestand Aufmerksamkeit gefunden hatte. Hirschfelds außerordentliches Verdienst bestand darin, die gleichgeschlechtliche Liebe »als natürliche und unausweichliche Anlage« jenseits von Krankheit und Laster dazustellen. Umso wichtiger schien es, sie in medizinisch-naturwissenschaftliche Kategorien zu fassen. Wenn die Geschlechtsunterschiede von Mann und Frau einer einheitlichen Ur-Anlage entstammten und zwischen beiden geistig und körperlich nur graduelle Unterschiede bestanden, ließ sich Homosexualität in einer Variationsbreite von natürlichen »Zwischenstufen« verorten. Für dieses Kernstück seiner Lehre entwickelte Hirschfeld eine differenzierte Typologie nach seelischen und körperlichen Merkmalen.

Unter seinem Lebensmotto »durch Wissenschaft zur Gerechtigkeit« setzte er sich für eine Sexualreform ein, die Homosexuelle entkriminalisieren sollte. Pionierarbeit dafür hatte er 1897 mit der Gründung und Leitung des Wissenschaftlich-humanitären Komitees geleistet, das für die Streichung des Paragraphen 175 aus dem Strafgesetzbuch eintrat. Eine entsprechende Petition an den deutschen Reichstag unterzeichneten bereits 1897 etwa 200 zum Teil namhafte Persönlichkeiten – erst 97 Jahre später war das Ziel erreicht. Magnus Hirschfeld gilt heute als ein Wegbereiter der modernen Schwulenbewegung. 1933 musste er – als Freigeist, Homosexueller und Jude gleich dreifach im Visier der Nationalsozialisten – die Zerstörung seines Werkes und den Rückfall hinter alles bisher Erreichte erleben.

Anne Franzkowiak

Harald Isenstein
Magnus Hirschfeld, 1926, Neuguss 1984
Bronze, Höhe 42 cm
Magnus-Hirschfeld-Gesellschaft e. V.

Die Büste von Magnus Hirschfeld,
auf einem Zug der Nationalsozialisten
zur Bücherverbrennung getragen, 10.5.1933
Fotografie, 14,8 x 21 cm
Schwules Museum

Vorspann aus dem Film
Anders als die Andern, 1919

Adolf Glaßbrenner – Humorist des Biedermeier

1810 geboren am 27. März in Berlin **1824** Ende des Schulbesuchs, Beginn einer Handelslehre **1835** Aufenthalt in Wien, finanziert durch den Leipziger Verleger Friedrich Volckmar **1840** Umzug nach Neustrelitz **1846–1867** Jahreshefte *Komischer Volkskalender* **1848** anlässlich der Revolution Reise nach Berlin, **1849** zurück nach Neustrelitz **1850** Ausweisung aus Mecklenburg-Strelitz, Exil in Hamburg **1856** Herausgeber der neuen Zeitschrift *Ernst Heiter* **1858** Rückkehr nach Berlin **1868** Herausgeber der neuen Zeitschrift *Berliner Montags-Zeitung* **1876** gestorben am 25. September in Berlin

Adolf Glaßbrenner war der populärste Literat des Berliner Biedermeier, dessen Bild er bis heute prägt. In seinem Werk widmete er sich den Unterschichten der Berliner Bevölkerung, wobei er sich virtuos des Stadtjargons bediente. Bereits bestehende Volkscharaktere formulierte er zum heute noch bekannten Stereotyp aus, so die Hökerinnen, Holzhauer, Köchinnen, Fuhrleute, Guckkästner und Nachwächter. Zum bekanntesten unter diesen »kleinen Leuten« wurde der Dienstmann »Eckensteher Nante«. Ihnen allen gesellte Glaßbrenner 1846 den neu erfundenen »Herrn Buffey« hinzu, der die Welt des nach Höherem strebenden Berliner Kleinbürgertums satirisch widerspiegelte.

Von seinen Zeitgenossen wurde der »kleine rundliche Glaßbrenner« geschildert als »blonder, rotwangiger, lachlustiger und höchst ergötzlicher Gesell« und als ein »Lebemann, ein Feinschmecker, ein immer aufgeweckter, schlagfertiger Kopf, der angeregte Geselligkeit, schöne Frauen, guten Wein und lukullische Genüsse liebt«. Zudem war er »ein unermüdlicher Schnurrenerzähler, ein vor nichts zurückschreckender Spötter«. Hierfür spricht sicher auch seine Mitgliedschaft in der Narren-Künstler-Gesellschaft »Duslebimbam«.

Glaßbrenner entstammte einer Handwerkerfamilie und besuchte das Gymnasium, bis sich der Vater das Schulgeld nicht mehr leisten konnte. Mit 14 Jahren begann Glaßbrenner eine Handelslehre. 17-jährig verfasste er für das Unterhaltungsblatt *Berliner Courier* erste kleinere Beiträge und Rätselfragen. In der Folgezeit entwickelte er sich zu einem der ersten Berliner Literaten, der allein von seiner Kunst leben konnte.

Theodor Hosemann
Die beiden Zeitungsleser
Titel zu Ad. Brennglas, *Berlin wie es ist und – trinkt*, 1841
Lithografie, koloriert, 8,5 x 11,5 cm
Stadtmuseum Berlin

Theodor Hosemann
Herr Strampel zu Leuten vor dem Guckkasten
Titel zu Ad. Brennglas, *Berlin wie es ist und – trinkt*, 1850
Lithografie, koloriert, 14,9 x 10 cm
Stadtmuseum Berlin

Der Prophet dieses Kalenders

erhebet seine Stimme zum Ach.... Achten Male und spricht also:

Wisset, Ihr Völker der Erde so weit die deutsche Zunge und Geduld reicht, Dieses, so folget, ist das Gesicht und die Verkündigung Brennglasti, des Sohnes Glaßbrennerii, der gerufen wird von den Schönen des Landes: Adolf! und erzeuget und erzogen ist am Fuße des Kreuzberges und der Kreuzzeitung, an den Ufern der Spree und des Zeit-Stromes, in der Stadt des Intelligenzblattes, Berlin genannt, welche liegt im Sande Brandenburg und im Lande Preußen, so noch nicht aufgegangen ist in Deutschland und noch nicht untergegangen in Oestreich!

1*

Theodor Hosemann
Der Prophet dieses Kalenders
(Ad. Brennglas, *Komischer Volkskalender*,
Berlin: Jonas 1853)
Stadtmuseum Berlin

Allerdings musste er sich zunächst ein Zubrot durch Jubiläumsoden oder Nachrufe in den großen Zeitungen verdienen.

1832 gab er seine erste eigene Zeitschrift heraus, die mehrmals wöchentlich erschien: *Berliner Don Quixote – Unterhaltungsblatt für gebildete Leser.* Damit erlangte er eine gewisse Prominenz, schuf sich aber auch Feinde. Besonders der Adel fühlte sich durch Glaßbrenners ironischen Spott verunglimpft, so dass die Zeitschrift bereits Ende 1833 verboten wurde.

Erfolgreicher und bis heute zumindest dem Namen nach bekannt wurde die Groschenheft-Reihe *Berlin, wie es ist und – trinkt* (1832 bis 1850), mit Titelillustrationen u. a. von Theodor Hosemann und zeitweise begleitet von der ähnlichen Reihe *Buntes Berlin* (1837 bis 1853). Gern schrieb Glaßbrenner unter dem Pseudonym »Brennglas«. So nannte er 1834 auch eine humoristische Zeitschrift, die aber wenig Resonanz fand.

1835 ergab sich für Glaßbrenner die Möglichkeit, während eines längeren Wien-Aufenthalts die literarische Welt einer wirklichen Metropole zu studieren. Hier lernte er die Schauspielerin Adele Peroni kennen, die er 1840 heiratete. Das Ehepaar siedelte wegen eines neuen Engagements Adeles nach Neustrelitz um. Dort verfasste Glaßbrenner seine gesellschaftssatirische Schrift *Neuer Reineke Fuchs* (1846), die insbesondere die religiöse Einflussnahme auf die Politik geißelte.

Als im März 1848 in Berlin die Revolution ausbrach, eilte Glaßbrenner sogleich in die preußische Hauptstadt, um am politischen Umbruch mitzuwirken. Beflügelt von der kurzzeitig errungenen Pressefreiheit, versuchte sich Glaßbrenner mit der Zeitschrift *Freie Blätter – Illustrirte politisch-humoristische Zeitung*, die nun jedoch mit der plötzlichen Vielzahl von Druckerzeugnissen vergleichbaren Zuschnitts konkurrieren musste und kaum noch auffiel.

Seine eindeutig pro-revolutionäre Haltung hatte Glaßbrenners Ausweisung aus dem Großherzogtum Mecklenburg-Strelitz zur Folge. Nach Jahren des Exils in Hamburg konnte sich das Ehepaar 1858 in Berlin niederlassen, wo Glaßbrenner in späteren Jahren bevorzugt die Machtpolitik Bismarcks journalistisch ins Visier nahm. Der von der Zensurbehörde als »zahm geworden« charakterisierte Glaßbrenner gab schließlich die *Berliner Montags-Zeitung* heraus, die sich – über seinen Tod hinaus – bis 1883 behauptete.

Andreas Bernhard

August Wilhelm Iffland – Theaterleiter der Nation

1759 geboren am 19. April in Hannover 1777 heimlicher Umzug nach Gotha, Mitglied des Hoftheaters 1779 Engagement am neu gegründete Nationaltheater in Mannheim 1781 dramatischer Erstling *Albert von Thurneisen* 1782 Zusammenarbeit mit Friedrich Schiller, erster Darsteller des Franz Moor bei der Uraufführung der *Räuber* 1792 Ernennung zum Oberregisseur in Mannheim 1796 Gastspielreisen nach Weimar und Hamburg 1796–1814 Anstellung als Direktor des Königlichen Nationaltheaters Berlin 1802 Eröffnung des neuerbauten Theaters am Gendarmenmarkt 1806–1808 unter napoleonischer Besatzung Umbenennung des Theaters in »La société dramatique et lyrique Allemande de S. M. le roi« 1811 Ernennung zum Generaldirektor der Königlichen Schauspiele 1814 gestorben am 22. September in Berlin

Im Jahr 1796 gelang es dem preußischen König Friedrich Wilhelm II., mit dem Dramatiker und Schauspieler August Wilhelm Iffland für das Nationaltheater einen fähigen und ambitionierten Direktor zu berufen. Sein künstlerisches Wirken am Nationaltheater in Mannheim hatte sich bis nach Preußen herumgesprochen. Nach wiederholten Angeboten folgte der 37-Jährige dem Ruf nach Berlin, da ihm der König die alleinige Vollmacht als Direktor des Nationaltheaters einräumte und seine Mannheimer Schulden beglich.

Tatkräftig begann Iffland das vorgefundene Ensemble mit jungen Darstellern zu erweitern und konnte dabei seinen sicheren Blick für Bühnentalente unter Beweis stellen. Als Regisseur legte er mehr Wert auf natürliches Spiel als auf das übliche Deklamieren der Texte und kümmerte sich um alle Belange selbst. Er leitete das Rollenstudium und die Proben, traf Anordnungen für Dekorationen und Kostüme, überwachte die Vorstellungen, führte die Korrespondenz und prüfte die eingereichten Bühnenwerke. Daneben verfasste er weiterhin eigene Stücke und stand fast täglich als Schauspieler auf der Bühne. Weil der Zuschuss des Königs für das Theater, in Höhe von fünf Prozent des Gesamtetats, für den Unterhalt der Bühnen nicht ausreichte, bedurfte es eines durchdachten Spielplans, um die klassischen Tragödien mit den populären Possen- und Singspielstücken zu finanzieren. Mit mehr als 46 Werken August von Kotzebues und 35 eigenen dramatischen Dichtungen holte Iffland in seiner Amtszeit das Berliner Publikum ins Schauspielhaus. Die Kassenerfolge ermöglichten es ihm, Meisteraufführungen der Klassiker, vor allem die Bühnenwerke seines Freundes Friedrich Schiller, am Gendarmenmarkt durchzusetzen. Den Inszenierungen *Piccolomini* und *Wallensteins Tod* 1799 folgten 1801 die Erstaufführung von *Maria Stuart* und die von den Berlinern umjubelte *Jungfrau von Orléans*. *Wilhelm Tell* und Lessings *Nathan der Weise* wurden mit dem Protagonisten Iffland für das Berliner Publikum entdeckt. Als Schauspieler glänzte er besonders in komischen, gemütvollen oder intriganten Charakterrollen der bürgerlichen Dramen.

Seine größten Verdienste erwarb sich Iffland als Theaterleiter. Bereits im Jahr 1800 hatte er die geforderte Verbesserung der Räumlichkeiten für das Schauspiel am Gendarmenmarkt bei Friedrich Wilhelm III. durchgesetzt. Das nach Plänen von Carl Gotthard Langhans errichtete neue Schauspielhaus, im Volksmund nach seiner Form als »Koffer« be-

August Wilhelm Iffland, um 1840/1850
Kopie nach Anton Graff, um 1800
Öl auf Leinwand, 60,5 x 50 cm
Stadtmuseum Berlin

Ring
Gold, Edelsteine
Geschenk von Königin Luise
an August Wilhelm Iffland, 13.2.1805
Stadtmuseum Berlin

August Wilhelm Iffland in 12 verschiedenen Rollen, o. J.
Öl auf Leinwand, 17 x 13,3 cm
Stadtmuseum Berlin

zeichnet, wurde am 18. Januar 1801 festlich eröffnet. Iffland konnte Haus und Schauspielerensemble über die Besatzungszeit durch die napoleonischen Truppen in den Jahren 1806 bis 1808 mit der Aufführung französischer Singspiele und Ballette retten. Den Meister der Diplomatie, der seine patriotische Haltung trotzdem in den Bühnenauftritten mit viel Einfallsreichtum bewies, würdigte das nach Berlin zurückgekehrte Königspaar 1809 mit der Verleihung des Roten Adlerordens, einer Auszeichnung, die vorher noch nie einem Bühnenkünstler zuteil geworden war. 1811 zum Generaldirektor der Königlichen Schauspiele ernannt, war Iffland am Ziel seiner Wünsche, eine einheitliche Verwaltung von Opern- und Schauspielhaus festigte den Rang Berlins als Theaterstandort. »Kein deutsches Schauspiel kam dem Berliner gleich«, urteilte Madame de Staël in ihrem Reisebericht 1810.

Bärbel Reißmann

Julius Bötzow – gärender Geist mit sozialem Gewissen

1839 geboren am 5. September in Berlin | nach der Schulzeit landwirtschaftlicher Eleve auf Gut Grünthal bei Bernau; Aneignung erster Kenntnisse des Brauwesens 1863/64 Übernahme einer stillgelegten Brauerei in der Alten Schönhauser Straße 23–24 von seinem Onkel Louis Bötzow 1864 dort Eröffnung einer Brauerei für untergäriges Bier »bairischer Brauart« 1884 Grundsteinlegung für den Neubau der Brauerei auf dem Windmühlenberg an der Prenzlauer Allee 242–247 1885 Eröffnung der Großbrauerei 1886 Ernennung zum »Hoflieferanten Seiner Majestät des Königs von Preußen« 1898 Ernennung zum Kommerzienrat 1912/13 Ausstoß von fast 200 000 Hektoliter Bier im Geschäftsjahr 1914 gestorben am 9. Juli in Berlin; Beisetzung im Mausoleum seines Gutes in Drehnow (heute Polen) 1918 Übernahme des Betriebs durch seinen ältesten Sohn Julius Maria Ludwig Bötzow

Vor 100 Jahren wäre die Antwort eines Berliners auf die Frage, was er mit dem Namen Bötzow verbände, zwischen proletarischem Osten und vornehmem Westen sicher einmütig wie selten ausgefallen. Bötzow – das war ein Begriff, ja fast ein Synonym für Berliner Bier von unbestreitbarer Qualität. Majestät hatten Julius Albert Hermann Bötzow zum Hoflieferanten ernannt, und nicht nur die Berliner Bürger und ihre Gäste erfreuten sich an diesem Gerstensaft. Das größte private Brauhaus Norddeutschlands behauptete einen überschaubaren, über Jahrzehnte nahezu gleichbleibenden Anteil am Biermarkt der Hauptstadt – nicht einfach im harten Kampf gegen über 100 andere Berliner Brauereien und besonders gegen mächtige Aktiengesellschaften wie Schultheiss und Patzenhofer.

Bemerkenswertes Durchsetzungsvermögen kennzeichnete die Bötzows seit Jahrhunderten. Die ältesten belegbaren Wurzeln des Geschlechts lassen sich im Berliner Raum bis um das Jahr 1600 zurückverfolgen. Unklar ist, ob der schon 1284 als Ratsherr bezeugte Namensträger wirklich zu den Ahnen gehört. Der Aufstieg der Familie begann, als sie 1773 die Meierei des Dorotheenhospitals in Erbpacht übernehmen konnte. Bötzows taten sich ansonsten als betuchte Ackerbürger, würdige Wröherren (Älteste der Ackergilde), gewiefte Schnapsbrenner und in der 1848er-Revolution als aufbegehrende Lehrer hervor.

Die Familie nahm mehrfach Anlauf, um im lukrativen Biergeschäft Fuß zu fassen. Julius gelang das schließlich 1864 in der Alten Schönhauser Straße, wohl weil er als erster die pure Absicht auch mit praktischen Kenntnissen verbinden konnte. Aus kleinen Anfängen entwickelte er die große Bötzow-Brauerei, die 1885 an der Prenzlauer Allee Tore und Tresen öffnete. Zu jenem Zeitpunkt war sie die modernste der Hauptstadt, und Julius führte sie als Patriarch. Als einziger Besitzer einer Brauerei dieser Größenordnung wohnte er selbst auf dem 23 400 Quadratmeter messenden Gelände. Wie ein Gutsbesitzer kümmerte er sich um seine Arbeiter, half wo er konnte, erwartete aber auch absolute Loyalität. Er unterstützte den Bau der Immanuelkirche durch Übertragung des Baugeländes und verhalf den ersten Ärztinnen des Kaiserreichs, Franziska Tiburtius und Emilie Lehmus, die ein Studium nur in Zürich hatten absolvieren können, zu einer eigenen Praxis.

Im Zweiten Weltkrieg wurde das Ensemble aus Fabrikation, Ausschank und Privatvilla weitgehend zerstört. Erhaltene Teile fanden nach 1945 als Brauerei, Lager und Kindergarten weitere Nutzung, das Gelände des Biergartens zeigt sich bis heute überwiegend als Brachfläche. Nach wechselnden Planungen soll hier nun ein »medizinisches Kreativzentrum« entstehen.

Die Bötzows und Berlin – das ist eine Jahrhunderte lange Geschichte. Dazu zählt auch die Unterstützung berlinhistorischer Sammlungen des Märkischen Museums. Julius engagierte sich dafür über Jahrzehnte, sein Sohn Julius Maria errichtete eine Stiftung, aus deren Erträgnissen das Museum Exponate ankaufen konnte.

Martin Albrecht / Karl-Heinz Pritzkow

Julius Bötzow, 1871
Gemälde
Verschollen

Paul Schahl
Ausschanklokal der Brauerei Julius Bötzow, 1865
Fotografie, 23,6 x 31,5 cm
Stadtmuseum Berlin

Concert-Anzeiger der Brauerei Julius Bötzow, um 1890
Stadtmuseum Berlin

Wolfgang Neuss – der Mann mit der Pauke

1923 geboren am 3. Dezember in Breslau **1941** Soldat an der Ostfront **1945** im Internierungslager **1950–1960** erfolgreiche Zusammenarbeit mit Wolfgang Müller für Kabarett, Film und Bühne **1960** Erstausstrahlung seines Film *Wir Kellerkinder* in der ARD **1964** Berliner Kunstpreis und Preis der Schallplattenkritik für *Das jüngste Gerücht* **1980er-Jahre** Comeback auf der Bühne und im Fernsehen; wieder regelmäßiges Erscheinen von Kolumnen und Schallplatten **1984** Deutscher Kleinkunstpreis für das Kabarett-Programm *Neuss vom Tage* im WDR **1988** letzter Bühnenauftritt anlässlich seines 65. Geburtstags **1989** gestorben am 5. Mai in Berlin

Harry Croner
Wolfgang Neuss beim Kinostart von
Wir Kellerkinder, Zoo-Palast, 6.10.1960
Fotografie
Stadtmuseum Berlin

Proletarier aller Länder, vereinigt euch!

NEUSS DEUTSCHLAND

ORGAN DES ZENTRALKOMIKER-TEAMS DER SATIRISCHEN EINHEITSPARTEI DEUTSCHLANDS

Berlin, 10. November 1965

„Werd ich am Galgen hochgezogen, weiß ich, wie schwer mein Arsch gewogen“ François Villon zum neuen Justizminister

Primitiv und beschämend

Mutmaßungen über Kopf-Jaeger

Das Ende von Etwas

THE GRAND DESIGN

Da lacht der Proletarier

NEUE FIRMA

Titelblatt der Zeitung *Neuss Deutschland*
als Parodie des SED-Zentralorgans, 10.11.1965
Stadtmuseum Berlin

Mit 15 Jahren floh der Gastwirtssohn Hans Wolfgang Neuss aus Breslau nach Berlin. Er wollte weder Landwirt noch Schlachter werden, sondern Clown. Schließlich landete er in der Jugendverwahranstalt des Polizeipräsidiums am Alexanderplatz. 1941 schoss sich der bereits mehrfach verwundete Soldat an der Ostfront den Zeigefinger der linken Hand ab, um erneut ins Lazarett zu kommen, wo er indes schon bald »bunte Abende« für die Verwundeten organisieren und sich an parodistischen Improvisationen versuchen konnte.

Nach Kriegsende gründete Wolfgang Neuss im Internierungslager das Reichskabarett der Komiker und tingelte nach seiner Entlassung mit Programmen wie *Lachkalorien* durch die zerstörten West-Zonen. 1947 stand er erstmals professionell auf einer Brettl-Bühne. Mutter Ey in Düsseldorf, die Hamburger Bonbonniere, der Nürnberger Trichter, der Rauchfang in Berlin sollten Stationen auf dem Weg zu legendären Soloauftritten werden. 1950 erfand Eckart Hachfeld für ihn *Der Mann mit der Pauke* – dieser Auftritt wurde spätestens nach dem Erfolg vor 20 000 Besuchern in der Waldbühne zu Neuss' Markenzeichen.

Seit dieser Zeit arbeitete er als Darsteller, Texter und Regisseur für das Berliner Kabarett Die Stachelschweine und schrieb zusammen mit dem »seelenverwandten« Wolfgang Müller eigene Programme. »Die zwei Wolfgangs« feierten zahlreiche Bühnenerfolge, Neuss debütierte 1953 im Hebbel-Theater mit Shakespeare, spielte Lessing und Molière, führte später auch selbst Regie. Das Komikerpaar avancierte zu heimlichen Hauptdarstellern in der deutschen Erstaufführung des Musicals *Kiss me, Kate* und inszenierte daraufhin erfolgreich eine eigene Kabarett-Parodie *Schieß mich, Tell*. Zwischen 1950 und 1967 spielte Neuss in über 50 Filmen jedweden Genres, darunter *Das Wirtshaus im Spessart*, aber auch *Des Teufels General* und *Der Hauptmann von Köpenick*.

Nach Müllers tödlichem Flugzeugabsturz 1960 schrieb und produzierte der rastlose Neuss die zeitkritischen Spielfilme *Wir Kellerkinder* und *Genosse Münchhausen*. 1963 fand er im so genannten Domizil am Lützowplatz ein ebensolches für den ersten seiner drei großen Alleinunterhalter-Abende: *Das jüngste Gerücht*. Nach über zwei Jahren Laufzeit folgte im Theater am Kurfürstendamm die Villon-Show *Neuss Testament* mit dem Untertitel *Eine satirische Zeitbombe*. Mit ständig ausverkauften Vorstellungen und Höchstauflagen seiner Langspielplatten wurde er zu Westdeutschlands Nr. 1 des Kabaretts.

1965 gastierte Neuss auf Einladung von Helene Weigel vor Schauspielerkollegen im Berliner Ensemble. Die geschlossene Vorstellung geriet zum Politikum. Im »Wechselgesang der scharfen Zungen« bestritten Neuss und Wolf Biermann noch im selben Jahr die Schlussveranstaltung des friedensbewegten Ostermarsches in Frankfurt am Main.

In seinem dritten Programm *Asyl im Domizil* 1967 antwortete der Paukenschlegel auf den Polizeiknüppel: Neuss bekundete offen seine Sympathie für die Studentenrevolte und schrieb über das Attentat auf seinen Freund Rudi Dutschke für Volker Kühns satirische Monatsbilanz *Bis zur letzten Frequenz* einen Beitrag, dessen Ausstrahlung der Hessische Rundfunk ablehnte.

Von einem Aufenthalt in Chile zurückgekehrt, zog sich Neuss Anfang der 1970er-Jahre von der Kabarett-Bühne zurück. 1979 kam er nach einer Verurteilung wegen Drogenbesitzes wieder in die Schlagzeilen. Unvergessen bleibt der Auftritt des »Stadtindianers« in einer Talkshow mit Richard

Plattencover, 1965
Stadtmuseum Berlin

Plattencover, 1966
Stadtmuseum Berlin

von Weizsäcker. In einem Dokumentarfilm über sein Leben resümierte der Krebskranke: »Wir haben gar keine Chance, nicht zu leben. Wir leben immer. Die Botschaft ist zwar nicht tröstend, weil man ja auch ableben muss. Aber man lebt nur ab, um zu leben. Es gibt keinen Tod in dem Sinne. Es gibt keine Chance, nicht zu leben. Keine. Man lebt immer. Immer, immer, immer.« Seine letzte Ruhe fand er auf dem Zehlendorfer Waldfriedhof an der Seite des Freundes Wolfgang Müller.

Angelika Ret

Die Gegenwart der Vergangenen – Lebenszeichen als Stadtfragment

Gernot Schaulinski

Auf einmal war er weg – jahrzehntelang hatte Harald Juhnke mit dem Lächeln eines Mannes von Welt den Passanten gegenüber der Gedächtniskirche die Exotik fernöstlicher Küche nahe gebracht. Der beliebte Schauspieler und Entertainer präsentierte sich im karierten Jackett mit roter Strickkrawatte und gelbem Pullunder erwartungsfroh dem Publikum (siehe S. 32). Eine ansehnliche Peking-Ente als Hauptgang vor sich platziert, führte er mit Essstäbchen eine kleine Frühlingsrolle zum Mund. Die Schaukastenwerbung vor dem Bikinihaus in der Budapester Straße galt einem traditionsreichen China-Restaurant im ersten Stock, sie war aber weit mehr: eine Ikone des alten West-Berlins mit Juhnke als typischem Protagonisten dieser Lebenswelt. Nach seinem Tod stand das kuriose Motiv wie ein inoffizielles Denkmal an zentralem Ort. So vertraut, so fest verwachsen mit dem Stadtbild erschien dieser »Schrein«, dass er vielen wohl erst durch sein Verschwinden wieder ins Bewusstsein getreten sein dürfte. Wegen einer umfassenden Gebäudesanierung schloss das Lokal Anfang 2009, die gläserne Bühne seines Werbebotschafters wurde abgerissen. Im Wedding erinnern heute eine Gedenktafel am elterlichen Wohnhaus und eine Steinstele an den »deutschen Sinatra«.

Berliner Persönlichkeiten, die Geschichte sind, begegnen uns im Stadtraum tagtäglich – als Namensgeber von Straßen, Plätzen, Parks und Vierteln, als Denkmäler unterschiedlichster Prägung. Ihre späten Lebenszeichen bestehen häufig aus Blech, Granit, Bronze, Marmor oder Beton. Obwohl diese Manifestationen menschlicher Existenz deren Endlichkeit betonen – wo kein Tod, dort keine Ehrung –, verfolgen sie das Ziel, ausgewählte Personen gleichsam wiederzubeleben und dem Vergessen zu entreißen. So sind längst verstorbene Berlinerinnen und Berliner heute noch überaus lebendig. Ihre Namen fallen im Minutentakt in Bussen und Bahnen, stehen auf Stadtplänen und füllen Adressverzeichnisse. Der konkrete Mensch dahinter bleibt meist verborgen. Seine Bezeichnung hat eine Umwertung erfahren und schwebt losgelöst vom Individuum in anderen Sinnsphären: als räumlicher Orientierungspunkt und soziokulturelle Kennung, aufgeladen und neu besetzt mit Ereignissen und Historie, die zur ursprünglichen Person auch in absurdem Kontrast stehen können. Die »Berlinmacher« sind post mortem Teil lokalpolitischer Prozesse, gehen im Stadtkörper auf und werden zum Bestandteil der urbanen Infrastruktur.

Namensgeber im Schilderwald

Der Blick nach oben offenbart an vielen Hausecken, Laternen und Säulen personalisierte Erinnerungszeichen. Auf hunderten Straßenschildern finden Berliner Protagonisten der Vergangenheit namentlich Erwähnung. Bis Ende des 18. Jahrhunderts war dies eine Seltenheit, denn das Gros der Straßenbezeichnungen diente als praktische Orientierungshilfe zur Richtungsanzeige (z. B. Spandauer Straße) oder Kennzeichnung von Institutionen (z. B. Hausvogteiplatz), von Handwerk und Gewerbe (z. B. Weinmeisterstraße). Eine Ausnahme bildeten die Dorotheen-, Friedrich- und Wilhelmstraße mit ihren direkten Bezügen zu den königlichen Gründern und Entwicklern der Vorstädte. Neben diese großen »Berlinmacher« traten bald kleinere: Private Grundstückseigentümer und Bauherren übernahmen bei der weiteren Urbanisierung der neuen Gebiete eine Pionierfunktion. Nach ihnen benannte der herrschende König zahlreiche Straßen vor Ort, um so seinen Untertanen das vorbildhafte Engagement Einzelner zur Nachahmung zu empfehlen. Die Krausen- und Mulackstraße in Mitte zeugen noch heute von dieser werbenden Absicht.

Im Zuge der Stein-Hardenbergschen Reformen konnten ab 1809 die Besitzbürger von Berlin über gewählte Stadtverordnete ihren Einfluss auf die Lokalpolitik vergrößern.

Ein besonderes Augenmerk lag dabei auf den Straßennamen. Ihr häufig mittelalterlicher Charakter wurde als rückständig abgelehnt; aufgrund von Eingemeindungen sorgten mehrfach im Stadtgebiet vorkommende Namen für Irritationen. Nach ersten Einzelumbenennungen, die auf Zustimmung Friedrich Wilhelms III. stießen, regte die Bürgerschaft 1813 bei den preußischen Behörden weitere Modernisierungsmaßnahmen im Straßenverzeichnis an. Die dafür benötigten 420 neuen Blechschilder waren bereits angefertigt und teilweise montiert, als der Monarch dieses eigenmächtige Handeln stoppte. Im Feld gegen Napoleon stehend, sandte er am 20. Dezember eine Kabinetts-Ordre aus dem Hauptquartier in Frankfurt am Main mit der deutlichen Botschaft: »Ich will nicht, daß in meinen Residenzien die Benennung der Straßen ohne Meine Genehmigung abgeändert werden [...]«.[1] Seit 1442 befanden sich die städtischen Verkehrswege im Besitz des Landesherrn, der bei der Namensgebung somit das letzte Wort hatte. Diesen Hoheitsakt wollte sich der preußische König nicht entziehen lassen und setzte der bürgerlichen Selbstverwaltung klare Grenzen. Erst mit dem Zusammenbruch der Monarchie 1918 fiel das Privileg. Friedrich Wilhelm III. ließ nach der Niederlage Napoleons mehrere prominente Straßen und Plätze Berlins umbenennen. Der siegreich beendete Krieg lieferte hierfür die Motivvorlage (z. B. Leipziger Platz nach dem Ort der Völkerschlacht). Dabei waren es gerade die Franzosen gewesen, die nach ihrer Revolution verstärkt dazu übergingen, die Namensgebungen von Straßen und Plätzen zu politisieren. Die Beschilderungen transportierten vielfach Bekenntnisse zu bestimmten Lokalitäten, Persönlichkeiten oder Ereignissen von überregionaler Bedeutung. Nach dem Sieg gegen Frankreich begann man nun auch an der Spree, historisch gewachsene Namen dem herrschenden Zeitgeschmack anzupassen. In seinem Schreiben vom 15. September 1814 an den Polizeipräsidenten Le Coq formulierte der König als Grundsatz seiner Namenswahl die »Erhaltung des Andenkens wichtiger Begebenheiten«.[2] Damit war eine ehrende Absicht definiert, die bei der Vergabe von Straßennamen in Berlin bis heute von zentraler Bedeutung ist.[3]

Es blieb nicht bei Schlachtfeldern, siegreichen Militärs und verdienten Hofbeamten, deren Andenken der König immer häufiger durch Benennungen im Grundriss seiner Residenzstadt verankerte. Das Bürgertum gewann zunehmend an Einfluss und strebte danach, sich in der öffentlichen Denkmalkultur repräsentiert zu sehen. So traten an die Stelle veralteter und »unschön« wirkender Bezeichnungen verstärkt die Namen von Persönlichkeiten, die in der jeweiligen Straße lebten oder Grundbesitz besaßen. Herausragende Verdienste für Berlin und Preußen sollten auf diese Weise gewürdigt werden. Ab 1836 konnte der Bildhauer Johann Gottfried Schadow durch eine nach ihm benannte Straße flanieren, in der er viele Jahre gewohnt und gearbeitet hatte (zuvor Kleine Wallstraße). Die von ihm geschaffene Quadriga prägt bis heute das Brandenburger Tor als Wahrzeichen der Stadt. Nach seinem Tod 1850 erfuhr Schadow eine weitere Ehrung: sein Wohnhaus wurde nach ihm benannt und erhielt eine Büste mit Gedenktafel. Figürliche Darstellungen von bürgerlichen »Berlinmachern« waren im Verhältnis zu den aristokratischen Vertretern aus Politik und Militär eher selten anzutreffen. Vor allem Tafeln aus Stein und Metall schufen an den Hausfassaden kleine Erinnerungsstätten. Während Wilhelm II. um die Jahrhundertwende den Tiergarten mit dutzenden Standbildnissen seiner adligen Vorfahren überzog (Siegesallee), fanden sich in Berlin und Umgebung weit weniger Beispiele solch repräsentativer Denkmäler für bürgerliche Personen (z. B. den Genossenschaftler Hermann Schulze-Delitzsch).[4] Der Kaiser mit seinem ausgeprägten Sensorium für Konkurrenzsituationen und einem Monopolanspruch auf künstlerische Geschmacksfragen nahm auf die Denkmalkultur der

1 Geheimes Staatsarchiv Preußischer Kulturbesitz, Rep. 93 B, Nr. 2819, Acta betr. Die Benennung der Straßen und Plätze in Berlin, Bd. 1, Bl. 37.

2 Ebd., Bl. 44.

3 Laurenz Demps, »Die Geschichte der Straßenbenennungen in Berlin. Anmerkungen zu einem brisanten Thema«, in: Karl-Heinz Gärtner, Günter Nitschke u. a., *Berliner Straßennamen*, Berlin 1995, S. 21.

4 Hermann Müller-Bohn, *Die Denkmäler Berlins in Wort und Bild nebst den Gedenktafeln und Wohnstätten berühmter Männer*, Berlin 1905, S. 95-107.

Reichshauptstadt unmittelbaren Einfluss. Konflikte ließen sich hier durch die Anbringung von Gedenktafeln vermeiden – aufgrund ihrer Schlichtheit und geringen Größe waren sie politisch leichter durchsetzbar und zudem in der Produktion erheblich günstiger. Im Jahr 1905 hingen an Berliner Hausfassaden rund hundert Tafeln, die auf Orte hinwiesen, an denen Politiker, Juristen, Forscher, Mediziner, Philosophen, Historiker, Dichter, Schauspieler, bildende Künstler, Architekten und Komponisten gewohnt oder gewirkt hatten.[5] In der Dorotheenstraße 10 wurde beispielsweise Andreas Sigismund Marggraf als »Entdecker des Zuckers in den Runkelrüben« gewürdigt. David Kalisch, der Schöpfer der Berliner Posse (*Berlin, wie es weint und lacht*), wohnte in der Bellevuestraße 19 – erfuhr nun der interessierte Passant. Gedenktafeln bildeten neben Straßennamen für das Bürgertum lange Zeit die dominierende Form ehrenden Erinnerns im öffentlichen Raum.

5 Ebd., S. 112–114.

6 Demps 1995 (s. Anm. 3), S. 23–24.

Karussell der Politsysteme

Nach dem rasanten Wachstum Berlins seit 1870 mit seinen unzähligen neu geschaffenen Straßen und Plätzen beruhigte sich die Bautätigkeit und damit auch das Thema Namensfindung kurz vor dem Ersten Weltkrieg. Dessen für Deutschland ungünstiger Verlauf führte zum Zusammenbruch des Kaiserreichs. Die Weimarer Republik verzichtete nach heftigen Kontroversen darauf, die im Straßenverzeichnis fortlebenden Eliten des Vorgängersystems zu beseitigen. Trotzdem kam es zu insgesamt 1500 Neubenennungen, viele davon in Folge der großen Eingemeindung von 1920, um teilweise dutzendfach im Stadtgebiet vorkommende Namen zu minimieren (z. B. Wilhelm- oder Friedrichstraßen). In den kommunalen Neubaugebieten erfuhren zuvor verpönte Gewerkschafter nun Ehrung. Auch ohne Kaiser konnten Magistrat und Stadtverordnetenversammlung bei der Namensfindung nicht frei agieren, sondern mussten sich ihre Vorschläge und Beschlüsse vom preußischen Staats- bzw. Innenministerium genehmigen lassen.[6] Der 30. Januar 1933 markierte einen erneuten Systemwechsel, der sich unmittelbar auf die Denkmalkultur Berlins auswirkte. Gemäß der antiken Praxis der *damnatio memoriae* (Verdammung des Andenkens) gingen die Nationalsozialisten daran, die Spuren ihnen unliebsamer Personen umfassend aus dem Stadtbild zu löschen: Skulpturen verschwanden, Gedenktafeln wurden abmontiert und Straßenschilder ersetzt. Wer immer nach Ansicht der neuen Machthaber politisch, intellektuell oder »rassisch« im Kontrast zur herrschenden Ordnung stand, sollte aus der alltäglichen Wahrnehmung der Bevölkerung eliminiert werden. An die Leerstellen traten Kriegshelden, große und kleine Parteigenossen. Mit dieser für jedermann sichtbaren Übernahme der symbolischen Definitionsmacht markierte die NSDAP ihr Berliner Territorium und drückte der Alltagskommunikation ihren Stempel auf. Straßenumbenennungen waren und sind unaufwendige Erstmaßnahmen zur öffentlichen Anzeige politischer Systemwechsel.

Nach der Machtergreifung nahm der verstorbene Berliner SA-Sturmführer Horst Wessel dabei eine herausragende Rolle ein, dessen Ermordung 1930 im Zusammenhang mit einer Mietstreitigkeit zum Martyrium für die deutsche Sache verklärt wurde. Goebbels beabsichtigte mit dem von ihm inszenierten Personenkult, einen starken ideologischen Einfluss auf die Bevölkerung ausüben. Das Schicksal dieses »Blutzeugen der Bewegung« diente in der Propaganda als Gleichnis für den angeblichen Opfergang Deutschlands in den Kämpfen der Weimarer Republik und seiner Wiederauferstehung unter der Herrschaft Hitlers. In der politisch als »rot« verschrienen Reichshauptstadt sollte der tote Horst Wessel nun als Hauptfigur einer geistig moralischen Wende fungieren – ein »Berlinmacher« der ganz anderen Art. Nach ihm wurden der Bülowplatz (heute: Rosa-Luxemburg-Platz) und die angrenzende Weydinger Straße umbenannt; dort entstand auch ein Denkmal (Pfeiler mit Bronzeadler). Betroffen waren zudem die örtliche U-Bahnstation, das Gebäude des Zentralkomitees der KPD (heute: Karl-Liebknecht-Haus als Stammsitz der Linkspartei) und weiter entfernt das Krankenhaus am Volkspark Friedrichshain, in dem der braune Aktivist seinen Schussverletzungen erlag. Im Gegensatz zur Weimarer Republik, wo bei der Bildung Groß-Berlins 1920 die Idee einer Umbenennung von Reinickendorf in »Humboldtstadt« nicht verwirklicht werden konnte, etikettierte die Gauleitung der NSDAP mit Friedrichshain kurzerhand einen ganzen Bezirk zur »Horst-Wessel-Stadt« um. Die vom NS-Regime forcierte physische Vernichtung missliebiger Gruppen führte nach Kriegsende in der Berliner Gedenkkultur zu einer Neuorientierung. Hatten bisher die Repräsentanten adliger und bürgerlicher Leistungseliten die Szenerie bestimmt, galt nun den Opfern des Dritten Reiches besondere Aufmerksamkeit. Neben lokalpatriotischen Stolz trat mahnende Erinnerung und Trauer.

Kurz nach der bedingungslosen Kapitulation in Karlshorst setzte der von der sowjetischen Militärverwaltung ernannte Oberbürgermeister Arthur Werner das Thema Straßennamen auf die Agenda. Am 24. Mai 1945 forderte er die Bezirksbürgermeister auf, diesbezüglich Änderungsvorschläge einzureichen. In den folgenden Monaten erfuhr sein Aufruf einen enormen Widerhall: die 1795 Umbenennungswünsche bezogen sich auf fast 20 Prozent aller Berliner Straßen. Hier sollten nationalsozialistische, militaristische und mehrfach im Stadtgebiet vorkommende Namen getilgt werden. Im Magistrat begann eine umständliche und zeitraubende Prozedur der Entscheidungsfindung, die einige Bezirke dazu veranlasste, selbst zur Tat zu schreiten. Kurzerhand benannte Reinickendorf zahlreiche Straßen nach Widerstandskämpfern um, darunter auch Kommunisten. Während der Blockade zwei Jahre später ließ der West-Berliner Senat unter Ernst Reuter diese Maßnahme rückgängig machen – der Kalte Krieg erreichte die Straßenschilder. Das langatmige Agieren der verantwortlichen Stellen und die Eigenmächtigkeit der Bezirke führten häufig zu konfusen Zuständen. In vielen der umbenannten Straßen hingen noch keine neuen Blechschilder, sondern Provisorien aus Pappe, die mit der Zeit herunterfielen oder abgerissen wurden. Dahinter erschienen die Namen aus dem Dritten Reich. Teilweise waren auch diese bereits durch noch ältere Bezeichnungen ersetzt worden, die ebenfalls keine Gültigkeit mehr besaßen. Entlang einer Straße konnten Passanten so auf ein Palimpsest verschiedenster Namen stoßen. Eine betroffene Berlinerin formulierte hierzu im Februar 1948 einen Hilferuf an höhere Stelle: »Liebes Amtsblatt Reinickendorf! Als Abonnent Deines Blattes erlaube ich mir mal eine Frage. Ich möchte gern wissen, in welcher Straße ich eigentlich wohne. [...] Als Geschäftsfrau habe ich drei Firmenstempel und weiß nun nicht welchen ich für den richtigen halten soll. Wie heißt nun eigentlich meine Straße? Für eine Antwort wäre ich sehr dankbar.«[7] In Leipzig karikierte die Bevölkerung die Situation andauernder Umbenennungen, indem sie für eine nach Süden führende Hauptstraße, die im Dritten Reich nach Adolf Hitler benannt worden war und nun den Namen Karl Liebknechts trug, die informelle Bezeichnung »Adolf-Südknecht-Straße« erfand.[8]

Moralische Wiederaufbauhelfer

Mit der politischen Teilung Berlins wandelte sich auch das Gedenken an die Opfer der Hitler-Diktatur. In den ersten Monaten nach Kriegsende agierten die politischen Gruppen noch überparteilich. Jetzt gingen Ost und West getrennte Wege. Der »Antifaschismus« wurde in der DDR zum festen Bestandteil des ideologischen Selbstverständnisses. Die ermorde-

7 Zit. n. Bernhard Müller, »Der Vorreiter im Norden. Reinickendorfs kurzer Versuch, Geschichte zu machen«, in: Berliner Geschichtswerkstatt (Hg.), *Sackgassen. Keine Wendemöglichkeit für Berliner Straßennamen*, Berlin 1988.

8 Friedrich Dieckmann, »Fall- und Fundgruben der Stadtgeschichte«, in: Karl-Heinz Gärtner, Günter Nitschke u. a., *Berliner Straßennamen*, Berlin 1995, S. 12.

ten kommunistischen Widerstandskämpfer dienten als Aufbauhelfer einer schwer beschädigten Gesellschaft. Sie zeugten nach Meinung der SED von einem »anderen Deutschland«, das nun im zweiten deutschen Staat eine ideelle und geografische Heimat fand. Durch ihr Engagement zu Lebzeiten hatten die Toten angeblich das moralische Fundament geschaffen, auf dem im Ostteil der Stadt eine neue Gesellschaft errichtet werden konnte – sie waren post mortem zu »Berlinmachern« geworden. Eine Vielzahl von Denkmälern und Gedenkstätten erinnerte an diese Menschen. Schulen und Betriebe wurden nach ihnen benannt, hunderte von Bronzetafeln erweckten im Stadtbild auf Schritt und Tritt den Eindruck vom »antifaschistischen Widerstand« als Massenphänomen. Öffentliche Rituale wie Kranzanbringungen und Ehrenwachen waren Ausdruck einer staatlich gelenkten, lebendigen Gedenkkultur für den Widerstandskämpfer als politischen Prototypen, nicht als Individuum. Dagegen wurden Opfer-Gruppen, die dem identitätsstiftenden Konzept der DDR fern standen, marginalisiert.[9] In West-Berlin waren es häufig die Betroffenen selbst oder Angehörige von Verfolgten, auf deren Initiative hin Denkmäler errichtet oder Gedenktafeln angebracht wurden. Dieser aus der Gesellschaft heraus entstandene Gedenkpluralismus fand nicht nur Anhänger. Anfang Juni 1951 zerstörten unbekannte Täter im Wedding mehrere Tafeln. Die Ost-Berliner Presse reagierte scharf: »So begannen auch Hitlers Mordbanditen. Das Ziel der von Reuter in Westberlin geduldeten neofaschistischen Rowdies sind heute die Gedenktafeln, morgen werden es die SPD-Genossen selbst sein. Darum heißt es jetzt für alle Werktätigen: Geschlossen gegen diesen Terror protestieren und gemeinsam dagegen kämpfen.«[10] Trotz oder wegen dieses flammenden Aufrufs verschwanden in West-Berlin nach und nach die häufig provisorisch angebrachten Tafeln für den kommunistischen Widerstand. Das Jahrzehnte später initiierte Programm »Berliner Gedenktafel« berücksichtigte viele herausragende Künstler der so genannten »goldenen« Zwanziger und versuchte den kulturellen Kahlschlag der Nationalsozialisten auf edlem KPM-Porzellan vor Augen zu führen.[11]

Auch im Umgang mit Straßennamen unterschieden sich Ost und West deutlich voneinander. In der »Hauptstadt der DDR« fasste der Magistrat 1951 den Beschluss, alle Namen von Fürsten und Königen zu beseitigen und neben Kommunisten und Kämpfern der Arbeiterklasse auch bürgerliche Wissenschaftler, Künstler und Schriftsteller zu ehren. In West-Berlin orientierte sich die Verwaltung dagegen weitestgehend an den Namen der Vorkriegszeit, mit Ausnahme von Charlottenburg. Eine Meldung des Sozialdemokratischen Pressedienstes aus Bonn vom Dezember 1961 thematisierte, wie selten Widerstandskämpfer allgemein im Verhältnis zu militärischen Persönlichkeiten auf den Beschilderungen zu finden seien. Die schreibenden Genossen würdigten das Engagement des SPD-Bürgermeisters von Charlottenburg, Kurt Wegener, der allein 17 Straßen nach Widerstandskämpfern benannte, »eine einmalige Gegebenheit in der ganzen Bundesrepublik unter allen Städten, und auch in Berlin weitaus beispielhaft«. Der Text betonte besonders die quantitative Dimension dieser Maßnahme: »Da kommt selbst Berlin-Schöneberg mit drei Widerstandsnamen, darunter den Julius Lebers, nicht im Straßenverzeichnis mit.«[12] Im Gegensatz hierzu erfolgte die Verwendung solcher Namen auf Ost-Berliner Seite geradezu inflationär und überformte vielerorts alte stadthistorische Schichten. Dies führte nach dem Mauerfall zu vehementen Auseinandersetzungen.

Straßenkampf der anderen Art

In den frühen 1990er-Jahren bestimmte der Streit um Rück- und Umbenennungen die Lokalpolitik. Befürwortern einer umfassenden ideologischen Dekontamination des östlichen

9 Martin Schönfeld, *Gedenktafeln in Ost-Berlin. Orte der Erinnerung an die Zeit des Nationalsozialismus*, Berlin 1991, S. 19.

10 Neues Deutschland, 8.6.1951.

11 Schönfeld 1991 (s. Anm. 9), S. 23.

12 SPD-Pressedienst P/XVI/29c, 28.12.1961.

Straßenverzeichnisses standen die Verteidiger einer eigenständigen DDR-Identität gegenüber. Begriffe wie Restauration, Geschichtsfälschung, Demokratiedefizit, Siegermentalität und Erpressung flogen zwischen den Lagern hin und her und gaben der Diskussion Züge eines Kulturkampfes.[13] Eine im Herbst 1993 einberufene unabhängige Kommission versuchte die Debatte zu versachlichen, indem sie Kriterien für die Namensgebung entwickelte. Der Abschlussbericht betonte die Sensibilität des Themas für die Öffentlichkeit: »Deshalb sollen Straßennamen im Stadtzentrum einer Hauptstadt von einer breiten Mehrheit der Bürger aufgenommen werden. Das bedeutet, dass sie in einem möglichst weiten Sinne alle Traditionen, die im Gedächtnis einer pluralistischen, toleranten Demokratie Platz haben, widerspiegeln.«[14] Genau diese gewünschte demokratische Konnotation der Namensgebung stellte im Zusammenhang mit kommunistischen und sozialistischen Persönlichkeiten eine besondere Herausforderung dar. Insgesamt wurden auf Ost-Berliner Seite in der Folgezeit 78 Umbenennungen durchgeführt.

Der langjährige Stuttgarter Oberbürgermeister Manfred Rommel (CDU) äußerte sich 1995 in einer Berliner Tageszeitung zum Thema. Unter dem Titel *Wechselrahmen bevorzugt – Über die Schwierigkeit, Straßen zu benennen* empfahl er einen äußerst sensiblen Umgang mit Politikernamen. Nur solche Persönlichkeiten dürften in Betracht gezogen werden, die auch von ihren politischen Konkurrenten respektiert würden. Ansonsten sollte die Beschilderung so vorgenommen werden, dass ein rascher Austausch je nach den aktuellen Mehrheitsverhältnissen im Stadtrat möglich sei. Rommel, offenbar schwer gezeichnet von eigenen Erfahrungen, sah in der Kritik an früheren Straßenbenennungen weniger eine gesellschaftlich relevante Auseinandersetzung mit Geschichte. Das Motiv solcher Diskussionen liege vielmehr in der Profilierungssucht Einzelner begründet. Stuttgarts damaliger OB schlussfolgerte spöttisch: »Am besten eignen sich für die Namensgebung Tiere, die nicht als Schimpfwörter im Gebrauch sind, Namen von Erfindern, sofern die Erfindungen eine friedliche Natur haben und die Umwelt nicht belasten, Namen von Dichtern, sofern sich diese niemals mit Politik beschäftigt haben, und die Namen von Musikern, soweit sie sich nicht bemüßigt gefühlt haben, auch noch etwas zu sagen oder gar niederzuschreiben.«[15] Die Stadt Mannheim (Slogan: »Leben im Quadrat«) hat vorgemacht, wie es einfacher geht. An der dortigen Grundrissbezeichnung nach Buchstaben und Ziffern orientieren sich auch hunderte von Berliner Straßen, vor allem in Kleingartenkolonien. Die Originalität dieser Benennungen ist ähnlich gering wie das von ihnen ausgehende Konfliktpotential.

Auch nach den Konfrontationen im Zuge der Wiedervereinigung wird um die Deutungshoheit bei Straßenumbenennungen weiterhin gekämpft. Der Streit um die Rudi-Dutschke-Straße 2008 ist hierfür nur ein Beispiel. Klagen über angeblich verletzte Grundrechte und staatliche Willkür wurden ins Feld geführt, alte ideologische Schlachten erneut geschlagen. Wesentlich für eine Bewertung sollte sein, dass die Namen einzelner Personen auch für Prozesse und Ereignisse stehen, die Berlin maßgeblich geprägt haben. Diese historische Dimension darf nicht hinter der Absicht einer bloßen Ehrung zurücktreten – die Erinnerungslandschaft einer Stadt sollte Ambivalenzen widerspiegeln und nicht allein ein »Best of« der Musterdemokraten abbilden. Dass es hierbei Grenzen gibt, versteht sich von selbst, denn niemandem ist eine Albert-Speer-Straße als Adresse zuzumuten. Die »Berlinmacher« vergangener Zeiten führen heute vielfach ein Eigenleben. Bei Wrangel, Bötzow, Helmholtz und Chamisso denken die meisten Berliner wohl zuerst an die Wohnungsmarktsituation in den gleichnamigen Kiezen. Die menschlichen Biografien hinter den Straßenbezeichnungen und Bronzetafeln werden eher selten wahrgenommen; neue Gedenkformen

13 Peter-Rudolf Zotl, *Schilderstürmer. Bilderstürmer. Der Berliner Kulturkampf der Straßenschilder*, Berlin 1997, S. 5–10.

14 *Abschlußbericht der Unabhängigen Kommission zur Umbenennung von Straßen*, Berlin, 17.3.1994, S. 4.

15 Manfred Rommel, in: *Der Tagesspiegel*, Berlin, 26.6.1995, Nr. 15308, S. 23.

bemühen sich um Aufmerksamkeit. Die in den Bürgersteig eingelassenen »Stolpersteine« des Künstlers Gunter Demnig erinnern vor Hauseingängen goldschimmernd an die ehemaligen jüdischen Bewohner, die im Dritten Reich verfolgt wurden. An Gedenkorten sorgen kleine QR-Codes – quadratische Pixelmuster – für Zusatzinformationen. Sie werden mit einem Smartphone abfotografiert, das im Internet daraufhin Datensätze abruft. Auf dem Handy-Bildschirm erscheinen thematisch passende Text-, Bild- und Toninhalte. Der technische Fortschritt eröffnet breite Möglichkeiten, der Öffentlichkeit historische Persönlichkeiten im Stadtraum nahe zu bringen. Über die Qualität der Information lässt sich allerdings weiterhin trefflich streiten.

Unweit vom späteren Standort des chinoisen Harald Juhnke entfernt, am Kurfürstendamm / Ecke Fasanenstraße, arbeitete Robert Musil 1931 an seinem nicht enden wollenden Roman *Der Mann ohne Eigenschaften.* Als Nebenprodukt dieses früh begonnenen Mammutwerks veröffentlichte er über die Zeit hinweg kleinere Prosastücke, so auch die Betrachtung *Denkmale*, die bereits einige Jahre zuvor erschien. Darin beschreibt Musil den alltäglichen Gang durch ein vertrautes Straßenbild und die plötzliche Überraschung, »wenn man eines Tages nach einem hübschen Stubenmädchen ins erste Stockwerk schielt und dabei eine metallene, gar nicht kleine Tafel entdeckt, auf der in unauslöschlichen Lettern eingegraben steht, daß an dieser Stelle von achtzehnhundertsoundsoviel bis achtzehnhundertundeinigesmehr der unvergessliche So-oder-nicht-so gelebt und geschaffen habe«.[16] Ein Phänomen, das auch überlebensgroße Monumente beträfe: Obwohl man sie errichte, um Aufmerksamkeit zu erzielen, sei »das Auffallendste an Denkmälern [...], daß man sie nicht bemerkt. Es gibt nichts auf der Welt, was so unsichtbar wäre wie Denkmäler«.[17] Der kritische Autor dieser Zeilen erfährt heute an der Fassade Kurfürstendamm 217 eine in Stein gemeißelte Ehrung: »HIER SCHRIEB / ROBERT MUSIL / VON 1931 BIS 1933 / AN SEINEM ROMAN / ›DER MANN OHNE EIGENSCHAFTEN‹«.

16 Robert Musil, *Nachlaß zu Lebzeiten*, Reinbek bei Hamburg, S. 62 [EA 1936].

17 Ebd.

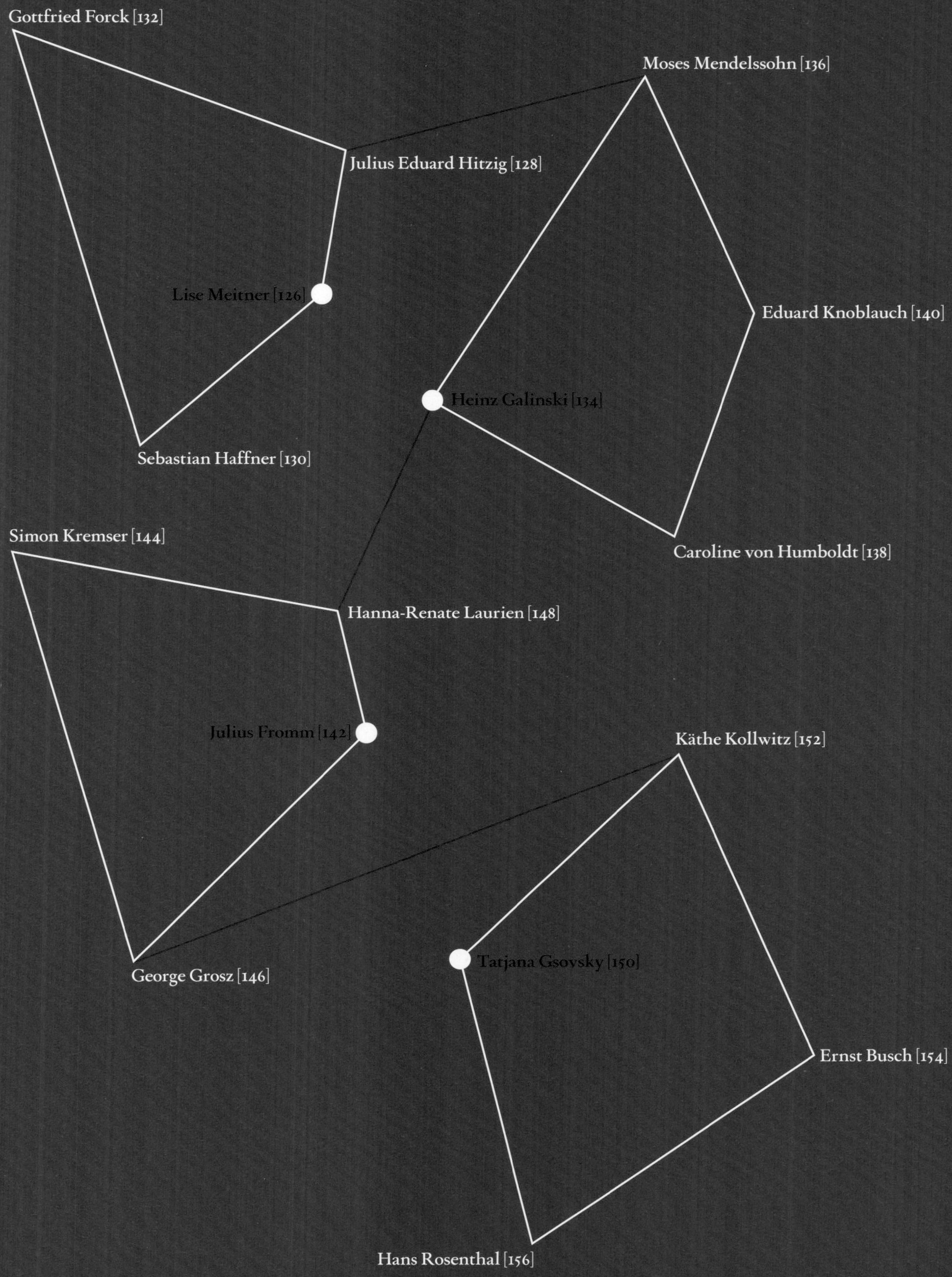
Gottfried Forck [132]
Moses Mendelssohn [136]
Julius Eduard Hitzig [128]
Lise Meitner [126]
Eduard Knoblauch [140]
Heinz Galinski [134]
Sebastian Haffner [130]
Simon Kremser [144]
Caroline von Humboldt [138]
Hanna-Renate Laurien [148]
Julius Fromm [142]
Käthe Kollwitz [152]
Tatjana Gsovsky [150]
George Grosz [146]
Ernst Busch [154]
Hans Rosenthal [156]

Lise Meitner – »unsere Marie Curie«

1878 geboren am 17. November in Wien **1901–1906** Studium der Mathematik, Physik und Philosophie mit Promotion in Physik **1907** erste Publikationen über Radioaktivität; Annahme der evangelischen Taufe, Übersiedlung nach Berlin, Studien bei Max Planck, Beginn der 30-jährigen Zusammenarbeit mit dem Radiochemiker Otto Hahn **1912** erste weibliche Assistentenstelle in Preußen bei Max Planck; Beginn der Arbeit am Kaiser-Wilhelm-Institut für Chemie **1913** Ernennung zum Wissenschaftlichen Mitglied des Kaiser-Wilhelm-Instituts für Chemie **1915–1917** Röntgenschwester in der Armee Österreich-Ungarns **1918** mit Otto Hahn Entdeckung des Elements 91, Protactinium **1918–1938** Leiterin der Abteilung für Kernphysik des Kaiser-Wilhelm-Instituts für Chemie **1922** Habilitation in Physik als erste Frau **1926** Professorin an der Berliner Universität **1938** Flucht über Holland nach Schweden; Assistentin am Nobel-Institut für Physik **1939** erste physikalische Deutung der Kernspaltung gemeinsam mit Otto Robert Fritsch, Berechnung der freiwerdenden Energiemenge und Prägung des Begriffs »nuclear fission« (Kernspaltung) **1947** Forschungsprofessur an der Universität Stockholm **1949** als erste Frau Mitglied der Berliner Akademie der Wissenschaften **1968** gestorben am 27. Oktober in Cambridge / Großbritannien, Wahlheimat seit der Emeritierung 1960

Die österreichisch-schwedische Kernphysikerin gilt als eine der bedeutendsten Wissenschaftlerinnen der Welt – Albert Einstein nannte sie »unsere Marie Curie«. Ihr Name ist fest mit der Jahrhundertentdeckung der Kernspaltung verbunden.

Da Mädchen zu ihrer Zeit kein Abitur machen durften, konnte Lise Meitner dasselbe erst mit 22 Jahren als Externe an einer Knabenschule erlangen. Zuvor hatte das dritte von acht Kindern eines Rechtsanwalts zur Existenzsicherung ein Lehrerinnen-Examen abgelegt. Von der Wiener zur Berliner Universität übergewechselt, musste sie mit einem Gasthörerplatz Vorlieb nehmen, weil Studentinnen noch nicht zugelassen waren. Bei ihren ersten Forschungen mit Otto Hahn am Chemischen Institut der Universität durfte sie die Räume nur durch die Hintertür betreten. Trotz diskriminierender Bedingungen betrieb sie Physik aus Passion: »Herzlich liebe ich die Physik, ich kann sie mir schwer aus meinem Leben wegdenken. Es ist so eine Art persönlicher Liebe, wie gegen einen Menschen, dem man viel verdankt.« Bescheiden, fast krankhaft schüchtern und mit hohen menschlichen und moralischen Ansprüchen gegen sich und andere errang sie durch Fleiß, Zielstrebigkeit und ihre eigenständigen wissenschaftlichen Leistungen einen festen Platz im patriarchalisch geprägten Wissenschaftsbetrieb.

Auch ihre Tätigkeit am Kaiser-Wilhelm-Institut blieb zunächst unbezahlt. Aufgrund der Beschränkungen für Frauen während der wilhelminischen Ära konnte sich die bereits international anerkannte Physikerin erst 1922 habilitieren. Erst mit 48 Jahren erhielt sie eine (außerordentliche) Professorenstelle für experimentelle Kernphysik an der Berliner Universität, die ihr 1933 wegen ihrer jüdischen Herkunft wieder entzogen wurde. Mit der Annexion Österreichs verlor sie dessen schützende Staatsbürgerschaft und floh nach Schweden. Mit vielen Emigranten teilte sie das Schicksal, im rettenden Exil ihrer Sprache und Arbeit beraubt sowie in unsichere materielle Verhältnisse geworfen zu sein. Vor allem jedoch war sie weitgehend von den Experimenten zu den Transuranen abgeschnitten, zu denen sie Otto Hahn 1934 angeregt hatte und die er mit Fritz Straßmann weiterführte. Bis zum Schluss die Versuche wissenschaftlich anregend und begleitend, gelang ihr gemeinsam mit ihrem Neffen die physikalische Deutung der Experimente von Hahn und Straßmann. Trotzdem erhielt allein Otto Hahn den Nobelpreis für Chemie des Jahres 1944.

Meitner kam aufgrund ihrer pazifistischen Grundhaltung mehrfachen Aufforderungen, an dem Atombombenprojekt der USA mitzuarbeiten, nicht nach und engagierte sich für die ausschließlich friedliche Nutzung der Kernenergie. Die Wiederannäherung an einstige Freunde und Kollegen in Deutschland empfand sie als schmerzvoll, Angebote einer dauerhaften Rückkehr nahm sie nicht an. Die Jahrzehnte in Berlin indes bezeichnete sie als ihre wissenschaftlich fruchtbarsten und menschlich glücklichsten.

Ines Hahn

Otto Hahn und Lise Meitner
im Kreis ihrer Mitarbeiter
am Kaiser-Wilhelm-Institut, 4.7.1924
Fotografie
Archiv zur Geschichte der Max-Planck-Gesellschaft, Berlin-Dahlem

Lotte Meitner-Graf
Lise Meitner, 1920er-Jahre
Fotografie
Archiv zur Geschichte der Max-Planck-Gesellschaft, Berlin-Dahlem

Emy Roeder
Lise Meitner, 1959
Bronze, Höhe ca. 40 cm
Freie Universität Berlin, Hahn-Meitner-Bau

Julius Eduard Hitzig – Mäzen der Berliner Romantik

1780 geboren am 26. März in Berlin als Isaac Elias Itzig **1790–1795** Besuch des Joachimsthalschen Gymnasiums in Berlin, dann Handelslehre **1796** Studium der Rechtswissenschaften in Halle, ab 1798 in Erlangen **1792** Gründungsmitglied des jüdischen Hilfsvereins »Gesellschaft der Freunde«, ab 1811 Vorstandsmitglied **1799** Übertritt zum Luthertum in Wittenberg und Änderung des Vornamens, 1808 auch des Nachnamens; Eintritt in den preußischen Staatsdienst in Warschau **1801** Referendar am Berliner Kammergericht **1804–1807** Regierungsassessor in Warschau **1808** in Berlin Gründung eines Verlags und einer Sortimentsbuchhandlung **1814** Wiedereintritt in den Staatsdienst **1827** Direktor des Inquisitionsrats; einflussreiche Stellung im Strafrecht durch Herausgabe mehrerer juristischer Zeitschriften **1833** Direktionsmitglied der Haupt-Bibelgesellschaft **1849** gestorben am 26. November in Berlin

Das erste von zehn Kindern eines Potsdamer Lederfabrikanten und Stadtrats entstammte einer gutsituierten jüdischen Familie. Sein Großvater Daniel Itzig hatte als Münzpächter eine wesentliche Rolle bei der Finanzierung des Siebenjährigen Krieges gespielt, war von Friedrich II. zum oberster Repräsentanten der Juden in Preußen ernannt worden und erhielt 1791 als erster Jude für sich und seine Familie das Naturalisationspatent. Der gesellschaftliche Status der Familie zeigte sich in dem großzügigen Palais in der Burgstraße. Im angesehenen lutherischen Joachimsthalschen Gymnasium genoss Isaac eine humanistische Bildung und zeigte bereits eine Neigung zur Literatur. Durch das familiäre Umfeld stand er früh in enger Beziehung zu den wirtschaftlichen, kulturellen und Intellektuellen Eliten Berlins. Zielten die Hoffnungen der Itzigs für den Sohn auf eine Handelslaufbahn, erstrebte dieser mit dem Jurastudium selbstbewusst eine bürgerliche Karriere im Staatsdienst, zu der ihm der Taufschein das »Eintrittsbillet« und das großväterliche Erbe die materielle Sicherheit boten.

Darauf konnte er zurückgreifen, als Preußen nach der Niederlage gegen Napoleon seinen Landgewinn aus den polnischen Teilungen wieder verlor, und er 1807 seinen Warschauer Verwaltungsposten räumen musste. Nun führte er in Berlin mit rastloser Strebsamkeit innovativ und kommerziell erfolgreich einen Verlag. Das breit gefächerte Programm von fast 150 Titeln in sechs Jahren für ein belletristisch und wissenschaftlich interessiertes Publikum ließ den Verlag über Preußens Grenzen hinaus Bedeutung erlangen. Hitzig eröffnete für die neue Universität ein Lesezimmer und verlegte den Universitätskalender sowie Werke von Mitgliedern des Kollegiums.

Taufeintrag von Isaak Elias Itzig, Wittenberg, 11.8.1799
Stadt- und Pfarrkirche St. Marien, Lutherstadt Wittenberg

KPM
Amphoren-Vase mit dem Porträt von Julius Eduard Hitzig (auf der Gegenseite: Adalbert von Chamisso), 1837–1844
Geschenk von Hitzig an Chamisso zum 50. Geburtstag
Porzellan, 30,5 x 16,8 cm
Stadtmuseum Berlin

Ludwig Löffler
Die Serapionsbrüder
Außen links: Julius Eduard Hitzig
(*v*, 1864)
Stadtmuseum Berlin

Schon seit Beginn des Studiums hatte er ein ständig erweitertes Netz von teils innigen Dichterfreundschaften aufgebaut – so zu Adelbert von Chamisso, Friedrich de la Motte Fouqué, E. T. A. Hoffmann (siehe S. 102), Varnhagen von Ense und Zacharias Werner. In diesem Kreis war er wichtiger Organisator und Vermittler, Chamisso bezeichnete ihn gar als »Patriarchen« der literarischen Romantik. Er war Mitglied und Mitbegründer mehrerer literarischer Gesellschaften wie des Nordsternbundes, der Seraphinenbrüder und der Mittwochsgesellschaft.

Hitzig übte maßgeblich Einfluss auf die Entstehung von Werners Drama *Die Söhne des Thales* aus und lebt in der Gestalt des Jünglings Robert d'Oredin fort. Fouqué regte er zur literarischen Verarbeitung des Undine-Motivs an, aus der die bekannte Erzählung und das Libretto zur ersten deutschen romantischen Oper von E. T. A. Hoffmann wurde. Für die Kinder seines Freundes Hitzig schrieb Chamisso *Peter Schlemihls wundersame Reise*, ebenso wie Hoffmann den *Nussknakker und Mausekönig*.

Nach dem frühen Tod seiner Gattin trat Hitzig, als Familienvater zehn eigene und zwei Pflegekinder versorgend, wieder in den juristischen Staatsdienst ein. Nach seiner Pensionierung befasste er sich mit Fragen des Urheberrechts und gab zusammen mit Willibald Alexis den *Neuen Pitaval*, eine Sammlung von Kriminalgeschichten, heraus. Vor allem aber ist er als erster Biograf seiner engsten Dichterfreunde in Erinnerung. Sehr persönliche, authentische Lebensschilderungen, in denen Biografie und Selbstbiografie ineinander übergehen und die er zum Teil mit einer Erstedition von Briefen oder Werken von letzter Hand verband.

Ines Hahn

Sebastian Haffner – Literat der deutschen Geschichte

1907 geboren am 27. Dezember in Berlin als Raimund Pretzel 1933 Abschluss des Studiums der Rechte; Frankreichaufenthalt und Promotion 1938 Emigration nach England 1940 nach Kriegsbeginn kurzzeitige Internierung als »feindlicher Ausländer« durch die Briten; Arbeit an dem Buch *Germany: Jekyll & Hyde* 1942 Beginn der Tätigkeit für den *Observer* 1945 nach Kriegsende Einbürgerung in Großbritannien 1954 Rückkehr nach Berlin als Korrespondent des *Observer* (bis 1962) ab 1962 Tätigkeit für die *Welt*, dann für den *Stern* (bis 1975), häufige Auftritte in Rundfunk und Fernsehen 1978 Veröffentlichung von *Anmerkungen zu Hitler* 1999 gestorben am 2. Januar in Berlin

»Geschichte – um es ganz scharf zu sagen – ist keine Realität, sie ist ein Zweig der Literatur.« So formulierte ein Mann, dem es wie keinem Zweiten gelungen war, eine breite Öffentlichkeit im Nachkriegsdeutschland für die jüngere deutsche Geschichte zu interessieren. Ob im gesprochenen Wort oder zu Papier gebracht: Politisch wechselhaft und manchmal schillernd blieben seine zumeist vehement vertretenen Positionen, markant und einprägsam seine Thesen. Und immer kreiste sein Denken und Ringen um das Land, dem er sich weder ganz anpassen mochte, noch sich entziehen konnte. Am Ende des Lebens danach gefragt, ob er etwas zu bereuen habe, verneinte er mit der Einschränkung, vielleicht sei es angesichts des auflebenden Neonazismus nach dem Fall der Mauer doch ein Fehler gewesen, aus dem britischen Exil nach Deutschland zurückzukehren. Wenn er die beiden Länder vergleiche, in denen er gelebt habe, sei England doch als das anständigere zu bezeichnen.

Wer war dieser Mann? Als Raimund Pretzel in Berlin geboren, genoss er seine schulische Ausbildung erst am Königstädtischen und später am Schillergymnasium in Lichterfelde. Nach Studium und Promotion in den Rechtswissenschaften schien der Weg vorgezeichnet. Nach der Machtübernahme Hitlers entschloss sich Pretzel jedoch, auf eine Laufbahn im Staatsdienst zu verzichten. Nachdem er zunächst als eher unpolitischer Kolumnist in den Feuilletons verschiedener Zeitungen zu überwintern versuchte, folgte er 1938 seiner späteren Frau Erika Landry, die jüdischer Abstammung war, ins britische Cambridge. Er wurde von der Ullstein-Presse mit einem fingierten Auftrag nach England entsandt, beantragte dort eine Aufenthaltsgenehmigung und begann seine Arbeit an der *Geschichte eines Deutschen*. Nach Kriegsausbruch brach er dieses Vorhaben ab, um die politische Analyse *Germany: Jekyll & Hyde* zu schreiben, ein Buch, welches Churchill später allen Mitgliedern seiner Regierung zur Pflichtlektüre anempfohlen haben soll. Um seine Angehörigen in Deutschland zu schützen, benutzte Pretzel das Pseudonym »Sebastian Haffner«: »Sebastian« nach Johann Sebastian Bach, »Haffner« nach einem Werk von Wolfgang Amadeus Mozart.

Zunächst von den Briten kurzzeitig als »feindlicher Ausländer« interniert, begann schon 1942 Haffners langjährige journalistische Arbeit für den *Observer*. Wegen politischer Differenzen mit dem Herausgeber ging Haffner 1954 als Korrespondent zurück nach Deutschland. 1961 brach er dann endgültig mit dem *Observer* wegen dessen Haltung zum Bau der Berliner Mauer – zu lasch, wie Haffner fand. Tätigkeiten für die *Welt* und den *Stern* schlossen sich an, zugleich begann in den 1960er-Jahren Haffners zweite Karriere als historischer Essayist. Unter seinen zahlreichen Büchern erreichten wohl die *Anmerkungen zu Hitler* die größte öffentliche Aufmerksamkeit. Erst im Jahr 2000 – also schon posthum – wurde auch jene *Geschichte eines Deutschen* veröffentlicht, mit der Raimund Pretzel einst seine politisch-historische Zeitgenossenschaft begründet hatte. So schloss sich ein publizistisches Lebenswerk, dessen politische Positionen und provokante Thesen die Sicht auf ein ganzes Jahrhundert entscheidend geprägt haben.

Albrecht Henkys

Schreibschale, 1920er-Jahre
Von Raimund Pretzel / Sebastian Haffner
1938 ins britische Exil mitgenommen
und 1954 zurück nach Berlin gebracht
Sarah Haffner

Sarah Haffner
Mein Vater III, 1986
Öl auf Nessel, 75 x 100 cm
Stadtmuseum Berlin

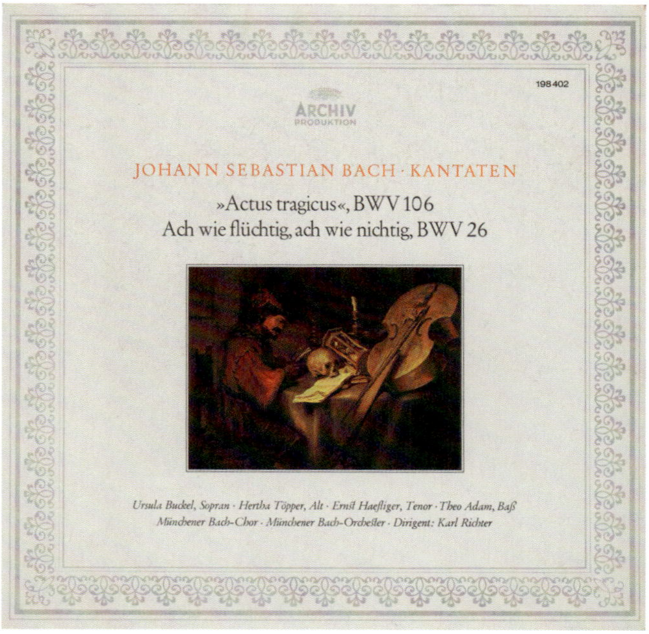

Archiv Produktion
Johann Sebastian Bach, Kantaten
Münchner Bach-Chor, Münchner Bach-Orchester
Plattencover
Aus dem Besitz von Sebastian Haffner
Sarah Haffner

Capitol
Mozart, Symphonie Nr. 41 *Jupiter* und Nr. 35 *Haffner*
Pittsburgh Symphony Orchestra
Plattencover
Aus dem Besitz von Sebastian Haffner
Sarah Haffner

Gottfried Forck – Hirte der DDR-Opposition

1923 geboren am 6. Oktober in Ilmenau **1930–1942** Schulzeit in Hamburg, später Gymnasium der Herrnhuter Brüdergemeine **1942–1947** Ausbildung und Wehrdienst bei der Kriegsmarine, dann amerikanische Kriegsgefangenschaft **1947–1954** Studium der Theologie u. a. in Heidelberg und Berlin; 1956 Promotion **1954** Studentenpfarrer in Ost-Berlin, dann Pfarrer in der Niederlausitz **ab 1963** Leiter des Predigerseminars in Brandenburg an der Havel **ab 1973** Generalsuperintendent in Cottbus **1981–1991** Bischof der Evangelischen Landeskirche Berlin-Brandenburg; vielfältiges persönliches Engagement zum Schutz von Friedens- und Oppositionsgruppen sowie politisch Verfolgter **1989** Teilnahme am Gründungstreffen des Demokratischen Aufbruchs in der Berliner Gethsemanekirche; persönlicher Einsatz für die Opfer der Polizeiübergriffe **1991–1996** Engagement gegen Auslandseinsätze der Bundeswehr, für die Bürgerinitiative »Freie Heide« und andere **1993** Verleihung des Titels »Stadtältester« durch die Berliner Landesregierung **1996** gestorben am 24. Dezember in Rheinsberg

Als Richard von Weizsäcker ihn bald nach dem Mauerfall fragte, ob er für ein Staatsamt zur Verfügung stehe, lehnte der damalige Bischof der Berlin-Brandenburger Evangelischen Kirche (Bereich Ost) entschieden ab. Wann immer er politisch tätig gewesen sei, so Gottfried Forck, dann aus einer Position der Solidarität mit Bedrängten und Verfolgten, also im Sinne seines christlichen Auftrags. Lieber bleibe er Bischof und bewahre sich die Freiheit des Wortes, als sich in die Zwänge und Abhängigkeiten der Politik zu begeben. In der Tat: So sehr Forcks Amtszeit von täglichen Auseinandersetzungen mit den Regierenden und staatlichen Behörden einer zunehmend in die Krise geratenen DDR gezeichnet war, so wenig ist er dabei als Diplomat aufgetreten. Vielmehr hat er sich mit seiner gradlinigen, kompromisslosen Beharrlichkeit selbst im kirchlichen Umfeld – wie zuletzt auch in einer demokratischen Öffentlichkeit – nicht immer nur Freunde gemacht.

Frühe Erfahrungen bilden den Hintergrund für Forcks späteres Eintreten gegen Krieg und staatliche Gewalt: Als Sohn eines Pfarrers der Bekennenden Kirche prägte ihn einerseits die Kritik an den Nationalsozialisten. Andererseits stand er in einer auch in diesen Kreisen noch wirksamen deutschnationalen Tradition, welche die Teilnahme selbst an diesem Krieg nicht ausschloss. So legte er ein Notabitur ab, um sich freiwillig zum Dienst bei der Kriegsmarine melden zu können, nahm nach der Offiziersausbildung jedoch nicht mehr an Kampfeinsätzen teil und geriet im Mai 1945 mit seinem U-Boot in amerikanische Gefangenschaft. Hier erst führte ihn die Auseinandersetzung mit den NS-Verbrechen zu dem Entschluss, Theologie zu studieren. Das Verhältnis zwischen christlichem Glauben und politischer Realität, zwischen göttlicher Ordnung und staatlicher Macht wurde und blieb bestimmend für seine Theologie. Neue Aktualität erhielten diese Fragen, als Forck 1954 – bald nach seiner Übersiedlung in die DDR – Studentenpfarrer im Ostteil Berlins wurde. Die Verhaftungswelle gegen die Mitglieder der Jungen Gemeinde war soeben erst abgeklungen, aber es blieb bei ernsten Repressionen.

Als Forck 1981 ins Bischofsamt gewählt wurde, hatten sich die Verhältnisse erneut zugespitzt. Vor allem mit dem rüden staatlichen Vorgehen gegen kirchliche Friedensgruppen war der brüchige Konsens beendet, mit dem man zuvor unter dem Motto »Kirche im Sozialismus« gegenseitige Akzeptanz für möglich gehalten hatte. Forck setzte sich einem Spagat zwischen der unbedingten Verteidigung oppositioneller Gruppen unter dem Dach der Kirche und den Bedürfnissen seiner Landeskirche aus. Bis heute wird sein Engagement mit dem Motto »Schwerter zu Pflugscharen« verbunden, unter dem die Friedensdekaden der Evangelischen Kirchen der DDR seit 1980 wachsenden Zulauf und bald auch politisches Gewicht erhalten hatten. Aber auch nach der Wiedervereinigung brachte Forck seine pazifistische Haltung vehement ins Spiel der öffentlichen Diskussion. Nach dem Tod des streitbaren Theologen fasste die *Märkische Oderzeitung* dessen Verdienste so zusammen: »Er lehrte die Menschen den aufrechten Gang.«

Albrecht Henkys

Frank Tornow
Die Bischöfe der geteilten Evangelischen
Landeskirche Berlin-Brandenburg
Dr. Martin Kruse (Bereich West, links)
und Dr. Gottfried Forck (Bereich Ost, rechts), 1997
Öl und Acryl auf Leinwand, 68 x 93 cm
Evangelische Kirche Berlin-Brandenburg-
schlesische Oberlausitz

Harald Bretschneider
Schwerter zu Pflugscharen, 1980/81
Textildruck, in großer Auflage –
als »Textilveredelung« nach
DDR-Gesetz genehmigungsfrei –
hergestelltes Symbol der
DDR-Friedenbewegung
mit dem Motiv einer gleichnamigen
Skulptur von Jewgeni Wutschetitsch,
Geschenk der Sowjetunion
an die UNO, 1959
Harald Bretschneider

Aktentasche von Bischof Gottfried Forck
aus den 1980er-Jahren als demonstrierte Solidarität
mit den Friedensgruppen
Beatrix Forck

Peter Wensierski
Friedensdekade 1983 in Berlin
Fotografie, 18 x 24 cm
Robert-Havemann-Gesellschaft e. V.

Heinz Galinski – Motor des »Aufbaus nach dem Untergang«

1912 geboren am 28. November in Marienburg / Westpreußen **1933** Abschluss einer Lehre als Textilkaufmann in Elbing / Westpreußen **1937** Arbeit als Verkäufer in Rathenow **1938** Übersiedlung mit den Eltern nach Berlin **1940** Zwangsarbeit bei der Firma Siemens & Schuckert **1943** am 28. Februar Deportation nach Auschwitz **1945** am 15. April Befreiung durch britische Truppen aus dem KZ Bergen-Belsen; im August Rückkehr nach Berlin **1949–1992** Vorsitzender der Jüdischen Gemeinde zu Berlin **1954–1963** Präsident des Zentralrats der Juden in Deutschland **1957** am 10. November Grundsteinlegung zum Wiederaufbau der Synagoge Fasanenstraße mit Gemeindezentrum **1966** Verleihung des Großen Bundesverdienstkreuzes **1983** Ehrendoktorwürde der Bar-Ilan-Universität Tel Aviv **1987** Ehrenbürger der Stadt Berlin **1988–1992** erneut Präsident des Zentralrats der Juden in Deutschland **1992** gestorben am 19. Juli in Berlin **1998** zwei Sprengstoffanschläge auf sein Grab auf dem Jüdischen Friedhof Heerstraße

»Ich weiß, ich bin kein Bequemer« – prägnanter als in seiner Dankesrede zur Verleihung der Ehrenbürgerwürde hätte Heinz Galinski seine Rolle im öffentlichen Leben kaum ausdrücken können, wenige Jahre bevor die seit 1949 wohl bekannteste, oftmals mahnende, warnende, kompromisslose Stimme der Juden in Deutschland für immer verstummte.

Aufgewachsen in einer Kleinstadt mit einer jüdischen Gemeinde von weniger als 200 Köpfen musste er schon Ende der 1920er-Jahre erfahren, wie einem offenen Antisemitismus die schleichende Distanzierung der örtlichen Gesellschaft von den jüdischen Nachbarn, Geschäftspartnern oder Mitschülern voranging. Nach Berlin siedelte er 1938 mit der Familie über, weil dort die Existenz in einer größeren jüdischen Gemeinde auch unter den Verfolgungsbedingungen des Nationalsozialismus noch erträglicher schien als in den Kleinstädten, in denen er Ausbildungszeit und erste Berufstätigkeit absolviert hatte. Zur Emigration konnte er sich vorerst nicht entschließen, auch nicht als die Synagogen brannten – der alten Eltern, zumal des schwer kriegsinvaliden Vaters wegen. Als der Krieg ausbrach, war es zu spät.

Die Familie Galinski wurde 1943 verhaftet. Der Vater verstarb noch auf der Polizeistation. Die Mutter und Heinz Galinskis erste Frau Gisela wurden in Auschwitz ermordet. Heinz Galinski überstand die Lager Auschwitz-Monowitz, wo er für die Buna-Werke der I.G. Farben AG Zwangsarbeit leisten musste, und Dora-Mittelbau, wo die Häftlinge unter unmenschlichen Produktionsbedingungen die Raketenwaffen V1 und V2 herstellten.

Seine Rückkehr nach Berlin war mit der persönlich empfundenen Verpflichtung verbunden, »der Menschheit zu ersparen, was uns nicht erspart geblieben ist«. Er machte es sich zur Lebensaufgabe, die jüdische Gemeinde in Berlin wiederaufzubauen, was unmittelbar nach dem Krieg keineswegs im Interesse der großen jüdischen Hilfsorganisationen

Heinz Galinski
vor dem Jüdischen Gemeindehaus
in der Fasanenstraße, 20.1.1967
Bundesarchiv

Übergabe der
Judenbürgerbücher der Stadt Berlin
an die Jüdische Gemeinde durch den
Regierenden Bürgermeister Willy Brandt, 18.3.1962

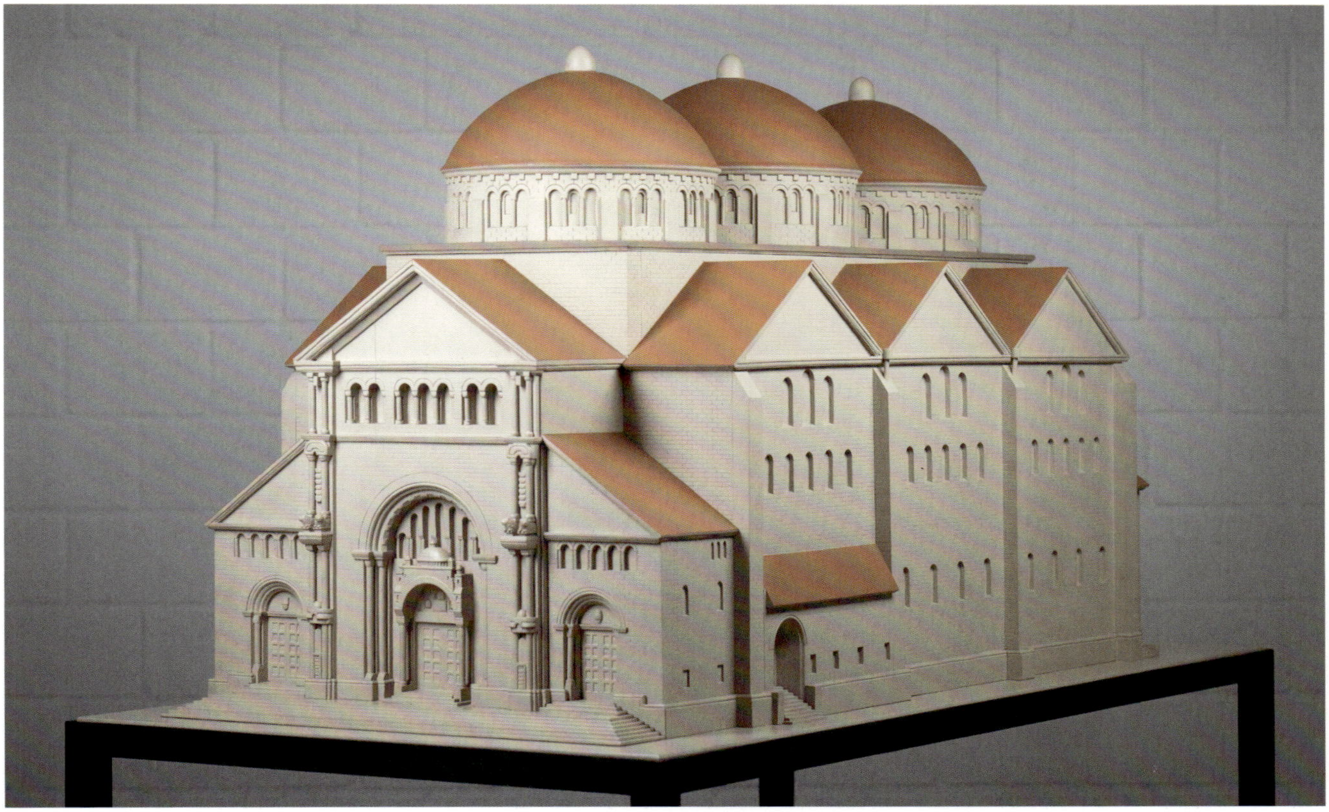

Teilmodell der 1910–1912
errichteten Synagoge Fasanenstraße, 1971
ca. 70 x 100 x 140 cm
Stadtmuseum Berlin

lag. Unermüdlich erinnerte er zugleich die Deutschen an ihre Pflichten zu Entschädigung und Erinnerung an ihre Untaten, kämpfte gegen jede Form von Rechtsradikalismus und verwahrte sich vehement gegen eine nach 1967 nicht selten einseitige Darstellung der israelischen Politik in der Presse. Zugleich warb er als Präsident des Zentralrats der Juden in Deutschland im Ausland um ein durchaus nicht selbstverständliches Vertrauen in den neuen deutschen Staat.

Bis in die letzten Jahre seines Lebens hatte er große Aufgaben zu bewältigen: Zum einen den Zusammenschluss der jüdischen Gemeinden in den beiden Teilen Berlins nach der Wiedervereinigung. Zum anderen die schon in den 1980er-Jahren einsetzende, mit dem Zerfall der Sowjetunion stark anwachsende Zuwanderung russischer Juden, die er – nach anfänglichem Zögern mit Blick auf die bestehenden Gemeindestrukturen – durch beherzte Initiative gegen staatliche Einreisebeschränkungen ermöglichte. Mit seinem »Aufbau nach dem Untergang« hat er jüdischem Leben in Deutschland zu neuer Entfaltung verholfen. Die Bilanz seines Wirkens ist beeindruckend im Sinne eines Versprechens, das er sich während der Lagerhaft selbst gab: »Wenn du rauskommst, wenn du überlebst, dann stellst du deine Kraft den Menschen, der Gemeinschaft, zur Verfügung, denn Überleben muss ja einen Sinn haben.«

Martina Weinland / Bodo-Michael Baumunk

Moses Mendelssohn – Philosoph und Aufklärer

1729 geboren am 6. September in Dessau als Sohn des Toraschreibers und Lehrers Menachem Mendel Chaim und Rachel Sara Wahl 1743 Übersiedlung nach Berlin 1759 Beginn der Kritiken für Friedrich Nicolais *Briefe die neueste Literatur betreffend* 1761 Beförderung zum Geschäftsführenden Direktor der Seidenmanufaktur Isaak Bernhard; erste Verwendung des Namens »Mendelssohn« 1763 Befreiung von Gemeindeabgaben 1765 Anzahlung auf das seit 1762 bewohnte Haus in der Spandauer Straße 68 1770 »Lavater-Streit«; Beginn der *Psalmen*-Übersetzung 1771 Psychophysischer Zusammenbruch, für Jahre Einschränkung seiner philosophisch-literarischen Tätigkeit; Verleihung des Rechts zur Wählbarkeit zum »Parnass« (Vorstand der Jüdischen Gemeinde) 1775 Fürsprache bei drohender Vertreibung der deutschschweizer Juden 1778 Gründung einer Jüdischen Freischule für Knaben 1783 letzter Teil seiner Übersetzung des *Pentateuch* und seiner wohl wichtigsten Schrift *Jerusalem oder Über religiöse Macht und Judentum* sowie *Über die bürgerliche Verbesserung der Juden* 1784 *Über die Frage: was heißt aufklären* 1786 gestorben am 4. Januar in Berlin

Als der 13-jährige Knabe aus Dessau im Jahr 1743 Berlin durch das Rosenthaler Tor betrat – so die Überlieferung –, wurde er wie jeder Jude von einem Tor-Steher examiniert, der im Auftrag der Jüdischen Gemeinde darauf achtete, dass keine Hungerleider in die Stadt kämen. Auf die Frage, was er hier wolle, soll er erwidert haben: »Lernen«. Die Antwort war Programm. Mendelssohn, dessen Muttersprache das West-Jiddische war, besuchte in Berlin die erst 1742 gegründete Talmudschule, lernte nebenher Latein und vor allem Deutsch. Englisch und Französisch studierte er mit dem Arzt Aaron Salomon Gumpertz, dessen Bekanntschaft nachhaltigen Einfluss auf seine Entwicklung hatte, denn dieser führte ihn zur intensiven Beschäftigung mit Philosophie und Mathematik.

1754 begegnete er Friedrich Nicolai, zusammen lernten die beiden Griechisch. Das enorme Pensum seines autodidaktischen Bildungsprogramms absolvierte Mendelssohn hauptsächlich in den frühen Morgenstunden. Den Lebensunterhalt verdiente er zunächst durch das Abschreiben hebräischer Texte, dann als Hauslehrer bei dem Seidenwarenhändler Isaak Bernhard. Wegen seiner mathematischen Kenntnisse und praktischen Fähigkeiten machte dieser ihn 1754 zum Buchhalter seines Geschäfts, zu dem inzwischen auch eine Seidenmanufaktur mit bis zu 102 Webstühlen gehörte. Ab 1761 leitete er das Unternehmen weitgehend selbstständig und führte es nach Bernhards Tod zusammen mit dessen Witwe als Teilhaber sehr erfolgreich weiter.

Das Privileg eines außerordentlichen »Schutzjuden«, das ihm endlich den Aufenthalt in Preußen dauerhaft sicherte, erhielt Mendelssohn erst 1763, und zwar durch Vermittlung des Marquis d'Argens, Philosoph am Hof Friedrichs II. und vorurteilsloser Autor der *Jüdischen Briefe*, in denen Juden darüber diskutieren, ob anständige Christen auch in den Himmel kommen könnten.

1753 lernte Mendelssohn durch Gumpertz' Vermittlung Gotthold Ephraim Lessing kennen, mit dem ihn lebenslange Freundschaft und intensiver Austausch verbanden, und der ihm mit *Nathan der Weise* ein literarisches Denkmal setzen sollte. Lessing war es auch, der anonym und ohne dessen Wissen 1755 Mendelssohns erstes Werk *Philosophische Gesprä-*

Emil Salingré
Das Wohnhaus Mendelssohns in der Spandauer Straße, 1886
Fotografie, 22,5 x 13 cm
Stadtmuseum Berlin

Anton Graff
Moses Mendelssohn, 1771
Öl auf Leinwand, 65,5 x 53,5 cm
Kunstbesitz der Universität Leipzig

ספר
זמירות ישראל
מאת
יואל בריל
חבר לחברת שוחרי הטוב והתושיה
ברלין
בדפוס חברת חנוך נערים
ה' תקנ"א

Sefer Tehillim
Hebräische Psalmen, mit deutscher Übersetzung von Moses Mendelssohn und hebräischen Kommentaren, Berlin: Verlag der Jüdischen Freyschule 1791
Württembergische Landesbibliothek Stuttgart

che publizierte, das unter den Lesern sofort lebhaftes Interesse hervorrief. Mit der *Abhandlung über die Evidenz in den metaphysischen Wissenschaften* errang Mendelssohn 1764 den ersten Preis der Königlichen Akademie der Wissenschaften. *Phaedon oder über die Unsterblichkeit der Seele* machte ihn 1767 über den deutschen Sprachraum hinaus bekannt. Das Buch erschien in mehreren Auflagen und wurde in zehn Sprachen übersetzt. Mendelssohn wurde zur Galionsfigur der Berliner Aufklärung, zu einem »deutschen Sokrates«. Eine Aufnahme des nun berühmten »juif à Berlin« in die Akademie scheiterte jedoch am Widerstand Friedrichs II.

Sowohl innerhalb der jüdischen Gemeinschaft als auch im Umgang mit der Mehrheitsgesellschaft setzte sich Mendelssohn für die Ideale der Aufklärung ein: für Freiheit, Bildung und Toleranz. Doch bei allem Streben nach Annäherung an die christliche Umgebung blieb es für Mendelssohns Denken und Handeln wichtig, seine Identität als Jude zu bewahren. Als der Schweizer Theologe Johann Caspar Lavater ihn 1769 öffentlich aufforderte, entweder das Christentum zu widerlegen oder zu konvertieren, wies er diese Alternative entschieden zurück und forderte statt dessen vehement die Achtung vor den Überzeugungen Andersdenkender ein.

Mit seinem Tod 1786 trat ein, was Mendelssohn stets befürchtet hatte: Seine Familie verlor das Aufenthaltsrecht. In Potsdam starb im selben Jahr der »roi philosophe«, dessen Gedichten er 1760 eine Kritik gewidmet hatte. Der Nachfolger Friedrichs, Friedrich Wilhelm II., erwies sich als Verehrer Mendelssohns. Er verlieh der Witwe Fromet (geb. Gugenheim) und den fünf Kindern »wegen der bekannten Verdienste ihres Mannes und Vaters« das Generalprivileg unter Verzicht auf sämtliche Abgaben.

Peter Schwirkmann

Caroline von Humboldt – Netzwerkerin des Klassizismus

1766 geboren am 23. Februar in Minden / Westfalen **1791** Hochzeit mit Wilhelm von Humboldt **1794** Übersiedlung nach Jena; enger Kontakt mit dem Ehepaar Schiller und der Weimarer Gesellschaft **1797** Übersiedlung nach Paris **1799** siebenmonatige Reise nach Spanien **1801–1808** Aufenthalt in Rom aufgrund der Ernennung Wilhelm von Humboldts zum preußischen Ministerresidenten beim Heiligen Stuhl **1804** Reise nach Deutschland, anschließend nach Paris **1808** Berufung Wilhelm von Humboldts in den Kreis der Reformer nach Berlin; Verbleib Carolines in Rom **1815** Aufenthalte in Frankfurt am Main aufgrund Wilhelm von Humboldts diplomatischer Mission bei der Regelung territorialer Fragen des Deutschen Bundes **1819** überwiegend in Italien **ab 1820** auf Schloss Tegel bei Berlin; Etablierung eines Salons mit Gästen wie Prinzessin Radziwill, den Schwestern des Prinzen Louis Ferdinand, August Wilhelm von Gneisenau, den Bildhauern Christian Daniel Rauch und Christian Friedrich Tieck sowie den Dichtern Adelbert von Chamisso und Achim von Arnim **1829** gestorben am 26. März in Tegel

Caroline Freifrau von Humboldt, geb. von Dacheröden, wuchs auf den Gütern ihres Vaters in Auleben und Burgörner sowie in Erfurt in einem prächtigen, mehrstöckigen Palais auf. Nach dem Tod der Mutter wurde die Achtjährige von einer Gouvernante erzogen. Ihre Bildung und intellektuelle Entwicklung verdankte sie jedoch maßgeblich dem ursprünglich für ihren Bruder eingestellten Hauslehrer Rudolf Zacharias Becker, einem modernen Pädagogen und Volksaufklärer. Ihr Vater, Präsident der Erfurter Akademie gemeinnütziger Wissenschaft, ließ die Tochter an seinem geselligen und geistigen Leben teilnehmen. Über Briefkontakte mit Dorothea Veit, Henriette Mendelssohn, Caroline von Wolzogen und Karl von La Roche wurde sie 1787 Mitglied in dem von Henriette Herz (siehe S. 172) etablierten Tugendbund, einer freundschaftlichen Vereinigung junger Literaten und Kunstliebhaber ohne ständische oder religiöse Schranken.

Über Karl von La Roche lernte sie Wilhelm von Humboldt kennen. Die sozial arrivierte Adelstochter ergriff die Initiative; mit dem zwei Jahre jüngeren Humboldt wählte sie den Mann, der ihr Bedürfnis nach Freiheit und Individualität anerkannte: »Vor Dir existiert mein Geist fast einzig in all der Freiheit, der er bedarf, um sich lebendig zu fühlen in seinen besten Kräften, es ist auch so gar nicht eine entfernte Ahndung in mir, daß ich an Deiner Seite nicht den mannigfaltigen Gestalten meines Herzens und Geistes leben dürfte. Dies letzte, ich gestehe es, gehörte immer ausschließend zu meinem Glück.« Statt wie vorgezeichnet in den Staatsdienst zu gehen, folgte Humboldt nach der Heirat 1790 zunächst seiner jungen Frau nach Thüringen, wo das Paar von Zuwendungen des Schwiegervaters lebte. Gemeinsam kümmerten sie sich um die 1792 geborene Tochter Caroline. Es folgten sieben weitere Kinder, von denen drei vor Vollendung des zehnten Lebensjahres starben.

Beginnend mit dem Umzug nach Paris, wo Humboldt 1797 seine Sprachstudien fortsetzen wollte, folgten Jahre des Reisens. Mit ihrem Mann und den Kindern, aber auch allein unternahm Caroline – zweimal hochschwanger – abenteuerliche Reisen durch Spanien, in die Schweiz, über die Alpen. In Paris, Rom, Wien und dem durch Schinkel umgestalteten »Humboldt-Schloss« in Tegel führte sie ein offenes Haus, in dem sich Künstler, Wissenschaftler und Politiker begegneten. In Rom, ihrer Wahlheimat, lebte sie insgesamt zehn Jahre. Hier förderte sie Maler und Bildhauer wie Gottlieb Schick, Christian Daniel Rauch und Berthel Thorvaldsen. Auf einige der Männer in ihrer Umgebung übte sie eine starke erotische Anziehungskraft aus, und sie selbst war Abenteuern nicht immer abgeneigt. In ihren Briefen erzählte sie davon und gestand ihrem Mann dieselben Freiheiten zu. Auch er berichtete von seinen Affären, allein die sorgfältig im Ausgabenbuch notierten Bordell-Ausschweifungen blieben unerwähnt.

Besonders während ihrer Zeit in Rom hat Caroline von Humboldt mit großem Sachverstand Kunst gesammelt. Die Ausgaben für »Kunstsachen« sollen doppelt so hoch gewesen sein wie die für den Unterhalt der Familie. Ihre Studien zur Kunst beeindruckten Goethe so sehr, dass er sie um Nachrichten über Kunstwerke und Künstler bat und ihre Bildbeschreibungen – allerdings anonym – drucken ließ. Obwohl dies die einzige Veröffentlichung zu Lebzeiten blieb, gilt sie heute mit ihrer umfangreichen Korrespondenz – allein der Briefwechsel mit Wilhelm umfasst 3200 Seiten – der Wissenschaft als bedeutende Literatin.

Die vor allem in späteren Jahren offenkundige patriotische Gesinnung und die antijüdische Haltung in einigen ihrer Briefe irritieren, weil sie sich so gar nicht mit dem Bild von der klugen, liberalen und warmherzigen Frau decken, das die Zeitgenossen von ihr zeichneten. Wilhelm dagegen setzte sich nachdrücklich für die Emanzipation der Juden ein. Dies ist, so scheint es, eine der wenigen Differenzen der Eheleute gewesen. Obwohl Caroline und Wilhelm über viele Jahre eine Fernehe führten, blieben sie stets im Dialog, wahlverwandt und – dem gemeinsamen Ideal gemäß – ebenbürtig. Im März 1818, 27 Jahre nach ihrer Heirat, schrieb Wilhelm von Humboldt aus Königsberg an Caroline in Italien: »Es ist eine unendliche Einheit des Denkens und Empfindens in uns beiden, und nichts beglückt mich so sehr. Ich glaube nicht, daß es noch zwei Menschen auf Erden gibt, auf die das verehelichte Leben […] so tief und so wechselseitig gewirkt hat.«

Peter Schwirkmann

Gottlieb Schick
Caroline von Humboldt, 1812
Gemälde
Kriegsverlust

Berthel Thorvaldsen
Amor, 1819
Gips, lackiert, Höhe 43,2 cm
Stadtmuseum Berlin

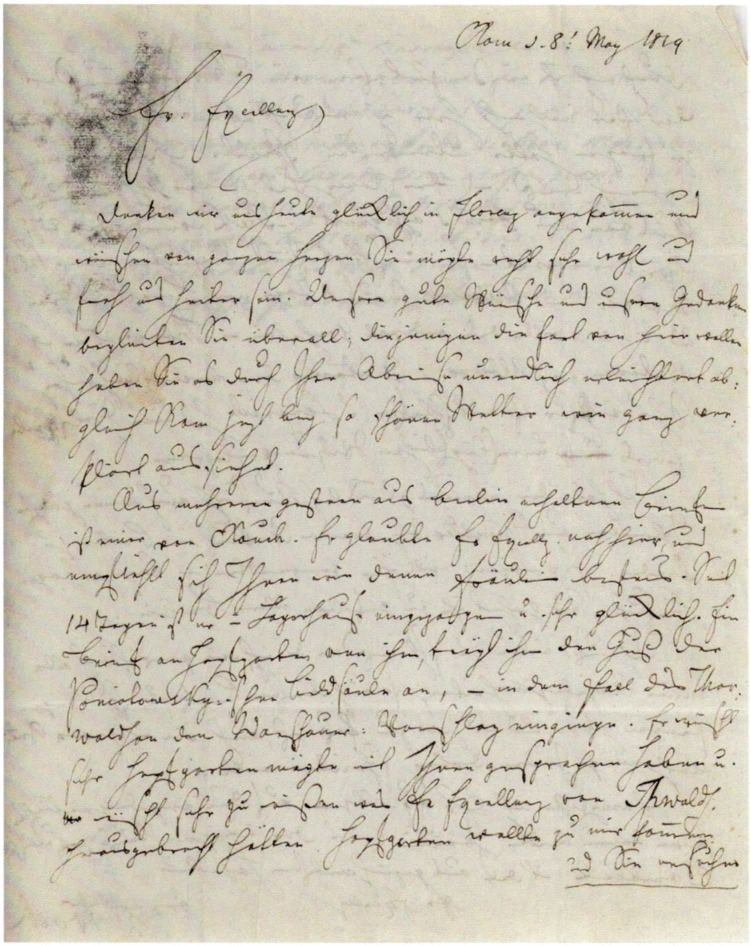

Rom d. 8t May 1819

Faltbrief von Karl Wilhelm Wach
an Caroline von Humboldt, »Rom d. May 1819«
»Duo Ecellenza la Signora Baronessa di Humboldt nato Baronesso
di Dachröden Firenz Sr. Indrizza del … Francesco Borri«
Stadtmuseum Berlin

Eduard Knoblauch – Architekt der Neuen Synagoge

1801 geboren am 25. September in Berlin 1819–1822 Studium an der Bauakademie mit Prüfung zum Regierungskondukteur 1823 Studienreise durch Deutschland und die Schweiz 1824 Initiator und Mitbegründer des Berliner Architektenvereins 1829/30 mit August Stüler Studienreise nach Italien und Frankreich 1831/32 Etablierung als erster Privatarchitekt Berlins; in der Folge zahlreiche Aufträge für Wohngebäude und öffentliche Einrichtungen in Berlin sowie für Landsitze in den preußischen Provinzen 1843/44 Errichtung des Krollschen Etablissements 1846 Ernennung zum Königlichen Baurat 1859–1866 Entwurf und Ausführung der Neuen Synagoge in der Oranienburger Straße, vollendet durch Gustav Knoblauch und August Stüler 1861 Ausbruch einer schweren psychischen Erkrankung 1865 gestorben am 29. Mai in Berlin

Sein Geburtshaus in der Poststraße 23 im Nikolaiviertel dient heute im Verbund des Stadtmuseums Berlin dazu, am Beispiel dieser Familie über die Lebenskultur der Biedermeierzeit zu informieren. Eduard Knoblauch selbst wurde einer der erfolgreichsten Architekten der Generation nach Schinkel. Er gilt zudem als der erste akademisch ausgebildete Architekt, der sich als Privatbaumeister in Berlin erfolgreich selbstständig machte. Dabei ebnete ihm die Herkunft aus einer wohlhabenden Seidenhändlerfamilie diesen Karriereweg jenseits einer sicheren Beamtenlaufbahn im staatlichen Bauwesen.

Der 1824 von ihm initiierte Architektenverein existiert bis heute als Architekten- und Ingenieur-Verein zu Berlin. Mit großem Engagement widmete sich Knoblauch der Vorbereitung von Wettbewerben und Vorträgen sowie der Herausgabe einer Vereinszeitschrift. Zwischen 1854 und 1861 gab er zudem die *Zeitschrift für praktische Baukunst* heraus.

Eduard Knoblauch entwarf eine Vielzahl von Berliner Wohngebäuden und prägte damit das Bild der Stadt wesentlich mit. Allein am Leipziger Platz entstanden zwischen 1838 und 1840 vier Gebäude nach seinen Plänen. Zudem entwarf er öffentliche Bauten wie das Krollsche Etablissement sowie städtische Palais für den Adel und das wohlhabende Bürgertum. In den damaligen preußischen Provinzen tragen zahlreiche Landsitze seine Handschrift. Gemäß dem Stilpluralismus jener Zeit wusste er die Formen des Spätklassizismus, der Neogotik, der Neorenaissance und des Neobarocks virtuos umzusetzen.

Sein Hauptwerk ist allerdings die Neue Synagoge in der Oranienburger Straße. Neben dem Neubau des Jüdischen Krankenhauses in der Auguststraße hatte Knoblauch im Auftrag der jüdischen Gemeinde bereits vorher die Erweiterung der Alten Synagoge in der Heidereutergasse ausgeführt. Das Gebäude der Neuen Synagoge stellte architektonisch eine große Herausforderung dar. Insgesamt 2200 Personen musste der gewaltige Innenraum Platz bieten. Zudem sollte die monumentale Fassade Zeugnis vom gestiegenen Selbstbewusstsein der Gemeinde ablegen. In einem international ausgeschriebenen Wettbewerb setzte sich Knoblauch mit seinem Entwurf durch. Die Formensprache des Gebäudes ist von der reichen Ornamentik der maurischen Bauweise inspiriert, insbesondere von der Alhambra in Granada. Die prägnante Kuppel bildet noch heute einen Teil der Berliner Silhouette. Als Knoblauch 1861 schwer erkrankte und vier Jahre später verstarb, vollendeten sein Sohn Gustav Knoblauch und sein enger Freund August Stüler den Bau.

In der Pogromnacht 1938 in Brand gesteckt, blieb die Synagoge aber weitgehend unbeschädigt. Luftangriffe im Jahr 1943 zerstörten jedoch große Teile des Gebäudes. Der straßenseitige Gebäudetrakt mit der Hauptfassade blieb erhalten und wurde 1995 als Centrum Judaicum eingeweiht. Dagegen sind die meisten übrigen Berliner Bauten des Architekten Knoblauch mittlerweile aus dem Stadtbild verschwunden.

Jan Mende

Architektenreißzeug
aus dem Besitz Eduard Knoblauchs, 1847
Stadtmuseum Berlin

Albert Korneck
Eduard Knoblauch, 1839
Bleistift, 23,5 x 18,4 cm
Stadtmuseum Berlin

Berlin, Winckelmann & Söhne
Innenansicht der neuen Synagoge zu Berlin, nach 1865
Farblithografie (Guckkastenbild), 33,4 x 42,4 cm
Stadtmuseum Berlin

Julius Fromm – der Verhüter

1883 geboren am 4. März in Konin / Russland (heute Polen) als Israel Fromm 1893 Übersiedlung der Familie nach Berlin 1912/1914 Gründung eines Fabrikations- und Verkaufsgeschäfts für Parfümerie und Gummiwaren; Beginn der Serienproduktion von Kondomen 1916/1919 Umbenennung der Firma in »Fromms Act Gummiwerke«; Einführung des Markenkondoms »Fromms Act« 1930 Bezug eines modernen Fabrikgebäudes in Berlin-Köpenick im Stil des Neuen Bauens 1936 Beginn der antisemitischen Hetzkampagne gegen Fromms Familie und seine Firma 1938 Zwangsverkauf der Firma weit unter Wert; im Dezember Emigration nach London 1943, 1945 Zerstörung des Köpenicker Werks durch alliierte Luftangriffe 1945 gestorben am 12. Mai in London 1946 Zwangsverwaltung der nicht zerstörten Firmenteile durch den Bezirk Berlin-Köpenick 1949 Überführung der Gummiwerke in »Volkseigentum«

»Fromms zieht der Edelmann beim Mädel an« oder »Wenn's euch packt, nehmt Fromms Act«, lauteten in den 1920er-Jahren populäre Werbesprüche. Gemeint war ein für Familienplanung und Sexualhygiene unverzichtbares Produkt: das sichere Präservativ aus nahtlosem Gummi.

Hinter »Fromms Act« steht der Name des Unternehmers Julius Fromm. Zehnjährig kam er mit seinen Eltern von der Warthe an die Spree, aus der Welt des Schtetls ins »Scheunenviertel« unweit des Alexanderplatzes. Hier lebte die Familie Fromm wie viele andere von der Herstellung und dem Verkauf von Zigaretten. Israel, der sich nun Julius nannte, erwarb neben der Arbeit für die Tabakwarenfabrik Muratti in Abendkursen Kenntnisse der Chemie. Diese ermöglichten es ihm, sich 1912 mit der Herstellung von Präservativen selbstständig zu machen. Er perfektionierte das Herstellungsverfahren, indem er Glaskolben in die Rohgummilösung tauchte.

Der Erste Weltkrieg kurbelte die Nachfrage an: In den meisten Soldatenbordellen war ungeschützter Geschlechtsverkehr verboten. Und in den »Goldenen Zwanzigern« ging es weiter steil nach oben. Jedenfalls im Sinne von Fromms Erzeugnissen: Die jährliche Produktion erreichte 1926 bereits eine Stückzahl von 24 Millionen. Das Unternehmen expandierte in der Folgezeit so stark, dass 16 Filialen in Deutschland und weitere acht im Ausland entstanden. Fromm residierte nun in einer Villa im Landhausstil. Ausdruck seiner Innovationskraft war die 1930 eröffnete Fabrik in Berlin-Köpenick nach Plänen von Arthur Korn und Siegfried Weitzmann. Dieses Gebäude zeichnete sich nicht nur durch seine funktionale, betont sachliche Architektur, sondern auch durch seine sozial fortschrittlichen Einrichtungen aus. Die Einführung von Kontrollprüfungen jedes einzelnen Kondoms veranlasste den Sexualwissenschaftler Magnus Hirschfeld (siehe S. 106) zu der Feststellung: »Das unter der Bezeichnung Fromms Act verbreitete Präservativ erfüllt in vollkommenster Weise alle Vorbedingungen eines zweckentsprechenden Schutz- und Vorbeugungsmittels.«

Julius Fromm fühlte sich als Deutscher und Jude. 1933 hoffte er wie viele jüdische Unternehmer, der braune Spuk werde sich nicht halten können. Um seinen Betrieb und seine Familie zu schützen, spendete er an die SA und ließ im Speisesaal seiner neuen Produktionsstätte ein Führerporträt aufhängen. Noch zu den Olympischen Spielen 1936 konnte er mit behördlicher Genehmigung einen »Nahverkehrsplan« an die Olympioniken verteilen, auf deren Rückseite auf »Fromms Gummischwämme« aufmerksam gemacht wurde – die direkte Werbung für Verhütungsmittel war 1934 verboten worden. Im Zuge der »Arisierung« sah sich Fromm schließlich gezwungen, seine Hausbank mit dem Verkauf der Firma zu beauftragen. Der Preis wurde auf persönliche Weisung von Herrmann Göring auf eine lächerlich niedrige Summe gedrückt. Nach Verkaufsabschluss erhielten Julius Fromm und seine Ehefrau im Dezember 1938 die Möglichkeit der Ausreise nach England. Göring schanzte das florierende Unternehmen seiner Patentante Lilly von Epenstein zu, die ihm daraufhin die Burg Veldenstein überschrieb. Die Produktion lief unterdessen uneingeschränkt weiter, die Wehrmacht hatte großen Bedarf an Kondomen.

Die Kapitulation Deutschlands überlebte Julius Fromm um vier Tage. Das Unrecht setzte sich fort. Als kapitalistischer Ausbeutertyp mit Nähe zum Nationalsozialismus diffamiert, gelang auch seinem Bruder Siegmund die Rückübertragung des Unternehmens nicht. Stattdessen befriedigte bis in die 1960er-Jahre die »VEB Fromms Act« den Bedarf im Sozialismus. Parallel produzierte die Bremer Hanseatische Gummiwarenfabrik für Westdeutschland unter dem bekannten Markennamen, den Julius Fromms Sohn Herbert 1947 von einem Vetter Görings zurückgekauft hatte.

Annette Bossmann

Werbung in der Zeitschrift *Der deutsche Friseur*, 16.4.1936
Frisörmuseum Hans Zopf Eckernförde

Emil Leitner
Fromms Act Gummiwerke in der
Friedrichshagener Straße in Berlin-Köpenick, 1932
Fotografie, 9 x 12 cm
Landesarchiv Berlin

Julius Fromm, Ende 1920er-Jahre
Fotografie
London, Raymond Fromm

Verkehrsplan *Berlin im Jahre 1936*
Mit Genehmigung des
Propaganda-Ausschusses für
die Olympischen Spiele
herausgegeben von der Firma
Fromms Gummiwerke GmbH
Landesarchiv Berlin

Simon Kremser – Pionier des Nahverkehrs

1775 geboren am 15. September in Zülz / Oberschlesien 1813–1815 während der Befreiungskriege Dienst in der preußischen Armee 1825 Eröffnung einer Pferdeomnibuslinie zwischen Brandenburger Tor und Charlottenburg 1827 Inbetriebnahme des ersten jüdischen Leichenwagens 1827 in Russland als Kommissionär und Transporteur tätig 1835 Aufnahme des Ausflugsverkehrs vom Schönhauser Tor nach Pankow 1839 Einrichtung eines fahrplangestützten öffentlichen Personenverkehrs nach Kremsers Vorbild 1849 Übersiedlung von Russland nach Breslau 1851 gestorben am 1. März in Breslau

Szenen von einem Berliner Volksfest, um 1860
Feder in Schwarz und Braun, 22 x 28,5 cm
Stadtmuseum Berlin

Modell eines Kremsers von 1825
Deutsches Technikmuseum Berlin

Kremserrad,
Durchmesser 105 cm
Berlin, Gustav Schöne OHG

Litfaßsäule, »Fromms Act«, Kremserwagen – immer wieder begegnet man Begriffen, hinter denen geniale Berliner Erfinder und Vermarktungsstrategen stecken. Simon Kremser hielt sich zwar nur wenige Jahre in Berlin auf, aber hier hat er das »Produkt« kreiert, das mit seinem Namen verschmolzen ist. Wenn zu Christi Himmelfahrt bierselige Väter oder auch kinderlose Herren wie der im Volkslied besungene Bolle (»nach Pankow war sein Ziel«) mit dem Planwagen eine Landpartie unternehmen, so folgen sie einer Tradition, die im Frühjahr 1825 ihren Ausgang nahm.

Damals erhielt der Königliche Hofagent Kremser das Privileg, »ein Fuhrwerk vor den Thoren hiesiger Residenz zu Lustfahrten des Publikums zu etablieren«. Zunächst ging es vom Brandenburger Tor nach Charlottenburg, bald auch vom Halleschen Tor in die südliche Umgebung. Mit zwei oder drei Pferden bespannte, gefederte und mit aufstellbarem Wetterschutz ausgerüstete »Omnibusse« transportierten bis zu 25 Fahrgäste komfortabler als herkömmliche Fuhrwerke, aber auch zu einem erhöhten Entgelt. Kremsers Innovation bestand also einmal in dem Wagentypus, zum anderen in der Einführung eines fahrplangeregelten Linienverkehrs. Obgleich die innerstädtische Personenbeförderung einstweilen und ohne Kremsers Beteiligung den üblichen Droschken vorbehalten blieb, verdiente er mit seinen über 50 »Thorwagen« so viel, dass er sich bereits 1826 eine Wohnung Unter den Linden leisten konnte.

Ob für die 1827 erfolgte Aufgabe des Unternehmens wirtschaftliche Probleme ausschlaggebend waren oder ob Kremser in Russland ein erweitertes Geschäftsfeld suchte, lässt sich anhand der spärlichen Quellen nicht entscheiden. Das Vertrauen und die Unterstützung des preußischen Hofes besaß er ohne Zweifel. Schließlich hatte er als Königlich Preußischer Kriegscommissarius unter General Blücher die Kriegskasse der schlesischen Armee vor Napoleon gerettet und war dafür mit dem Eisernen Kreuz und dem Orden Pour le mérite ausgezeichnet worden. Angeblich organisierte er auch 1814 die Rückführung (»Retourkutsche«) der Quadriga vom Brandenburger Tor, die Napoleon nach der preußischen Niederlage von 1806 als Kriegsbeute mit nach Paris genommen hatte. Andererseits wirtschaftete er die nach den Befreiungskriegen erworbene schlesische Herrschaft Lossen mit den Gütern Linden, Jägerndorf und Löwen fast in die Pleite.

In Russland jedenfalls wurde er wieder im Transportwesen tätig, avancierte zum Major, ging als solcher in Pension und erhielt auf dem Sterbebett – inzwischen in seine ursprüngliche Heimat übergesiedelt – zwei hohe russische Orden.

Dominik Bartmann

George Grosz – Psychoanalytiker des Wilhelminismus

1893 geboren am 26. Juli in Berlin als Georg Ehrenfried Groß 1909–1911 Studium an der Kunstakademie Dresden, 1912–1917 an der Unterrichtsanstalt des Berliner Kunstgewerbemuseums 1917 zum Landsturm eingezogen; Zusammenbruch und Einweisung in die Nervenheilanstalt Görden bei Brandenburg 1919 Beitritt zur Kommunistischen Partei (Austritt 1923) 1920 mit Raoul Hausmann und John Heartfield Organisation der Ersten Internationalen Dada-Messe in Berlin 1932 Gastdozentur an der Art Students League und Beteiligung an einer Kunstschule (ab 1935 in alleinigem Betrieb) in New York 1935 Europareise unter Meidung Deutschlands 1937 in der durch Deutschland wandernden Ausstellung *Entartete Kunst* diffamiert 1941–1942 Lehrer an der Columbia University 1958 Europareise; Wahl zum Außerordentlichen Mitglied der Berliner Akademie der Künste 1959 endgültige Rückkehr nach Berlin; dort am 6. Juli gestorben

»Nebenbei möchte ich bemerken, dass meine Eltern Christen waren, also keine Juden, wie dies mit leicht erkennbarer Absicht oft in deutschen Zeitungen behauptet wird.« Wenn jemand ein solches »Nebenbei« an den Anfang seiner Autobiografie stellt, wie Grosz dies 1932 in der Neuauflage des Mappenwerks *Der Spießer-Spiegel* tat, so geschieht das nicht von ungefähr. Grosz, der Psychoanalytiker des Wilhelminismus, der Weimarer Republik und des aufkeimenden Nationalsozialismus, verkörperte gleich mehrere Feindbilder von Deutschnationalen und Nationalsozialisten: Er war Pazifist, Kommunist, Nihilist, Kosmopolit.

Schon in der pommerschen Garnisonstadt Stolp hatte er eine Abneigung gegen militärische Erziehungsmethoden entwickelt und sich 1908 durch Erwiderung einer Lehrerohrfeige mit folgendem Schulverweis davon befreit. Als Kunststudent stilisierte er sich zum Dandy, um sich auch äußerlich gegen bürgerliche Normen abzugrenzen. Doch der Kriegsausbruch 1914 zwang ihn als »unfreiwillig Freiwilliger« in die Uniform. Es ist wohl kein Zufall, dass er seinen Geburtsnamen Georg Ehrenfried Groß während einer vorübergehenden Dienstuntauglichkeit mitten im Krieg anglisierte. Wieder eingezogen, versuchte er zu desertieren, sollte dafür erschossen werden, wurde dann aber in ein Lazarett für geistesgestörte Soldaten eingewiesen.

Grosz rächte sich im nachrevolutionären Berlin auf seine Weise. Als Karikaturist mit spitzer Feder, als Dadaist mit provokanten Auftritten oder als innovativer Bühnenbildner rechnete er mit dem Militarismus ab und geißelte

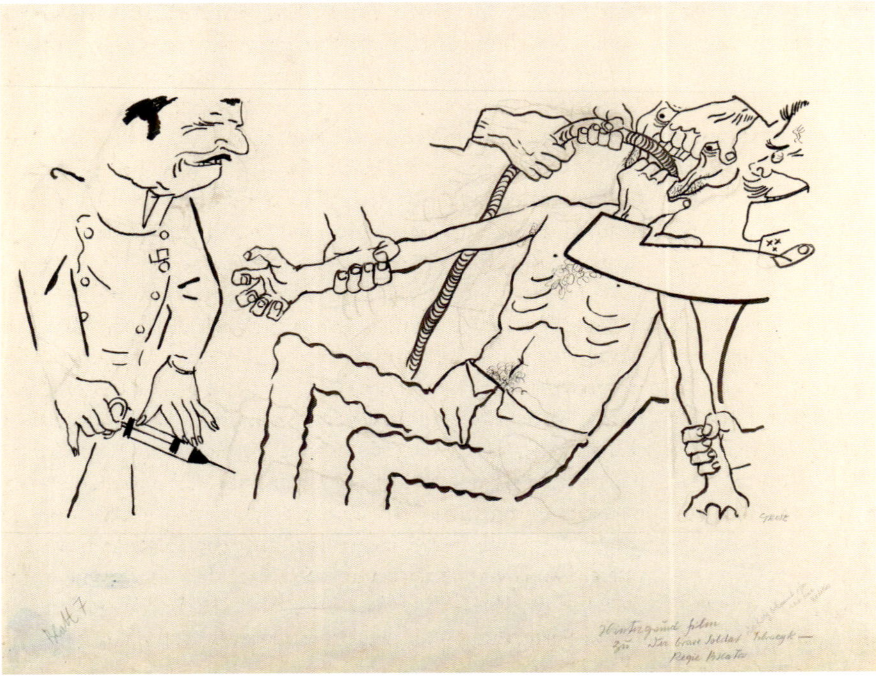

George Grosz
Der Krieg bekommt ihm wie eine Badekur
Felddienstfähigkeit – 1. Teil, 6. Bild
Entwurf zu einer Hintergrundprojektion
für *Die Abenteuer des braven Soldaten Schwejk*
Theater am Nollendorfplatz,
Uraufführung 23.1.1928
Tuschpinsel, Kreide, Bleistift,
46 x 59,3 cm
Stadtmuseum Berlin

George Grosz
Selbstbildnis, 1938
Öl auf Leinwand, 118,5 x 85 cm
Stadtmuseum Berlin

George Grosz
Der Boxer Max Schmeling, 1926
Öl auf Leinwand, 109 x 79 cm
Axel Springer Verlag AG, Unternehmensarchiv

gesellschaftliche Perversionen: Stumpfsinn, Habgier, Sadismus, Lüsternheit. Drei Prozesse wurden gegen ihn angestrengt, 1921 wegen Beleidigung der Reichswehr, 1923/24 wegen Verbreitung unzüchtiger Schriften und 1928–1931 wegen Gotteslästerung. Letzterer, der als einziger und erst nach fünf Instanzen mit einem Freispruch endete, stand in Zusammenhang mit einer Inszenierung des Theaterstücks *Die Abenteuer des braven Soldaten Schwejk* nach Jaroslav Hašek, inszeniert von Erwin Piscator im Theater am Nollendorfplatz.

Angesichts mehrerer Attentatversuche, anonymer Drohungen und diffuser Angriffe seitens der rechten Presse kann Grosz' zynisch klingende Anspielung auf seine »arische« Herkunft nicht verwundern. Jüdische Künstler, Kunsthändler, Schriftsteller, Verleger und Regisseure gehörten zu seinem engsten Freundes- und Unterstützerkreis. Dazu zählte etwa der Galerist und Boxsportliebhaber Alfred Flechtheim, der ihn 1926 dazu anregte, den deutschen Meister im Halbschwergewicht Max Schmeling zu porträtieren.

Abscheu vor der politischen Entwicklung in Deutschland und eine immer schon große Begeisterung für Amerika ließen während eines Lehrauftrags an der New Yorker Art Students League einen Entschluss heranreifen, den Grosz wenige Wochen vor Hitlers Machtübernahme in die Tat umsetzte: Er wanderte nach Amerika aus. Bald darauf wurde in Berlin sein Atelier gestürmt, seine Werke als »entartet« vernichtet oder gegen Devisen ins Ausland verkauft. Auf dem 1938 entstandenen Selbstbildnis umfasst seine eine Hand die Malutensilien mit geballter Faust: Geste einer festen Entschlossenheit zum Neubeginn in dem Jahr, in dem er auch die amerikanische Staatsbürgerschaft annahm.

In der Neuen Welt hatte Grosz freilich mit dem ebenso verhassten wie vertrauten Milieu auch den Stoff verloren, an dem er sich reiben konnte. An die Stelle des Grotesken, der »Hanswursterei« seiner gesellschaftskritischen Malerei früherer Jahre traten dämonische Visionen. Das Spätwerk erscheint zugunsten von Landschaften, Stillleben und Akten in altmeisterlicher Manier gänzlich entpolitisiert. Als er sich 1959 zur endgültigen Rückkehr nach Berlin entschloss, geschah dies auch in der Hoffnung auf neue künstlerische Impulse. Doch waren ihm nur noch wenige Wochen gegönnt. Der Tod ereilte ihn im Flur des schwiegerelterlichen Hauses am Savignyplatz 5 – nach einem durchzechten Abend.

Dominik Bartmann

Hanna-Renate Laurien – Politikerin mit Grundsätzen

1928 geboren am 15. April in Danzig 1948 Studentin in der Gründungsphase der Freien Universität Berlin 1957–1963 im nordrhein-westfälischen Kultusministerium tätig 1966 Eintritt in die CDU 1965–1970 Oberstudiendirektorin in Köln 1967–2000 Mitglied im Zentralkomitee der deutschen Katholiken 1970–1976 im rheinland-pfälzischen Kultusministerium tätig 1976–1981 Kultusministerin in Rheinland-Pfalz 1981–1989 Schul- und Jugendsenatorin in Berlin 1986 Bürgermeisterin 1991–1995 Präsidentin des Abgeordnetenhauses von Berlin 1997 Schirmherrin der AIDS-Initiative »KIRCHE positHIV« 2010 gestorben am 12. März in Berlin

»Hanna-Granata« lautete ihr durchaus respektvoll gemeinter Spitzname. Dr. Hanna-Renate Laurien war eben zielstrebig, effizient und durchsetzungsfähig, schlag- und tatkräftig. Zur Berlinerin war sie als Studentin geworden; sie beteiligte sich 1948 aktiv an der Gründung der Freien Universität. Nach einer Karriere im Schuldienst und in den Kultusministerien von Düsseldorf und Mainz holte sie der Regierende Bürgermeister Richard von Weizsäcker 1981 als Schul- und Jugendsenatorin in die Inselstadt. Hier, wo auch nach Abklingen der 1968-Bewegung gesellschaftspolitische Debatten an der Tagesordnung waren, scheute sie als Verfechterin eines pluralistischen Schulsystems keinen Konflikt mit der linken Gewerkschaft Erziehung und Wissenschaft.

Hanna-Renate Laurien galt als konservativ – aber schon 1967 hatte die damalige Kölner Schuldirektorin entgegen den herrschenden Gepflogenheiten eine schwangere Schülerin zum Abitur zugelassen und 1968 eine unehelich schwangere Lehrerin vor disziplinarischen Maßnahmen bewahrt. Laurien lebte Frauenemanzipation, von einer Frauenquote wollte sie gleichwohl nichts wissen: »Ich halte sie für entwürdigend. Wir sind Qualität und nicht Quote.« 1983 nahm Laurien es sich heraus, innerhalb ihrer eigenen Partei gegen Eberhard Diepgen für den Posten des Regierenden Bürgermeisters zu kandidieren – und scheiterte nur knapp. Schließlich wählte das Berliner Abgeordnetenhaus sie als erste Frau zur Präsidentin. In diesem Amt, das sie mit gewohnter Resolutheit ausübte, verwandte sie sich für die Verlegung des Sitzes der Bundesregierung von Bonn nach Berlin, rief die Berliner Bevölkerung gegen aufkeimende Ausländerfeindlichkeit und Rassismus auf und engagierte sich in dem von ihr mitbegründeten Verein »Gegen das Vergessen – für Demokratie«.

1995 zog sie sich von ihren politischen Ämtern, aber nicht aus der Öffentlichkeit zurück. Leidenschaftlich widmete sie sich der Arbeit in der katholischen Kirche, zu der die Tochter aus evangelischem Hause als 24-Jährige konvertiert war. Von 1968 bis 2004 gehörte sie dem Zentralkomitee der deutschen Katholiken an, 1991 bis 2000 stand sie dem Berliner Diözesanrat der Katholiken vor. Sie befürwortete die Ökumene und plädierte für die Aufnahme von Frauen in Priesterämter. Nicht zuletzt ihr Engagement für die ökumenische AIDS-Initiative »KIRCHE positHIV« zeugt von christlichem Mitgefühl und liberalem Denken. Regelmäßig lud sie Menschen mit Aids in ihre Lankwitzer Wohnung ein.

Streitbar bleib sie bis ins Alter: 2002 gab sie die ihr 1999 verliehene Louise-Schroeder-Medaille zurück – aus Protest gegen die entsprechende Auszeichnung der sozialkritischen Journalistin Daniela Dahn, eines früheren Mitglieds der SED.

Dominik Bartmann

Auf dem Katholikentag in Ulm, 2004

Inge Kundel-Saro
Hanna-Renate Laurien, 1988
Fotografie
Lona Kutzer-Laurien

»Den Weg gehen an Jesu Hand«
Aus einer Predigt von Dr. Hanna-Renate Laurien über Mk. 9,38 ff im November 2003 – 10 Jahre KIRCHE positHIV

Hier, in dieser Gemeinde, geht es in besonderer Weise um die Beziehung von Mensch zu Mensch, um mitmenschliche und auch ganz personale Liebe. Liebe ohne Verletzung, ohne Schuld gibt es nicht. Die Lebensfrage ist – und Jesus stellt sie herausfordernd immer wieder –, wie wir damit umgehen. Im Ja zu meiner Unvollkommenheit und in der Bejahung auch deiner Unvollkommenheit, in der Einsicht, dass perfekte Menschlichkeit unmenschlich ist, gewinnt unser Miteinander Stärke. Jesus versichert uns seiner Liebe, reicht uns seine Hand, aber er verlangt, dass wir unseren Weg gehen. Das gilt für dies Miteinander.

Ich stelle dankbar fest: In dieser Gemeinde KIRCHE positHIV wird versucht, so mitmenschlich zu leben, einander die Hand zu reichen, den andern auf seinem Weg in die Selbstständigkeit zu begleiten. Und das ist mir sehr wichtig: Das alles wird nicht als unsere ach so hinreißende Leistung gesehen. Sie, wir, erfahren es als Geschenk. Getrost wage ich das wunderbare alte Wort: Wir erfahren es als Gnade. Es ist Gnade, wenn ich meine Mauern überspringe. Um diese Gnade dürfen wir bitten, nicht nur an Jubiläumstagen. Und in boshafter Liebe oder liebevoller Boshaftigkeit bemerke ich: Diese Gnade wird nicht nach konfessionellen Quoten verteilt. Sie ist die eine, die uns verbindende, uns täglich neu stärkende Gnade des Herrn.

Kirche, die sich mit dem Thema AIDS auseinandersetzt, die sich einsetzt für Betroffene, für ihre Angehörigen, Freundinnen und Freunde, ist meine Kirche. Für das kreative Engagement in dem Spannungsfeld von Kirche und AIDS habe ich gern die Schirmherrschaft übernommen.

Tatjana Gsovsky – Spitzenkraft der Tanzszene

1901 geboren am 18. März in Moskau als Tatjana Abramoff **1917** nach Abitur tänzerische Ausbildung und Studium der Kunstgeschichte **1920** Ballettmeisterin am Kindertheater von Samuel Marschak in Krasnodar **1924** Emigration aus Russland nach Berlin **1928** Gründung der Ballettschule Tatjana und Victor Gsovsky in der Fasanenstraße 68 **1945** Ballettmeisterin an der Deutschen Staatsoper Berlin **1954** Berliner Kunstpreis; Trainingsmeisterin an der Städtischen Oper **1955** Gründungsmitglied der Akademie der Künste, Berlin (West) **1957–1965** Ballettmeisterin und Chefchoreographin an der Deutschen Oper Berlin **1965** Deutscher Kritikerpreis **1967** Gründung der Berliner Tanzakademie als »Institut für Bühnentanz« **1976** Professorentitel **1992** Verdienstorden des Landes Berlin **1993** gestorben am 29. September in Berlin

»Ich bin Tochter einer Schauspielerin und sah oft zu Hause, wie meine Mutter mit großen Gesten mal lachte, mal weinte… Ja, sie spielte Theater!« Tatjana Gsovsky wollte mehr. Als Kind schon erhielt sie eine klassische Ballettausbildung; sie spielte Klavier, schrieb eine Oper, war Tänzerin, Choreographin, Kostüm- und Bühnenbildnerin in einem. Nach Ausbildung und erstem Engagement im nachrevolutionären Russland emigrierte sie mit ihrem zweiten Mann, dem Tänzer und Bühnenpartner Victor Gsovsky, nach Berlin.

Keine zwei Wochen nach der Ankunft setzte ein Bühnenunfall ihrer Tanzkarriere ein frühes Ende. Sie trainierte mit eisernem Willen, konnte jedoch nicht mehr »auf Spitze« stehen. Um weitergeben zu können, »was in mir brannte«, eröffnete das Ehepaar eine erste Tanzschule in einer Kneipe in Schmargendorf. Klassisches Ballett stieß im Berlin der 1920er-Jahre allerdings auf wenig Interesse. »Die Zeit drängte nach Gebärde statt Posen, nach Explosion statt Präzision.« Der expressionistische Ausdruckstanz war Tatjana Gsovsky nicht fremd, gleichwohl erlebte sie die Auftritte Mary Wigmans als Begegnung mit der Moderne in Tanz und Musik. »Ich verstand, dass man bei Tschaikowsky nicht aufhören darf.« In Berliner Varietés konnten die Gsovskys – mit kleinen Ensembles – ihre Kunst präsentieren: Spitzentanz und Pas de deux. Die Intendanten großer Theater zögerten, erst 1935 erhielt Tatjana Gsovsky ihre Bewährungschance als Ballettchefin in Essen. Bei Gründgens in Berlin kreierte sie ihre erste *Romeo und Julia*-Fassung. Sie liebte das »Konflikt-Ballett«: Tanz als dramatische Entwicklung und Ausdrucksform menschlicher Wahrheiten. Im Jahr 1940 erfuhr Tatjana Gsovskys Werk die Etikettierung »artfremd«, sie selbst wurde aus der Reichstheaterkammer ausgeschlossen. Als Gast konnte sie in Leipzig und Dresden weiterarbeiten.

1945 nach Berlin zurückgekehrt, feierte sie im Dezember ihre erste Ballett-Premiere (*Dornröschen*) im zeitweiligen Theater Jürgen Fehlings in Zehlendorf. Ernst Legal beauftragte sie mit dem Wiederaufbau von Ensemble und Repertoire der Deutschen Staatsoper. Ihre Inszenierung des *Bolero* von Ravel markierte einen programmatischen Neubeginn im Zusammenspiel von klassischem und modernem Bewegungsvokabular. Gsovsky selbst stand ein letztes Mal auf der Bühne, ihr Temperament wurde zum zündenden Funken für das tanzbesessene Ensemble. Als 1950 der »Formalismus«-Vorwurf von DDR-Kulturpolitikern ihre Pläne für ein *Hamlet*-Ballett zur Musik von Boris Blacher zunichte machte, verließ Tatjana Gsovsky die Staatsoper und arbeitete für zwei Jahre am Teatro Colón in Buenos Aires. Zurück in West-Berlin, inszenierte sie für die Berliner Festspiele u. a. *Der Idiot* von Dostojewski mit Klaus Kinski, später den *Hamlet*. Das Werk wurde von der Städtischen Oper übernommen. »Ich auch. Erst als Gast, dann als Trainingsleiterin, und zuletzt als Chefchoreografin.«

Zwei Jahrzehnte dominierten Tatjana Gsovskys Schöpfungen zur Musik der Komponisten-Avantgarde die deutsche Tanzszene von Berlin aus. Täglich stand sie im Ballettsaal, um ihre Eleven über den klassisch-akademischen Formenkanon zu individueller Darstellung anzuhalten. »Ich gehöre zu Berlin wie die Gedächtniskirche, wir sind beide alte Damen… Fünfundachtzig? Sie glauben gar nicht, wie kurz diese Zeit ist…Älter werden? Man kann vielleicht nicht mehr so hoch springen – man weiß aber besser, wie man dazu kommt.«

Angelika Ret

Ballettschuhe
Staatsballett Berlin

Wolfgang Borchmann
Tatjana Gsovsky und Michael Piel
in *Bolero* von Maurice Ravel;
Choreografie: Tatjana Gsovsky, 1946
Fotografie, 11,5 x 8,6 cm
Stadtmuseum Berlin

Dornröschen, Regie: Tatjana Gsovsky,
Bühnenbild: Werner-Viktor Toeffling
Jürgen-Fehling-Theater, Premiere 1.12.1945
Plakat, 60 x 42 cm
Stadtmuseum Berlin

Tatjana Gsovsky
Skizzen zur Vorbereitung auf Training und Unterricht
Dr. Christiane Theobald / Staatsballett Berlin

Käthe Kollwitz – Künstlerin im Dienste des Pazifismus

1867 geboren am 8. Juli in Königsberg 1891 Heirat mit dem Arzt Karl Kollwitz 1893–1897 Arbeit an dem Grafikzyklus *Ein Weberaufstand* 1901–1913 Mitglied der Berliner Secession, danach der Freien Secession 1904 Studienaufenthalt in Paris 1907 Villa-Romana-Preis mit Aufenthalt in Florenz 1919 Mitglied der Preußischen Akademie der Künste 1927 Reise in die Sowjetunion 1932 Aufstellung des Mahnmals *Die trauernden Eltern* für den 1914 gefallenen Sohn Peter auf dem Soldatenfriedhof Roggevelde / Belgien 1933 erzwungener Austritt aus der Akademie und Aufgabe der Vorsteherstelle des Meisterateliers für Grafik 1940 am 19. Juli Tod des Mannes 1942 am 22. September Tod des Enkels Peter an der Ostfront 1943 im August Flucht aus Berlin; am 23. November Zerstörung der Berliner Wohnung und damit auch eines Teils ihres Werkes bei einem Luftangriff bis zu ihrem Tod Unterkunft im »Rüdenhof« in Moritzburg bei Dresden 1945 gestorben am 22. April in Moritzburg; im Herbst Überführung der Urne nach Berlin und Beisetzung im Familiengrab auf dem Zentralfriedhof Friedrichsfelde

Käthe Kollwitz erhielt als Kind eine gleichermaßen religiöse wie liberale Erziehung. Schon frühzeitig hatte der Vater die besondere Begabung der Tochter erkannt und strebte für sie eine künstlerische Laufbahn an. Da die meisten deutschen Kunstakademien Frauen nicht zuließen, wurde sie privat unterrichtet. 1886 studierte sie an der Berliner, 1888–1890 an der Münchner Künstlerinnenschule Malerei. Als sie sich 17-jährig mit dem Medizinstudenten Karl Kollwitz verlobte, war der Vater tief enttäuscht. Nach der Hochzeit zog das Paar nach Berlin in die Weißenburger Straße, wo es an die 50 Jahre lang lebte. Als Frau eines in einem Arbeiterviertel niedergelassenen Kassenarztes sah sich Käthe Kollwitz täglich mit existenziellen Nöten konfrontiert. Krankheit, Prostitution oder Arbeitslosigkeit verarbeitete sie in grafischen Blättern und Plakaten, die bis heute nicht an Wirkungskraft verloren haben. Diese Darstellungen öffneten ihr, wie sie schrieb, »ein Ventil oder eine Möglichkeit, das Leben zu ertragen«.

Unter dem Eindruck der Uraufführung von Gerhart Hauptmanns *Die Weber* entstand in jahrelanger Arbeit ihr erster druckgrafischer Zyklus, *Ein Weberaufstand*, mit dem ihr der künstlerische Durchbruch gelang. Das Werk sollte 1898 auf der Großen Berliner Kunstausstellung ausgezeichnet werden, Kaiser Wilhelm II. lehnte jedoch ab: »Orden und Ehrenzeichen gehören auf die Brust verdienter Männer!« Zwei Jahre später würdigte die Deutsche Kunstausstellung in Dresden den Zyklus mit einer Goldmedaille. Als Ergebnis des ersten großen Erfolgs erhielt Käthe Kollwitz einen Lehrauftrag für Grafik und Zeichnen an der Berliner Künstlerinnenschule.

Bei Kriegsausbruch 1914 wurde der Sohn Hans einberufen. Auch sein jüngerer Bruder Peter fühlte sich verpflichtet, freiwillig an die Front zu gehen. Nur schweren Herzens stimmten die Eltern seiner Entscheidung zu. Wenig später fiel Peter in Flandern. Der Verlust ließ Käthe Kollwitz zur Pazifistin werden. Zahlreiche grafische und plastische Arbeiten zeigen Mütter, die ihre Kinder vor dem Krieg schützen wollen. Die Novemberrevolution 1918 begrüßte sie als moralische Erhebung: »Unser Kriegsunglück kann neues Leben für Deutschland bedeuten.« In der jungen Weimarer Republik

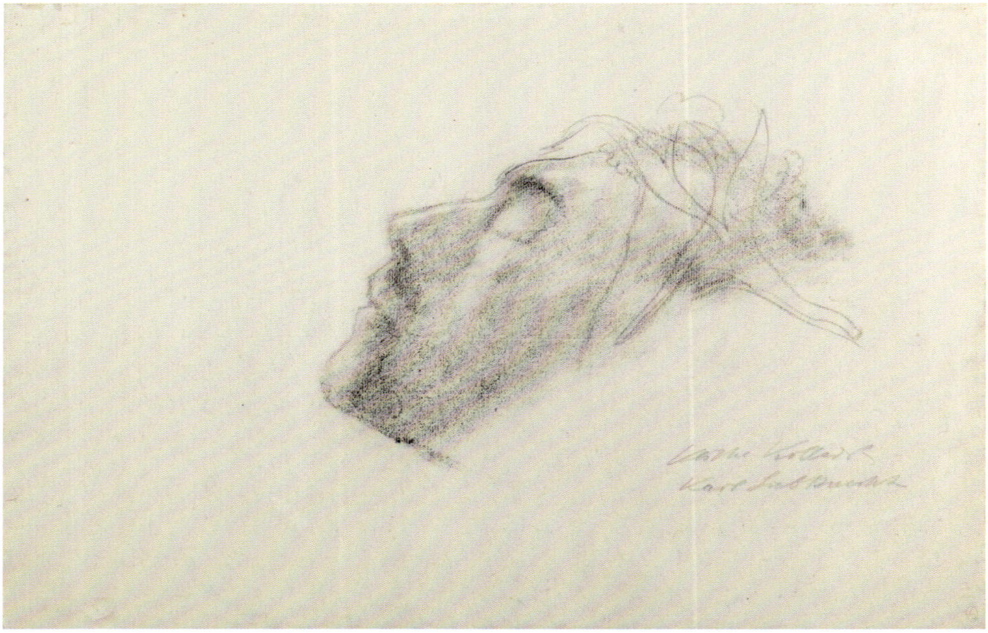

Käthe Kollwitz
Kopf Karl Liebknechts
auf dem Totenbett, 1919
Schwarze Kreide, 31,5 x 48 cm
Stadtmuseum Berlin

Käthe Kollwitz
Selbstbildnis, 1926 / 1936
Bronze, Höhe 35 cm
Stadtmuseum Berlin

Käthe Kollwitz
Die Klage, 1938
Bronze, 26,5 x 26,5 x 10 cm
Stadtmuseum Berlin

wurde Käthe Kollwitz als erste Frau in die Preußische Akademie der Künste aufgenommen und zur Professorin ernannt.

Zusammen mit ihrem Mann unterstützte sie den »Dringenden Appell« des Internationalen Sozialistischen Kampfbundes zum Zusammenschluss der linken Parteien anlässlich der Reichstagswahlen am 31. Juli 1932. Es galt, die »Vernichtung aller persönlichen und politischen Freiheit in Deutschland« zu verhindern. Dennoch wurde die NSDAP stärkste Partei, allerdings ohne die absolute Mehrheit zu erringen. Die neuen Machthaber zwangen Käthe Kollwitz, wie auch Heinrich Mann, im Februar 1933 aus der Akademie auszutreten. Ihr wurde die Lehrerlaubnis und das Atelier entzogen, ihrem Mann die Kassenzulassung, auch der Sohn verlor vorübergehend seine Stelle.

Einen neuen Arbeitsraum fand sie in einer Ateliergemeinschaft in der Klosterstraße. Hier vollendete sie 1937 die monumentale Plastik *Mutter mit zwei Kindern*. Als Mitglied der Reichskammer der bildenden Künste unterlag sie nicht einem Arbeitsverbot, aber ihre Beiträge zu einer Jubiläumsausstellung der Akademie im Jahr 1936 wurden kurz vor Eröffnung entfernt, darunter das Gipsmodell der *Mutter*. »Keine deutsche Mutter sieht so aus«, lautete das Verdikt des *Völkischen Beobachters*.

Bettina Machner

Ernst Busch – der »Barrikaden-Tauber«

1900 geboren am 22. Januar in Kiel 1921 Debüt des gelernten Maschinenschlossers im Kieler Stadttheater 1927–1932 Engagement als Schauspieler an verschiedenen Theatern in Berlin 1933 Flucht über Holland, Belgien und die Schweiz 1935–1937 Exil in der Sowjetunion 1937–1939 Teilnehmer am Spanischen Bürgerkrieg 1940 Gefangennahme in Belgien und Internierung in Frankreich 1942 nach Fluchtversuch durch das französische Vichy-Regime an die Gestapo in Paris überstellt 1943 Anklage in Berlin wegen Hochverrats, schwere Kopfverletzung bei einem Bombenangriff im Untersuchungsgefängnis Moabit 1944 Verurteilung zu vier Jahren Zuchthaus in Brandenburg 1945 Rückkehr nach Berlin 1951 Zusammenarbeit mit Bertolt Brecht im Berliner Ensemble 1954–1971 Arbeit für Theater und Film, Schallplattenaufnahmen seiner Lieder 1980 gestorben am 8. Juni in Bernburg

»Alle packt es, alle treiben mit! / Alle jagt es, alle schreien mit! Hey!«, der Schlager des Sechstagerennens, den Ernst Busch 1932 auf Schellack sang, beschrieb seine eigene Rastlosigkeit. Bereits 1927 hatte er in Berlin als Schauspieler an Piscators Proletarischem Theater am Nollendorfplatz begonnen. Mit seiner ersten großen Hauptrolle in Erich Mühsams *Judas* erregte Busch beim Publikum und der Presse Aufsehen. Seine Art zu sprechen und zu spielen: trocken, präzise, unsentimental begründete einen neuen sachlichen Stil, den der vielbeschäftigte Schauspieler fortan auf zahlreichen Bühnen der Stadt vom Berliner Theater bis zur Volksbühne zeigen konnte. Parallel zu den Bühnenrollen baute er seine musikalischen Auftritte beim Rundfunk und im Kabarett aus. Als Rosa Valetti ihn auf den Brettern ihres »Larifari« als politischen Chansonnier vorstellte, feierten die Kritiker Ernst Busch 1929 als »grandiosen Tucholsky-Interpreten«.

Aus der Begegnung mit dem Komponisten Hanns Eisler bei Piscator erwuchs eine lebenslange intensive Arbeitsfreundschaft. Gemeinsam entwickelten die beiden Anfang der 1930er-Jahre das neue Arbeiterlied. Busch suchte Liedtexte von Bertolt Brecht, Erich Weinert und Kurt Tucholsky aus und inspirierte Eisler zur Musik. Von ihm am Klavier begleitet, begeisterte der Sänger mit der metallisch durchdringenden und mitreißenden Stimme bei Veranstaltungen vom Sportpalast bis zur kleinsten Kneipe im Wedding. Das Duo trat fast jeden Abend oft in zwei bis drei Vorstellungen im Theater, im Kabarett und bei politischen Versammlungen auf. 1931 wollte ganz Berlin das »Stempellied« *Keenen Sechser in der Tasche* vom »Barrikaden-Tauber« hören. Der neue radikale Sound hielt schließlich auch im Film Einzug, in *Kuhle Wampe* übernahm Busch die Hauptrolle und sang am Ende das *Solidaritätslied*.

Theo Balden
Ernst Busch, 1955
Bronze, Höhe 40 cm
Stadtmuseum Berlin

Im Frühjahr 1932 feierten Publikum und Kritik den Bühnendarsteller in der Volksbühne ein letztes Mal, bevor der engagierte Kommunist nach dem Reichstagsbrand über mehrere europäische Stationen nach Moskau floh. Dort erschienen die Arbeiterlieder auf Platten, Busch arbeitete auf der Bühne und im Rundfunk. 1937 in das Spanien des Bürgerkriegs geeilt, unterstützte er die Internationalen Brigaden mit zahlreichen Konzerten an der Front und in den Lazaretten, gab Liederbücher zur Stärkung der Kampfmoral heraus. Nach der Niederlage der Spanischen Republik begann eine

Werner Borchmann
Hertha Thiele und Ernst Busch in *Kuhle Wampe*, 1930
Fotografie, 18 x 24 cm
Stadtmuseum Berlin

Brüder Heartfield / Herzfelde
Die Mutter, Berliner Ensemble, 1951
Theaterplakat, 82,2 x 57,4 cm
Ernst Busch (rechts) in der Rolle des Semjon Lapkin
Stadtmuseum Berlin

Flucht quer durch Europa, die mit der Auslieferung an die Gestapo endete. In Berlin wurde er wegen Verbreitung des Kommunismus vor Gericht gestellt und zu vier Jahren Zuchthaus verurteilt.

Nach der Befreiung aus dem Zuchthaus Brandenburg durch die Rote Armee am 27. April 1945 schlug er sich bis Berlin durch. Anfängliche Bühnenarbeiten am Hebbel-Theater und Theater am Schiffbauerdamm stellte er zugunsten der Tätigkeit für seine eigene Schallplattenfirma »Lied der Zeit« hintenan. Erst dem befreundeten Bertolt Brecht gelang es, Busch wieder für das Theater zu interessieren. Unter seiner Regie konnte Busch in den 1950er-Jahre in den Rollen als Azdak und als Galilei große Erfolge feiern, bevor er sich 1965 von der Bühne zurückzog. Trotz aller Auseinandersetzungen mit der Parteiführung stellte sich Ernst Busch mit seinem Schaffen in den Dienst der DDR, arbeitete jahrzehntelang an Neuaufnahmen der Arbeiter- und Kampflieder und trat gelegentlich in Konzerten auf.

Auf seiner Beerdigung am 23. Juni 1980 war Busch vom Tonband zu hören: »Wenn das Eisen mich mäht, / Wenn mein Atem vergeht, / Sollt stumm unterm Rasen mich breiten.«

Bärbel Reißmann

Hans Rosenthal – springender Spielmeister

1925 geboren am 2. April in Berlin | Jugend in Prenzlauer Berg; ab 1935 Besuch der Jüdischen Mittelschule in der Großen Hamburger Straße **1940** Landwirtschaftliche Ausbildung in einem Umschulungslager (Hachschara-Lager) in Jessen / Niederlausitz, nach dessen Auflösung Zwangsarbeiter auf dem städtischen Friedhof Fürstenwalde **1942** Umzug nach Berlin in das jüdische Waisenhaus zum Bruder Gert, Zwangsarbeit in einer Blechemballagenfabrik in Berlin-Weißensee und Torgelow **1943** Flucht aus Torgelow und bis Kriegsende Versteck in der Berliner Laubenkolonie »Dreieinigkeit« in Lichtenberg **1945** Ausbildung beim Berliner Rundfunk und Arbeit als Regieassistent **1948** Wechsel zum RIAS (Radio im amerikanischen Sektor); Aufnahmeleiter und Unterhaltungsredakteur **1950–1980** Quizmaster von Unterhaltungssendungen beim RIAS **seit 1971** Erfolgssendung *Dalli-Dalli* im ZDF **1965–1973** Präsident des Fußballvereins Tennis Borussia Berlin **1971** Vorsitzender der Repräsentantenversammlung der Jüdischen Gemeinde zu Berlin und seit 1973 Mitglied des Direktoriums des Zentralrats der Juden in Deutschland **1987** gestorben am 10. Februar in Berlin

»Mir geht es gut. Ich bin glücklich.« Mit diesem Resümee pflegte Hans Rosenthal die beliebten Geburtstagsreden in seinem »zweiten Leben« stets zu beenden.

Dank der Hilfe von drei deutschen Frauen namens Jauch, Schönebeck und Harndt, die 1943 den Jungen ohne Zögern in der Laubenkolonie »Dreieinigkeit« aufgenommen hatten, überlebte Hans die Judenverfolgung versteckt in Lichtenberg. Nach dem frühen Tod seiner Eltern, der Deportation seines Bruders und einer Odyssee durch verschiedene Zwangsarbeitslager hatte sich der 17-Jährige entschlossen, in Berlin unterzutauchen. Bis zum Kriegsende lebte er in ständiger Furcht und konnte erst nach der Befreiung durch die Rote Armee im April 1945 sein »erstes überschattetes Leben« hinter sich lassen. Schon in dem Versteck träumte er beim Abhören von Frontberichten und Propagandagetöse mittels eines Detektorapparats davon, nach dem Krieg zum Rundfunk zu gehen. »Sendungen machen! Die ›richtigen‹. Die freien. Die anständigen. Es sollten politische Sendungen sein.«

Er meldete sich am 21. Mai 1945 in der Masurenallee und bekam eine Woche später einen festen Arbeitsvertrag beim Rundfunksender der Sowjetischen Militäradministration im Bereich Zeitfunk. Der Besitz eines Fahrrads und sein Organisationstalent machten ihn bald im Sender beliebt. Ideenreich half er schwierige Projekte wie die erste Hörspielproduktion von *Nathan der Weise* zu realisieren und wurde dort als Regieassistent beschäftigt. Daneben trat Rosenthal seit 1946 für Gastspieldirektionen bei Matineen mit bekannten Film- und Bühnenstars in allen Berliner Sektoren auf und sammelte wertvolle Erfahrungen bei öffentlichen Veranstaltungen. Allerdings wurden seine freien und demokratischen Ansichten im Ostsektor und beim Berliner Rundfunk immer weniger toleriert und führten zu Auseinandersetzungen, so dass er sich im Juni 1948 entschloss, zum RIAS in den amerikanischen Sektor zu wechseln. Enthusiastisch begann er seine neue Tätigkeit als Aufnahmeleiter bei Erik Ode und betreute Günter Neumanns *Insulaner*-Sendungen auch als Regisseur. Eine weitere Chance bot sich 1954, als er mit der Quizsendung nach amerikanischem Vorbild *Wer fragt, gewinnt* seine Karriere als Spielmeister startete. Der Publikumserfolg steigerte sich noch mit der vom RIAS und weiteren Sendern seit 1963 live ausgestrahlten Ratesendung *Allein gegen alle*.

Nachdem ihm bereits 1961 mit dem kabarettistischen Monatsmagazin *Die Rückblende* der Einstieg ins Fernsehen gelungen war, setzte Hans Rosenthal seine Laufbahn 1964 im Vorabendprogramm mit *Gut gefragt, ist halb gewonnen* fort. Sein größter Erfolg wurde 1971 das vom ZDF produzierte Ratespiel *Dalli-Dalli*. Gemeinsam mit Günter Neumann konnte Hans Rosenthal sein Temperament mit Berliner Pfiffigkeit, Herz und Schnauze gegen das »bedrückende Image einer Rentnerstadt« in eine mitreißende Fernsehshow umsetzen. Zahlreiche Preise ermutigten ihn und die mitwirkenden Freunde, den Musiker Heinrich Riethmüller und den Schnellzeichner Oskar, das Konzept über Jahre weiter zu entwickeln. Mit ihnen verband Hans Rosenthal noch eine Leidenschaft – das Fußballspielen. Bereits im August 1946 hatte er sich vom Magistrat eine Spielberechtigung für Fußball besorgt und beim Berliner Rundfunk eine Mannschaft aufgestellt, die gegen eine Auswahl vom RIAS am 16. November 1946 antrat. Wenige Jahre später spielte Rosenthal in der von Wolfgang Neuss (siehe S. 114) und Wolfgang Gruner initiierten Prominenten-Elf, die sich Tennis Borussia anschloss und im Mommsenstadion trainieren konnte. Für Rosenthal wurde Tennis Borussia zur zweiten Heimat, über acht Jahre lenkte er als Präsident die Geschicke des traditionsreichen Fußballvereins. Auch danach blieb er ein treuer Fan und trainierte jeden Sonnabend für die Prominenten-Elf, die seit 1987 seinen Namen trägt.

Das Markenzeichen, ein im Fernsehbild kurz »eingefrorener« Luftsprung bei der vom Publikum auf die Frage »Sie sind der Meinung, das war …?« gegebenen begeisterten Antwort »Spitze!«, bleibt nicht nur im Gedächtnis der Fernsehzuschauer, sondern wiederholt sich bis heute bei jedem Treffer der Mannschaft von Tennis Borussia im Mommsenstadion auf der Anzeigetafel.

Bärbel Reißmann

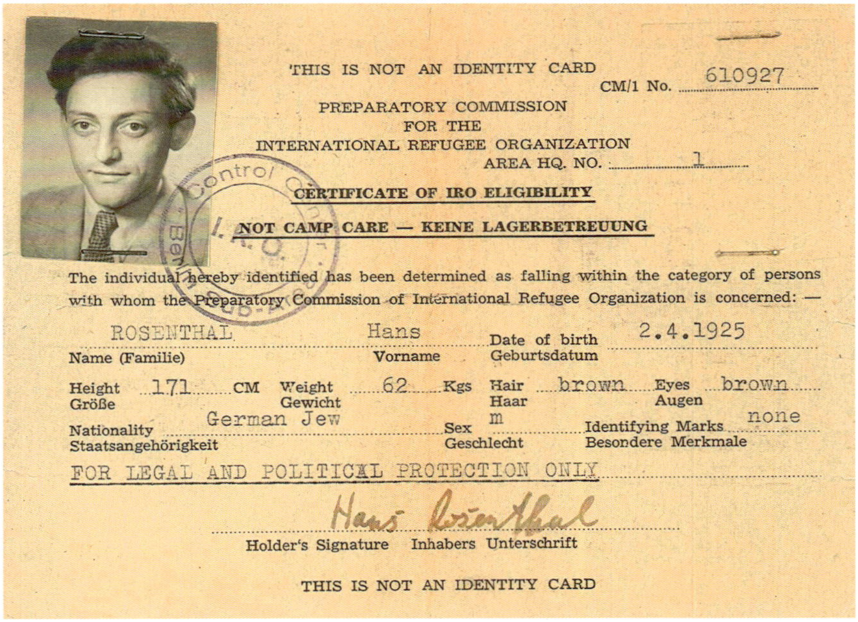

THIS IS NOT AN IDENTITY CARD

CM/1 No. 610927

PREPARATORY COMMISSION
FOR THE
INTERNATIONAL REFUGEE ORGANIZATION
AREA HQ. NO. 1

CERTIFICATE OF IRO ELIGIBILITY

NOT CAMP CARE — KEINE LAGERBETREUUNG

The individual hereby identified has been determined as falling within the category of persons with whom the Preparatory Commission of International Refugee Organization is concerned: —

ROSENTHAL — Name (Familie)
Hans — Vorname
Date of birth / Geburtsdatum: 2.4.1925

Height / Größe: 171 CM
Weight / Gewicht: 62 Kgs
Hair / Haar: brown
Eyes / Augen: brown

Nationality / Staatsangehörigkeit: German Jew
Sex / Geschlecht: m
Identifying Marks / Besondere Merkmale: none

FOR LEGAL AND POLITICAL PROTECTION ONLY

Hans Rosenthal

Holder's Signature Inhabers Unterschrift

THIS IS NOT AN IDENTITY CARD

Bescheinigung der International Refugee Organization
für Hans Rosenthal
Traudl Rosenthal

Hans Rosenthal beim »Spitzen«-Sprung, o.J.
Fotografie, 21,5 x 15,7 cm
Traudl Rosenthal

Hans Rosenthal beim Fußballspiel
mit Wolfgang Neuss, 1952
Fotografie, ca. 15 x 10 cm
Traudl Rosenthal

Berliner und Urberliner: Zur Tribalisierung des Urbanen

Wolfgang Kaschuba

Städte sind heute attraktiv, angesagt, hip. Vor allem die großen Städte, die als Metropolen faszinieren. Doch nicht nur sie: Jenes einst einzigartige T-Shirt »I love New York« mit dem dicken roten Herzen ist heute längst inflationär variiert. Mittlerweile werden damit auch Bremen und Bayreuth ge-shirted und ge-loved. Viele Städte hoffen darauf, auch ihren Fußgängerzonen, Clubs und Kunsthallen so ein wenig metropolitanes Flair zu verleihen. Dass gerade dieses T-Shirt als symbolische Liebeserklärung an eine Stadt eigentlich eine ganz andere Geschichte verkörpert, ist längst vergessen. Denn als es um 1970 in New York von Künstlern entworfen wurde, war ihre Stadt alles andere als der umschwärmte »Big Apple«. Es schien eine sterbende Metropole zu sein, in der Verkehr und Smog, Spekulation und Kriminalität dabei waren, die City zu entvölkern. »I love New York« war damals ein letzter Hilferuf der noch Gebliebenen: »Verlasst uns nicht!«

Doch das ist lange her. Heute erscheinen uns Metropolen ganz selbstverständlich als vielgestaltige Kultur- und Erlebnislandschaften, ausgestattet mit eindrucksvollen historischen und architektonischen Szenerien, mit technischen und touristischen Infrastrukturen, bewohnt von einer Mischung aus Einheimischen, Migranten, Mobilen und – auf Zeit – Touristen und geprägt von einem ganz eigenen Selbstbewusstsein, einer besonderen Mentalität. Diese Vielfalt und Identität eben macht sie zu »Weltstädten«, zur »Marke«, verschafft ihnen Exklusivität. Zugleich zwingt sie diese Exklusivität aber zu immer weiterer »Verweltstädterung«, zum permanenten Ausbau von urbaner Struktur und Kultur, von Erlebniswerten wie Erlebniswelten, angepasst an globale Trends und erkauft oft um den Preis architektonischer Standardisierung und kultureller Uniformierung. Auch deshalb wirken viele Innenstädte inzwischen konturlos, fast austauschbar. Und damit gerät auch jene spezifische »metropolitane« Identität wiederum in Gefahr, die als »unique selling point« bisher der wesentliche Anreiz für Firmen, Medien und Touristen war. Deshalb wird heute von Stadtpolitik, Marketing und Wissenschaft so intensiv darüber nachgedacht, was die großen Städte eigentlich unverwechselbar macht, was ihr besonderer »Stil« und »Geschmack«, ihre spezifische »Farbe« und »Eigenlogik« ist.[1] In spätmodernen Zeiten und globalen Kontexten scheint dies besonders wertvoll: eigene Charakterzüge, die in die Städte regelrecht eingeschrieben sind und die auch ihren Bewohnern Züge eines »local spirit« verleihen, einer be- und verschworenen »Gemeinschaft«.

In den letzten Jahren hat sich daraus eine Art von metropolitaner »Charakterologie« entwickelt, ein mentalitäres »place branding« in Stadtmarketing und Feuilleton, in Reiseführern und Internet-Blogs. Städte werden zu kollektiven Akteuren gemacht, zu lokalen »Kulturen«, und ihre Einwohner zu »Eingeborenen«, zu eher scheuen Vertretern eines Stammes, der sich aus seinen weiten urbanen Jagdgründen in verdecktere Reservate zurückzieht, um den Immobilienhaien und Sanierern, den Trophäenjägern und Touristen zu entkommen. Man macht sich selbst »eigen« und »anders«, um dadurch auf Distanz zum »Fremden« zu bleiben. Dieser Rückzug in die Eigenart jedoch macht wiederum neugierig, verleiht dem Einheimischen urbane Authentizität oder subkulturelle Exotik und passt ihn damit ungewollt wieder perfekt in das touristisch-fotografische »Beuteschema« ein – Kultur neigt eben zu Bumerangeffekten!

Es ist jedenfalls ein komplizierter dialogischer Prozess der Fremd- und Selbst-Exotisierung, der – von innen wie von außen – ganz wesentlich zum heutigen »city-branding« beiträgt. Ihm kommen die großen Städte in Zeiten des massenhaften Tourismus ebenso bereitwillig nach wie sie ihm zugleich diktatorisch unterworfen sind. »Marke« und »Markt« hängen in der Stadt ohnehin auch historisch längst eng zusammen…

1 S. zu den einschlägigen Diskussionen etwa Martina Löw, Helmuth Berking (Hg.), *Die Eigenlogik der Städte. Neue Wege für die Stadtforschung.* Reihe *Interdisziplinäre Stadtforschung*, Frankfurt a. M. 2008.

»Be Berlin«?

Städtische Jubiläen bieten für solche charakterologischen Übungen besonders einleuchtende wie willkommene Anlässe. Früher feierte man sie gar nicht, weil »Geschichte« noch kein eigentliches Kapital bildete. Dann nur alle 100 Jahre. Heute nähert man sich schon einem flotten 25-Jahre-Rhythmus an – demografisch vernünftig, weil so fairerweise jede Generation einmal zum (Fest-)Zuge kommt.

Deshalb sind Stadtjubiläen längst Gesamtkunstwerke, die mit hohem Aufwand, in bester Performance und in klarer strategischer Absicht betrieben werden. Eine Strategie dabei ist die der Authentisierung, also der Konstruktion einer fast menschlich anmutenden Stadt-Identität, die gleichwohl als eine bloße historische Re-Konstruktion vermittelt wird, als schlichte Rückbesinnung auf die eigenen Wurzeln: »So waren wir schon immer, wir hatten das nur vergessen!« Eine zweite Strategie richtet sich als Identifikationsangebot an Alt- und Neubürger wie an Touristen und Metropolenfans: »unser« New York oder schlicht »Be Berlin«. Weil die Marke »Weltstadt« offenbar ein hohes symbolisches Kapital verkörpert, das die Stadt-Shirts dann auf den Träger übertragen. Eine dritte Strategie wirbt um die neuen Stadt-Bürger, besonders die in den zivilgesellschaftlichen Bewegungen und kulturellen Szenen, die als »kreatives Potenzial« für das Stadtmarketing von Bedeutung sind, aber auch für die urbane Innenwelt, für ihre Belebung und Gestaltung. »Reclaim the city« ist längst vom provokanten Graffito zum eleganten Logo mutiert und drückt diese identifikatorische Haltung symbolisch aus: den stadt-bürgerlichen Gestus eines lokal-stolzen »Wir«. Bei einer vierten Strategie geht es schließlich um »tribalistische« Bilder, um Vorstellungen von lokaler Abstammung, Zugehörigkeit oder Gemeinschaft. In der spielerischen Variante ist in Berlin da die Rede vom schwindenden »Ur-Berlinertum«, das sich nur noch in wenigen Kiezen finde, oder vom überhandnehmenden Tourismus, der die Stadt ersticke. Doch es gibt auch die aggressiveren Formen, die mit Verweis vor allem auf die wachsende Zahl von Migranten, Moscheen und Muslimen von unüberbrückbaren mentalen oder religiösen Gegensätzen sprechen und von einer bedrohlichen ethnisch-kulturellen »Überfremdung«.

So geht im urbanen Identitätsdiskurs beides häufig ineinander über: ein oft auch selbstironischer Dialog über urbane kulturelle Vielfalt und ein fremdenfeindlich geführter Monolog über kulturelle Differenz. Thilo Sarrazins Pamphlet *Deutschland schafft sich ab* etwa operiert in diesem Grenzgebiet. Und es übertritt dort bewusst jene Linie, die den reflexiven Umgang mit kultureller Differenz von der fundamentalistischen Übernahme biologistischer und rassistischer Ideen trennt.

Dies nun ausgerechnet (auch) am Beispiel Berlins, also einer Stadt, die historisch als ein regelrechter »Abstammungsbastard« daherkommt: territorial, hegemonial, ethnisch, religiös, sozial. Wer und was wären denn »die Berliner«, rein »stammesmäßig« betrachtet? Die Münchner jedenfalls scheinen ganz überwiegend Bayern zu sein, die Stuttgarter zweifellos Schwaben, die Hamburger wohl norddeutsch-niedersächsisch. Zumindest gibt es dort offenbar einen festen Zusammenhang zwischen Stadt und Region, zwischen »local spirit« und »Stamm«. Die Berliner jedoch sind weder »echte« Preußen noch Märker oder Brandenburger, sondern meist Zugewanderte, Nah- wie Fernmigranten, eben einfach: Berliner. Stammesmäßig also eine »Promenadenmischung« – oder systemtheoretisch anspruchsvoller formuliert: ein »autopoetisches System«, das sich biologisch wie kulturell wie kommunikativ selbst definiert und reguliert.

Dennoch wird heute über »echte« Berliner intensiv diskutiert, über ein Ur-Berlinertum, das wohl bald zur »bedrohten Minderheit« und zum »schützenswerten Kulturgut« erklärt wird angesichts aufbrandender türkischer und schwäbischer, russischer und sächsischer Einwanderungswellen. Darüber lässt sich in lokalen Feuilletons, Szenemagazinen und Graffiti-Claims ausdauernd debattieren. Und auch jenes eher sinnfreie Motto »Be Berlin« kann dann bewusst missverstanden werden: als Einladung zur ironischen wie provinziellen Selbst-Beschränkung durch urbane Selbst-Verstämmlichung. Deshalb ist auch das Migranten- und Touristen-Bashing mittlerweile fast so »hip« geworden wie die Metropole selbst. Wer andere als »Fremde« identifizieren kann, qualifiziert sich selbst damit offenbar als »Einheimischer«.

Nun ist dieses Spiel mit Identitätszuweisungen in seinen ironischen wie seinen aggressiven Varianten ja keineswegs neu. Es besitzt vielmehr eine intensive und lange Vorgeschichte – gerade in Berlin mit seiner wechselvollen Migrations- wie Integrationsgeschichte. Allerdings wurde die Entstehung der Berliner »Mischung und Art« bislang zumeist aus der Perspektive der Industrie- und Kulturmetropole des späten 19. und frühen 20. Jahrhunderts beschrieben. Ausführlich zuletzt anlässlich der 750-Jahrfeier zum letzten Stadtjubiläum im Noch-Mauer-Jahr 1987, als die Metapher Heinrich Manns von der »Menschenwerkstatt Berlin« in West-Berlin zum Ausgangspunkt einer historisch-anthropologischen Perspektive genommen wurde. Danach erzog die Stadt ihre Menschen, bearbeitete sie permanent und schuf so einen »neuen urbanen Typ«[2]. Mit Verweis auf die Klassiker der Moderne von Georg Simmel bis Max Weber wurden nicht Herkunft und Vergangenheit, sondern urbane Welt und soziale Gegenwart als die entscheidenden Faktoren hervorgehoben, die urbane Realität und Mentalität formten. Und zweifellos dominiert in den Beschreibungen der Großstadt Berlin stets ganz zu Recht dieser Hinweis auf die Moderne, auf die dramatisch »neue« Urbanität Berlins durch Technik und Verkehr, durch Größe und Masse, durch Medien und Lebensstile als die wesentliche kulturelle und mentalitäre Prägekraft.

Damit wird jedoch eine andere Denktradition teilweise verdeckt, die den Weg in diese Moderne stets konservativer betrachtete und angesichts der dominanten Erfahrung von Bruch und Wandel nach Beständigkeit und Tradition suchte, nach Kontinuitätslinien der Vormoderne auch in den modernen Städten. So fragte etwa Walther Classen in seiner 1906 erschienenen *Großstadtheimat* besorgt, ob neben den »neuen Eigenschaften« auch »die alten des Mutes, des Unternehmungsgeistes und der Beständigkeit« aus dem ländlichen »Volksleben« bewahrt bleiben würden.[3] Auch im modernistischen Berlin ging es daher um das Projekt des »kulturellen Erbes«, um Herkunft und Heimat, deren Verlust als akute Gefahr erschien und deren Bewahrung auch hier nun zu einer vorrangigen Aufgabe von Geschichtswissenschaft und Volkskunde gemacht wurde: in der Tradition der Brentanos, Jahns und Grimms und in der Gestalt von Sammlungen und Museen, von Texten und Bildern. Und es ging dabei schon seit dem Beginn des 19. Jahrhunderts auch um ethnische und anthropologische Bilder, die aus den Überlieferungen einer romantisch verklärten wie national überhöhten »Naturgeschichte des Volkes« zusammengestellt wurden.[4]

Auch das Projekt der »ethnischen Spurensuche« nahm also ironischerweise in Berlin, in der Großstadt (s)einen Ausgang. Hier wurde dem »Großstadtmenschen« sein »Volkscharakter« regelrecht zu-geschrieben, nach Abstammung und Dialekt gefahndet, nach Esskultur und Witz, nach Lied und Tracht, nach Fest und Brauch. Und diese »Inlandsethnologie« fand im Berliner Bürgertum beides vor: eifrig suchende und sammelnde Akteure wie ein hoch interessiertes und konsumierendes Publikum. Damit war auch für Verbreitung, Erhaltung und Absatz der gesammelten Bilder gesorgt. Vereine und Festzüge, Vorträge und Ausstellungen, Museen und Zeitschriften, Denkmäler und Straßennamen wid-

2 S. vor allem Gottfried Korff (Hg.), *Berlin, Berlin: die Ausstellung zur Geschichte der Stadt*, Berlin 1987, S. 144–155.

3 Walther Classen, *Großstadtheimat. Beobachtungen zur Naturgeschichte des Großstadtvolkes*, Hamburg 1915, S. 124.

4 In Anlehnung an Wilhelm Heinrich Riehl, *Die Naturgeschichte des Volkes als Grundlage einer deutschen Socialpolitik*, Stuttgart usw. 1851ff.

meten sich intensiv dieser Entdeckung und Pflege des Berliner »Volkscharakters«.[5] Gerade weil, wie der Volkskundler Karl Brunner 1914 schrieb, Berlin »doch kein eigenes starkes Volkstum besitzt und auch in der umgebenden Provinz kein solches mehr aufzuweisen hat«, bedürfe es dieser volkskundlichen Suche und musealen Arbeit.[6] Insofern verkörperte diese urbane »Stammessuche« in Berlin während des 19. und 20. Jahrhunderts keineswegs ein kulturelles Paradoxon, sondern gehörte vielmehr zu den charakteristischen Strategien der Moderne: zu ihren Versuchen der Historisierung und Folklorisierung der städtisch-industriellen Welt.

»Berlinertum«: Residenz-Menschen

Doch dies dauert – auch in Berlin. Erst gegen Ende des 18. Jahrhunderts wird die Stadt, werden die Berliner »literarisch« entdeckt. Denn erst jetzt formiert sich ein städtisches Bürgertum, das sich von innen um seine »lokale Identität« Gedanken macht. Und erst jetzt wendet sich auch die Reiseliteratur diesem Thema von außen zu, indem Friedrich Schulz etwa in seiner *Litterarischen Reise durch Deutschland 1786* konstatiert: »Ausser London giebt es keine Stadt in der Welt, wo man öffentlich so frey spricht und schreibt als in Berlin, und sprechen und schreiben darf.«[7] Und Karl Heinrich Kröden beeindruckt hier vor allem ein »Gewühl von Menschen, welches oft bis spät in die Nacht dauert«.[8] Erst auf der Grundlage solcher Berichte spricht man nun auch in anderen deutschen Städten von »den Berlinern« als einem Begriff und einem Bild, das Züge von aufklärerischer Tradition und politischer Macht, von städtischer Größe und kultureller Vielfalt in sich vereint, aber auch von populärer Derbheit und kommunikativer Schlagfertigkeit.

Nicht allen jedoch macht dieses Berlin um 1800 mit seinen damals gerade einmal 150 000 Einwohnern und 6000 Häusern bereits Eindruck und Laune. Goethes bekanntes Urteil etwa aus dem Jahr 1823 – freilich nach einem einzigen frühen Berlin-Besuch! – will wenig schmeicheln: »Es lebt aber, wie ich an allem merke, dort ein so verwegener Menschenschlag beisammen, daß man mit der Delikatesse nicht weit reicht, sondern daß man Haare auf den Zähnen haben und mitunter etwas grob sein muss, um sich über Wasser zu halten.«[9] Theodor Fontane literarisiert diesen Stereotyp später rückblickend, wenn er in einem Roman über die Befreiungskriege gegen Napoleon am Neujahrstag 1813 »vier Berliner Bürger« in einem Ausflugslokal beim Punsch zusammensitzen lässt. Dabei werfen die drei anderen dem vierten vor, dass er trotz aller Bemühungen doch »den Bürstenmacher nicht verleugnen könne, und das traf in allen Stücken zu; denn wie sein Haar, so war auch seine Manier und Sprechweise: die Borsten immer nach oben. Ein echter Berliner.«[10] Das ist es dann: der »echte Berliner«, eine frühe Marke – wobei Fontanes Markenprofil mit den Borsten auf dem Kopf wohl nicht zufällig motivisch an Goethes Haaren auf den Berliner Zähnen anknüpft.

Interessanterweise wird die Berliner Identität hier bereits als kultureller Habitus gedacht: als ein enges Zusammenspiel von Äußerlichkeit und Innerlichkeit, von Verhalten und Haltung. Und sie wird in kollektiven wie individuellen Stereotypen skizziert, also in Versuchen kultureller Homogenisierung wie sozialer Typologisierung. Es sind daher die »Klassen« und die »Milljöhs«, die ins Berlinische sozialisieren: als Eckensteher und Fischweib, Droschkenkutscher und Gassenjunge, Bürgersfrau und Freisinniger, Philister und Offizier, Student und Grisette.[11] Ernst Dronke benutzt diese Bilder und Typologien bereits in seinem Berlin-Buch 1846 als Blaupausen eines »Berlinertums« und »Volksnaturells« und verleiht ihnen damit soziologische wie charakterologische Qualität. Dazu noch moralische,

5 S. dazu etwa die Beiträge von Franka Schneider, Sabine Imeri und Leonore Scholze-Irrlitz, in: Ina Dietzsch, Wolfgang Kaschuba, Leonore Scholze-Irrlitz (Hg.), *Horizonte ethnografischen Wissens*, Köln usw. 2009.

6 Karl Brunner, »Die Entwicklung der Königlichen Sammlung für deutsche Volkskunde seit dem Jahr 1904«, in: *Zeitschrift des Vereins für Volkskunde*, 24 / 1914, S. 359.

7 Zit. n. Ursula Goldenbaum, Alexander Kosenina (Hg.), *Berliner Aufklärung. Kulturwissenschaftliche Studien*, Bd. 1, Hannover 1999, S. 7.

8 Zit. n. Thomas Biskup, »Auf Sand gebaut? Die ›Boomstadt‹ Berlin in der deutschen Öffentlichkeit um 1800«, in: Ders., Marc Schalenberg (Hg.), *Selling Berlin. Imagebildung und Stadtmarketing von der preußischen Residenz bis zur Bundeshauptstadt*, Stuttgart 2008, S. 59–76, hier S. 64.

9 Zit. n. Richard Müller-Freienfels, »Berliner Skizzenbuch. Notizen zur Psychologie der Großstadt«, in: Ders., *Tagebuch eines Psychologen*, Leipzig 1931, S. 119.

10 Theodor Fontane, *Vor dem Sturm. Roman aus dem Winter 1812 auf 13*, Ulm 1982 [EA 1878], S. 330.

11 S. dazu Adolf Glaßbrenner, *Berlin wie es ist und – trinkt*, 30 Hefte, 1832–1850, erschienen in Berlin und Leipzig.

wenn er notiert: »Die Berliner Frauen sind lebenslustig und leichtsinnig, ihre Ehemänner aber nicht eifersüchtig [...]«. Darin folgt er einerseits ganz dem Trend der Zeit, der solche Unterhaltungen über »Typ« und »Art« und über Selbst- und Fremdbilder als Salondiskurs wie als literarisches Sujet schätzt. Andererseits merkt er an, dass ein »eigentlicher Gesamteindruck, ein Volkselement in Berlin nicht vorhanden« sei und ein urbanes »Durcheinandertreiben« der Menschen und Stile daher wohl die »beste Charakteristik«.[12]

Mit der Industrialisierung und massenhaften Zuwanderung im mittleren 19. Jahrhundert scheinen sich die städtische Atmosphäre und die Menschen nachhaltig zu verändern: »Der Geist der Stadt, der vorher alle geeint hatte, in allen Gesellschaftsschichten mächtig gewesen war, verflüchtigte sich in die unteren Klassen, die noch kein Ehrgeiz plagte, durch den richtigen Gebrauch von mir und mich sich als gebildet zu erweisen. [...] Auch der berühmte bodenständig und viel verschriene Berliner Humor, gelästert nur von denen, die seine Selbstironie missdeuteten, schränkte sich ein auf die Domäne der kleinen Beamten, des bescheidenen Handwerkers, der Droschkenkutscher, Budiker, Ziehleute und Marktweiber, da, wo man ihn noch heute in seinem knorrigen Wurzelstand immer wieder entdeckt.«[13] Nicht nur dank des Berliner »Mir und Mich« spielt auch der Sprechhabitus als identitäres Element eine ganz wesentliche Rolle, weil der Dialekt damals noch viel stärker als heute regional wie lokal »identifiziert«. Auch im Falle des »Berlinertums«: Denn der Berliner »Wurzelstand« spricht ihn, und die städtischen Bürger kennen ihn und können ihn auch teilweise. Beide fühlen sich in gewisser Weise auch verbunden durch Dronkes »Berliner Witz«, der später zur »Berliner Schnauze« gerät und der damit beides meint: populäre Derbheit, intellektuelle Direktheit und vor allem rasche kommunikative Reaktionsfähigkeit. Deshalb erscheint der Dialekt hier auch nicht als »Provinzialität«, sondern eher als »Sozialtechnik«, als angemessene kulturelle Ausdrucksform kognitiver und sozialer Überlebensstrategien in der neuen Großstadtwelt. So bleibt es letztlich offen, ob der »Berliner Dialekt« nicht in Wirklichkeit doch nur aus einem urban-stakkatohaften Sprechtempo besteht, in dem sich gleichsam Kontaktdichte in Sprachverdichtung überträgt, wie Walter Benjamin mutmaßte.[14] Und es wäre erneut ein Hinweis darauf, dass das gemeinsame »Berlinertum« nun vor allem in der Erkundung und Bewältigung des Urbanen besteht: »In dem bewegten öffentlichen Leben zeigt sich das Wesen der großen Stadt. [...] Es kann jeder leben, wie er will, weil eben alles zu finden ist, was man nur suchen kann; ja, man kann sogar alles zu gleicher Zeit haben.«[15]

»Berliner Luft«: Dschungelwelten?

Dieser Eindruck verstärkt sich noch deutlich nach 1900. Auch zum Bedauern mancher: »Um 1900 ist das alte Berlin gestorben, und an seine Stelle trat die physiognomielose Weltstadt, wie man sie überall findet.«[16] Nun ahnt die Hauptstadt des Kaiserreiches schon die Aura der künftigen Metropole, der Karl Scheffler 1910 in seinem Buch *Berlin – ein Stadtschicksal* jenen prophetischen Satz ins Stammbuch schreibt: »Berlin ist dazu verdammt, immerfort zu werden und niemals zu sein.« In der Tat erlebt sich die Stadt nun selbst avantgardistisch, nimmt ständig Neues und Neue in sich auf: neue Menschen, neue Ideen, neue Dinge! Und sie verkörpert auch all dies: Technik und Verkehr, Medien und Kommunikation, Tempo und Hektik, Vermassung und Individualisierung. Berlin scheint alles zugleich zu »werden«: Polit- und Kunst-, Literatur- und Szene-, Erlebnis- und Mietskasernen-Metropole. Zudem ein Ort, der als »babylonisch« beschrieben wird wegen der Vielfalt und Unübersichtlichkeit seiner Bevölkerungsgruppen und Stadtkulturen, seiner Sprachen und Lebensstile.

12 Ernst Dronke, *Berlin*, Frankfurt a. M. 1846, S. 16 u. 19.

13 Hans Mackowsky, *Häuser und Menschen im alten Berlin*, Berlin 1923, S. 6.

14 Walter Benjamin, *Berliner Kindheit um neunzehnhundert*, Frankfurt a. M. 1994.

15 Dronke 1846 (s. Anm. 12), S. 14f.

16 Mackowsky 1923 (s. Anm. 13), S. 15.

Französisches und Jüdisches, Russisches und Polnisches, Süddeutsches und Ostpreußisches kommen zueinander, prallen aufeinander, vermischen sich – als Idiom wie als Küche, als Biografie wie als Temperament.

Laut und chaotisch erlebt man auch die Berliner Straßenlandschaft. Ihr spezieller »soundscape« scheint aus einem sonoren Grundakkord von Verkehrs-, Hof- und Hauslärm zu bestehen, variiert durch schrille Gezänk-, Gesprächs- und Musikeinlagen je nach Tageszeit und Standort. Walter Benjamin erinnert sich dennoch wehmütig: »Der Takt der Stadtbahn und des Teppichklopfens wiegte mich in den Schlaf. Er war die Mulde, in der sich meine Träume bildeten.«[17] Wenig traumhaft scheint hingegen die urbane Esskultur, jedenfalls im Blick auf »volkstümliche echte Berliner Speisen« wie »dicke Erbsen mit Eisbein (oder Pökelfleisch) und Sauerkohl.«[18] Selbst einheimische Genießer kommentieren diese höchst bescheidene Kost, karg wie der märkische Sand, eher sarkastisch: »Wässrige, saure Gurken, Teltower Rüben und fade schmeckender Kohl sind die Erzeugnisse dieses Bodens. Bezeichnender aber noch für die kolonistenmäßige Anspruchslosigkeit der Berliner sind die Brotsorten, mit denen die Stadtbevölkerung sich jahrhundertelang begnügt hat.«[19]

Diese vielfach noch unbekannte urbane Welt lockt nun auch die Gesellschaftswissenschaften an, die beides tun: Sie versuchen einerseits die urbane Welt, ihre Logik und ihre Geheimnisse zu erklären, verstärken jedoch mit dieser Beschäftigung andererseits zugleich oft ungewollt deren Bilder und Mythen. Georg Simmel spricht in seinem berühmten Essay *Die Gross-Städte und das Geistesleben* aus dem Jahr 1903 von den alles überlagernden sinnlichen Erfahrungen dieser neuen industriell-urbanen Welt, die kaum zu verarbeiten seien: »[…] die rasche Zusammendrängung wechselnder Bilder, der schroffe Abstand innerhalb dessen, was man mit einem Blick umfaßt, die Unerwartetheit sich aufdrängender Impressionen«.[20] Und er identifiziert als funktionale Gegenreaktion und soziale Überlebensstrategie die »Blasiertheit« des Großstädters, der sich so aus einer zu reiz-intensiven Umwelt zurückzieht in die »Reserviertheit« einer distanten Haltung.[21] Ganz ähnlich betrachtet auch der Mediziner und Psychologe Willy Hellpach das Zusammenwirken von Tempo und Masse, von Fremdheit und Nervosität als das »Gesetz der großen Stadt« und bezeichnet die Reaktionsweise des Großstädters darauf als »sensuelle Vigilanz« bei »emotionaler Indifferenz«, also als eine Art von »wacher Wurstigkeit«.[22] Simmels und Hellpachs neuer »Urbantyp« wird nun auch zum Protagonisten zahlloser »neuberlinischer« Romane, wie der Berliner Flaneur Franz Hessel dieses urbanistische Literaturgenre spöttisch nennt.

Solche journalistischen, wissenschaftlichen und literarischen Bilder der Metropole verstärken noch die Neugier des Publikums auf diese fremden und exotischen Welten in der Großstadt, die offenbar vor allem von »Milieus« und »Typen« bewohnt werden: von Armen und Fremden, von avantgardistischen Künstlern und lasziven Prostituierten. Dies also scheint der »Großstadtdschungel« zu sein, jenes »gefährliche« und »sündige« Berlin. Die Realität ist meist prosaischer. Armut und Hunger kümmern sich wenig um soziale Neugier und kulturelle Vielfalt, und sie herrschen damals vor allem in Quartieren wie dem »Scheunenviertel« hinter dem Alexanderplatz. Dort spielt nicht nur Alfred Döblins weltbekannter Roman, dort bekriegt sich nicht nur die »Unterwelt« mit der Polizei wie in Brechts *Dreigroschenoper*, sondern dort suchen auch immer neue Migrantengruppen ihre Chance auf urbanes Überleben. So wird auch dieses Viertel wie andere literarisiert, exotisiert und zu einem »weltstädtischen« Kennzeichen Berlins gemacht, über das Klaus Mann 1923 mit wohligem Schaudern schreibt: »Die Romantik der Unterwelt war unwiderstehlich. Berlin […] enthusiasmierte mich durch seine schamlose Verruchtheit.«[23] Und Erich Kästner reimt

17 Benjamin 1994 (s. Anm. 14), S. 11.

18 Hermann Kügler, »Die Berliner«, in: Martin Wähler (Hg.), *Der deutsche Volkscharakter. Eine Wesenskunde der deutschen Volksstämme und Volksschläge*, Jena 1937, S. 137.

19 Karl Scheffler, »Berliner Lebensformen«, in: Karl Meyer (Hg.), *Berlin. Ein Heimatbuch*, Leipzig 1925, S. 253–258, hier S. 258.

20 Georg Simmel, *Das Individuum und die Freiheit*, Frankfurt a. M. 1993, S. 192–204, hier S. 192f.

21 Diese »Blasiertheit« benannte im Übrigen schon Friedrich Saß 1846 als auffällige Berliner Charaktereigenschaft. S. Friedrich Saß, *Berlin in seiner neuesten Zeit und Entwicklung*, Berlin 1983, S. 40.

22 Willy Hellpach, *Mensch und Volk der Großstadt*, Stuttgart 1939, S. 99 u. 74.

23 Zit. n. Eike Geisel, *Im Scheunenviertel: Bilder, Texte und Dokumente*, Berlin 1981, S. 14.

1929: »Sie stehen verstört am Potsdamer Platz / Und finden Berlin zu laut / Die Nacht glüht auf von Kilowatts / Ein Fräulein sagt heiser: ›Komm mit, mein Schatz‹ / Und zeigt entsetzlich viel Haut.«

»Berliner Schlag«: Urbanes Volkstum?

Vor allem nimmt nach 1900 die ostjüdische Einwanderung wegen russischer und polnischer Pogrome deutlich zu. Bald wird Berlin 150 000 jüdische Einwohner zählen, und arrivierte jüdische Familien helfen den neuen und meist armen in dieser Situation materiell zu überleben. Es hilft aber auch der jüdische Witz, der einen gewichtigen Teil der »Berliner Schnauze« ausmacht. So erinnert sich Mischket Liebermann, Tochter des Rabbiners im Scheunenviertel, gerne daran, wie ihr »hauseigener Schnorrer«, als Mischkets Eltern ihm einmal den gewohnten monatlichen Obolus nicht gleich geben können und ihn auf den nächsten Monat vertrösten, in heller Empörung schimpft: »Warum soll ich Ihnen das schenken? Wer schenkt mir denn was?«[24] Dabei sind solche selbstironischen Geschichten als populäre Narrative, als »urban stories« eben noch wichtiger als der wirkliche (?) Vorfall: Sie lassen den Menschen auch in der Not ihre Würde! Deshalb zeichnet damals auch der bekannte Maler Heinrich Zille sein Berliner »Milljöh« oder seine *Hurengespräche* in Karikaturen und Dialogen, die urbane Realitäten sozialsatirisch ohne falsche Sentimentalität präsentieren.[25]

Vielfalt und Wandel, Differenz und Fremdheit werden als prägende Berliner Erfahrungshorizonte also auch in Literatur, Theater, Kunst und Wissenschaft immer wieder thematisiert: einerseits als neue, durchaus auch verunsichernde urbane Erfahrungsstruktur, andererseits als zentrale kulturelle Ressource für soziale Begegnung, kulturelle Kreativität wie avantgardistische Originalität. Willy Hellpachs vielzitierte Formulierung von der »ethnoplastischen Leistung« Berlins, die auf die hohe Integrationskraft der Stadt anspielt, bezieht sich auf diese Vielgesichtigkeit der »Stadt-Skulptur«.

Bis dahin – darauf kommt es an – entdeckt die Berliner »Stammessuche« allerdings kein »ethnisches«, vielmehr stets nur ein »soziales« Volk: urbane Gruppen, Typen und Milieus, die das Berliner »Naturell« nicht qua Abstammung verkörpern, sondern durch Lebensweise, Sprache und Habitus. Und es ist in der Tat »Volk«, das hier literarisch, soziografisch, ethnografisch beschrieben wird: Angehörige vor allem der körperlich arbeitenden und »im Kiez« lebenden Bevölkerungsgruppen. Nicht umsonst ist es auch in Fontanes Roman *Frau Jenny Treibel* deshalb die »Wirtschafterin« Schmolke, die dieses »echte« Berlinertum verkörpert, nicht ihre aufstiegsbeflissene und »nicht-authentische« Brotherrin Jenny.[26]

Doch diese Betrachtungsweise ändert sich 1933: Mit dem Machtantritt der Nazis soll nun auch das Berlinertum von »sozial« auf »ethnisch« umgebürstet, eine »ethnische Geschichte Berlins« geschrieben werden.[27] Spätestens ab 1933 wird daher gegen die »Großstadtdekadenz« das wahre »Volkstum« in Stellung gebracht, wenn etwa der pathetische Erguss *Heimat Großstadt* die urbane Welt erden und verdörflichen will: »Auch über dem Meer der Mietskasernen / Wölbt sich der Nachthimmel mit all den Sternen / [...] Und tausend und mehr als tausend Herzen / Nennen dich, / Auch dich / Mit bebender Lippe: / Heimat!«[28] Auch der Berlin-Chronist Karl Scheffler stellt nun ganz im Jargon der Zeit mit Blick auf einheimische »Rasseneinflüsse« fest: »Alle Hauptstädte Europas sind anders entstanden als Berlin. Sie sind geworden, wie sie sind, weil sie von Anfang an natürliche Mittelpunkte waren. [...] Anders in Berlin. Das ist entstanden infolge eines Vorstoßes pionierender ger-

24 Mischket Liebermann, »Im Berliner Ghetto«, in: Geisel 1981 (s. Anm. 23), S. 50–52, hier S. 52.

25 Heinrich Zille, *Hurengespräche / gehört, geschrieben und gezeichnet von W. Pfeifer*, Faksimiledruck, München 2000 (EA 1913).

26 Theodor Fontane, *Frau Jenny Treibel*, Berlin 1915.

27 Ingeborg Weber-Kellermann, »Der Berliner. Versuch einer Großstadtvolkskunde und Stammescharakteristik«, in: *Hessische Blätter für Volkskunde*, 56 / 1965, S. 9–30, hier S. 14.

28 Gedicht von Ernst Schur, in: Horst Kube, *Die Berliner*, Berlin 1935, S. 69.

manischer Stämme ins Wendengebiet. [...] Diese germanisch-slawische Blutmischung hat ja im ganzen Nordosten, bis hinunter nach Sachsen und Schlesien, einen eigenen Typus geschaffen!«[29]

Dabei darf dieser »eigene Typus« natürlich keineswegs in einer »undeutschen Stadt« leben. Nein: »Berlin ist eine deutsche Stadt und hat seinen alten deutschen Charakter bewahrt!«. Auch in der Sprache: »Die Muttersprache formt eben als Mundart und als geistiger Inhalt die Gleichrassigen.« Daher fallen dem Autor nun die »Andersrassigen« auch so unangenehm auf, vor allem die »Sowjetjuden« und die »Ostjuden«: »Diese sich laut hervordrängenden Ausländer wurden mit den echten Berlinern verwechselt, und die herrschende jüdische Presse gab den Ton an.«[30] Und auch ein Willy Hellpach rechnet sich nun zum bleibenden Verdienst an, »die Volkslebensgefahr einer gedankenlosen Großstädtezüchtung mit vorwiegend biologischem und statistischem Rüstzeug unbeschönigt herauszustellen und jedem zum Bewusstsein zu bringen«, wobei er nebenbei noch geflissentlich betont: »Mir persönlich liegt die großstädtische Daseinsform gar nicht [...]«.[31] Da geht es ihm offenbar ähnlich wie den braunen Machthabern, die mit Holocaust und Krieg dann auch diese ungeliebte »großstädtische Daseinsform« Berlin zunächst dramatisch zu verändern und dann nachhaltig zu zerstören versuchen.

29 Karl Scheffler: »Der Berliner Schlag«, in: Kube 1935 (s. Anm. 28), S. 11–15, hier S. 11f.

30 Kügler 1937 (s. Anm. 18), S. 136f.

31 Hellpach 1939 (s. Anm. 22), HHS. VI.

Berliner Stämme.de?

Das ist ihnen bis 1945 in vieler Hinsicht gelungen, aber eben zum Glück nicht ganz. So wie umgekehrt ihre rassistischen Volkstumsideen nach 1945 zwar widerlegt und besiegt waren, aber leider nicht gänzlich verschwunden. Selbst in der nach 1989 dann mauerfreien, vereinigten, offenen, eben: »neuen« Berliner Stadtlandschaft finden sich noch verstockte »völkische« Parzellen, die hinter ihren ideologischen Mauern das Abstammungsdenken noch nicht verlernt und den Kulturkontakt noch nicht entdeckt haben. Und es gibt auch urbane Neonazigruppen, die hinter dieser Deckung der nationalistischen Stammtische geistigen wie physischen Kleinkrieg führen gegen alles »Undeutsche«, »Ausländische«, »Fremde«. Nicht alle Berliner Viertel, Straßen und Plätze sind heute deshalb sichere, angstfreie, offene Räume.

Im Ganzen gesehen jedoch scheinen dies (noch) Randerscheinungen in einem Berlin, das sich längst als »Promenadenmischung« wiederentdeckt hat, als alte und neue »Hauptstadt« gerade auch von vielfältigen migrantischen und mobilen Bevölkerungsgruppen wie von pluralen und hybriden Kulturstilen. Und auch als ein Berlin, das heute tatsächlich durch Formen »urbaner Tribalisierung« von sich reden macht. Da geht es allerdings in eher spielerischer Weise um öffentliche Räume und urbane Szenen, um migrantische Belange und religiöse Gemeinden, um Freizeitmuster und Partykulturen, um künstlerische Projekte und digitale Netzwerke, kurz: um urbane Lebensstile und Praxen, die sich angesichts der sozialen und kulturellen Vielfalt der Stadt als eigene Bewegung, als Gemeinschaft, eben als »Stamm« zu inszenieren versuchen. Um dadurch mehr Beachtung und Aufmerksamkeit zu erfahren und um ihren Problemen und Anliegen damit eine eigene kulturelle Handschrift zu verleihen. Auch da geht es manchmal um Fragen von Bürgerschaft und Einheimischsein, um damit Argumente und Positionen symbolisch zu verstärken. Doch meint das in der Berliner Tradition meist offene Formen sozialer oder kultureller Zuordnung, nicht krude Ideen lokaler oder ethnischer Abstammung. Nicht umsonst treiben solche urbanen Tribalisierungen vor allem die »social networks« voran, also bunt gemischte Internetforen und Bloggergruppen, die sich selbstironisch als »Stadtindianer«, »Piraten« oder »Stämme«

präsentieren und Berlin damit zum Labor neuer sozialer wie digitaler »Erlebnisgemeinschaften« machen.

Insofern gibt es sie heute – endlich: »Stämme in Berlin«. Lokale Szenen und digitale Gruppen, kulturelle Initiativen und zivilgesellschaftliche Bewegungen, die sich organisatorisch wie kommunikativ wie ästhetisch als urbane Gemeinschaften inszenieren. Manche von ihnen als ein durchaus schräges, unkonventionelles und exotisches »Wir«. Aber fast immer auch als eines, das sich damit auch stammesmäßig zuständig erklärt für »seinen« Kiez und für »seine« Stadt. Als Berliner eben…

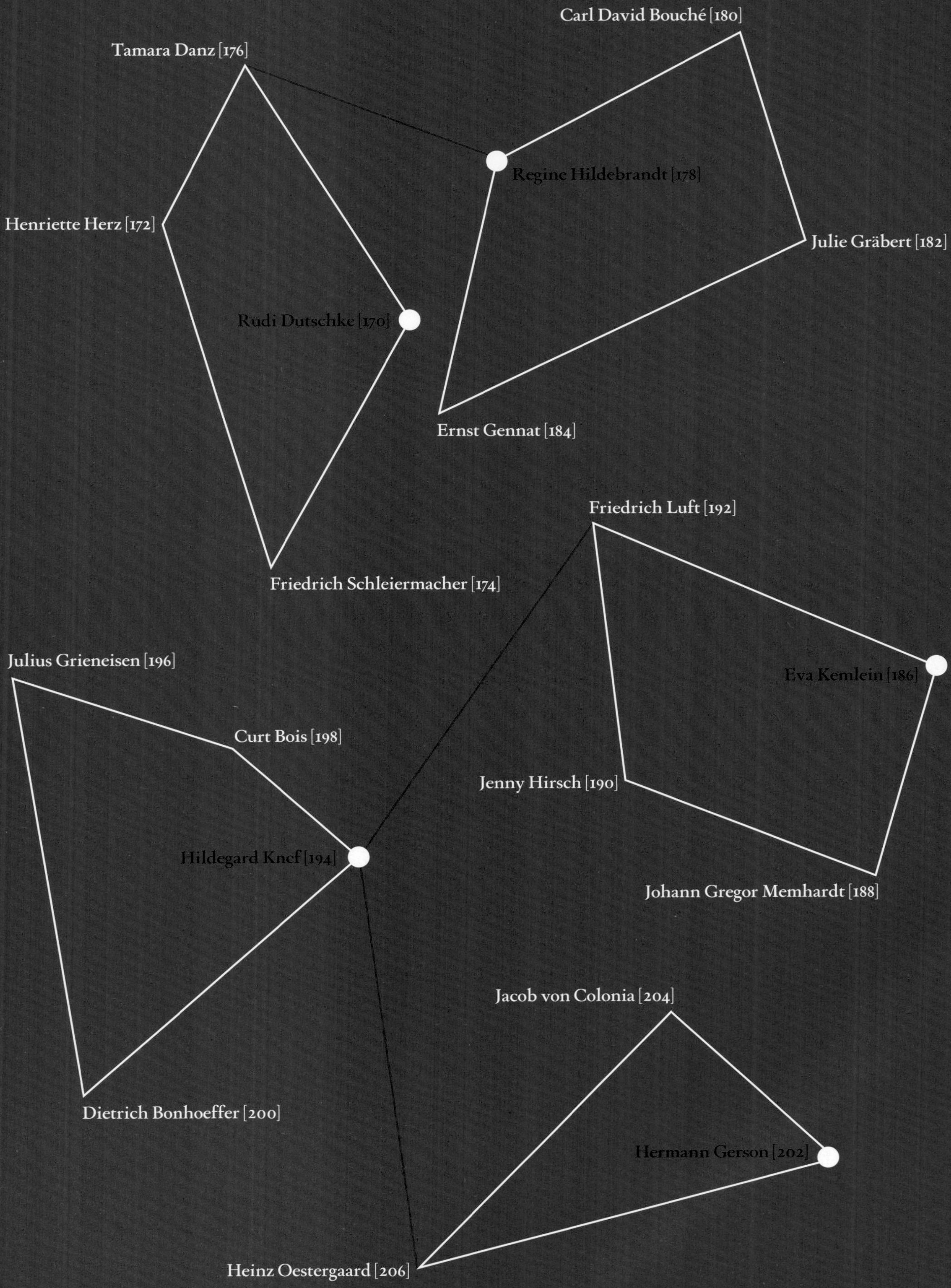

Carl David Bouché [180]
Tamara Danz [176]
Regine Hildebrandt [178]
Henriette Herz [172]
Julie Gräbert [182]
Rudi Dutschke [170]
Ernst Gennat [184]
Friedrich Luft [192]
Friedrich Schleiermacher [174]
Julius Grieneisen [196]
Eva Kemlein [186]
Curt Bois [198]
Jenny Hirsch [190]
Hildegard Knef [194]
Johann Gregor Memhardt [188]
Jacob von Colonia [204]
Dietrich Bonhoeffer [200]
Hermann Gerson [202]
Heinz Oestergaard [206]

Rudi Dutschke – Ikone der 1968er

1940 geboren am 7. März in Schönefeld bei Luckenwalde / Brandenburg **1958–1960** nach dem Abitur Lehre als Industriekaufmann in Luckenwalde **1960/61** Wiederholung des Abiturs in West-Berlin **1961–1968** Studium der Soziologie und Philosophie an der Freien Universität Berlin (FU) **1962** Mitgründer der »Subversiven Aktion«, **1964** aufgegangen im Sozialistischen Deutschen Studentenbund (SDS); dort sofort in führender Position **1966** Heirat mit Gretchen Klotz; erste Verhaftung als »Rädelsführer« **1967** Mitgründer der »Kritischen Universität« innerhalb der FU; Mitorganisator der »Anti-Springer-Kampagne« **1968** Mitorganisator des Internationalen Vietnamkongresses in West-Berlin; am 11. April auf offener Straße in den Kopf geschossen und lebensgefährlich verletzt **1970** nach monatelanger Therapie Erholungsaufenthalte, u. a. in der Schweiz und Italien; Studium in Cambridge bis zur Ausweisung aus Großbritannien **1971** Übersiedlung nach Dänemark, Dozent an der Universität Aarhus **1973** erste öffentliche Rede nach dem Attentat bei einer Anti-Vietnamkriegs-Demonstration in Bonn; Promotion an der FU (1974 veröffentlicht unter dem Titel *Versuch, Lenin auf die Füße zu stellen*) **1979** von der Bremer Grünen Liste zum Gründungskongress der Partei Die Grünen im Januar 1980 delegiert; am 24. Dezember in Aarhus an den Spätfolgen des Attentats gestorben

Seine markante Erscheinung – Strickpullover, Bartstoppeln, offenes Lachen und ernster Blick über dem Megaphon – erwies sich als ikonentauglich wie diejenige des Revolutionsführers Che Guevara mit seiner besternten Baskenmütze. Persönliches Charisma und seine schneidende Rhetorik taten ein Übriges. So ist Rudi Dutschke als *die* Symbolfigur der 1968er-Bewegung in Erinnerung geblieben. Seine radikale Aufforderung zum »langen Marsch durch die Institutionen« lebt heute zumindest sprichwörtlich im Vokabular seiner politischen Generation fort.

Dutschke stammte aus einfachen, ländlichen Verhältnissen. Bis zur Rückkehr des Vaters aus Kriegsgefangenschaft 1947 erzog die Mutter ihn und seine drei älteren Brüder allein und dies auch in der DDR in christlich-evangelischem Geist. Der Sohn eines Postbeamten engagierte sich in der Jungen Gemeinde, trieb ehrgeizig Sport, wollte Reporter werden. Seine erste öffentliche Rede als Abiturient kostete ihn jedoch wegen deutlich kritischer Töne die Zulassung zur Universität.

Noch kurz vor dem Mauerbau kam er mit einem christlich geprägten Verständnis von Sozialismus und Solidarität zum Studium nach West-Berlin. In den Schriften der Frankfurter Schule und der Klassiker des Kommunismus sowie in der Geschichte der Arbeiterbewegung suchte er Antwort auf die Frage: Wie lassen sich Befreiung von Unterdrückung und Aufhebung der »Entfremdung« verwirklichen? Im »Realsozialismus« des Ostens sah er sie nicht erfüllt, in der »repressiven Toleranz« des Westens schon gar nicht, Freiheitsbestre-

Jürgen Henschel
Vietnam-Kongress im Audimax
der Technischen Universität Berlin, 17.2.1968
Fotografie, 17,6 x 23,9 cm
Stadtmuseum Berlin

Jürgen Henschel
Kurfürstendamm nach dem Mordanschlag
auf Rudi Dutschke, 11.4.1968
Fotografie, 23,4 x 17,6 cm
Stadtmuseum Berlin

Wir dürfen uns nicht über Springer & Co. Definieren / Die Herren an der Spitze werden sich wundern…, 1967
Plakat, 60 x 84,5 cm
Freie Universität Berlin, Universitätsarchiv, Plakatsammlung

Kritische Universität, 1967
Plakat, 60 x 84,5 cm
Freie Universität Berlin, Universitätsarchiv, Plakatsammlung

bungen in der Dritten Welt sah er durch Fremdherrschaft in Gefahr. So richtete sich sein Blick auf »Rätemodell« und Spontaneität, welche schon zwischen 1917 und 1921 das revolutionäre Geschehen in Europa bestimmt hatten.

Mit seinen Mitstreitern – zunächst einer kleinen Minderheit – machte er gegen »die Herrschenden« mobil, ob Große Koalition und deren geplante »Notstandsgesetze«, überkommene Universitätsstrukturen oder exotische Diktatoren im Dienste des »Imperialismus«, vor allem aber gegen die USA und ihren Vietnam-Krieg.

Er propagierte die subversive Aktion, die antiautoritäre Regelverletzung – Formen des Protests, die heute geläufige Praxis sind – und erreichte damit weit über Berlin hinaus Aufmerksamkeit. Mit der Gründung der Kritischen Universität innerhalb der Freien Universität verfolgte er einen »Prozess der Selbstbefreiung des Menschen durch Aufklärung«. In den wenigen Jahren seines öffentlichen Wirkens machten ihn unzählige Interviews, Aufsätze und vor allem fulminante Auftritte als Redner in Auditorien, auf der Straße und vor Kameras zur Identifikationsfigur der Jugendrevolte und »Außerparlamentarischen Opposition«. Die Gegner dieser Bewegung allerdings dämonisierten ihn zum roten Demagogen, Kriminellen und Bürgerschreck.

Am 11. April 1968 überlebte Rudi Dutschke das Attentat eines jungen Rechtsradikalen vor dem Büro des Sozialistischen Deutschen Studentenbundes am Kurfürstendamm nur knapp. Mit den nachfolgenden Osterunruhen kam es zu den größten politischen Tumulten in der Geschichte der Bundesrepublik Deutschland bzw. West-Berlins. Sie richteten sich vor allem gegen den Axel-Springer-Verlag, dessen Zeitungen maßgebliche Schuld am hasserfüllten Klima dieser Zeit zugeschrieben wurde. Trotz langer Rekonvaleszenz und bleibender gesundheitlicher Einschränkungen war Dutschke ein wacher Beobachter der weiteren Entwicklungen. Die Rückkehr in die aktive Politik hat sein früher Tod verhindert.

Ines Hahn

Henriette Herz – Preußens Juno

1764 geboren am 5. September in Berlin 1779 Heirat mit dem Arzt Marcus Herz 1780 neben dem wissenschaftlich-philosophischen Gesprächskreis ihres Mannes Etablierung des ersten literarischen Salons in Berlin 1787 Gründung des Tugendbundes im Herzschen Salon 1796 Beginn der lebenslangen Freundschaft mit Friedrich Schleiermacher 1803 nach dem Tod ihres Mannes Einschränkung ihrer gesellschaftlichen Aktivitäten 1817 protestantisch getauft 1847 gestorben am 22. Oktober in Berlin

»Wer den Gendarmenmarkt und Madame Herz nicht gesehen hat, hat Berlin nicht gesehen«. Das ausgehende 18. Jahrhundert betrachtete die bemerkenswerte Berlinerin als Sehenswürdigkeit – sie und ihren Salon. Sinn und Sinnlichkeit gingen in ihrem Geist und ihrer Gestalt die schönste Verbindung ein, so wie es jene friderizianische Platzanlage mit dem Komödienhaus zwischen den beiden Domen tat.

In ihrem Elternhaus herrschte der Geist der jüdischen Aufklärung. Ihr Vater Benjamin, Sprössling einer vor der Inquisition aus Portugal geflohenen Kaufmannsfamilie, verkehrte mit David Friedländer, Isaac Daniel Itzig und Moses Mendelssohn (siehe S. 136). Henriette genoss eine Bildung, wie sie im nichtjüdischen Bürgertum für Mädchen als angemessen galt, dazu erhielt sie Hebräisch-Unterricht. Weiterführende geistige Impulse empfing sie in der Familie ihrer Freundin Dorothea Mendelssohn. Später eignete sie sich neun Fremdsprachen an, darunter Sanskrit und Malaiisch.

In der traditionell arrangierten Ehe mit dem 17 Jahre älteren Arzt Marcus Herz erkannte das junge Mädchen ihre Chance zur Selbstentwicklung und nutzte sie. »Mit dem fünfzehnten Jahre«, so Johann Gottfried Schadow, hatte sie bereits »eine junoische Gestalt erreicht«. Die so Bewunderte war sich rückblickend sehr wohl bewusst, dass ihre Schönheit ihr manchen Weg ebnete und im gesellschaftlichen Umgang Türen öffnete. Die Wohnungen des Ehepaars Herz in der Spandauer Straße und (ab 1795) in der Neuen Friedrichstraße wurden zu einer festen Adresse des geistigen Berlins. Zu Beginn fand man sich in zwei voneinander getrennten Zirkeln zusammen. Marcus Herz führte mit seinen Gästen Gespräche über Politik und Wissenschaft. Seine Gattin empfing einen Kreis junger literaturinteressierter Männer und Frauen, woraus sich einer der ersten literarischen Salons Berlins entwickelte. »Frau Jette Herz« verstand es, eine anregende Atmosphäre zu schaffen, in der sich ihre Gäste wohl fühlten und die sie animierte, Werke des Sturm und Drang, der Klassik und anderer literarischer Strömungen vorzutragen und zu besprechen. Im Lauf der Zeit überschnitten sich die Kreise. Zu den bekanntesten Besuchern zählten die Gelehrten Alexander und Wilhelm von Humboldt, die Dichter Clemens von Brentano und Jean Paul, der Philosoph Friedrich Schlegel sowie der Theologe Friedrich Schleiermacher (siehe S. 174), mit dem Henriette eine lebenslange Freundschaft verband. Ganz im Geiste der Frühromantik fand sich hier der schwärmerische Tugendbund zusammen, dessen Mitglieder romantischen Vorstellungen von Freundschaft und Treue folgten.

Der Tod von Marcus Herz 1803 bedeutete für Henriettes Leben einen schmerzlichen Einschnitt, der literarische Salon und die Geselligkeiten fanden ein jähes Ende. Sie unterrichtete mittellose Mädchen, führte einen offenen Mittagstisch für Studenten und unternahm zahlreiche Reisen.

Man habe sie für klug gehalten, allein weil sie hübsch war, erinnerte sich Henriette Herz an die früheren Gespräche mit all den erlauchten Geistern. War das nun pures Misstrauen gegen die flüchtigste aller Eigenschaften? Wohl eher eine Koketterie, wie sie sich nur ein selbstgewisser Intellekt leistet.

Annette Bossmann

Johann Gottfried Schadow
Musizierende Gesellschaft, o. J.
Sepia, Feder, 15,5 x 18,6 cm
Staatliche Museen zu Berlin –
Preußischer Kulturbesitz, Kupferstichkabinett

Georg Friedrich Adolph Schöner
Henriette Herz, 1802
Öl auf Leinwand, 79 x 62 cm
Stadtmuseum Berlin

Fassadenansicht des Wohnsitzes Herz,
Neue Friedrichstraße 22
Feder, Tusche, koloriert, 29,5 x 43,5 cm
Landesarchiv Berlin

Friedrich Schleiermacher – »Kirchenvater des 19. Jahrhunderts«

1768 am 21. November in Breslau geboren **1783–1787** Ausbildung im Pädagogium der Herrnhuter Brüdergemeine zu Niesky / Lausitz, ab 1785 in Barby / Elbe **1787–1789** Studium der Theologie an der im Zeichen der Aufklärung stehenden Universität Halle **1789–1793** zunächst in Dossen bei Frankfurt an der Oder, Vorbereitung auf das 1. Examen, ab 1790 Hauslehrer im Hause des Grafen Dohna in Schlobitten / Westpreußen **1793/94** in Berlin Lehramtskandidat am Seminar für gelehrte Schule / 2. Examen und Ordination **1794–1796** Vikariat in Landsberg / Warthe **1796–1802** Pfarrer an der Berliner Charité; Freundschaft mit Henriette Herz, den Brüdern Schlegel, Novalis und anderen Schriftstellern der Romantik **1799** Erstausgabe der *Reden über die Religion an die Gebildeten unter ihren Verächtern* **1802** durch das evangelische Konsistorium nach Stolp / Pommern (heute Polen) strafversetzt **1804** Professor für Theologie und Ethik in Halle bis zur Schließung der Universität durch die napoleonischen Besatzer **1807** Rückkehr nach Berlin; zunächst Privatdozent **ab 1809** Prediger an der Dreifaltigkeitskirche **1810** Berufung ins Kultusministerium; Professor für Theologie und Dekan der Theologischen Fakultät der neugegründeten Friedrich-Wilhelms-Universität; Mitglied der Königlich Preußischen Akademie der Wissenschaften **1815/16** Rektor der Friedrich-Wilhelms-Universität **1834** am 12. Februar in Berlin gestorben

Schleiermacher, der »Kirchenvater des 19. Jahrhunderts«, entstammte einem reformierten Pfarrhaus. Seine pietistische Prägung wurde durch Schulbesuch im Pädagogium der Herrnhuter Brüdervereinigung und Studium vertieft.

Mit 30 Jahren kam er als Prediger an die Berliner Charité, und schnell sprach sich herum, welche ergreifende Wirkung von seinen Predigten ausging. In dieser Zeit lernte er die großen Romantiker der Stadt kennen. In den Salons von Dorothea Veit, einer Tochter des Aufklärungsphilosophen Mendelssohn (siehe S. 136), und Henriette Herz (siehe S. 172) diskutierte er mit Schlegel, und beide bezogen nicht allein eine gemeinsame Wohnung, sondern gingen das ambitionierte Projekt einer Platon-Übersetzung an. Man kann die Bedeutung dieser Leistung nicht mit der Bibelübersetzung Martin Luthers vergleichen, aber die Sprachgewalt beider Autoren hat ihre Übersetzungen für viele Deutsche zu Klassikern werden lassen.

1802 wurde Schleiermacher vom Konsistorium wegen seiner romantisierenden Theologie nach Stolp versetzt. Schleiermachers Anspruch bestand darin, das Christentum und die moderne Religionskritik zu versöhnen: Der Glaube stehe seiner Ansicht nach nicht gegen die Vernunft, sondern die Vernunft finde den Glauben auf dem Grunde der menschlichen Seele und werde dadurch ins Recht gesetzt. Der Glaube bestehe im »Geschmack fürs Unendliche«, während die Vernunft ihm gegenüber eine erst nachträglich einsetzende Reflexion sei. Sie reflektiert das, was vorab bereits dem gläubigen Gemüt zum unmittelbaren Erlebnis geworden war. Den Romantikern konnte er deshalb in seinen *Reden über die Religion an die Gebildeten unter ihren Verächtern* vorwerfen, dass ihre Kritik des Christentums nicht weit genug gehe. Sie gingen von einem persönlichen Gott und von der Unsterblichkeit der Seele aus. Nach Schleiermacher aber sind das Gedankeninhalte, und

Johann Wilhelm Brücke
Ansicht auf das Denkmal Friedrichs des Großen nebst Umgebung, 1855
Öl auf Leinwand, 75,5 x 98 cm
Stadtmuseum Berlin

Friedrich Schleiermacher auf der Kanzel, 1840/1850
Gips, grau gefasst, 58 x 29 x 9,5 cm
Stadtmuseum Berlin

Gedankeninhalte können das Wesen der Religion nicht erfassen. Religion ist schließlich weder ein Wissen noch ein Tun, sondern wird als eine Bestimmtheit des Gemeinschaftserlebens gefeiert. Sie ist ursprünglich gegenwärtig in der Bedeutung von Erlebnissen und Gefühlen. Wenn das Gefühl sich auf das Ich und seine Welt bezieht und inne wird, dass beides geworden und vergänglich ist, dann ist in diesem Erleben Gott gegenwärtig, und die durch diese Gegenwart sich ausdrückende Abhängigkeit ist Religion.

Schleiermacher sprach sich auch dafür aus, Moral und Religion zu trennen. Moral hielt er – wie der Aufklärungsphilosoph Kant – nicht für einen Katalog ge- oder verbotener Verhaltensweisen, sondern für die Pflicht eines jeden Menschen, sich selbst durch die Vernunft zu einem gottwohlgefälligen, also autonomen Wesen zu bilden.

Nach seiner Rückkehr nach Berlin wurde Schleiermacher im Verbund mit dem Freiherrn von Stein und Wilhelm von Humboldt Mitbegründer der Friedrich-Wilhelms-Universität (heute: Humboldt-Universität). Als Dekan der Universität und als Professor war er Kollege des berühmten Georg Wilhelm Friedrich Hegel. Schleiermacher gehört zu den hervorragendsten Geistesgrößen, die je Berlin bewohnt haben. Seine Gottesdienste füllten die Kirche, wie es heute nur noch zu Weihnachten zu beobachten ist. Das war nicht allein seinem Redetalent und der Ausstrahlung seiner Persönlichkeit geschuldet, sondern auch dem Umstand, dass er seiner Zeit eine entscheidende Frage vorlegte: »Soll der Knoten der Geschichte so auseinandergehen? Das Christentum mit der Barbarei und die Wissenschaft mit dem Unglauben?«

Karsten Laudien

Tamara Danz – respektlose Rocklady

1952 geboren am 14. Dezember in Breitungen-Winne / Thüringen; Kindheit teils in Rumänien und Bulgarien 1971 Abitur in Ost-Berlin; Mitglied im Oktoberclub, Sängerin in mehreren Bands 1977 Ausbildung an der Musikschule Friedrichshain 1978 Sängerin der Band »Familie Silly«, 1980 Umbenennung in »Silly« 1981,1983,1985 und 1986 »Beste Rocksängerin des Jahres« 1989 am 18. September Mitinitiatorin und Erstunterzeichnerin der »Resolution von Rockmusikern und Liedermachern« an die DDR-Regierung mit der Forderung nach politischen Reformen 1990 Mitbegründerin des Komitees für Gerechtigkeit; Mitarbeit an verschiedenen »runden Tischen« zur Reform der DDR 1993 Veröffentlichung des Albums *Hurensöhne*; ausverkaufte Tourneen, vor allem in Ostdeutschland 1996 gestorben am 22. Juli in Berlin

Sie war laut, unbequem und von großer Bühnenpräsenz. Die Öffentlichkeit kannte von ihr das Bild einer Sängerin mit hoch frisierten Haaren, einer Rockröhre, die in Talkshows zuweilen respektlos und schnodderig auftrat. Sie zeigte sich als starke, schöne Frau, aufgewachsen in der DDR, auf verschiedene Weise geprägt von dem Leben in diesem kleinen Land, an dessen Verhältnissen sie sich rieb und die sie verändern wollte. Wer Tamara Danz näher kennen lernte, beschreibt sie über das öffentliche Bild hinausgehend als intelligent und sensibel.

Ihren musikalischen Ambitionen folgte die Sängerin bereits in der Schulzeit. Ab 1971 war sie für drei Jahre Mitglied im Oktoberclub, der gefördert und vereinnahmt von der sozialistischen Kulturpolitik mit internationalen politischen Liedern und traditionellen Volks- und Kampfliedern auftrat. Es folgten mehrere Jahre als Sängerin verschiedener Bands. Nach einer dreijährigen Musikausbildung erhielt sie den Berufsausweis für Unterhaltungskünstler, in der DDR die Voraussetzung für professionelle Auftritte.

Ihre eigentliche Karriere als Frontfrau begann 1978 mit dem Einstieg in die Band »Familie Silly«. Bereits zwei Jahre später, die Band nannte sich nun einfach »Silly«, wurde sie von Kritikern zur »Rocklady Nr. 1 in der DDR« gewählt und in der Folge viermal zur »Besten Rocksängerin des Jahres« gekürt. Mit ihrer dritten Langspielplatte *Bataillon d'amour*, die wie die zwei Vorgängeralben LP des Jahres wurde, ging die Band auf Tournee, auch durch das westliche Ausland.

Rock'n Roll und Politik gehörten für Tamara Danz untrennbar zusammen. Der Einmarsch der Staaten des Warschauer Paktes 1968 in die ČSSR und die Ausbürgerung des Liedermachers Wolf Biermann 1976 prägten ihr politisches Denken und Handeln. Sie schlussfolgerte für sich: »Du musst in dieser Gesellschaft einen Platz finden, der dir ein Höchstmaß an Freiheit und ihr ein Mindestmaß an Einschränkungen erlaubt.« Diesem Vorsatz zu folgen und trotzdem den eigenen Weg geradlinig und gefahrlos zu gehen, war in der DDR nicht einfach. Kompromisse gehörten zum Alltag. Die individuelle Frage lautete immer, wie weit man selbst bereit war, seiner Überzeugung zu folgen.

Zusammen mit vielen anderen DDR-Künstlern nahm Tamara Danz aktiv an der friedlichen Revolution von 1989 teil. Sie gehörte zu den Mitinitiatoren und Erstunterzeichnern der »Resolution von Rockmusikern und Liedermachern« an die DDR-Regierung, mit der Musiker die Zulassung oppositioneller Gruppen und politische Reformen verlangten. Die Geschehnisse der Wende elektrisierten Tamara Danz und ließen sie später ernüchtern. Nach dem 3. Oktober 1990 veränderten sich die Inhalte der politischen Auseinandersetzung. Vor 1989 populäre Ostbands waren im Westen des Landes weithin unbekannt, es ging zunehmend um die materielle Existenz.

1995 erarbeitete »Silly« das letzte Album mit Tamara Danz vor ihrem Krebstod. Es hieß *Paradies*. Ihre Stimme, die Texte ihrer Songs und die Musik ihrer Band begleiteten eine ganze Generation von DDR-Jugendlichen.

Annette Bossmann

Ute Mahler
Tamara Danz, 1985
Fotografie, 18 x 24 cm
OSTKREUZ
Agentur der Fotografen

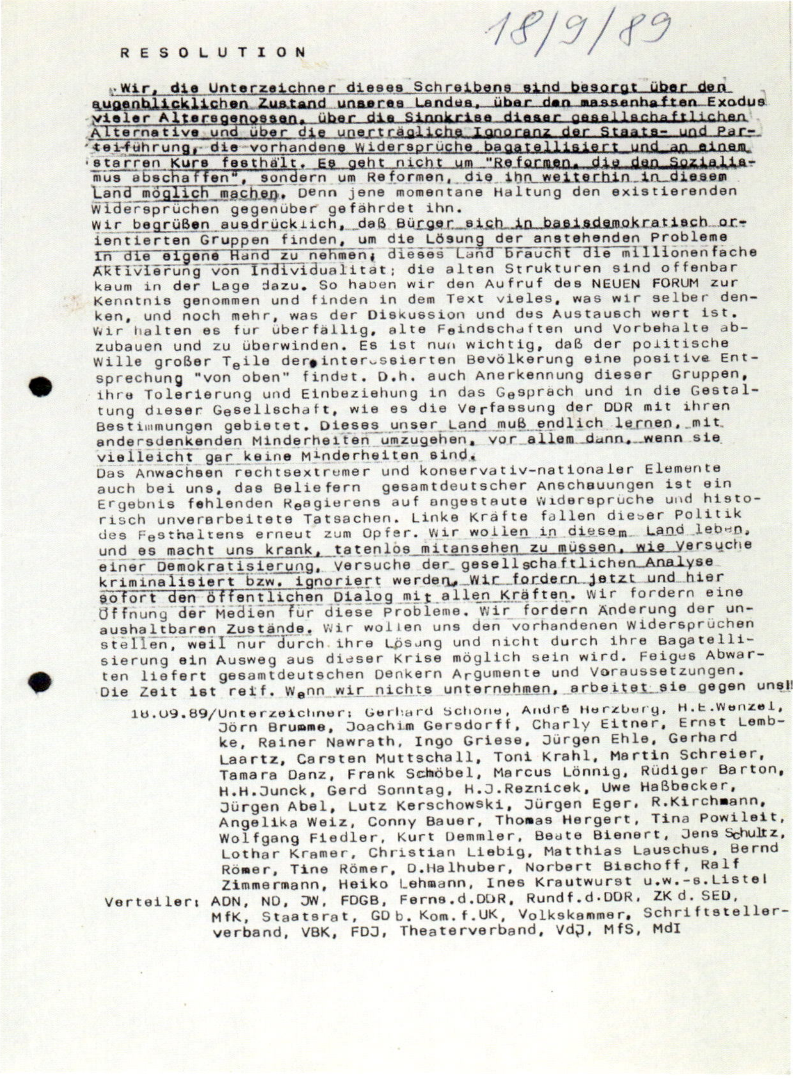

18/9/89

RESOLUTION

Wir, die Unterzeichner dieses Schreibens sind besorgt über den augenblicklichen Zustand unseres Landes, über den massenhaften Exodus vieler Altersgenossen, über die Sinnkrise dieser gesellschaftlichen Alternative und über die unerträgliche Ignoranz der Staats- und Parteiführung, die vorhandene Widersprüche bagatellisiert und an einem starren Kurs festhält. Es geht nicht um "Reformen, die den Sozialismus abschaffen", sondern um Reformen, die ihn weiterhin in diesem Land möglich machen. Denn jene momentane Haltung den existierenden Widersprüchen gegenüber gefährdet ihn.
Wir begrüßen ausdrücklich, daß Bürger sich in basisdemokratisch orientierten Gruppen finden, um die Lösung der anstehenden Probleme in die eigene Hand zu nehmen; dieses Land braucht die millionenfache Aktivierung von Individualität; die alten Strukturen sind offenbar kaum in der Lage dazu. So haben wir den Aufruf des NEUEN FORUM zur Kenntnis genommen und finden in dem Text vieles, was wir selber denken, und noch mehr, was der Diskussion und des Austausch wert ist. Wir halten es für überfällig, alte Feindschaften und Vorbehalte abzubauen und zu überwinden. Es ist nun wichtig, daß der politische Wille großer Teile der interessierten Bevölkerung eine positive Entsprechung "von oben" findet. D.h. auch Anerkennung dieser Gruppen, ihre Tolerierung und Einbeziehung in das Gespräch und in die Gestaltung dieser Gesellschaft, wie es die Verfassung der DDR mit ihren Bestimmungen gebietet. Dieses unser Land muß endlich lernen, mit andersdenkenden Minderheiten umzugehen, vor allem dann, wenn sie vielleicht gar keine Minderheiten sind.
Das Anwachsen rechtsextremer und konservativ-nationaler Elemente auch bei uns, das Beliefern gesamtdeutscher Anschauungen ist ein Ergebnis fehlenden Reagierens auf angestaute Widersprüche und historisch unverarbeitete Tatsachen. Linke Kräfte fallen dieser Politik des Festhaltens erneut zum Opfer. Wir wollen in diesem Land leben, und es macht uns krank, tatenlos mitansehen zu müssen, wie Versuche einer Demokratisierung, Versuche der gesellschaftlichen Analyse kriminalisiert bzw. ignoriert werden. Wir fordern jetzt und hier sofort den öffentlichen Dialog mit allen Kräften. Wir fordern eine Öffnung der Medien für diese Probleme. Wir fordern Änderung der unaushaltbaren Zustände. Wir wollen uns den vorhandenen Widersprüchen stellen, weil nur durch ihre Lösung und nicht durch ihre Bagatellisierung ein Ausweg aus dieser Krise möglich sein wird. Feiges Abwarten liefert gesamtdeutschen Denkern Argumente und Voraussetzungen. Die Zeit ist reif. Wenn wir nichts unternehmen, arbeitet sie gegen uns!!

18.09.89/Unterzeichner: Gerhard Schöne, André Herzberg, H.E.Wenzel, Jörn Brumme, Joachim Gersdorff, Charly Eitner, Ernst Lembke, Rainer Nawrath, Ingo Griese, Jürgen Ehle, Gerhard Laartz, Carsten Muttschall, Toni Krahl, Martin Schreier, Tamara Danz, Frank Schöbel, Marcus Lönnig, Rüdiger Barton, H.H.Junck, Gerd Sonntag, H.J.Reznicek, Uwe Haßbecker, Jürgen Abel, Lutz Kerschowski, Jürgen Eger, R.Kirchmann, Angelika Weiz, Conny Bauer, Thomas Hergert, Tina Powileit, Wolfgang Fiedler, Kurt Demmler, Beate Bienert, Jens Schultz, Lothar Kramer, Christian Liebig, Matthias Lauschus, Bernd Römer, Tine Römer, D.Halhuber, Norbert Bischoff, Ralf Zimmermann, Heiko Lehmann, Ines Krautwurst u.w.-s.Liste!

Verteiler: ADN, ND, JW, FDGB, Ferns.d.DDR, Rundf.d.DDR, ZK d. SED, MfK, Staatsrat, GD b. Kom.f.UK, Volkskammer, Schriftstellerverband, VBK, FDJ, Theaterverband, VdJ, MfS, MdI

Bei der Demonstration vom 4.11.1989 getragene Schärpe »Keine Gewalt!«
Uwe Hassbecker

Von Tamara Danz unterzeichnete Resolution von Rockmusikern und Liedermachern an die DDR-Regierung, 18.9.1989
Uwe Hassbecker

Regine Hildebrandt – Streiterin für Mitmenschlichkeit

1941 geboren am 26. April in Berlin 1959 Abitur an der Max-Planck-Schule in Berlin-Mitte 1959–1964 Studium der Biologie an der Berliner Humboldt-Universität 1968 Promotion 1964–1978 Stellvertretende Abteilungsleiterin der Pharmakologischen Abteilung in der Arzneimittelforschung des Großbetriebs VEB Berlin-Chemie 1978–1990 Bereichsleiterin in der Zentralstelle für Diabetes und Stoffwechselkrankheiten; zahlreiche wissenschaftliche Fachveröffentlichungen 1989 Engagement in der Bürgerbewegung »Demokratie Jetzt«; nach deren Gründung Mitglied der Sozialdemokratischen Partei der DDR 1990 Ministerin für Arbeit und Soziales in der Regierung de Maizière; Wahl in den SPD-Bundesvorstand; erfolgreiche Kandidatur für den Landtag im neugebildeten Land Brandenburg 1990–1999 Ministerin für Arbeit, Soziales, Gesundheit und Frauen in Brandenburg 1992 »Frau des Jahres 1991« des Deutschen Staatsbürgerinnen-Verbandes 1999 und 2001 Wahl in den SPD-Bundesvorstand 2001 Großes Verdienstkreuz des Verdienstordens der Bundesrepublik Deutschland 2001 gestorben am 26. November in Woltersdorf bei Berlin 2002 Stiftung des Regine-Hildebrandt-Preises der deutschen Sozialdemokratie

»Ärmere und Reichere, Behinderte und Gesunde, Alte und Junge, Benachteiligte und Bevorzugte leben dicht zusammen, und die Kinder lernen schon im Kindergarten, selbstverständlich miteinander auszukommen, natürlich sich auch auseinanderzusetzen – aber sich eben auch gegenseitig zu helfen. Und sie lernen verantwortlich zu handeln!« Mitmenschlichkeit wünschte sich Regine Hildebrandt nicht nur als gesellschaftliche Perspektive für die Zukunft ihrer Enkel, als sie ihnen zwei Jahre vor ihrem Tod diese Zeilen in einem langen Brief schrieb. Sie selbst lebte dieses harmonische Miteinander im Mehrgenerationenhaus am Woltersdorfer Flakensee. Der Familienzusammenhalt wurde Kraftquell, als sie 1989 einen neuen Weg beschritt: »Ich habe die Entscheidung, statt der Naturwissenschaft, statt meines normalen Berufes in die Politik zu gehen, nie getroffen. Das hat sich einfach so ergeben.«

Während des Krieges geboren, war Regine Radischewski mit Mutter, Großmutter und Bruder aus Berlins Zentrum evakuiert worden. Doch 1945 kehrte die Familie zurück in ihre Bernauer Straße. Im Chaos der Nachkriegszeit erlebten die Kinder zunächst im Notquartier vor allem das Behütetsein in der Familie, aber auch »viel Optimismus« im harten Alltag. Die Eltern pflanzten lebensrettende Gemüse und Küchenkräuter auf einer kleinen Parzelle am Humboldthain. Der Vater, aus einer Berliner Musikerfamilie stammend, spielte auf zum »Lumpenball« und gab der Tochter ersten Musikunterricht. »Ständig auf Achse«, entwickelte die Schülerin

Ute Mahler
Regine Hildebrandt, 9.7.1999
Fotografie, 40 x 40 cm
OSTKREUZ
Agentur der Fotografen

Robert Paul Kluba
Regine Hildebrandt, März 2000
Fotografie, 16,5 x 16,5 cm
Privatarchiv Hildebrandt

Jörg Hildebrandt
Regine Hildebrandt in Limni / Euböa, Griechenland, 1993
Fotografie, 18 x 24 cm
Privatarchiv Hildebrandt

Fotos selbst, legte Herbarien an und »Ausflugspläne« für die Schulferien, was »schon früh die nimmermüde, von den eigenen Kindern belächelte Störchezählerin reiferer Jahre« verriet.

Das Gemeindeleben der benachbarten Versöhnungskirche führte Regine Hildebrandt in deren Hausmusikkreis, hier fand sie beste Freunde und im jüngsten Pfarrerssohn den späteren Ehemann. Die familiäre Gemeinschaft mit guten Traditionen blieb für sie »das Schönste im Leben«. Doch immer forderte sie für sich und alle Frauen die Möglichkeit, am öffentlichen Leben teilnehmen zu können, einem Beruf nachzugehen und dafür Hausarbeit und Kindererziehung gemeinsam und gleichberechtigt in der Familie zu bewerkstelligen. Während 25 Berufjahren nutzte die dreifache Mutter jede erdenkliche Gelegenheit, mit ihrer Familie zusammen zu sein: Osterbasteleien, ausgedehnte Pilzwanderungen, gemeinsame Kunstexkursionen oder Konzertbesuche.

Vor allem die Gemeinschaft innerhalb der evangelischen Kirche prägte das Lebensgefühl der Hildebrandts, Hausmusik und das gemeinsame Singen in der Berliner Domkantorei bildeten ihre »Nischen«. Der politische Druck des restriktiven Systems ließ die Gleichgesinnten zusammengehen, später neue Wege finden, als die DDR zusammenbrach. Regine Hildebrandt wurde Mitglied der ersten frei gewählten Volkskammer der DDR und am 12. April 1990 als Ministerin für Arbeit und Soziales vereidigt. Noch im selben Jahr folgte die Berufung zur Arbeitsministerin des Landes Brandenburg. »Ich habe einen scharfen Blick für Probleme, und ich versuche, sie innerhalb der mir gesetzten Grenzen zu lösen. Diese Grenzen so weit wie möglich hinauszuschieben, darauf richten sich mein Wille und mein Ehrgeiz.« Sie war eine Ruhelose, die keinen Feierabend kannte. Als sie 1996 an Krebs erkrankte, arbeitete sie nach der Operation sofort wieder. Zornig und kompromisslos jedoch verließ Regine Hildebrandt 1999 die Landesregierung unter Manfred Stolpe, als dieser sich für eine Koalition mit der CDU entschieden hatte.

»Ihr glaube ich, dass sie nichts unversucht lässt, der Vernunft zum Durchbruch zu verhelfen. Und: Sie hat Humor! Gäbe es mehr solcher Politiker, wäre mir für die Zukunft weniger bange.« (Vicco von Bülow)

Angelika Ret

Carl David Bouché – Kultivateur der Palmen

1809 geboren am 4. Juni in Berlin 1823 nach Besuch der Bürgerschule und des Gymnasiums zum Grauen Kloster Beginn einer Gärtnerlehre bei Vater und Onkel in der Blumenstraße 9 1827 Berufung des Vaters Peter Carl Bouché zum Institutsgärtner und Lehrer für Gartenbau in der Gärtner-Lehranstalt in Schöneberg 1839 Kultivateur der Palmen auf der Pfaueninsel; Arbeit als Königlicher Obergehilfe unter seinem langjährigen Freund, dem Hofgärtner Gustav Fintelmann 1843 Technischer Leiter des Königlichen Botanischen Gartens Berlin; Mitgliedschaft im Verein zur Beförderung des Gartenbaus in den preußischen Provinzen 1853 Benennung einer Nymphaea-Kreuzung nach ihm 1855 Arbeit am Arboretum mit letztendlich 1 860 890 Arten 1869 Verleihung des Stanislaus-Ordens 3. Klasse als Anerkennung für seine Tätigkeit als Preisrichter in der Petersburger Pflanzenausstellung 1873 Ehrenmitglied des Vereins zur Beförderung des Gartenbaus in den preußischen Provinzen 1881 gestorben am 27. September in Berlin

Eine im wahrsten Wortsinne blühende Familie begründete David Bouché, der als Hugenotte nach der Aufhebung des Edikts von Nantes 1685 Haus und Weinberg in Bonnay / Champagne hatte verlassen müssen. Er kam um 1697/1699 nach Berlin und erwarb 1704 ein Grundstück in der Lehmgasse 11, das bis 1856 in Familienbesitz blieb.

1857 formulierte einer seiner Nachfahren, Peter Friedrich Bouché jun., eine Lebensmaxime, die auch für alle anderen namhaften Familienmitglieder gelten könnte: »[…] es war stets mein Bemühen, ein getreuer und gehorsamer Unterthan zu sein und soweit möglich, der Kunst und Wissenschaft zu nutzen und das Menschenwohl zu fördern.« Alle Bouchés leisteten etwas Besonderes und vollbrachten es als erste: die Züchtung von Blumenzwiebeln, Hyazinthen und Hortensien, die Einrichtung spezieller Pflanzenbeete für den akademischen Nachwuchs, die Flieder-Treiberei, die Einführung des Gummibaums, die Konstruktion eiserner Gewächshäuser, die Entdeckung und Bestimmung unzähliger Insektenarten, Forschungen zur technischen Verwertung einheimischer Gespinstpflanzen und vieles andere mehr.

Als 1809 die erste Berliner Stadtverordnetenversammlung in der Nikolaikirche zusammentrat, waren gleich zwei Bouchés darunter. Vertreter dieser Familie gehörten Gartenbauvereinen in ganz Europa an und gaben über viele Jahrzehnte in Fachartikeln und Büchern ihr umfangreiches Wissen weiter, das sie als Erwerbs-, Handels- und Institutsgärtner angesammelt hatten. Das von Carl David Bouché verfasste und von seinem Sohn Julius 1886 herausgegebene Buch *Bau und Einrichtung der Gewächshäuser: ein Handbuch für Gärtner und Baumeister* bildete ein Standardwerk für Konstrukteure von Gewächshäusern.

Die Kinder der einzelnen Bouché-Familien halfen von Jugend an im väterlichen Garten, so auch Carl David. Er begann früh mit der Anlage von Herbarien und Insektensammlungen. Sein ausgeprägtes Vermögen, aus einzelnen Pflanzenteilen eine Klassifikation vorzunehmen, erregte die Aufmerksamkeit von Adelbert von Chamisso, dem Ersten Kustos am Königlichen Herbarium, und die der Kollegen seines Vaters, besonders Carl Ludwig Willdenow und Dietrich Franz Leonhard von Schlechtendahl. Carl Davids botani-

Eduard Titz
Wallner's Sommertheater im Bouchéschen Garten, 1856
Aquarell, 23,5 x 51 cm
Stadtmuseum Berlin

Carl David Bouché, um 1850
Fotografie
Sächsische Landesbibliothek –
Staats- und Universitätsbibliothek Dresden,
Deutsche Fotothek

Nymphaea boucheana (Wasserrose)
Lithografie, koloriert, 24 x 33,5 cm
(*Flore des serres et des jardins de l'Europe*,
Gent: Louis van Houtte 1855)
Freie Universität Berlin, Bibliothek am Botanischen Garten
und Botanischen Museum

sches Wissen ermöglichte ihm 1831 eine Anstellung als Volontär, kurze Zeit später als Gärtnergehilfe im Botanischen Garten Berlin. 1835 absolvierte er das Obergehilfenexamen mit »vorzüglich bestanden«. Als Königlicher Garteninspektor (ab 1844) sorgte er dafür, dass die einzelnen Pflanzenfamilien in eigenen Kulturräumen kultiviert wurden. Der General-Katalog mit schließlich (1878) 17 000 Arten war ebenso sein Werk wie die Einführung der in Deutschland bislang unbekannten eisernen Gewächshausbauten, darunter das 1852 vollendete Victoria-Haus, das auch Bouchés Züchtung der Nymphaea-Hybriden aufnahm.

1860 wurde ihm auf Anregung Alexander von Humboldts der Rote Adlerorden 4. Klasse verliehen. Zwei seiner Söhne traten in die Fußstapfen ihres Vaters: Julius Bouché brachte es zum Garteninspektor des Königlichen Botanischen Gartens in Bonn-Poppelsdorf. Sein Bruder Friedrich Bouché beendete seine Karriere als Hofrat und Königlich Sächsischer Obergartendirektor in Dresden.

Detlef Tobian

Georg Bartels
Das Große Palmenhaus im Botanischen Garten, 1896
Fotografie, 17 x 22,6 cm
Stadtmuseum Berlin

Julie Gräbert – Prinzipalin mit Biss

1803 geboren am 26. April in Berlin als Julie Friederike Ludowica Pickenbach **1840** Erwerb des Grundstücks Wollanks Weinberg 10 durch das Ehepaar Louis und Julie Gräbert; Betrieb einer Gastwirtschaft mit Sommergarten und Vereinstheater **1848** Erteilung einer Theaterkonzession **1850er-Jahre** Ausbau des für das Theaterunternehmen lebensnotwendigen Restaurationsbetriebs **Mitte der 1850er-Jahre** nach Verschärfung der Zensurvorschriften mehrfache Konfrontation mit den Polizeibehörden **1855** Übernahme der Leitung des Vorstädtischen Theaters am Weinbergsweg 10 **1870** gestorben am 18. Januar in Berlin

Die typischen Berliner Gartenlokale vor den einstigen Toren der Stadt wurden nach 1848 beliebte Standorte für Theaterneugründungen. So eröffnete der Gastwirt Louis Gräbert in seinem Lokal auf dem Wollankschen Weinberg das Vorstädtische Theater. Er inszenierte mit jungen Schauspielern wahres Volkstheater, vielfältige Programme aus Schauspiel-, Musik- und Tanztheater, Varieté, Zirkus und Festveranstaltungen. Die Berliner liebten die sonntägliche Mischung aus Spektakel, Ausschank und Erholung. Gräberts Frau Julie wirkte zunächst hinter den Kulissen, machte sich kaum bemerkbar, waltete vielmehr zwischen den Schmortöpfen.

Wenige Monate vor seinem Tod im Jahr 1854 erfüllte sich Louis Gräberts Herzenswunsch, in seinem Theater auch Klassiker spielen zu dürfen, die eigentlich den Königlichen Schauspielen vorbehalten waren. Als Julie von der Inszenierung der *Jungfrau von Orléans* hörte, deren Titelrolle Carla Kaiser spielen sollte, erklärte sie: »Wat, unsere Carla soll die Jungfrau spielen? Nee, nee, det jeht nu nich. Det gloobt ihr keener. Wenn die als Jungfrau auftritt, denn lachen se se aus!« Alle Einwendungen konnten ihre instinktive Entscheidung nicht erschüttern. »Nee, sag ick, det jeht nich, ick kenn doch mein Publikum. Schreibt meinswegen ›Det Mächen von Orleanz‹, aber die Kaiser als Jungfrau is nich!« So stand auf den Anschlägen schließlich: »Das Mädchen von Orléans«.

Nach dem Tod ihres Mannes erbte Julie Gräbert die Theaterkonzession und übernahm damit dreifache Pflichten. In der Küche kommandierend, die Kellner kontrollierend und auch schon mal auf der Bühne für Ordnung sorgend, überließ sie allerdings die künstlerische Leitung des Theaters denn doch fähigen Mitarbeitern. Die Gaststätte betrieb sie weiterhin in alleiniger Regie. Um den Umsatz zu steigern, verlängerte sie die Pausen und achtete streng darauf, dass Weißbier, Braten, Schmalz- und Schinkenstullen verkauft waren, bevor die Vorstellung weiterging. Mit diesem couragierten Auftreten sorgte sie nicht nur für den geschäftlichen Erfolg des Unternehmens. Engagiert organisierte sie zunehmend den Theateralltag, packte resolut und kräftig überall zu, redete mit scharfer Zunge und rechnete bravourös mit spitzer Feder.

Im Verlauf der Jahre entwickelte sie sich zu einer hervorragenden Theaterunternehmerin mit hoher sozialer Verantwortung für ihre Mitarbeiter und deren Familien. Mütterlich kümmerte sie sich um die Versorgung erkrankter Ensemblemitglieder – sie schickte ihnen ein stärkendes Essen, sorgte für die ärztliche Behandlung, bezahlte Apothekerrechnungen.

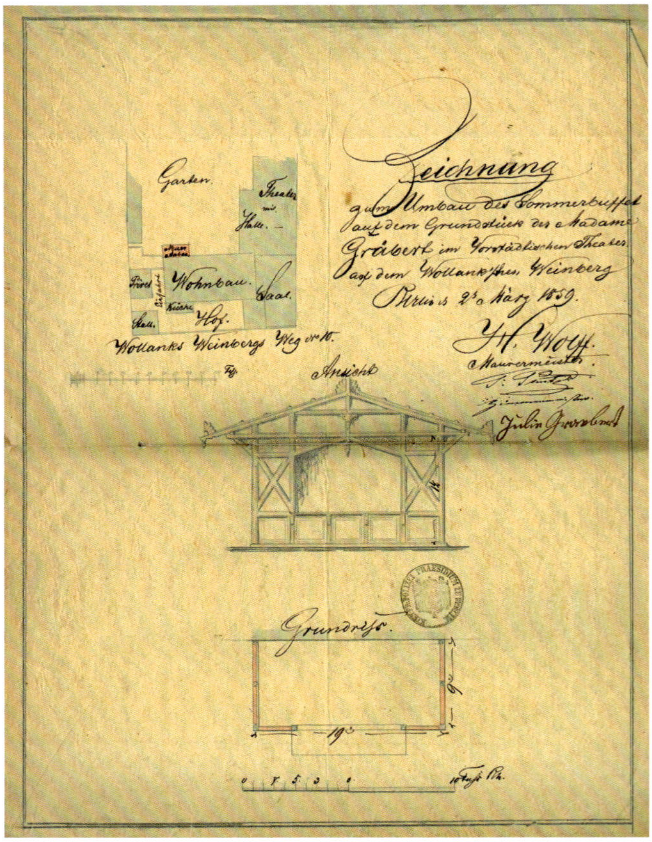

Zeichnung zum Umbau des Sommerbuffet
auf dem Grundstück der Madame Gräbert im Vorstädtischen
Theater auf dem Wollankschen Weinberg, 2.3.1859
Akte
Landesarchiv Berlin

Bekannt als »Mutter Gräbert«, gab die erste Theaterchefin Berlins bis zu ihrem Tod nicht nur Anlass für Anekdoten und Legenden, sondern ging als Original in die Geschichte der Stadt ein. Ihr Leben und Wirken regte immer wieder Autoren an, Stücke über sie zu schreiben. Ein künstlerisches Denkmal setzte ihr 2002 das Theater am Kurfürstendamm mit der Inszenierung des Singspiels *Mutter Gräbert macht Theater* von Curth Flatow und Heinrich Riethmüller mit Edith Hancke in der Titelrolle.

Angelika Ret

Julie Gräbert, um 1860
Deckfarben, 7,3 x 5,5 cm (Oval)
Stadtmuseum Berlin

Plakat des Berliner Sommertheaters im Prater, 1965
Stadtmuseum Berlin

Anschlagzettel des Vorstädtischen Theaters, 28.7.1850
Stadtmuseum Berlin

Ernst Gennat – der »Buddha« vom Alexanderplatz

1880 geboren am 1. Januar in Plötzensee bei Berlin 1898 Abitur am Königlichen Luisen-Gymnasium in der Turmstraße 1901–1905 Jurastudium an der Friedrich-Wilhelms-Universität (heute: Humboldt-Universität) zu Berlin 1905 Ernennung zum Kriminalkommissar 1926 Leitung der neu gegründeten Zentralen Mordinspektion 1927 erste Publikationen über die notwendige Organisation der Morduntersuchung 1933 nach Zentralisierung der Kripo Leitung der Kriminalgruppe M, einer organisatorischen Verbindung von Mordinspektion, Sonderinspektion Sittlichkeitsdelikte und weiblicher Kripo 1934 Beförderung zum Kriminaldirektor trotz seiner distanzierten Haltung zum Nationalsozialismus 1935 Ernennung zum Regierungs- und Kriminalrat im Polizeipräsidium und damit ständiger Vertreter des Leiters der Berliner Kriminalpolizei 1939 Heirat mit der Kriminalkommissarin Elfriede Dinger; gestorben am 21. August in Berlin

Ernst Gennat, der erste »Mordkommissar« der Welt, war im Berlin der 1920er-Jahre eine bekannte Persönlichkeit. Der fast drei Zentner wiegende »Buddha vom Alex« begegnete Verdächtigen und Zeugen mit psychologischem Einfühlungsvermögen. Er empfing seine »Kundschaft« als Gäste; während einer scheinbaren Plauderei, gelegentlich bei Kaffee und Kuchen oder auch einem Glas Portwein, brachte der Kommissar selbst die härtesten Verbrecher zum Reden.

Als Sohn des Oberinspektors im Neuen Strafgefängnis – im Volksmund Plötze genannt – hatte Gennat hier seine Kindheit und Jugend verbracht. Nach acht Semestern Jura-Studium ließ er sich im Sommer 1905 ohne Abschluss exmatrikulieren. Er trat als Kriminalanwärter in den Polizeidienst ein und wurde schon kurz darauf zum Kriminalkommissar ernannt. Er begann als Spezialist für Kapitalverbrechen, darunter immer wieder Mordfälle. Die prestigeträchtige Mitarbeit an der Aufklärung politischer Straftaten lehnte er für sich und seine Leute ab – ein Karrierist war er nicht.

Erst nach 20-jährigem Dienst erfolgte die Beförderung zum Kriminalrat, als der er nun eine eigene Abteilung organisieren konnte. Für die gründliche und schnelle Ermittlungsarbeit am Tatort ließ Gennat nach eigenen Plänen ein Spezial-

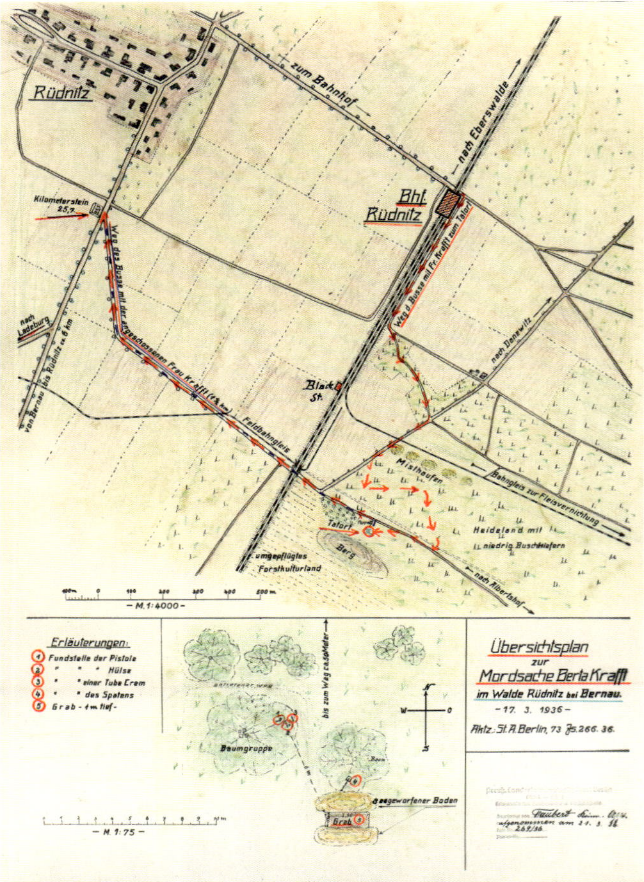

Tatortfoto (mit Ernst Gennat) und Tatortskizze aus der Zentralkartei für Mordsachen Lichtbildermappe zur Mordsache Berta Krafft im Walde Rüdnitz bei Bernau, 1936 Landesarchiv Berlin

Leo Rosenthal
Ernst Gennat am Schreibtisch, um 1930
Fotografie, 9 x 6 cm
Landesarchiv Berlin

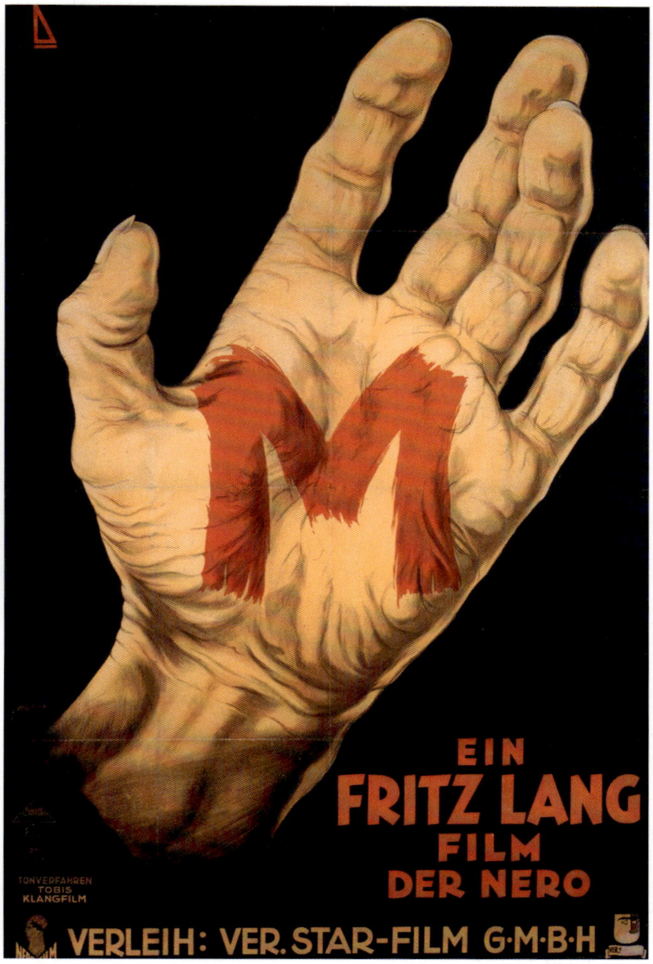

M – Eine Stadt sucht einen Mörder, 1931
Filmplakat, 143 x 96 cm
Deutsche Kinemathek –
Museum für Film und Fernsehen

fahrzeug anfertigen, das »Mordauto«, einen mit Büro- und Kriminaltechnik ausgestatteten PKW. Auch eine »Zentralkartei für Mordsachen und Lehrmittelsammlung« entstand unter seiner Leitung. Jene »Mörderkartei« dokumentierte systematisch alle bekannt gewordenen gewaltsamen Todesfälle. Damit ließen sich Täterprofile erstellen und Serientäter dingfest machen. Im Jahr 1931 konnte die Zentrale Mordinspektion von 114 begangenen Tötungsdelikten 108, das heißt 94,7 Prozent, aufklären. Gennat selbst gelang es während seiner 33-jährigen Tätigkeit im Polizeidienst, 298 Mordfälle zu lösen.

Nach 1930 zog er sich weitgehend von der Tatortarbeit zurück, was nicht zuletzt seinem Körpergewicht geschuldet war. Er führte die Ermittlungen fast nur noch vom Schreibtisch aus. Seine besondere Aufmerksamkeit richtete er auf die Ausbildung des polizeilichen Nachwuchses. Er hielt Vorträge und schrieb Aufsätze wie die Artikelserie *Die Bearbeitung von Mord- (Todesermittlungs-) Sachen*. Als Chef der Kriminalgruppe M war er seit 1935 auch für die Inspektion »Sittlichkeitsdelikte« und »weibliche Kriminalpolizei« zuständig.

Am 7. November 1938 schrieb Gennat nicht nur Kriminal-, sondern auch Fernsehgeschichte: Nach dem Mord an einem Taxifahrer wurde die erste Fernsehfahndung ausgestrahlt. Obwohl es zu diesem Zeitpunkt in Berlin erst 28 öffentliche Fernsehstuben gab, führten die zahlreich eingehenden Hinweise zur Ergreifung des Täters.

Ernst Gennat brachte es zeitweilig zu solcher Prominenz, dass ihn nicht nur Beamte von Scotland Yard, sondern auch Heinrich Mann, Edgar Wallace oder Charlie Chaplin aufsuchten, um sich von ihm die neuen Ermittlungsmethoden erklären zu lassen. Fritz Lang hat ihm mit der Gestalt des Kommissars Lohmann in den Filmen *M – eine Stadt sucht einen Mörder* (1931) und *Das Testament des Dr. Mabuse* (1932) ein filmisches Denkmal gesetzt.

Bettina Machner

Eva Kemlein – Grenzgängerin mit Kamera

1908 geboren am 4. August in Charlottenburg **1927–1929** Ausbildung zur medizinisch-technischen Assistentin an der Schule des Lette-Vereins **1933** mit Herbert Kemlein als Bildreporterin in Griechenland **1937** Rückkehr nach Berlin **1938–1942** Zwangsarbeit in einem Rüstungskonzern, später bei einem Lumpensammler **1942** Deportation der Mutter, danach abgetaucht in die Illegalität mit ihrem späteren Mann, Werner Stein **1945** nach der Befreiung als Fotografin für die *Berliner Zeitung* tätig **1948–1950** Tätigkeit beim Illus Bilderdienst, dem späteren Allgemeinen Deutschen Nachrichtendienst **1950** fotografische Dokumentation des Berliner Stadtschlosses vor der Sprengung **1951–2002** Arbeit als freischaffende Fotografin, konzentriert auf die Theaterfotografie **2004** gestorben am 8. August in Berlin

Eva Kemlein wuchs als drittes Kind von Gertrud und Albert Graupe in einem wohlhabenden liberalen Elternhaus in Charlottenburg auf. Nach dem Abbruch der Schule ließ sie sich zur medizinisch-technischen Assistentin im Lette-Verein ausbilden und erlernte dort die fotografischen Techniken. Auf ihrer ersten Auslandsreise nach bestandenem Examen verliebte sich das »behütete Mädchen aus bürgerlichem Hause«, wie sie selbst sagt, in Herbert Kemlein, einen vagabundierenden Journalisten. Die beiden reisten nach ihrer Heirat kreuz und quer durch Europa bis nach Griechenland und berichteten für deutsche Zeitungen über politische und kulturelle Ereignisse.

1937 von den griechischen Behörden des Landes verwiesen, fuhren sie nach Deutschland zurück. Herbert ließ sich scheiden, »er war einfach nicht in der Lage, mit mir, einer Jüdin, solche Zeiten zu durchleben.« In Berlin kümmerte sich Eva um die nach dem Tod des Vaters und der Emigration der Brüder allein gebliebene Mutter. Zunächst fand sie in einem Fotogeschäft als Laborantin Arbeit. Dann musste sie als Akkord-Löterin in einem Rüstungskonzern, später bei einem Lumpensammler Zwangsarbeit leisten. Als ihre Mutter im August 1942 deportiert wurde, gelang es Eva unterzutauchen. An der Seite ihres neuen Lebensgefährten, des Schauspielers und Kommunisten Werner Stein (eigentlich: Eppenstein), blieb sie auch in der Illegalität politisch aktiv. 30 verschiedene Verstecke, gefälschte Ausweise und die Hilfe von Freunden sicherten das bloße Überleben. Permanent in Gefahr, entdeckt oder verraten zu werden, verlor Eva In diesen Jahren fast alles, bis auf die sorgsam gehütete Kamera.

Diese ermöglichte ihr gleich nach der Kapitulation Deutschlands einen Neubeginn. Eva Kemlein wurde Bildreporterin der *Berliner Zeitung*. Ständig war sie mit Fahrrad und Kamera in der Stadt unterwegs und hielt im Bild fest, wie das Leben in den Trümmern sich langsam normalisierte. In der Künstlerkolonie am Breitenbachplatz in Wilmersdorf fanden Eva Kemlein und Werner Stein eine erste Wohnung. Im Westteil der Stadt wohnend und im Ostteil arbeitend, wurde die engagierte Sozialistin zur Grenzgängerin zwischen den politischen Welten. Während sie in der Fotokunst ihre Lebensaufgabe fand, blieben Stein künstlerisch-politische Aufgaben verwehrt. Seit 1951 arbeitete Eva Kemlein ausschließlich freiberuflich und konzentrierte sich auf die Theaterfotografie. Von Brechts Bühnenarbeit begeistert, hob sie bildlich

Paul Iglarz
Eva Kemlein bei der fotografischen Dokumentation der Ruine des Berliner Schlosses, 1950
Fotografie, 30 x 21 cm
Stadtmuseum Berlin

die Besonderheit jeder Inszenierung und die Leistungen der Schauspieler hervor.

Um ihrer Arbeit nachgehen zu können, musste Eva Kemlein nicht selten Hindernisse überwinden. Da ihre Fotos vor allem in den Zeitungen und Zeitschriften Ost-Berlins abgedruckt wurden, boykottierten die Medien im Westen ihre Arbeiten. Mehr als 50 Jahre hat sie fast alle Aufführungen der Bühnen im Ostteil der Stadt auf Agfa- und Orwo-Film gebannt; seit 1963 dokumentierte sie auch das Theater auf der anderen Seite der Mauer. Die persönlichen Freundschaften mit zahlreichen Schauspielern und Regisseuren ermöglichten ihr intensive Einblicke in die Theaterarbeit. Verehrt und geliebt von den Theaterleuten besuchte sie bis 2004 weiterhin viele Fotoproben in Berlin.

Bärbel Reißmann

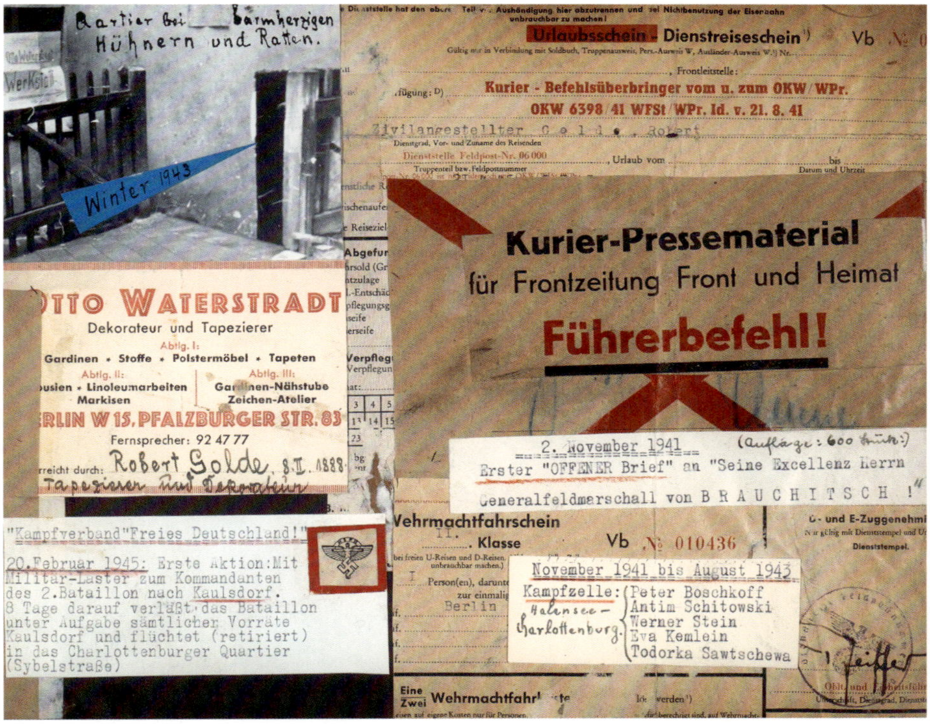

Album von Eva Kemlein
mit Erinnerungsstücken aus dem Leben in der Illegalität
(Ausweise, Fotos, Anschlagzettel und Notizen), 1943–1945
Stadtmuseum Berlin

Rolleiflex aus dem Besitz
von Eva Kemlein
Stadtmuseum Berlin

Johann Gregor Memhardt – Planwerker der Residenz

1607 geboren in Linz an der Donau | Ausbildung zum Wasserbau- und Festungsbauingenieur in Holland 1639 in Diensten des brandenburgischen Kurfürsten Georg Wilhelm 1646 Berufung zum Hofbaumeister von Friedrich Wilhelm, dem Großen Kurfürsten ab 1650 tätig im Bereich des Berliner Schlosses 1652 Veröffentlichung des ersten Stadtplans von Berlin-Cölln 1653 Errichtung seines Wohnhauses an der späteren Straße Unter den Linden ab 1656 Oberaufsicht über alle kurfürstlichen Bauten 1658–1683 Leitung der Befestigung Berlin-Cöllns ab 1660 Leitung des Neubaus des Potsdamer Stadtschlosses 1669 Bürgermeister von Friedrichswerder 1678 gestorben im Januar in Berlin (nach anderen Quellen bestattet am 25. September 1673)

Memhardts Lebensweg bestimmten die Wirren des Dreißigjährigen Krieges. Mit seinen Eltern, dem Gelehrten Johann Memhardt und dessen dritter Ehefrau Euphrosine, floh er etwa 15-jährig vor der Gegenreformation und der bayerischen Besetzung seiner oberösterreichischen Heimat nach Holland. Hier erhielt er eine Ausbildung zum Wasserbau- und Festungsbauingenieur. 1639 trat Johann Gregor in kurbrandenburgische Dienste.

Als »Reiseingenieur« arbeitete er in den folgenden Jahren an der Festung in Pillau, machte Station in Kleve, zeichnete ein Aufmaß der Festung Kalkar, war in Küstrin und besorgte Geschäfte in den Niederlanden. Es wird vermutet, dass Memhardt bereits 1647 bei der Anlage der Straße Unter den Linden in Berlin tätig war. Ab 1650 ist sein Wirken als kurfürstlicher Hofbaumeister beim Bau des Lusthauses im Lustgarten und des Residenzschlosses in der Stadt belegt. Die Errichtung der Kapelle für Luise Henriette am Ostflügel zwischen Grünem Hut und Haus der Herzogin und ab 1652 Arbeiten am Altan- und Apothekenflügel standen unter Memhardts Leitung. 1659 fertigte er einen Entwurf für einen neuen Gang vom Schloss zur Kirche und war für die Ausführung des Torbaus an der Schlossplatzseite und des neuen Ballhauses am Schloss verantwortlich. 1661 übertrug Kurfürst Friedrich Wilhelm dem Ingenieur den Umbau des Apothekenflügels zur Schlossbibliothek.

Neben seiner Bautätigkeit wurde Memhardt von Anfang an auch mit Planungs- und Vermessungsarbeiten betraut. Um 1650 erhielt er vom Kurfürsten den Auftrag, die Doppelstadt Berlin-Cölln zu vermessen. Auf dieser nach modernsten Erkenntnissen durchgeführten Arbeit basiert der älteste bekannte Stadtplan von Berlin. Memhardts *Grundriß der Beyden Churf: Residentz Stätte Berlin und Cölln an der Spree* erschien 1652 in den von Martin Zeiller und Matthäus Merian in Frankfurt a. M. herausgegebenen Topografien deutscher Landschaften im 13. Band *Topographia Electoratus Brandenburgici et Ducatus Pomeraniae.* Es ist davon auszugehen, dass Memhardt als Verfasser des Plans in der Folgezeit auch für die Erweiterung der Stadt nach Westen und ihren Ausbau zur Festung zuständig war. In den Jahren 1658 bis 1683 entstand nach seinen Plänen eine nach niederländischem Vorbild aus-

Johann Gregor Memhardt (zugeschrieben)
Entwurf zu einem Gang des Berliner Schlosses, 1659
Feder, laviert, 11,1 x 27,2 cm
Landesarchiv Berlin

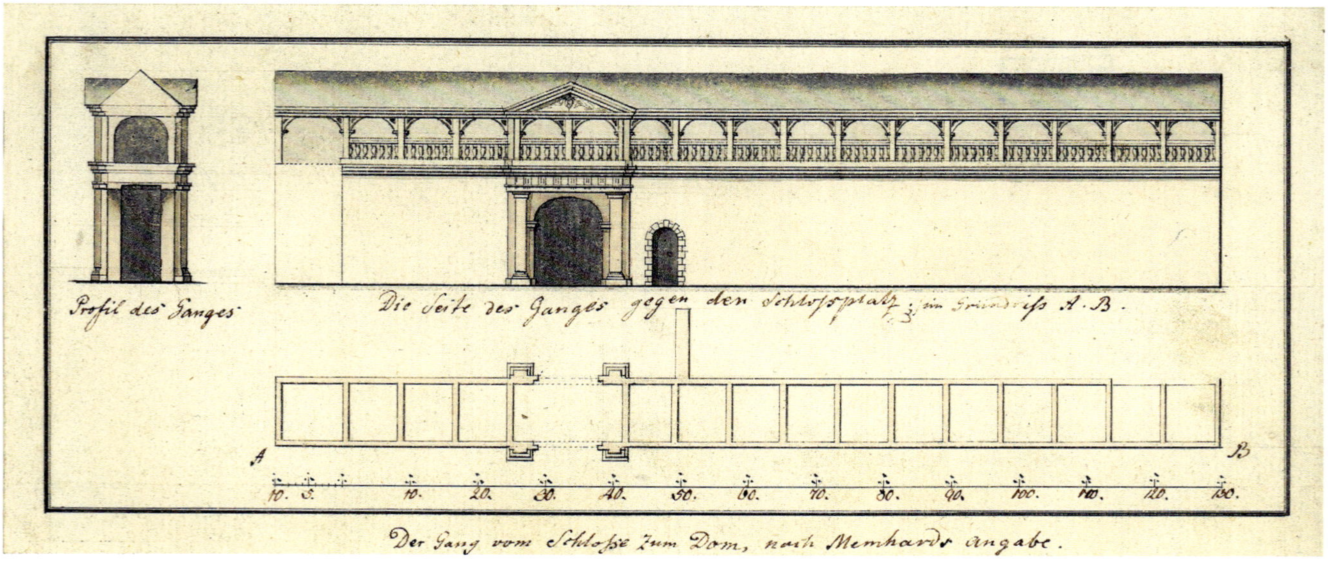

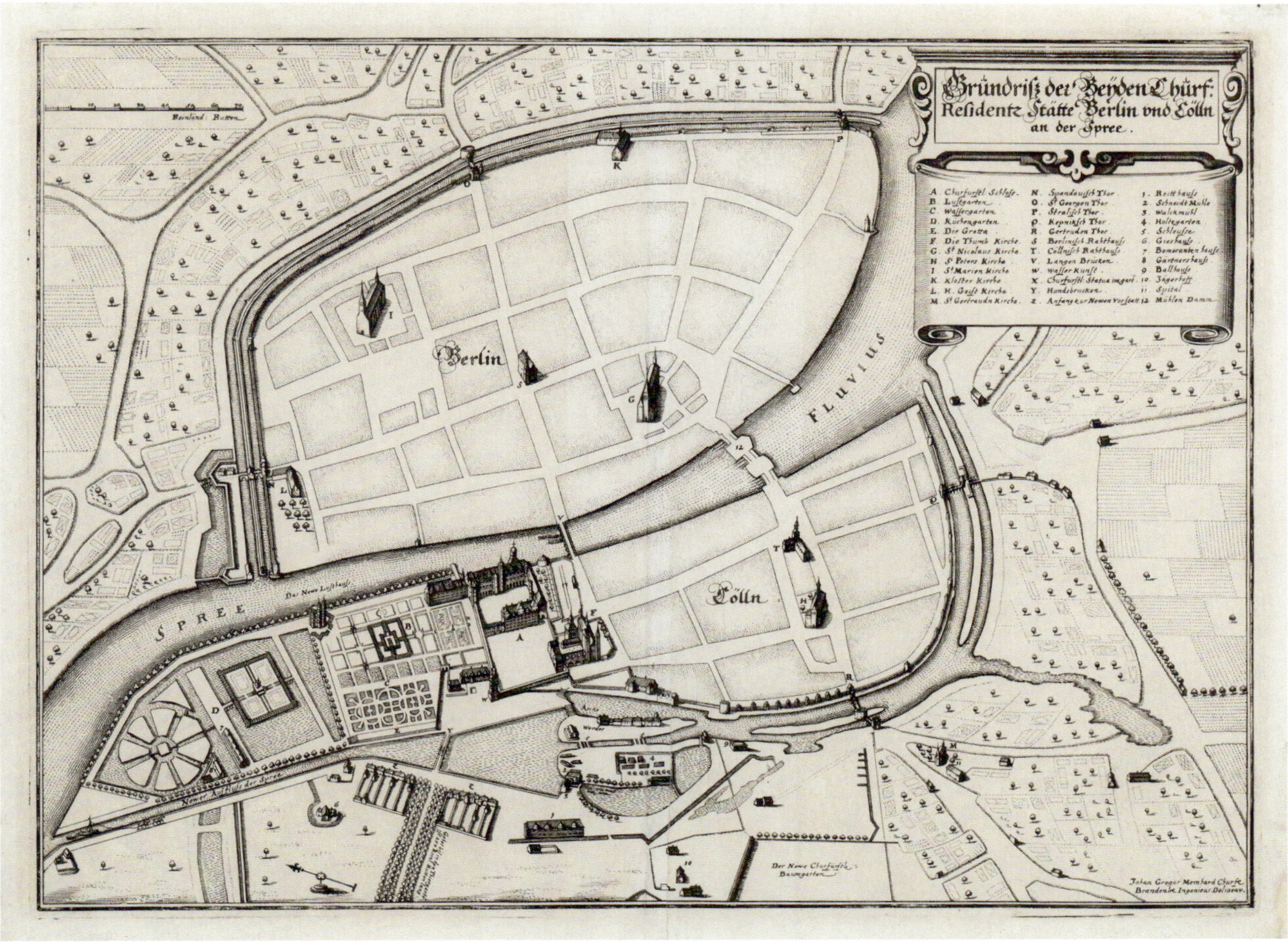

Johann Gregor Memhardt
Grundriß der Beyden Churf: Residentz Stätte Berlin und Cölln an der Spree, 1652
Kupferstich, Maßstab 1:5200, 30,9 x 38,2 cm
Stadtmuseum Berlin

geführte Fortifikation in Form eines 13-zackigen Sterns, insgesamt über 80 Meter breit und bis zu 8 Meter hoch. Spuren des Festungswalls sind wie das Straßenraster zum Teil noch heute im Berliner Stadtbild erkennbar.

Zahlreiche Präsente, die Memhardt vom Großen Kurfürsten zuteil wurden, lassen auf eine große Wertschätzung durch den Landesherrn schließen. Neben Geldzahlungen erhielt der Ingenieur und Baumeister bereits 1653 ein Grundstück linker Hand der Hundebrücke (heute: Schlossbrücke) im neu geplanten Stadtquartier auf dem Werder in Cölln geschenkt. Mit der Bauanweisung für ein Freihaus verband sich auch die unentgeltliche Lieferung von Holz.

1669 wurde Memhardt ein weiterer Bauplatz zugeschrieben, den er jedoch unbebaut ließ. Im selben Jahr ernannte Kurfürst Friedrich Wilhelm seinen Architekten und Stadtplaner zu einem der beiden Bürgermeister der seit 1660 »Friedrichswerder« genannten Stadterweiterung.

Gerd Heinemann

Zeichenlehrer Käfler
Modell der Residenzstadt Berlin/Cölln nach Memhardts Plan, um 1900
Stadtmuseum Berlin

Jenny Hirsch – Initiatorin der Frauenbewegung

1829 geboren am **25.** November in Zerbst / Anhalt **1837–1844** Besuch der Herzoglichen Höheren Töchterschule in ihrer Geburtsstadt **1844–1857** Führung des Haushalts und Pflege des erkrankten Vaters bis zu dessen Tod **1857–1860** Gründung und Leitung einer interkonfessionellen privaten Elementarschule **1860** Übersiedlung nach Berlin und Feuilletonredakteurin bei der illustrierten Damen-Zeitung *Der Bazar* **seit 1864** selbstständige Übersetzerin und freie Mitarbeiterin verschiedener Zeitungen und Zeitschriften **1865** Mitbegründern des Allgemeinen Deutschen Frauenvereins **1866–1883** Schriftführerin und erstes weibliches Mitglied im Vorstand des Vereins zur Förderung der Erwerbsfähigkeit des weiblichen Geschlechts, seit 1869 Lette-Verein genannt **1869** Übersetzung der Kampfschrift *Die Hörigkeit der Frau – The Subjections of Women* von John Stuart Mill **1870–1881** Herausgeberin des Zentralorgans aller Frauenvereine Deutschlands *Der Frauen-Anwalt.* **1883–1902** Journalistin und Romanschriftstellerin **1902** gestorben am 10. März in Berlin

Adolf Neumann
Die Führerinnen der Frauenbewegung in Deutschland
Unten links: Jenny Hirsch
(*Die Gartenlaube*, 1883)
Stadtmuseum Berlin

L. Geifrig
Die Setzerinnenschule des Lette-Vereins
(*Illustrirte Zeitung*, 1902)
Berufsausbildungszentrum Lette-Verein

Bereits als Kind begann die aus einem strenggläubigen jüdischen Elternhaus in Zerbst stammende Jenny Hirsch Geschichten zu schreiben. Nach dem frühen Tod ihrer Mutter 1837 versuchte sie die Lieblosigkeit des distanzierten Vaters in einer Fantasiewelt zu kompensieren. Jenny erfand Erzählungen für die jüngeren Geschwister und schrieb Gedichte zu allen möglichen Anlässen. Mit großem Eifer absolvierte sie als einziges jüdisches Mädchen die Herzogliche Höhere Töchterschule bis zur obersten Stufe. Danach wurden ihr als ältester Tochter die Pflichten der Hausfrau im väterlichen Geschäft übertragen. Unermüdlich bildete Jenny sich trotzdem weiter, eignete sich im Selbststudium die englische und schwedische Sprache an und vervollkommnete ihre Französisch-Kenntnisse. Mit Handarbeiten und Erzählungen, die unter dem Pseudonym J. N. Heynrichs in Zeitungen veröffentlicht wurden, verdiente sie den Lebensunterhalt. Nach dem Tod des Vaters 1857 versuchte Jenny Hirsch, in dem einzigen für eine Frau offen stehenden bürgerlichen Beruf als Lehrerin selbstständig und unabhängig zu arbeiten. Nach bestandener Prüfung eröffnete sie eine private Elementarschule in Zerbst, die sie drei Jahre lang leitete.

Mit dem Angebot der illustrierten Damen-Zeitung *Der Bazar*, in die Berliner Redaktion einzutreten, sah Jenny 1860 die Chance, ihren engen Verhältnissen zu entkommen.

Setzerkasten aus der Setzerinnen-Schule des Lette-Vereins
Berufsausbildungszentrum Lette-Verein

Begrüßung der Kronprinzessin Victoria durch Anna Schepler-Lette und Jenny Hirsch im Lette-Haus, Königgrätzer Straße
(*Über Land und Meer. Allgemeine Illustrirte Zeitung*, 1877)
Berufsausbildungszentrum Lette-Verein

Die 30-Jährige zog in die Großstadt zu den Eltern ihrer Mutter, um ein neues Leben zu beginnen. Allerdings musste sie schmerzlich erfahren, dass ihre hohen Erwartungen an die redaktionelle Arbeit weder inhaltlich noch finanziell erfüllbar waren, so dass sie nach vier Jahren ihre Anstellung kündigte. Seit 1864 lebte Jenny Hirsch als Übersetzerin und freie Mitarbeiterin mehrerer Zeitungen und Zeitschriften unabhängig in einer eigenen bescheidenen Wohnung in Schöneberg. Folgerichtig setzte sie sich auch für die Verbesserung des Daseins anderer Frauen ein und gehörte 1865 in Leipzig zu den Initiatorinnen des Allgemeinen Deutschen Frauenvereins. Gemeinsam mit Louise Otto-Peters übernahm sie die Redaktion der Vereinspublikation *Neue Bahnen*. In Berlin bot sich für Jenny die Möglichkeit, im Verein zur Förderung der Erwerbsfähigkeit des weiblichen Geschlechts konkret die Lebenssituation der Frauen zu verbessern. Ein Arbeitsvermittlungsbüro sollte bürgerlichen Frauen, die ledig geblieben waren, Wege eröffnen, ihren Lebensunterhalt selbst zu verdienen. Neben der Organisation von Verkaufsbasaren für Handarbeiten wurden Ausbildungsstätten für technisch handwerkliche Berufe eingerichtet, die bis dahin Frauen verschlossen waren. Jenny Hirsch war die erste Schriftführerin des seit 1869 nach dem Gründer benannten Lette-Vereins. Sie protokollierte sämtliche Sitzungen, führte die Korrespondenz und pflegte die Kontakte zur Presse. Außerdem schrieb sie regelmäßig Mitteilungen, hielt Referate, formulierte Petitionen und beteiligte sich an der Gründung sämtlicher Einrichtungen des Lette-Vereins. Besonders engagierte sie sich für die Setzerinnenschule, die Victoria-Fortbildungsschule und das Victoria-Stift, ein Wohnheim für Frauen. Während ihrer 17-jährigen Tätigkeit für den Verein verdiente Jenny Hirsch ihren Lebensunterhalt nach wie vor mit Übersetzungen sowie dem Schreiben von Feuilletons und Büchern, die sie unter dem Pseudonym F. Arnefeldt veröffentlichte. Die letzten Lebensjahre wohnte sie fast erblindet bei ihrem Neffen und diktierte bis zu ihrem Tod 1902 einen unvollendet gebliebenen Roman.

Bärbel Reißmann

Friedrich Luft – die Stimme der Kritik

1911 geboren am 24. August in Friedenau bei Berlin um 1920 als Gymnasiast Reisen nach Schottland zu den Verwandten der Mutter Mary 1932–1936 Studium der Philosophie, Geschichte, Germanistik und Anglistik in Berlin und Königsberg 1936 Rückkehr nach Berlin 1940 zur Wehrmacht eingezogen 1942 Versetzung zur Heeres-Filmstelle Berlin 1945 Mitarbeit in der Kammer der Kunstschaffenden und Theaterkritiker der *Allgemeinen Zeitung* 1946–1990 Arbeit beim RIAS (Radio im amerikanischen Sektor), wöchentliche Sendereihe *Stimme der Kritik* 1947–1955 Arbeit für die *Neue Zeitung*, Leiter des Feuilletons 1955–1965 Chefkritiker der *Welt* und Korrespondent für die *Süddeutsche Zeitung* seit 1962 SFB-Reihen *Das Profil* und später *Friedrich Luft im Gespräch mit …* 1964 Mitbegründer des Berliner Theatertreffens und mehrere Jahre Jurymitglied 1976 Verleihung des Titels Professor ehrenhalber durch den Berliner Regierenden Bürgermeister; Chefkritiker der *Berliner Morgenpost* 1990 gestorben am 24. Dezember in Berlin

»Theater habe ich immer allem vorgezogen«, betonte Friedrich Luft sein Leben lang. Den entscheidenden ersten Eindruck verdankte er dem Vater, der den noch nicht Zehnjährigen 1920 mit ins Staatstheater am Gendarmenmarkt zur Aufführung von *Wilhelm Tell* nahm. Die skandalumtobte expressionistische Inszenierung von Leopold Jessner hinterließ einen tiefen Eindruck: »da hatte ich Feuer gefangen. Etwas hatte ich verstanden und gelernt: dass Theater viel mehr aufregen kann, aufrütteln und bewegen, als das einfache Leben.«

Fast jeden Abend verbrachte der Jugendliche mit seinen Freunden in einem der mehr als 50 Bühnenhäuser der Stadt auf den billigen Plätzen im dritten Rang und »verschlang« die Kritiken von Alfred Kerr und Alfred Polgar. Sein in Berlin begonnenes und 1934 in Königsberg fortgesetztes Studium musste er zwei Jahre später nach einer handgreiflichen Auseinandersetzung mit SA-Studenten im Hörsaal abbrechen und kehrte nach Berlin zurück. Obwohl er keinen Abschluss hatte, konnte Friedrich Luft dank der monatlichen finanziellen Unterstützung seiner schottischen Onkel unbeschwert leben und gelegentlich Feuilletons sowie Rezensionen für das *Berliner Tageblatt* und die *Deutsche Allgemeine Zeitung* schreiben. Daneben unterstützte er unentgeltlich den Kabarettisten Werner Finck, der in der Kleinkunstbühne Katakombe auftrat. Luft erledigte Sekretärsaufgaben, besorgte Literatur, schrieb kleine Sketche und chauffierte den Künstler durch Berlin.

1940 heiratete er die Malerin Heide Thilo und zog in das Elternhaus seiner Frau nach Schöneberg. Mit Hilfe ihrer Beziehungen gelang es dem jungen Schriftsteller 1942, von der Kraftfahrertruppe des Heeres in Frankfurt nach Berlin zur Heeres-Filmstelle versetzt zu werden. Dort verfasste er in den folgenden drei Jahren Drehbüchern für Soldaten-Lehrfilme. Bereits wenige Wochen nach Kriegsende in die Kammer der Kunstschaffenden berufen, wurde Luft in der Literaturabteilung mit der Prüfung von Verlagsprojekten, aber auch mit der politischen Beurteilung von Autoren beauftragt.

Ende August 1945 erschienen seine ersten Theaterkritiken, die er für die amerikanisch lizenzierte *Allgemeine Zeitung* schrieb. Nach Gründung der Berliner Ausgabe der *Neuen Zeitung*, einer überregionalen amerikanischen Zeitung für die deutsche Bevölkerung im März 1947, leitete Luft das

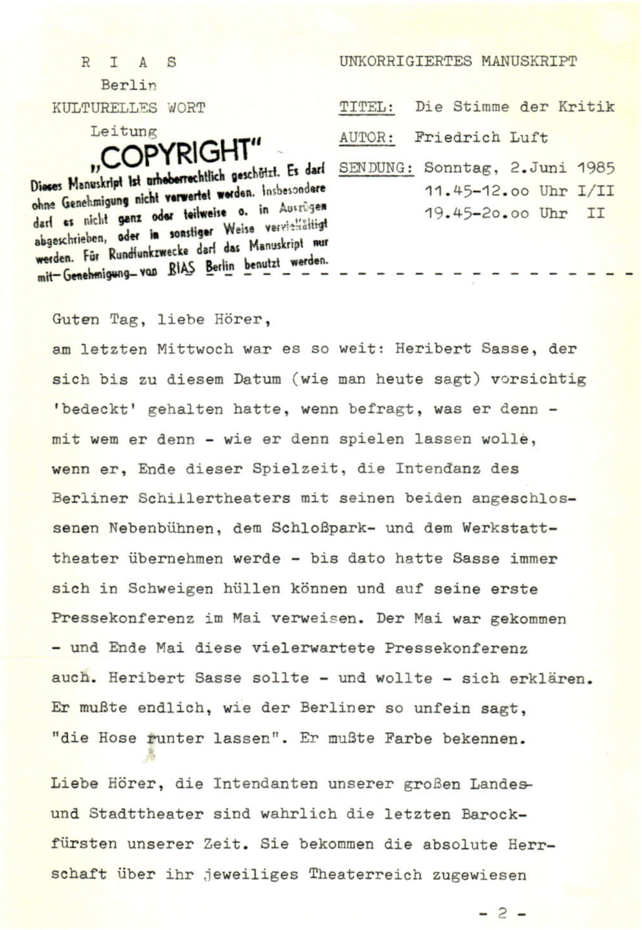

R I A S
Berlin
KULTURELLES WORT
Leitung

„COPYRIGHT"
Dieses Manuskript ist urheberrechtlich geschützt. Es darf ohne Genehmigung nicht verwertet werden. Insbesondere darf es nicht ganz oder teilweise o. in Auszügen abgeschrieben, oder in sonstiger Weise vervielfältigt werden. Für Rundfunkzwecke darf das Manuskript nur mit Genehmigung von RIAS Berlin benutzt werden.

UNKORRIGIERTES MANUSKRIPT

TITEL: Die Stimme der Kritik
AUTOR: Friedrich Luft
SENDUNG: Sonntag, 2.Juni 1985
11.45-12.00 Uhr I/II
19.45-2o.oo Uhr II

Guten Tag, liebe Hörer,
am letzten Mittwoch war es so weit: Heribert Sasse, der sich bis zu diesem Datum (wie man heute sagt) vorsichtig 'bedeckt' gehalten hatte, wenn befragt, was er denn – mit wem er denn – wie er denn spielen lassen wolle, wenn er, Ende dieser Spielzeit, die Intendanz des Berliner Schillertheaters mit seinen beiden angeschlossenen Nebenbühnen, dem Schloßpark- und dem Werkstatttheater übernehmen werde – bis dato hatte Sasse immer sich in Schweigen hüllen können und auf seine erste Pressekonferenz im Mai verweisen. Der Mai war gekommen – und Ende Mai diese vielerwartete Pressekonferenz auch. Heribert Sasse sollte – und wollte – sich erklären. Er mußte endlich, wie der Berliner so unfein sagt, "die Hose runter lassen". Er mußte Farbe bekennen.

Liebe Hörer, die Intendanten unserer großen Landes- und Stadttheater sind wahrlich die letzten Barockfürsten unserer Zeit. Sie bekommen die absolute Herrschaft über ihr jeweiliges Theaterreich zugewiesen

– 2 –

Friedrich Luft
Die Stimme der Kritik
Manuskript RIAS Berlin, 1985
Stadtmuseum Berlin

Werner Borchmann
Friedrich Luft mit der Büste von Gerhart Hauptmann, 1946
Fotografie, 27 x 21 cm
Stadtmuseum Berlin

Harry Croner
Friedrich Luft und Werner Finck, 1964
Fotografie, 18 x 24 cm
Stadtmuseum Berlin

Feuilleton und schrieb seine prägnanten Kritiken. Populär wurde er aber vor allem mit seiner eigenen Sendereihe *Stimme der Kritik* im Hörfunk. Nachdem am 9. Februar 1946 im DIAS (Drahtfunk im amerikanischen Sektor), dem späteren RIAS, die erste Radiokritik unter dem Pilottitel *Fünfzehn kritische Minuten* gesendet worden war, referierte Luft fortan wöchentlich über das Geschehen auf den Berliner Bühnen und wurde damit zum Chronisten der Theater- und Stadtgeschichte. Er entwickelte ein unverwechselbares Vokabular mit umgangssprachlichen, oft berlinischen Wendungen, die er in Kurzsatzkaskaden mitunter fast atemlos und vergnügt direkt an sein Publikum richtete. Als Fernsehjournalist machte sich der prominente Kritiker neben regelmäßigen Berichten über die Berliner Filmfestspiele und die Berliner Festwochen vor allem mit seinen Künstlerinterviews beim Sender Freies Berlin einen Namen. Seine Berlin-Verbundenheit kam nicht nur in den theatergeschichtlichen Kommentaren, sondern auch in zahlreichen Publikationen über das Leben in der Stadt zum Ausdruck und erhöhte seine Popularität. Seine Meinung und sein Urteil wollte jeder Berliner hören. Zur Institution geworden, ertönte am 28. Oktober 1990 zum letzten Mal im RIAS sein legendärer Schlusssatz »Gleiche Zeiten, gleiche Welle, gleiche Stelle; ein herzliches auf Wiederhören!«

Bärbel Reißmann

Hildegard Knef – Diva mit einem Koffer in Berlin

1925 geboren am 28. Dezember in Ulm 1940 Beginn einer Ausbildung als Zeichnerin in der Trickfilmabteilung des UFA-Filmstudios in Berlin 1943 Schauspielausbildung durch Vermittlung des UFA-Filmchefs Wolfgang Liebeneiner, vor Kriegsende erste Filmrollen 1945/46 Kabarett- und Theaterrollen 1946 internationaler Durchbruch mit dem ersten deutschen Spielfilm der Nachkriegszeit *Die Mörder sind unter uns* 1947–1952 mit dem deutschstämmigen US-Kulturoffizier Kurt Hirsch verheiratet 1948 Sieben-Jahres-Vertrag mit dem Hollywood-Studio 20th Century Fox; Künstlername in den USA: Hildegarde Neff 1950 Hauptrolle in dem deutschen Film *Die Sünderin* 1951 erste Schallplatte *Ein Herz ist zu verschenken* 1950er-Jahre Auftritt in deutschen, französischen und britischen Filmproduktionen 1955 Debüt am Broadway in Cole Porters Musical *Silk Stockings* 1957 Rückkehr nach Deutschland, vermehrt als Sängerin auftretend 1962–1976 mit dem britischen Schauspieler David Cameron verheiratet 1963 erste Langspielplatte *So oder so ist das Leben* 1966 erste Konzerttournee 1977 Heirat mit Paul von Schell 1982–1989 mit der Familie in den USA 1990er-Jahre zahlreiche Auftritte in Fernseh- und Talkshows 2002 gestorben am 1. Februar in Berlin

Melodie der Welt
Hildegard Knef. Chansons
Notenheft
Deutsche Kinemathek –
Museum für Film und Fernsehen

Die Mörder sind unter uns, 1946
Filmplakat, 58,7 x 40,5 cm
Deutsche Kinemathek –
Museum für Film und Fernsehen

Hildegard Knef zählt zu den international bedeutendsten deutschen Schauspielerinnen und Sängerinnen. Ihr Name ist untrennbar mit der Stadt verbunden, die ihr fast sprichwörtlich gewordene musikalische Huldigungen verdankt: *Berlin, dein Gesicht hat Sommersprossen, Ich hab' noch einen Koffer in Berlin* und *Ich hab' so Heimweh nach dem Kurfürstendamm.* In der Trümmerlandschaft der Stadt hatte sie ihre erste filmische Hauptrolle gespielt, die zugleich einen frühen Höhepunkt ihrer Karriere darstellt: In dem DEFA-Streifen *Die Mörder sind unter uns* in der Regie von Wolfgang Staudte verkörperte sie eine KZ-Überlebende; der Film selbst setzte sich am Beispiel des ehemaligen Hauptmanns Ferdinand Brückner mit Schuld und Verantwortung von Kriegsverbrechern auseinander, die nach dem Fall des Naziregimes massenhaft ins Alltagsleben abgetaucht waren.

Der Erfolg des Films trug nicht unwesentlich zu einem mehrjährigen Engagement der Schauspielerin in Hollywood bei. Während ihr hier der große Durchbruch versagt blieb,

Inge Kundel-Saro
Hildegard Knef bei einem Konzert im ICC, 1980
Fotografie
Inge Kundel-Saro

Decca
Hildegard Knef
In dieser Stadt / Wintersonne, 1965
Schallplatte (Single)
Stadtmuseum Berlin

deutete sich mit dem überwältigenden Erfolg im Broadway-Musical *Silk Stockings* bereits eine musikalische Karriere an. Die anspruchsvollen bis mittelmäßigen deutschen und europäischen Filmproduktionen der 1950er- und 1960er-Jahre, an denen Hildegard Knef mitwirkte, blieben nicht lange in Erinnerung – mit Ausnahme von *Die Sünderin*, und das vor allem wegen des Sturms öffentlicher Entrüstung, den weniger die sekundenlangen unscharfen Nacktaufnahmen auslösten als vielmehr damalige Tabuthemen wie Prostitution und Freitod.

Nach mehreren ausländischen Plattenaufnahmen wurden deutsche Produzenten wieder auf sie aufmerksam. Seit den frühen 1960er-Jahren erschienen in ihrem Heimatland zahlreiche Langspielplatten und Singles. Ihre von erstklassigen Bands begleitete rauchige Stimme, der oft verknappte schnoddrige Vortrag und die von Lebensklugheit getragenen, oft ironisch hinterlegten und häufig selbst verfassten Texte machten die Sängerin zu einer Erscheinung in der Unterhaltungsbranche, die höchstens noch mit Marlene Dietrich vergleichbar war.

Hohes Lob verdiente sie sich auch mit ihrem spät offenbarten literarischen Talent. Die 1970 erschienene und in zahlreiche Sprachen übersetzte Autobiografie *Der geschenkte Gaul* avancierte zu einem der auflagenstärksten Bücher deutscher Sprache seit Kriegsende. 1975 machte sie in *Das Urteil* die eigene Krebserkrankung publik, ein zu dieser Zeit außergewöhnlich mutiger Schritt.

Während eines mehrjährigen Aufenthalts in den USA im folgenden Jahrzehnt gelang es Hildegard Knef nicht mehr, in dieser ihrer zweiten künstlerischen Heimat an frühere Erfolge anzuknüpfen. Nach Deutschland zurückgekehrt, trat sie noch häufig in Fernseh- und Talkshows auf und empfing zahlreiche Auszeichnungen von der »Goldenen Kamera« bis zum »Bambi«, die nun nicht mehr einzelnen Werken, sondern einer ganzen Lebensleistung galten.

Andreas Teltow

Julius Grieneisen – Bestatter der Promis

1800 geboren am 21. Januar in Berlin **1830** Gründung des Bestattungsunternehmens Grieneisen **1885** gestorben am 9. Mai in Berlin; Weiterführung des Unternehmens durch die Familie Grieneisen **1902** Verkauf des Beerdigungsinstituts an Andreas und Johannes Bolle **1960** Verkauf an die Global Handels- und Verwaltungs-Gesellschaft **1998** Fusion der GBG/Grieneisen mit der Münchner Ahorn zur Ahorn-Grieneisen AG **2003** Übernahme der Alleineigentümerschaft durch die Ideal-Versicherungsgruppe **2007** Umbenennung in Ahorn AG

Louis Held
Beisetzungs-Feierlichkeit Sr. Maj. Kaiser Wilhelm I., 16.3.1888
Fotografie, 25 x 30 cm
Stadtmuseum Berlin

Zierurne
Naturstein, geschliffen, poliert,
Höhe 51 cm
Bezirksamt Mitte von Berlin,
Tiefbau- und
Landschaftsplanungsamt

Der aus einer Berliner Tischlerfamilie stammende Grieneisen folgte dem Beispiel seines Vaters und führte die Tradition des Handwerks weiter. 1826 heiratete er Maria Sophia, die Tochter des Tischlermeister Erasmus Möller, trat in dessen Werkstatt ein und übernahm schließlich 1830 Haus und Betrieb des Schwiegervaters in der Schützenstraße 53. Vom Polizeipräsidium erhielt er 1832 die Erlaubnis, in seiner Werkstatt eine durch Pferdekraft betriebene Furnierschneidemaschine aufzustellen, die für die Möbel- und Sargherstellung benötigt wurde. Im Berliner Adressbuch von 1834 heißt es: »Grieneisen, J. E. jun., Tischler u. Fournierschneideanstalt«; die Bezeichnung »Sargmagazin« kam seit 1835 dazu. Nach anfänglich eher bescheidenem Erfolg mit dem Angebot von Särgen (inklusive Totenwäsche) scheint sich Grieneisen schließlich so gut etabliert zu haben, dass er 1847 das alte Vorderhaus in der Schützenstraße abtragen und durch einen viergeschossigen Neubau mit Ladenfläche ersetzen lassen konnte. Die erste und zweite Etage des Gebäudes nutzte er als Möbelmagazin.

Mit der Liberalisierung der preußischen Gewerbeordnung 1869 fiel das kommunale Begräbnismonopol. Grieneisen beschränkte sich jetzt nicht mehr auf die Herstellung von Särgen, sondern dehnte seine Leistungen auf die vollständige Bestattung aus. Die Aufträge florierten; mit der Gründung des Kaiserreichs 1871 eröffnete Grieneisen ein zweites Geschäft in der Schillstraße – das Filialmodell war geboren.

Nach dem Tod von Friedrich Julius Eduard Grieneisen 1885 führten Sohn Adolf Leopold Ferdinand und Enkel Julius Adolf Ludwig das Familienunternehmen erfolgreich weiter. Die Firmenüberlieferung verweist bis heute auf die prestigeträchtigen Aufträge des Hauses Hohenzollern in dieser Zeit: 1888 sorgte Grieneisen gleich bei zwei Kaisern – Wilhelm I. sowie seinem Sohn und Nachfolger Friedrich III. – für eine stilvolle Beisetzung.

Unter zunehmendem Konkurrenzdruck entschlossen sich die Inhaber 1902, das Unternehmen mitsamt dem Firmennamen, den Filialen, dem Warenlager und den Geschäftswa-

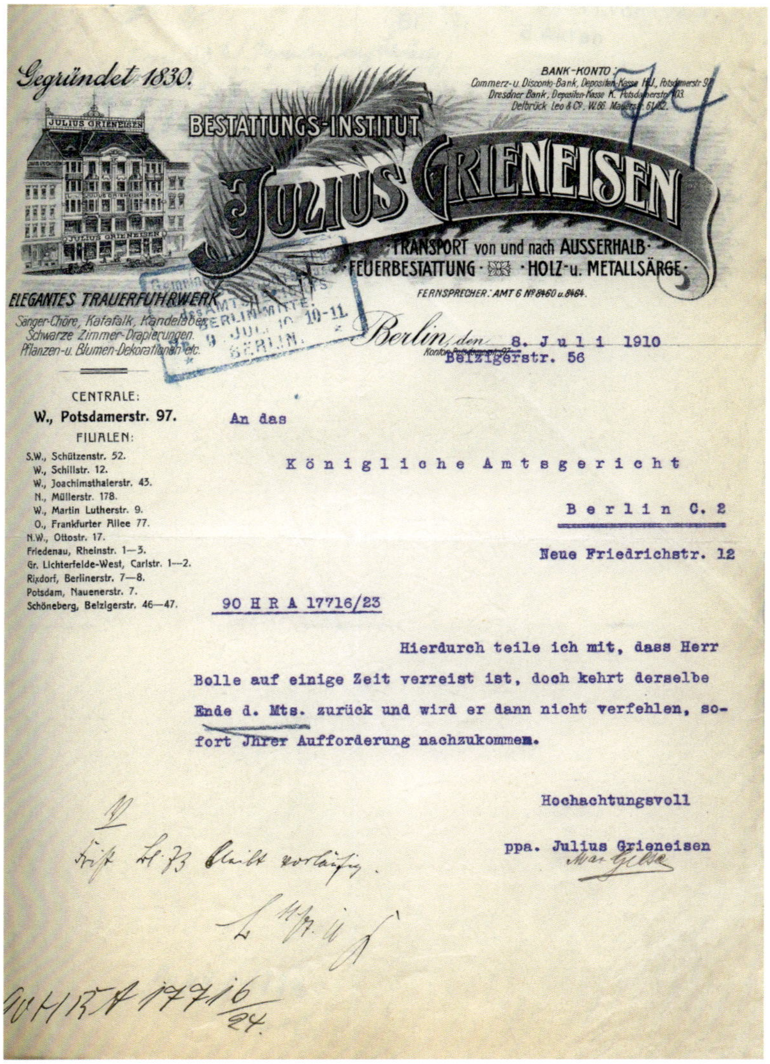

Gegründet 1830.

BANK-KONTO: Commerz- u. Disconto-Bank, Depositen-Kasse H.J., Potsdamerstr. 97. Dresdner Bank, Depositen-Kasse K. Potsdamerstr. 103. Delbrück Leo & Co. W. 66. Mauerstr. 61/62.

BESTATTUNGS-INSTITUT JULIUS GRIENEISEN

TRANSPORT von und nach AUSSERHALB · FEUERBESTATTUNG · HOLZ- u. METALLSÄRGE ·

FERNSPRECHER: AMT 6 No 8460 u. 8464.

ELEGANTES TRAUERFUHRWERK
Sänger-Chöre, Katafalk, Kandelaber, Schwarze Zimmer-Draperungen, Pflanzen- u. Blumen-Dekorationen etc.

Berlin, den 8. Juli 1910
Belzigerstr. 56

CENTRALE:
W., Potsdamerstr. 97.
FILIALEN:
S.W., Schützenstr. 52.
W., Schillstr. 12.
W., Joachimsthalerstr. 43.
N., Müllerstr. 178.
W., Martin Lutherstr. 9.
O., Frankfurter Allee 77.
N.W., Ottostr. 17.
Friedenau, Rheinstr. 1—3.
Gr. Lichterfelde-West, Carlstr. 1—2.
Rixdorf, Berlinerstr. 7—8.
Potsdam, Nauenerstr. 7.
Schöneberg, Belzigerstr. 46—47.

An das

Königliche Amtsgericht

Berlin C. 2

Neue Friedrichstr. 12

90 H R A 17716/23

Hierdurch teile ich mit, dass Herr Bolle auf einige Zeit verreist ist, doch kehrt derselbe Ende d. Mts. zurück und wird er dann nicht verfehlen, sofort Jhrer Aufforderung nachzukommen.

Hochachtungsvoll

ppa. Julius Grieneisen

90 HRA 17716/24

Geschäftsbrief der Fa. Grieneisen, 8.7.1910
Landesarchiv Berlin

Hans Baluschek
Sargträger, auf eine Kapelle zugehend, 1914
Farbige Kreide, 60,5 x 47 cm
Stadtmuseum Berlin

gen mit Pferden für eine Gesamtsumme von 120 000 Mark an die Söhne Johannes und Andreas des Meiereibesitzers Carl Bolle zu verkaufen. Dem Namen »Julius Grieneisen« verpflichtet, führten die neuen Besitzer das Geschäft so erfolgreich weiter, dass 1908 neben der im Jahr zuvor fertig gestellten Zentrale in der Potsdamer Straße 97 insgesamt 15 Berliner Filialen existierten. Zwei Jahre später wurde das modernste Berliner Fabrikationsgebäude zur Herstellung von Särgen und Bestattungszubehör in der Belziger Straße in Schöneberg errichtet.

Stets blieb das Unternehmen innovativ, dem Geschäftssinn seines Gründers folgend und nicht selbstverständlich in einer zu besonderer Dezenz verpflichteten Branche: 1914 wurden Automobile zum Sargtransport, 1934 die Werbung im Radio und 1959 spezielle Behältnisse für die Flugverladung eingeführt. Das heute noch bekannte Grieneisen-Logo, ein dreiarmiger Leuchter mit Namenszug und Gründungsjahr, entwarf in den 1930er-Jahren Egon Eiermann, der nach dem Krieg einer der führenden Architekten der westdeutschen Wiederaufbau-Moderne wurde. Er übernahm auch die einheitliche Innenausstattung der Geschäfte.

Während des Zweiten Weltkriegs wurde ein Großteil des Firmenbestandes zerstört. 1960 ging die Firma »Julius Grieneisen Erd- und Feuerbestattungen« mit 17 Berliner Geschäftsstellen an die Global Handels- und Verwaltungs-Gesellschaft GmbH über. Nach der deutschen Wiedervereinigung expandierte das Unternehmen in den Ostberliner Bezirken. Nach weiteren Firmenfusionen und Umbenennungen ist die heutige Ahorn AG noch immer einer der größten Bestattungsdienstleister in Deutschland – mit einer beeindruckenden Geschichte: So geleitete Grieneisen neben vielen anderen Prominenten Adolf Glaßbrenner (siehe S. 108), Heinrich Zille (siehe S. 96), Hans Rosenthal (siehe S. 156), Hildegard Knef (siehe S. 194) und Harald Juhnke (siehe S. 32) bei ihrem letzten Erdengang.

Karin Dömsky

Curt Bois – zeitkritischer »Salonhumorist«

1901 geboren am 5. April in Berlin **1908** erste Rolle als Heinerle in Leo Falls Operette *Der fidele Bauer* im Theater des Westens **seit 1908** zahlreiche Rollen in Stummfilmen **seit 1914** Auftritte in Revuen, Kabaretts, Varietés **1931/32** einige Rollen in Tonfilmen **1933** am 7. Februar in das Exil nach Wien **1934** über London, Zürich und Paris Auswanderung in die USA; vor allem Nebenrollen in Filmen **1950** am 25. Juli Rückkehr nach Deutschland; zunächst Theaterarbeit u. a. mit Bertolt Brecht in Ost-Berlin **1954** Übersiedlung nach West-Berlin; Theater- und Filmrollen **1988** Europäischer Filmpreis für seine Nebenrolle in *Der Himmel über Berlin* von Wim Wenders **1991** gestorben am 25. Dezember in Berlin

Curt Bois stammte aus einer Familie mit hugenottischen Wurzeln. Als einer der ersten Kinderstars stand er bereits im Alter von sieben Jahren im Scheinwerferlicht von Film und Bühne, schon zu dieser Zeit an der Seite von Größen des Fachs wie Henny Porten. Zur langen Liste seiner Leinwandrollen gesellten sich unzählige Auftritte in Revuen, Kabaretts und Varietés. Der selbsternannte »Salonhumorist« begeisterte in der Zeit der Weimarer Republik mit oft zeitkritischen Parodien und markanter Gesangsstimme das Publikum von Nelson-Theater, Wilder Bühne oder Kabarett der Komiker. In letzterem hatte am 1. Dezember 1924 die Operettenparodie *Quo Vadis* Premiere, die mit satirischen Anspielungen auf die völ-

Horst Güldemeister
Curt Bois, 1970
12 Kontaktabzüge, 18 x 23,7 cm
Stadtmuseum Berlin

Scherben bringen Glück, 1932
Filmplakat, 141 x 93,5 cm
Deutsche Kinemathek – Museum für Film und Fernsehen

Ultraphon
Curt Bois, Begleitung: Theo Mackeben mit Orchester
Ich mache alles mit den Beinen, 1930
Schallplatte
Stadtmuseum Berlin

kische Rechte aufwartete. Die damals Mitwirkenden sollten nach 1933 den Hass der Bloßgestellten zu spüren bekommen. Einen der größten Bühnenerfolge feierte Curt Bois 1928 in seiner künftigen Paraderolle als Lord Babberley in eigener Bearbeitung von Brandon Thomas' Stück *Charleys Tante*. Aus der Zeit des Tonfilms *Der Schlemihl* (Regie: Max Nosseck, 1931) stammen Schallplattenaufnahmen wie *Guck doch nicht immer nach dem Tangogeiger hin*, die Bois' Ruf als glänzender und bisweilen komischer Gesangsinterpret für die Nachwelt dokumentieren.

Schon eine Woche nach der Machtübernahme Hitlers verließ Curt Bois Berlin. Über die Zwischenstationen Wien, London, Paris gelangte er schließlich 1934 in die USA. Zwar konnte er rasch über emigrierte Kollegen und Freunde Kontakte aufbauen. Es gelang ihm aber lediglich, sich mit Filmnebenrollen, beispielsweise im Klassiker *Casablanca* (1942), ein äußerst bescheidenes Einkommen zu sichern.

Seit der Rückkehr nach Deutschland 1950 arbeitete er auch wieder in Berlin, zunächst auf der Bühne. Sein in der Emigration geschärftes politisches Bewusstsein kollidierte nicht selten mit den politischen Gegebenheiten des Kalten Krieges. So blieb er ein Grenzgänger, der 1954 aus Ost- nach West-Berlin wechselte und nach seiner Kündigung am Schillertheater 1972 als Gast auch wieder im Ostteil der Stadt auftrat. Seine Filmkarriere fand 1988 ihren Abschluss mit *Der Himmel über Berlin* von Wim Wenders, einer Hommage an die Stadt – und Curt Bois, der neben Bruno Ganz und Otto Sander eine tragende Rolle spielte. 1991 riss ihn der Tod aus den Dreharbeiten zum Nachfolgefilm *In weiter Ferne so nah*.

Andreas Teltow

Dietrich Bonhoeffer – Christ und »Verschwörer«

1906 am 4. Februar in Breslau geboren **1912** Umzug der Familie nach Berlin **1923** Studium der Theologie in Tübingen, ab 1924 in Berlin; Promotion 1927 **1929** Assistent, 1931–1936 Privatdozent an der Berliner Universität **1931–1933** nach Ordination Berufung als Studentenpfarrer der Technischen Hochschule Berlin **1930** einjähriges Stipendium am Union Theological Seminary in New York **1933** am 1. Februar Radiovortrag *Wandlungen des Führerbegriffs*, Abbruch der Übertragung; Pfarramt für zwei deutschsprachige Gemeinden in London **1935** Lehre am Predigerseminar der Bekennenden Kirche in Finkenwalde / Pommern **1937** trotz angeordneter Schließung Weiterführung bis 1940 unter anderem Namen **ab 1938** Mitarbeit in der Verschwörergruppe um Admiral Canaris **1941** nach Freistellung vom Militärdienst konspirative Übernahme ins Amt für Abwehr, unter diesem Deckmantel Auslandskontakte **1943** am 17. Januar Verlobung mit Maria von Wedemeyer; am 5. April Verhaftung zunächst nur wegen »Wehrkraftzersetzung«, Inhaftierung in Berlin-Tegel **1945** nach mehreren Zwischenstationen im KZ Flossenbürg Hinrichtung mit anderen »Verschwörern« des 20. Juli 1944 am 9. April

Er war Ausnahme – in jeder Lebenssituation. Der Sohn aus großbürgerlichem Hause im Grunewald konnte mühelos den Respekt von Jugendlichen aus Berliner Arbeitervierteln erwerben und sich für die tiefe Frömmigkeit afroamerikanischer Theologen und Kirchgänger in Amerika begeistern. Weltläufigkeit und Weitblick hoben ihn weit über den Durchschnitt seiner Pastorenkollegen hinaus und ermöglichten ihm eine in der Vorkriegszeit ungewöhnliche ökumenische Offenheit, die nicht zuletzt seiner Arbeit im Widerstand zugute kam.

Während des Studiums wandte er sich der hoch aktuellen dialektischen Theologie zu, mit deren Hauptvertreter Karl Barth er fortan in engem Kontakt stand. Glauben und Handeln bildeten für Bonhoeffer eine Einheit, die er beispielhaft vorlebte.

Gegen die politische Einflussnahme der 1933 an die Macht gekommenen Nationalsozialisten und die Anmaßungen der Deutschen Christen, eine systemkonforme und im Sinne der NS-Ideologie das jüdische Erbe im Christentum verleugnende »Reichskirche« nach dem »Führerprinzip« zu schaffen, formierte sich unter Bonhoeffers maßgeblicher Mitwirkung die Bekennende Kirche. Aber Bonhoeffer ging politisch und theologisch weit über deren oft zögerlich verfolgtes, zudem von einem häufig noch vorherrschenden nationalprotestantischen Geist begrenztes Ziel bloßer Bewahrung kirchlicher Freiheit hinaus: »Wer sich wissentlich von der Bekennenden Kirche trennt, trennt sich vom Heil« (1936).

Als Lehrer an der Ausbildungsstätte der Bekennenden Kirche verstand er es, die künftigen Pastoren für die ökumenische Idee einer weltweiten christlichen Gemeinschaft zu gewinnen, die für den Dienst am Anderen und für den Frieden steht. In den späten 1930er-Jahren hatte Bonhoeffer pro-

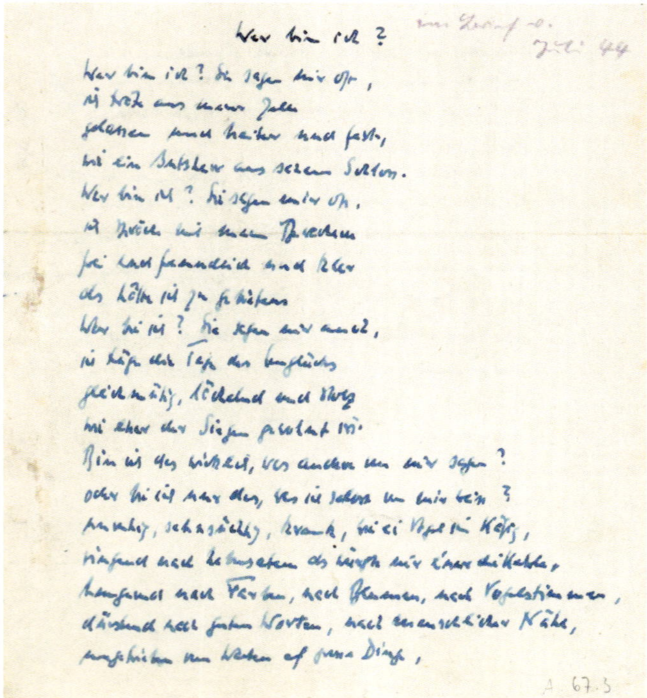

Juli 44

Wer bin ich?

Wer bin ich? Sie sagen mir oft,
ich träte aus meiner Zelle
gelassen und heiter und fest,
wie ein Gutsherr aus seinem Schloß.
Wer bin ich? Sie sagen mir oft,
ich spräche mit meinen Bewachern
frei und freundlich und klar,
als hätte ich zu gebieten.
Wer bin ich? Sie sagen mir auch,
ich trüge die Tage des Unglücks
gleichmütig, lächelnd und stolz,
wie einer der Siegen gewohnt ist.
Bin ich das wirklich, was andere von mir sagen?
oder bin ich nur das, was ich selbst von mir weiß?
unruhig, sehnsüchtig, krank, wie ein Vogel im Käfig,
ringend nach Lebensatem, als würgte mir einer die Kehle,
hungernd nach Farben, nach Blumen, nach Vogelstimmen,
dürstend nach guten Worten, nach menschlicher Nähe,
umgetrieben vom Warten auf große Dinge,

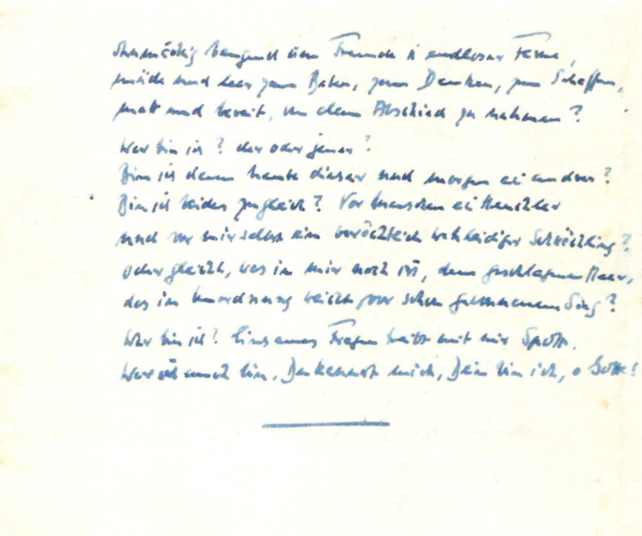

ohnmächtig bangend um Freunde in endloser Ferne,
müde und leer zum Beten, zum Denken, zum Schaffen,
matt und bereit, von allem Abschied zu nehmen?
Wer bin ich? der oder jener?
Bin ich denn heute dieser und morgen ein andrer?
Bin ich beides zugleich? Vor Menschen ein Heuchler
und vor mir selbst ein verächtlich wehleidiger Schwächling?
oder gleicht, was in mir noch ist, dem geschlagenen Heer,
das in Unordnung weicht vor schon gewonnenem Sieg?
Wer bin ich? Einsames Fragen treibt mit mir Spott.
Wer ich auch bin, Du kennst mich, Dein bin ich, o Gott!

Dietrich Bonhoeffer
Wer bin ich?
Gedicht, Juli 1944
Handschrift
Staatsbibliothek zu Berlin – Preußischer Kulturbesitz

Hans Breker
Dietrich Bonhoeffer, 1996
Bronze, Höhe 51,5 cm
Evangelische Kirche Berlin-Brandenburg-schlesische Oberlausitz

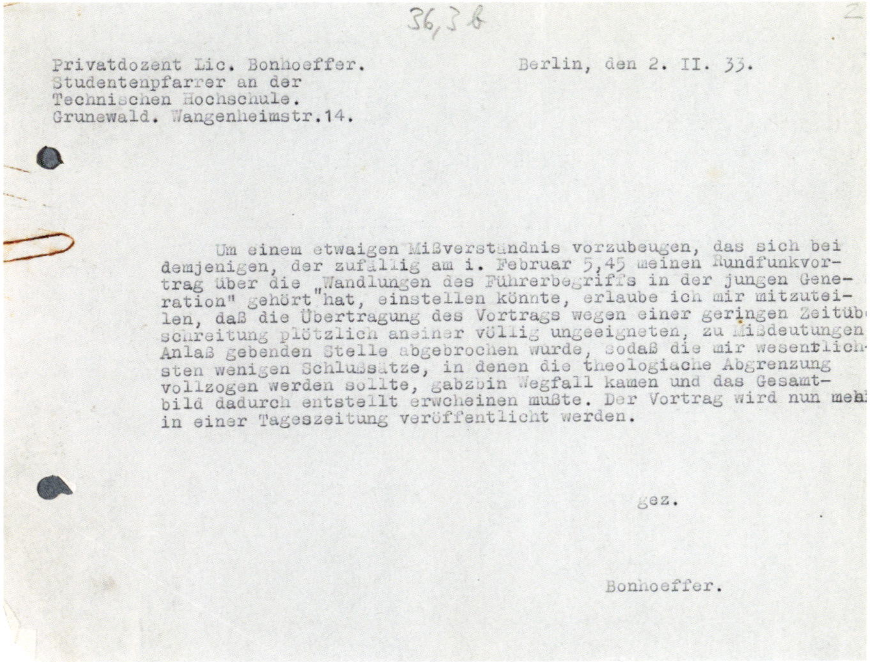

36,3 b

2

Privatdozent Lic. Bonhoeffer.
Studentenpfarrer an der
Technischen Hochschule.
Grunewald. Wangenheimstr.14.

Berlin, den 2. II. 33.

Um einem etwaigen Mißverständnis vorzubeugen, das sich bei demjenigen, der zufällig am 1. Februar 5,45 meinen Rundfunkvortrag über die „Wandlungen des Führerbegriffs in der jungen Generation" gehört hat, einstellen könnte, erlaube ich mir mitzuteilen, daß die Übertragung des Vortrags wegen einer geringen Zeitüb[...] schreitung plötzlich aneiner völlig ungeeigneten, zu Mißdeutungen Anlaß gebenden Stelle abgebrochen wurde, sodaß die mir wesentlich[...] sten wenigen Schlußsätze, in denen die theologiache Abgrenzung vollzogen werden sollte, gabzbin Wegfall kamen und das Gesamtbild dadurch entstellt erwcheinen mußte. Der Vortrag wird nun meh[...] in einer Tageszeitung veröffentlicht werden.

gez.

Bonhoeffer.

Dietrich Bonhoeffer
Stellungnahme zur Unterbrechung seines Rundfunkbeitrags
Der Führer und der einzelne in der jungen Generation, 2.1.1933
Maschinenschrift
Staatsbibliothek zu Berlin – Preußischer Kulturbesitz

minente Vertreter des militärischen Widerstands, vor allem aus dem Amt Abwehr der Wehrmacht, kennengelernt und sich von der Verschwörergruppe um Admiral Canaris konspirativ hierfür anwerben lassen. Nun konnte er sein über Jahre geknüpftes Netz von Verbindungen im Ausland nutzen, um Informationen über die Lage in Hitlerdeutschland und die Ziele des Widerstands weiterzugeben.

1943 kam Bonhoeffer zunächst mit dem Vorwurf der Wehrkraftzersetzung in Haft. Nach dem gescheiterten Staatsstreich vom 20. Juli 1944 offenbarte sich der NS-Justiz dann auch seine Nähe zu den Verschwörern. In dieser ausweglosen Situation kam Bonhoeffer im Nachdenken über »eine Kirche in einer mündigen Welt« zu ganz neuen theologischen Einsichten, die vor allem in zahlreichen Briefen Ausdruck fanden. Zugleich entstanden bis heute bekannte Gedichte wie »Wer bin ich?« oder »Von guten Mächten wunderbar geborgen«. Seinen Leidensgenossen eng verbunden, ihnen Mut und Trost spendend, wurde Bonhoeffer in der juristischen Farce eines Standgerichts auf ausdrücklichen »Führerbefehl« nur wenige Tage vor Kriegsende zum Tode verurteilt und sofort hingerichtet.

Nach 1945 erfuhr Dietrich Bonhoeffer internationale Anerkennung und Verehrung als bedeutender Theologe der Ökumene, unbeugsamer Widerstandskämpfer und Märtyrer. Eine angemessene juristische Aufarbeitung seiner Leidenszeit blieb aus – die bundesdeutsche Justiz ließ die beiden SS-Richter 1956 weitgehend ungeschoren. Bonhoeffer selbst wurde erst 1996 förmlich rehabilitiert, das Todesurteil als rechtswidrig außer Kraft gesetzt.

Andreas Teltow

Herrmann Gerson – Erfinder des Kaufhauses

1813 geboren am 28. Februar in Königsberg / Neumark (heute Polen) als Hirsch Gerson Levin 1835 Übersiedlung nach Berlin 1836 Erwerbung des Naturalisationspatents; Eröffnung des Geschäfts »Wald und Gerson« in der Bauakademie, Laden 7 1839 Eröffnung eines eigenen Modewaren-Geschäfts in der Bauakademie, Laden 3 1848 Kauf des Gebäudes Werderscher Markt 5 und Umbau zum ersten modernen Modekaufhaus 1849 Eröffnung des »Modebazars Herrmann Gerson und Comp.« 1856–1858 Herausgabe eines eigenen Modejournals, der *Gerson'schen Modezeitung* 1850–1860 Umsatz von 10 Millionen Talern, doppelt so viel wie der gesamte übrige Modehandel in Berlin 1861 gestorben am 6. Dezember in Berlin

Zwei Damen
in Krinolinenkleidern
Herrmann Gersons
Modezeitung, 1858
Stadtmuseum Berlin

Zwei Damen
in festlichen
Krinolinenkleidern
Herrmann Gersons
Modezeitung, 1858
Stadtmuseum Berlin

Ein tempelähnliches Grabmal auf dem Jüdischen Friedhof an der Schönhauser Alle erinnert an den Berliner Kaufmann Herrmann Gerson. Bei seinem Tod hinterließ er seiner Ehefrau, den vier minderjährigen Kindern und seinen fünf Brüdern ein vorzüglich gehendes Geschäft und den Berlinern einen Mythos: den »Modebazar Herrmann Gerson und Comp.«. Im Jahre 1835 kam der als Hirsch Gerson Levin geborene junge Kaufmann nach Berlin, erwarb das Bürgerrecht und änderte seinen Namen in Herrmann Gerson. Seit 1838 führte er ein eigenes Geschäft, das er in der *Königlichen Privaten Berlinischen Zeitung* annoncierte. Das Sortiment umfasste Stickereien, Kanten, Tüllen und ähnliches, das er an die Damen der besseren Gesellschaft verkaufte. Als Hoflieferant versorgte er seit 1842 die preußische Königin mit modischen Accessoires, später auch den Zarenhof in Russland und die Königin von Schweden.

Über die Natur Herrmann Gersons ist wenig bekannt, jedoch wird er von seinem Krefelder Geschäftspartner Karl Weiß als klein, rundlich, lebhaft und unternehmungslustig beschrieben. Sein außerordentlich großer Erfolg deutet auf ein ausgeprägtes kaufmännisches Talent hin. Er unterhielt Geschäftsbeziehungen in ganz Europa, bezog Seidenstoffe aus Lyon, Spitzen aus Brüssel, neueste Modewaren aus Paris und Wollstoffe aus Schottland.

Mit dem Kauf des Hauses des Bankiers Schulze am Werderschen Markt leitete Herrmann Gerson eine neue Ära im Berliner Modehandel ein. Er ließ das Gebäude von Theodor Stein zu einem imposanten Kaufhaus im spätklassizistischen Stil umbauen, das auf zwei Geschossen ein umfangreiches Angebot luxuriöser Modewaren, Möbelstoffe und Teppiche bereithielt. Die dreiflügelige Anlage des Hauses wurde an der vierten Seite geschlossen. Sodann versah man die beiden unteren der vier Geschosse mit einem Glasdach, so dass ein großer Lichthof entstand. Damit wurde das Gebäude zum Vorbild für viele spätere Berliner Kaufhausbauten. In den oberen Geschossen befanden sich Arbeitsplätze für 40 Näherinnen sowie Privaträume für die Besitzer.

Die Eröffnung des »Modebazars Herrmann Gerson und Comp.« folgte 1849. Im *Berliner Modenspiegel* verglich eine unbekannte Zeitgenossin das Ereignis mit den Menschenaufläufen der Revolution im Jahr zuvor. Das nach Vorbildern in England und Frankreich konzipierte Haus versetzte die Berliner und Berlinerinnen in Bewunderung und Erstaunen. Außergewöhnlich modern für jene Zeit war die hohe Anzahl von Angestellten, allein im Verkauf waren etwa 50 Personen tätig. Ähnlich wie heute gab es bereits Preisschilder an vielen Waren, die den Kunden die Orientierung erleichterten. In einem mit einer Gasflamme erleuchteten Kabinett konnten die Kundinnen die Wirkung eines Stoffes bei Kerzenlicht prüfen.

Nach Gersons plötzlichem Tod führten seine Brüder die Firma weiter. Trotz mehrfachen Besitzwechsels bestand diese unter dem ursprünglichen Namen fort – bis zur erzwungenen »Arisierung« im Jahr 1936.

Heike-Katrin Remus

Mercier und Lœillot nach Stein
Gersons Warenlager in Berlin, 1851
Lithografie, 24,1 x 33,2 cm
Stadtmuseum Berlin

Tobias Feilner
Aufsatzlöwe von einem Kaminofen der
Villa Gerson, 1862
Gelber Töpferton, weiß glasiert, Höhe 52 cm
Stadtmuseum Berlin

Herrmann Gerson, o. J.
Fotografie, 20,5 x 16,5 cm
Stadtmuseum Berlin

Jacob von Colonia – Gründungskolonist

1160 in Köln am Rhein geboren 1175/1180 Handelsausbildung im väterlichen Kontor 1181 Übersiedlung nach Berlin an der Spree, Übernahme eines Handelshauses 1182–1210 Kaufmannsfahrten nach Hamburg, Lübeck, Utrecht und London 1210 gestorben in Berlin; Beisetzung in der Nikolaikirche

Ein fiktiver Name, ein fiktives Leben. Die Handlung eines historischen Romans, die den Fund eines anonymen Skeletts im Untergrund der Nikolaikirche zum Ausgangspunkt nähme, könnte etwa so aussehen: Der junge Kölner Kaufmann Jacob bestieg am 1. Mai 1181 in seiner Heimatstadt den mit Siegburger Steinzeug beladenen Lastkahn seines Vaters. Dieser brachte ihn in flotter Fahrt den Rhein abwärts nach Utrecht, unterbrochen durch zwei kurze Handelsaufenthalte in den Königspfalzen Kaiserswerth und Nimwegen. Hier schiffte er sich auf der Kogge des Kaufmanns Gerrard Vorschotte ein, eines auch »der Utrechter« genannten Handelspartners der Familie. Das Frachtschiff, das mit flandrischen Tuchen und Gewürzen bestückt war, segelte bei ruhigem Wasser entlang der Nordseeküste und erreichte am 1. Juni die aufstrebende Kaufmannsstadt Hamburg. Hier wurde Jacob schon von seinem Bruder Thilo erwartet, der ihn zu diesem Abenteuer animiert hatte.

Thilo war zehn Jahren zuvor dem Ruf des Lokators Heinrich von Jüterbog gefolgt, der im Auftrag des Magdeburger Erzbischofs Wichmann von Seeburg Kaufleute und Handwerker zur Kolonisation seiner frisch eroberten Gebiete im Teltow angeworben hatte. Von dort hatte er gerade mit seiner Prahm geschnittenes märkisches Eichenholz für den Schiffsbau mitgebracht. Nachdem er den Lastkahn im Hamburger Hafen mit Produkten des Fern- und Seehandels neu befrachtet hatte, ging am 4. Juni die Fahrt in das für Jacob noch unbekannte Land los. Sie kamen durch die starke Strömung der Elbe nur langsam voran. Teilweise musste der Kahn von Pferden getreidelt werden. In Magdeburg und Havelberg machten die Brüder Halt, um hier an den geistlichen Höfen ihre kostbaren Waren feilzuhalten. Auf den ruhiger dahin fließenden Gewässern der Havel und Spree konnten sie die vollen Segel hissen und dadurch die Weiterfahrt beschleunigen. Auf der Reise erzählte Thilo seinem Bruder, dass er zusammen mit anderen Kolonisten an der Spree eine Niederlassung mit aufgebaut habe, die nach der Herkunft vieler Neusiedler Colonia genannt werde, und sich dort sein Handelskontor befinde. Er schilderte auch, dass direkt gegenüber ihrer Siedlung am anderen Ufer des Flusses und damit im Einflussbereich des wettinischen Markgrafen Dietrich von der Niederlausitz fast zeitgleich ebenfalls eine Handelsstätte namens Berlin entstanden sei.

Am 1. Juli erreichte die Prahm an der engsten Stelle in der Spreeniederung zwischen den Hochflächen des Teltow und Barnim ihr Ziel. Jacob erblickte zu beiden Seiten der Spree befestigte Ortschaften. In ihnen herrschte reges Treiben, denn die Spuren der Pommern-Einfälle von 1179/1180 waren noch nicht gänzlich beseitigt. Es galt, Palisadenumfriedungen auszubessern und ausgebrannte Häuser wieder herzurichten. Nachdem die Schiffsladung gelöscht und in das Kontor in der Nähe des Marktes gebracht worden war, gingen Jacob und sein Bruder Thilo zur Petrikirche, einem einfachen viereckigen Holzbau, der sich hinter dem Platz erhob. Hier dankten sie Gott für die glückliche Reise und die guten Geschäfte. Danach schlenderten sie zurück zum Markt und über eine hölzerne Brücke nach Berlin, wo Thilo unlängst eine Filiale eingerichtet hatte, die nun Jacob übernehmen sollte. Diese Zweigstelle lag im Schatten der Nikolaikirche, wo er später seine letzte Ruhe finden sollte.

Uwe Winkler

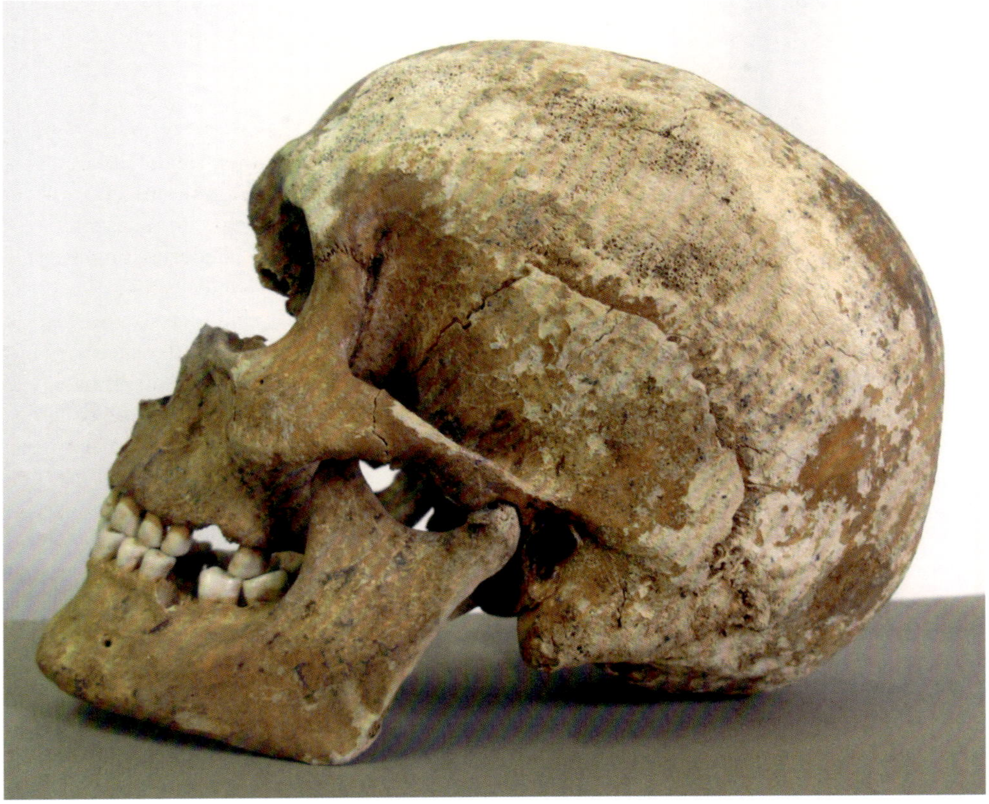

Schädel eines
40 bis 50 Jahre alten Mannes,
frühes 13. Jh.
Aus einer Grabung in der
kriegszerstörten
Nikolaikirche, 1957
Staatliche Museen zu Berlin –
Preußischer Kulturbesitz,
Museum für Vor-
und Frühgeschichte

Dornrandkrug,
Rheinland, 13. Jh.
Fundort vermutlich
Berlin-Mitte
Faststeinzeug, Höhe 23 cm
Stadtmuseum Berlin

Heinz Oestergaard – Modemacher für Millionen

1916 geboren am 15. August in Berlin 1936/37 Lehre im Berliner Modehaus Schröder-Eggeringhaus 1938–1940 Modeschöpfer im Salon Erich Vogel in Berlin 1940–1945 Kriegsdienst 1946 Eröffnung eines eigenen Modesalons 1948 Gründung des Modeateliers Eggeringhaus und Oestergaard in Berlin 1952–1967 eigener Haute-Couture-Salon in Berlin; Entwürfe für Triumph International unter Einsatz neuer Chemiefasern; Zusammenarbeit mit Industriebetrieben 1967–1986 Übersiedlung nach München; Entwürfe für Polizei und ADAC; Berater für das Versandhaus Quelle 1978–1984 Professor für Modedesign in Pforzheim 2003 gestorben am 10. Mai in Bad Reichenhall

Heinz Oestergaard war ein echter Berliner Junge. Hier wurde er geboren, hier erhielt er seine Ausbildung und hier konnte er 1945, aus zweijähriger russischer Kriegsgefangenschaft zurückgekehrt, seine ersten Schritte als selbstständiger Modemacher gehen. Nach Modellkleidern fragte in dieser Zeit kaum jemand. Trümmer mussten weggeräumt, die wichtigsten Grundbedürfnisse gestillt werden. So fertigte Heinz Oestergaard zunächst praktische Kleidung aus alten Uniformteilen, Gardinen und Ballonseide an.

Den ersten eigenen Salon gründete er 1946 in seiner Berliner Wohnung, Winklerstraße 13. Der gerade 30 Jahre alte und damit jüngste Berliner Modeschöpfer erarbeitete sich schnell einen guten Ruf. Durch seine faszinierende Persönlichkeit und den jungenhaften Charme war er sowohl in der Branche als auch bei der Presse beliebt. Seit 1948 führte er gemeinsam mit seinem früheren Lehrherrn die Firma Eggeringhaus und Oestergaard. Vier Jahre bestand der mittelständische Betrieb mit mehr als 100 Angestellten.

Schon früh bezweifelten die beiden den dauerhaften Erfolg des Modellgenres. Bestimmt für einen kleinen Kundenkreis, barg die Haute Couture ein hohes Geschäftsrisiko. Diesem begegnete Hermann Eggeringhaus 1950 mit der Einrichtung einer Produktionsstätte in Bramsche, in der einfache Kleider aus guten Stoffen industriell gefertigt wurden. Die Gestaltung übernahm Heinz Oestergaard, und begann so seine Zusammenarbeit mit der Industrie, die er mit Kollektionen aus modernen Kunstfasern für Nino, Girmes, Bayer und andere fortsetzte. Ab 1956 kooperierte er mit der Firma Triumph International, für die er modische Damenwäsche und Miederwaren aus Chemiefasern entwarf. Besondere Freude

Hubs Flöter
Modell für Triumph International
für eine Präsentation in Ägypten, 1958
Fotografie, 24 x 30 cm
Stadtmuseum Berlin

Arthur Grimm
Heinz Oestergaard, um 1950
Fotografie, 30 x 40 cm
Stadtmuseum Berlin

Berlin-Grunewald · Winklerstraße 13 · Telefon: 97 54 86

Heinz Oestergaard

zeigt seine Frühjahrsmodelle
am 22., 23., 24. März 1948, um 18 Uhr

Um rechtzeitige Platzbestellung wird gebeten · Please call me soon for reservations ·

Einladung zur Vorführung
der Frühjahrskollektion
1948 in Oestergaards Wohnung
Stadtmuseum Berlin

dürfte ihm aber die Ausstattung der prunkvollen Modenschauen gemacht haben, bei denen er mit kostbaren Materialien nicht sparen musste und exquisite Negligés aus glänzender Seide, Organza und feiner Spitze präsentierte.

Klaus Steilmann, ein Branchenkollege, kreierte 1958 den Slogan »Mode für Millionen, nicht für Millionäre!«. Die zunehmende Massenfertigung wurde von vielen Modeschöpfern kritisch betrachtet, nicht aber von Oestergaard, der ab 1967 als Berater für Quelle ebenfalls Mode für Millionen machte.

Seinen 1952 eröffneten zweiten eigenen Salon schloss Oestergaard 1967 und verließ Berlin. Große Erfolge mit zwei Couture-Kollektionen jährlich lagen hinter ihm. Der Mauerbau 1961 und die dadurch entstandene Insellage der Stadt hatten Produktion und Vertrieb jedoch zunehmend erschwert, Berlin als Modestadt ließ sich unter diesen Umständen nicht wiederbeleben. In München richtete sich Oestergaard das »Studio für creative design« ein. Von hier aus beriet er weiterhin verschiedene Firmen. In der Deutschen Meisterschule für Mode und an der Fachhochschule für Gestaltung in Pforzheim gab er sein Wissen an junge Modegestalter weiter.

Was ist Mode? Diese Frage beantwortet Oestergaard so: »Mode ist Veränderung, ist Zeitgeschehen, sublimiert in Kleidern, die eine Frau schön machen.«

Heike-Katrin Remus

Dem Volk aufs Maul geschaut – was Berliner erzählen

Karin Rohnstock

Seit mir Eva Schröder ihre Geschichte erzählte, geht sie mir nicht mehr aus dem Kopf. Sie wohnte eine Treppe über unserem alten Büro in der Prenzlauer Allee. Zu ihrem 75. Geburtstag brachte ich ihr einen Topf Alpenveilchen und eine Schachtel Konfekt. Sie schob mich in die »jute Stube«, goss zwei Gläser Braunen ein und erzählte, wie sie in dieses Haus gekommen war, aus dem sie nun raus sollte. Ihr Vater war Kommunist. In der Nachbarwohnung lebte ein Jude, der ihn auf der Treppe mit »Heil Hitler« grüßte. 1933 wurde Evas Vater von der Gestapo verhaftet, dann der Jude. Der Vater, ein Lackierer, kehrte aus dem KZ zurück und tauchte in Brandenburg in einer Flugzeugfirma unter – bis zum Kriegsende.

Eva lernte in der Handelsschule Sekretärin. Die Einraumwohnung der Eltern mit Klo auf halber Treppe wurde zu klein. Das Haus um die Ecke, in der Prenzlauer Allee, war zerbombt. Die Seitenwände waren zusammengebrochen, nur die Haupttreppe und die Zwischendecken standen noch. Vater, Bruder und zwei Kumpels mauerten das erste Geschoss in einen bewohnbaren Zustand. Die Steine schleppten sie von der Straße herauf. Eva, die inzwischen eine Sekretärinnen-Stelle bei der DEFA bekommen hatte, besaß einen Rock und zwei Blusen: »Alles Geld ging in die Wohnung«, erklärte sie. Im Frühjahr 1946 waren ein Zimmer, Küche und Innenklo fertig. Für das andere Zimmer ließen sich keine Fenster auftreiben. Also wurde die Wand zugemauert.

Kurz darauf lernte sie Paule kennen. Im Haus der Tante in West-Berlin. »Endlich ein Mann!« Männer waren rar nach dem Krieg. Als die Mauer gebaut wurde, wollte er rüberkommen, doch Eva sagte: »Bleib drüben, unsere Verhältnisse sind nicht so.« So stand sie wieder allein da.

1968 wurde die Wohnung von der KWV (Kommunale Wohnungsverwaltung) ausgebaut, nun mit Fenster – und Balkon. 1996 kaufte ein privater Investor das Haus. Es wurde schnell, weil steuerlich absetzbar, saniert. Evas Wohnung in der Beletage gefiel der neuen Besitzerin. »Sie bot mir Geld, damit ich ausziehe«, erzählt Eva. »Doch ich ließ mich nicht erweichen: ›Nein. Ick bleibe!‹ … Auf einmal war ich ein schlechter Mensch!«

Eva erhielt zwei Abmahnungen. Die dritte, nachdem die Schwägerin der Eigentümerin unter ihr Bett gekrochen war und dort Flusen gefunden hatte, enthielt die Formulierung: »wegen Verwahrlosung der Wohnung«. Irgendwann lag Eva psychisch am Boden. Sie gab auf, zog aus. 56 Jahre hatte sie in der Wohnung gelebt: »Ick wollte mir dit Leben nehmen. Ach dit is schwer …«, seufzt Eva noch heute, fünf Jahr später.

So ist es häufig: ein aktueller Anlass, ein gegenwärtiges Problem führt weit in die Vergangenheit zurück. In Evas Erinnerungen kristallisiert sich ein Stück Berlin-Geschichte. Mit ihnen ließen sich zahlreiche Seiten füllen. »Ich könnte ein Buch schreiben«, pflegt Eva zu sagen, wenn wir zusammensitzen. Doch nicht nur Evas Leben bietet Stoff genug, um ein Buch daraus zu machen. Viele Berliner tragen die Geschichte der Stadt in sich. Man muss ihnen nur zuhören, um diese Geschichten aus dem Kokon der Erinnerung zu befreien.

Seit ich in meiner Kindheit den Erzählungen meiner Großmutter lauschte, lassen mich die Geschichten der Alten nicht mehr los. Vor 14 Jahren habe ich eine Firma gegründet, zu der Menschen kommen, um ihre Erinnerungen zu erzählen. Daraus entsteht ein Buch des Lebens, das die Erfahrungen und Erlebnisse den Nachkommen lebendig hält. Es ist keine Agentur, keine Praxis, keine Kanzlei, sondern ein gemütlicher Ort, an dem Menschen vorbehaltlos ihre Geschichte erzählen können – manchmal stockend, meist jedoch überschäumend, ohne Punkt und Komma. Ihre Zuhörer sind ausgebildete Autobiografiker, Autoren, die das Erzählte bearbeiten, die Geschichten herausmeißeln und in ein schön gestaltetes Buch bannen.

Wie es dazu kam, dass ich aus meiner Neigung einen Beruf gemacht habe, werde ich immer wieder gefragt: Das verdanke ich der Pächterin der Tankstelle in der Straße, in der ich wohne. Sie hatte aus einer Zeitung erfahren, dass ich Autorin sei und fragte mich, ob ich mir vorstellen könnte, die Geschichte ihres Vaters aufzuschreiben. »Sein Leben ist viel interessanter, als das von Lady Di!« Stimmt, sagte ich mir. Damit war die Idee geboren, Lebensgeschichten von Menschen aufzuschreiben. Nicht für den sensationsheischenden Buchmarkt, sondern für jene, die wirklich Wert auf die Erinnerungen der Alten legen: die Nachkommen, Kinder und Enkel.

Ich weiß nicht, wie viele Lebensgeschichten ich gehört habe, fünfhundert vielleicht, wahrscheinlich mehr – die Zahl ist unwichtig. Immer waren es bedeutungsvolle Geschichten.

Wenn ein alter Mensch auf meiner Couch sitzt und ich ihm meine Aufmerksamkeit schenke, erzählt er als erstes vom Krieg. Oder, wie Eva, von einem aktuellen Anlass, der die Erlebnisse der frühen Jugend wachrüttelt.

Noch leben vereinzelt einige Hundertjährige, die erzählen könnten, wie Tausende deutsche Soldaten, die jubelnd für den Kaiser in den Krieg gezogen waren, verwundet und enttäuscht zurückkamen. Wie vom Balkon des Berliner Schlosses die Weimarer Republik ausgerufen wurde. Oder wie sie 1923 am Fabriktor auf den Vater warteten, ihm die Millionen Papiermarkmark abzunehmen, um damit zum Bäcker zu laufen. Ein Brot gab es dafür.

Berlin hat in den letzten hundert Jahren Weltgeschichte geschrieben. Wer etwas darüber erfahren will, der braucht nur den alten Berlinern aufs Maul zu schauen. Hundert Jahre Berliner Geschichte werden in ihren Erzählungen plastisch nachvollziehbar. Ein Haus, eine Straße, ein Platz wird zum Leben erweckt, wenn wir eine Begebenheit kennen, die sich dort abspielte. Jahreszahlen und Fakten vergessen wir leicht, sie verschwinden im allgemeinen Informationsfluss. Die Geschichte eines Menschen hingegen bleibt uns in Erinnerung, weil sein Schicksal etwas Besonderes ist. Die Stadt wird lebendig durch die Erzählungen ihrer Bewohner. Und die Berliner sind wunderbare Erzähler! In Ihren Geschichten spiegelt sich die Geschichte der Stadt mit all ihren Errungenschaften und Traumatisierungen wider. Doch die Zahl der bis 1930 Geborenen – der so genannten Kriegsgeneration – schrumpft zusehends. Wir müssen sie heute befragen, wenn wir nicht wollen, dass sie ihr Wissen und ihre Erfahrungen mit ins Grab nehmen.

Vera Vogel-Lamprecht erzählte mir 2009 ihre Lebensgeschichte, die nun in dem Buch *Die Rose und das Feuer* festgehalten ist:

Raschen Schrittes eilte ich am 10. November des Jahres 1938 durch das morgendliche Berlin. Gleich würde die Schule beginnen. Doch was war das? Kurz vor dem Eingang zum Schulgebäude hielt ich abrupt inne. Erschrocken starrte ich schräg über die Straße. Scheußliche Fratzen waren auf die Ladenfenster des großen Lampenladens geschmiert, der sich in jüdischem Besitz befand. Dazu die Naziparole: »Juda verrecke!«

Verwirrt betrat ich die Schule und hoffte auf Antworten. Doch niemand wusste etwas. Auf den Fluren herrschte verunsichertes Schweigen.

Nach Schulschluss lief ich nach Hause und rief aufgeregt nach meiner Mutter. Doch mein Ruf hallte durch leere Räume. Mama war nicht da. Das war um die Mittagszeit ungewöhnlich… Etwas Bedrohliches lag in der Luft.

Nach knapp einer Stunde klickte ein Schlüssel im Schloss: »So was könnt ihr euch nicht vorstellen!«, rief Mama bestürzt aus, während sie ihren Mantel abwarf. »Kniehoch liegen Glasscherben, Haferflocken und Waren auf dem Kurfürstendamm! Alles ist zerstört! Diese Kerle standen da, mit Hämmern und was immer sie in die Hände bekamen, und schlugen alles kaputt! Nie zuvor habe ich derart grauenhafte Dinge gesehen.«[1]

Kann man sich heute ein Kind vorstellen, dass auf dem Schulweg erlebt, wie Polizeischergen und hasserfüllte Anwohner die Fensterscheiben von Geschäften zertrümmern? Das völlig entgeistert zur Schule kommt und niemanden findet, dem es sich anvertrauen kann? Würde dieses Kind nach solch einem Erlebnis nicht von seinen Eltern abgeholt oder gar psychologisch betreut werden? Daran war damals nicht zu denken. Die Kinder hatten es wegzustecken. Verkraftet haben sie das bis heute nicht.

Egon Heitmann, Jahrgang 1927, schilderte mir im Jahr 2001 seine Kindheitserinnerungen:

Wir trafen uns am 5. Oktober 1944 an der Ecke vor dem alten Lokal »Zeißler«. Ganz in der Nähe winselte unruhig ein kleiner Hund – neben ihm war mal eine Granate explodiert, daher hörte er das Zischen der Bomben wohl viel früher als wir Menschen. Sofort rannten wir in Richtung Keller. Gleich darauf traf eine Bombenkaskade die umliegenden Gebäude, dann uns in der Winsstraße, dann das Nebenhaus. Mit Mühe und Not erreichten wir den Keller, erlebten den ohrenbetäubenden Lärm, den immensen Luftdruck und den darauffolgenden Sog. Wir hörten, wie Stockwerk auf Stockwerk über uns zusammenfiel. Wir wurden verschüttet. Gas- und Wasserrohre platzten. Unser Leben hing am seidenen Faden. Zum Glück saß ich hinter einem Eisenträger, der mich schützte, sodass zwar dicker Staub das Atmen erschwerte und der Lichtkegel meiner Taschenlampe nur fünf Zentimeter weit leuchtete, aber nichts auf mich herunterfiel. Neben mir wurden Herr Breitschuh, Herr Ichdons und unsere Hauswartin zugeschüttet. Sie starben. Die Bombentoten sind für uns damals Jugendliche bis heute unvergessen.[2]

Der Krieg bildet das Zentrum der lebensgeschichtlichen Erzählungen der Kriegs- und Kriegskindergeneration. Die Bombardierung der Stadt lebt in ihrer Erinnerung fort, als hätte sie erst gestern stattgefunden. Gerade die Silvesterknallerei mögen die alten Menschen nicht, weil sie sie an die Ereignisse der letzten Kriegstage erinnert und sie in diese Zeit zurückversetzt. Die Erlebnisse haben sich so tief ins Gedächtnis eingegraben, dass sie den Menschen keine Ruhe lassen und auch nach über sechzig Jahren noch auf der Seele brennen. Manch einer kann nicht sterben, ohne sich erzählend von dieser Last befreit zu haben.

Auch das Kriegsende und seine Wirren haben sich tief in die Köpfe eingekerbt. Kurt Scheidler, Jahrgang 1914, erzählte in einem der von mir initiierten Erzähl-Salons, dem »Prenzlauer Berg Salon«, aus seiner Zeit als junger Assistenzarzt in einem Lazarett:

Unsere Arbeit bestand darin, von morgens bis abends zu amputieren. Wir hatten keinen Strom. Es gab kein Wasser. Wir hatten uns wegen des Beschusses in die Kellerräume einer alten Schule in der Christburger Straße zurückgezogen und versuchten, dort die Verletzten notdürftig zu operieren. Das war das Grausamste, das man sich vorstellen kann.

Am Tag der Kapitulation kam abends ein russisches Kommando und nahm unseren Chef mit. Wir übrigen vier Ärzte blieben uns selbst überlassen und arbeiteten so gut wir konnten weiter. Es gab keinen Nachschub an Verbandsmaterial, Desinfektions- oder Narkosemitteln. Plötzlich aber tauchten Unmengen an Zigaretten und Schnaps auf, worüber ich mich sehr wunderte. Ein Kollege führte mich hinunter in die Kellerräume und zeigte mir einen gut getarnten Verschlag. Er war voller Schnapsflaschen und Zigarettenpakete. Ein Nazi-Depot unterm Krankenhaus – das war wertvoller als ein Koffer Devisen!

Wir mussten vorsichtig sein und unseren Vorrat weiter streng geheim halten, denn die russischen Soldaten stromerten durch die Trümmer und nahmen mit, was nicht niet- und nagelfest war, um es einzutauschen.

1 Vera Vogel-Lamprecht, *Die Rose und das Feuer*, Rohnstock Biografien, Berlin 2010 (bestellbar unter www.rohnstock-biografien.de).

2 Egon Heitmann, *Immer in Bewegung*, Rohnstock Biografien, Berlin 2001, Privatauflage.

Wir nutzten das Vorratslager, um unser provisorisches Krankenhaus mit dem Notwendigsten auszustatten und den Betrieb aufrecht zu erhalten. In die ehemaligen Klassenzimmer zogen wir Mauern ein und machten kleinere Zimmer daraus. Aus der Brauerei im Friedrichshain bargen wir eine komplette Röntgenanlage. Per Pferdewagen bugsierten wir sie ins Krankenhaus, ein Siemens-Ingenieur montierte sie für uns. Der zentnerschwere Transformator musste dafür eine verfallene Treppe hinauf – vorbei an einem russischen Posten. Als die Soldaten sahen, wie wir uns abmühten, fassten sie mit an, ohne zu wissen, was sie da schleppten …

Der verfluchte Krieg hatte nichts als Chaos hinterlassen. Doch nun war er vorüber und wir konnten wieder zupacken. Das gab uns einen immensen Auftrieb![3]

Die Stadt hat ihre Einwohner nicht geschont. Sie wurden strapaziert, gefordert, bis an die Grenzen ihrer Kräfte gebracht. Nicht nur der Krieg selbst, auch die Schrecken davor und der Hunger und die Krankheiten, die er hinterließ, haben den Menschen ihren Stempel aufgedrückt und Spuren in ihrem Gefühlsleben hinterlassen.

Lotte Guse, Jahrgang 1924, entschied sich nach dem Krieg gegen die Gründung einer eigenen Familie. Mit 23 Jahren wurde sie diakonische Schwester. Sie wollte den vielen Hilfsbedürftigen beistehen. 2002 erzählte sie mir ihre Geschichte, die im Jahr darauf in ihrer Autobiografie *Allein die Stunde zählt* erschien:

Jeden Morgen, wenn ich meine Patienten besuchte, dachte ich daran, wie viel Tote dieser Tag wohl wieder bringen würde. Ich erinnerte mich an meine geliebte Großmutter und daran, wie sorgsam wir sie aufgebahrt hatten.

1947 besuchte ich eines Tages eine alte Frau in Halensee, die schwer krank war. An der Tür zu ihrer Wohnung erwartete mich schon die Portierfrau und führte mich in die Mädchenkammer. Dieses Zimmer war damals in den geräumigen Bürgerwohnungen das wärmste, da es klein war, mitten in der Wohnung und gleich neben der Küche lag. Die Frau hielt sich schon einige Tage in dieser Kammer auf. Sie rührte sich nicht, redete nicht, schlief stundenlang. Sie trug ein Nachthemd und war mit etwas zugedeckt, das ich kaum noch einen Bettbezug nennen möchte. Da sich niemand um sie kümmerte, war die Frau völlig verschmutzt. Aber sie lebte. Ich erkannte, wie viel Arbeit mir da bevorstand. Es kostete mich Mühe, die Patientin zu waschen, da ich ihren Körper allein hin- und her wenden musste. Sie war außerstande, mir zu helfen.

Im Vertiko neben ihrer Schlafstatt suchte ich nach frischer Bettwäsche. Doch ich fand nichts, kein Fetzchen Stoff, das mir von Nutzen hätte sein können. Nur Seidenpapier – wunderbares, weißes Seidenpapier. Ich trennte große Stücke davon ab und drehte und wendete die Frau, bis sie auf dem Seidenpapier lag. Ich verließ die Wohnung, doch als ich zwei Stunden später nach ihr sehen wollte, war sie gestorben.

[…] Ich war die Letzte, die sie lebend gesehen und versorgt hatte. Wie froh war ich, dass ich noch etwas für sie hatte tun können![4]

Manch einer sagt, die Berliner seien »ruppig«. Sie hätten »Herz mit Schnauze«, wissen andere. Als ich vor fünfundzwanzig Jahren in die Stadt kam, war ich oft schockiert von dem schroffen Umgangston und der schnoddrigen Art. Dass sich hinter diesem Wesenszug oft ein Augenzwinkern verbirgt, ging mir erst Jahre später auf. Noch viel später begriff ich, wie viel Angst, wie viel Schmerz, aber auch Schuld und Scham die Berliner hatten ertragen müssen.

So auch Hannelore Roscher. Sie war mit ihrer Familie 1939 aus einem kleinen, notdürftig hergerichteten Hotelzimmer in eine komplett eingerichtete, mit dicken Teppichen ausgelegte Wohnung gezogen. Keiner erklärte ihr den plötzlichen Wohlstand. Die Schränke hingen voller Kleider, die der Mutter zu weit und zu lang waren. Die Anzüge hingegen

3 Kurt Scheidler erzählte im Prenzlauer Berg Salon (zu Gast: »Ärzte«) bei Rohnstock Biografien am 12. November 2009.

4 Lotte Guse, *Allein die Stunde zählt*, Rohnstock Biografien, Berlin 2003, Privatauflage

waren dem Vater zu klein. Es war für das Kind unfassbar, was hier für ein Überfluss herrschte. Erst sehr viel später reimte sie sich zusammen, wie die Familie an die herrschaftliche Unterkunft gekommen war. Der Vater war Reichsbahnrat gewesen – und treue Volksgenossen konnten damals günstig beschlagnahmtes Eigentum aus jüdischem Besitz erwerben. Frau Roscher war zutiefst beschämt. Sie trug schwer an dem Vergehen ihrer Familie, wandte sich von der Welt ab, ging in ein Kloster. Nie zuvor hatte sie diesen Zusammenhang auszusprechen gewagt. Am Ende ihres Lebens musste sie von ihrer Schmach erzählen.[5]

An einer ähnlich schweren Last trägt der 1937 in Berlin geborene Wolfgang Schukowski:

Ich bin auch ohne Vater aufgewachsen. Er war im Zweiten Weltkrieg Signalmaat bei der Marine. Seit dem Sommer 1943 hörten wir nichts mehr von ihm. Es hieß, er sei verschollen. Die Behörden legten sein Todesdatum nachträglich auf den 31. Juli fest. Das war mein Geburtstag, der daraufhin nie wieder gefeiert wurde.

Meine Mutter musste jetzt drei hungrige Mäuler stopfen. Doch während meine Schwestern sich einigermaßen normal entwickelten, fiel der Groschen bei mir ziemlich spät. Ich tanzte immer wieder aus der Reihe. Bei den Jungs, die ich mir als Spielgefährten aussuchte, hatte ich kein glückliches Händchen. Ich geriet genau an die Sorte Kumpels, die vor allem Dämlichkeiten ausheckten. Ich war besonders geschickt und eifrig im Ausführen der waghalsigen Ideen anderer.

Wo heute das Kinderhaus steht, war früher eine Laubenkolonie. Ich kriegte ein paar Mal Dresche, weil ich Äpfel geklaut oder Mohrrüben gezogen hatte. Ganz in der Nähe stand ein gesprengter Bunker. Das Dach war heruntergebrochen, die Wände waren halb eingestürzt. Vor der Sprengung hatten sie die metallenen Belüftungskanäle ausgebaut und zum Abtransport vor dem Bunker abgelegt. Hier trugen wir mit den verfeindeten Cliquen der Nachbarschaft unsere privaten Schlachten aus – nach allen Regeln der Kriegskunst, wie wir sie aus der Wochenschau kannten. Da gab es Löcher im Kopf, geschwollene Augen und Schlimmeres.

Einmal suchte ein Junge der Gegenseite Deckung in einem gebogenen Metallrohr der Bunkerlüftung, das am anderen Ende durch ein Sieb verschlossen war – und saß in der Falle. Die selbst gegossenen Bleigeschosse aus unseren Katapulten pfiffen hinter ihm ins Rohr hinein. Als der Junge am nächsten Tag nicht in der Schule erschien, hatten manche von uns ein flaues Gefühl in der Magengegend. Doch der eigentliche Schock stand uns noch bevor: Unsere Geschosse hatten den Jungen so schwer verwundet, dass er an den Verletzungen gestorben war. Keiner von uns hatte den Mumm zuzugeben, wer die Schützen waren.[6]

Jeder Generation bleiben andere Ereignisse im Gedächtnis haften. Durch ihre spezifischen Grunderfahrungen unterscheiden sich die Jahrgangsgruppen voneinander. Die Kriegsgeneration ist geprägt von der Weltwirtschaftskrise, von Hitlers Machtergreifung und der »Reichskristallnacht«, vom Kriegsdienst und der Gefangenschaft. Ihre Kinder wiederum litten unter dem Verlust der Väter, den Folgen der Bombardierungen, dem Ausharren in Luftschutzkellern, unter Flucht, Vertreibung und Ablehnung, unter den Nachkriegswirren und dem Mauerbau.

Historiker haben das Elend und die Traumatisierungen in abstrakte Begriffe gepackt, Zusammenhänge hergestellt und Erklärungen geliefert. All jenen, die diese Zeit erlebten, helfen wissenschaftliche Analysen nur bedingt. Die Erfahrungen haben ihr Leben nachhaltig geprägt und verändert. Sie beschreiben nicht, sondern sagen »ich«, wenn sie sich erinnern. Sie sind das Subjekt der Geschichte, die Protagonisten ihrer Geschichten.

Erinnern und Erzählen sind nicht voneinander zu trennen. Und erzählen können die Alten wie die Weltmeister. Gerade die einfachen, bodenständigen Leute sind glänzende, freimütige Erzähler: die Handwerker und Sekretärinnen, die Müllmänner und Verkäu-

5 Hannelore Roscher, *Alles Vorhaben unter dem Himmel hat seine Stunde*, Rohnstock Biografien, Berlin 2002, Privatauflage

6 Wolfgang Schukowski, »Leben heißt Veränderung«, in: Lebenswelten, Humanistischer Verband Deutschlands und Rohnstock Biografien, Berlin 2012

ferinnen, die Hausfrauen und Eckensteher. Sie erzählen deftig, unverblümt und oft mit einem Schmunzeln, denn sie müssen nichts »hermachen«, wie meine Großmutter gesagt hätte. Sie erzählen, wie ihnen der Schnabel gewachsen ist, müssen keinen Normen oder Konventionen gerecht werden, die ihnen von Kindesbeinen an auferlegt wurden. Sie haben eine direkte Leitung zu dem, was ihnen auf der Seele brennt. Diese Unmittelbarkeit – Christa Wolf nannte sie »subjektive Authentizität« – ist es, die uns beim Hören ihrer Geschichten bewegt.

Darum müssen die alten Berliner erzählen! Um *ihre* Geschichte aufzuarbeiten, sie loszuwerden, sich von ihr zu befreien. Um sie weiterzugeben und so ein Stück Leben mit anderen zu teilen. Um einander besser kennen zu lernen und zu begreifen, dass sie nicht allein sind mit ihren Erlebnissen und Konflikten.

Das schafft zugleich Identifikationsmöglichkeiten. In einen Konflikt sind die Normen der Zeit eingeschrieben, und doch hat jeder Konflikt etwas Zeitloses, Archaisches. Bestimmte Muster und Verkettungen von Ereignissen lassen Geschichte(n) überdauern – über Grenzen und Zeiten hinweg. Diese Verschmelzung von Ich, Ort und Zeit ergibt die Autobiografie. Sie beschreibt, wie Goethe sagt, den Gang eines Menschen durch die Widrigkeiten der Zeit.

Von 1964 bis 1987 strahlte der RIAS wöchentlich die Hörspiel-Serie *Damals war's – Geschichten aus dem alten Berlin* aus. Als Kind durfte ich sie am Sonntagabend – kurz vor dem Zubettgehen – hören. Es ist schade, dass es diese Sendung nicht mehr gibt – auch wenn es sich bei den Beiträgen vor allem um Geschichten aus einer vermeintlich »idyllischen« Vorkriegszeit handelte. Immerhin könnte man mit ihnen Einheimischen und Zugezogenen immer wieder ins Gedächtnis rufen, was diese Stadt erlebt hat: »Damals war's – Geschichten aus den letzten hundert Jahren«. Wer neugierig und offen durch die Stadt geht, muss nicht lange nach diesen Geschichten suchen. Sie »lauern« an jeder Ecke. Etwa an der Bushaltestelle …

Ein bulgarischer Freund erzählte mir, dass er, als er vor vielen Jahren nach Berlin kam, versuchte, mit den Leuten ins Gespräch zu kommen, um Deutsch zu lernen. Doch mit wem sollte er sich radebrechend unterhalten? Keiner seiner Bekannten hatte Zeit. Als er an einer Haltestelle auf den Bus wartete, erklärte ihm unvermittelt eine alte Frau, dass genau hier die Mauer verlaufen wäre, zehn Meter weiter hätte West-Berlin angefangen. Gemeinsam mit ihr tauchte er in die Vergangenheit ein. Sie erzählte vom Schwarzmarkt und vom Schmuggel, von zugemauerten Fenstern und Szenen an den Grenzübergängen …

Fortan stand mein Bekannter regelmäßig an der Haltestelle, lange bevor der nächste Bus kam. Bereitwillig erzählten ihm die alte Frau, der alte Mann, die mit ihm warteten, was ringsherum geschehen war. So lernte er, indem er zuhörte, Deutsch. Zugleich bekam er ein Stück Berliner Identität mit auf den Weg.

Es gibt eine andere Fundgrube der deutschen und Berliner Geschichte: Die Alten- und Pflegeheime – und die geriatrischen Stationen der Krankenhäuser. Hier trifft man Menschen, die einem erzählen können, was in Berlin in den letzten hundert Jahren geschah. Ich sage dies aus Erfahrung: Seit einiger Zeit besuche ich jeden Montagvormittag die Station 113 des Vivantes-Klinikums im Prenzlauer Berg. Die Schwestern bringen acht bis zwölf Patienten der geriatrischen Station in den Gemeinschaftsraum. Hier erzählen sie, manch einer frisch operiert, oft mit Schmerzen – die sie jedoch meist vergessen, wenn sie mit dem Erzählen an der Reihe sind – Geschichten, dass sich die Bretter biegen. »Weihnachten in meiner Kindheit« stand kürzlich auf dem Programm. Nicht Geschenke, nicht den Tannenbaum oder die Weihnachtsgans beschwor das Gedächtnis herauf, sondern den Krieg und seine Folgen. Weihnachten in der Kriegs- und Nachkriegszeit – ein Thema mit Variationen über Mangel und Verlust.

Doch nicht allein in diesem Zusammenhang hat sich das gemeinsame Erinnern bewährt. Viel zu selten erhalten alte Menschen die Gelegenheiten, aus ihrem Leben zu erzählen. Oft fehlt ihnen – so banal das klingt – einfach ein zugewandtes Gegenüber, das ihnen Aufmerksamkeit schenkt oder einfach: zuhört. Kaum werden sie angesprochen und aufgefordert: »Erzähl doch mal!« Deshalb veranstalten wir Erzähl-Salons. Im Erzähl-Salon kommen Menschen zusammen, um aus ihrem Leben zu erzählen. Man sitzt in einem Kreis beieinander, und jeder trägt eine Geschichte zu einem Thema bei. Zum Beispiel: »Wie ich nach Berlin kam« oder »Meine letzten Tage in Berlin«. Zu diesen Themen können viele Menschen erzählen. Wenn die Salonniere darauf achtet, dass jeder zu Wort kommt, keiner unterbrochen wird und niemand abschweift, dann entsteht aus den sich gegenseitig spiegelnden Erzählungen in anderthalb bis zwei Stunden ein dichtes Geflecht – ein Stück Alltagsgeschichte.

Um dem Erzählbedürfnis vieler Menschen entgegenzukommen, haben wir einen Kurs entwickelt und bilden seit einigen Jahren Salonnieren aus. In Berlin könnte es in jedem Kiezladen oder Nachbarschaftszentrum einen solchen Salon geben. In jedem Kiez würden andere Geschichten zu hören sein. So könnte man über die Topografie der Stadt ihre Geschichte erzählen. Das würde, wie meinem bulgarischen Freund, den vielen neu hinzugezogenen Berlinern helfen, ein Stück Identität zu finden. Wer aufmerksam zuhört, der wird reichlich belohnt. Mit Erkenntnissen, die er niemals bekommen, mit einem Rat oder einer Bewältigungsstrategie, die er nie ersonnen hätte. Am Ende wird der Zuhörer auch ein Stück seiner selbst besser begreifen und erahnen, was es heißt, Anteil am Ganzen zu haben.

Will man die Berliner Geschichte der letzten hundert Jahre studieren, kann man sich in die großartigen Bibliotheken zurückziehen und die unterschiedlichsten Museen besuchen – oder auf die Menschen zugehen, ihnen in die Augen schauen und ihnen zuhören. Sie tragen die Stadt in sich, denn sie sind mit ihr verwachsen. In ihren Geschichten spiegelt sich die Geschichte Berlins. Besonders die Alten sind wandelnde Geschichtsbücher. Was sie erzählen, ist ein unwiederbringlicher Schatz. Wenn sie sterben, verschwinden ihre Geschichten. Es sei denn, sie haben sie uns Jüngeren erzählt – an der Bushaltestelle oder im Erzähl-Salon.

700 Berliner – 700 Statements zu Berlin

Tobias Nettke, Torsten Poschmann, Eva Westphal, Nicole Eichler, Robin Hemschrot, Jan Klinkel, Lena Liesenfeld, Lars Asmussen

Es sind die Bewohner, die einer Stadt ihr Gesicht verleihen. Sie machen den Charakter und den Charme von Berlin aus – sie sind »Berlinmacher«. Zum Anlass des Stadtgeburtstags zeigt das Stadtmuseum Berlin 775 Porträts von ihnen: 75 Bildnisse stellen historische Persönlichkeiten vor, die in Berlin gelebt und seine Geschichte geprägt haben. In Ergänzung dazu präsentiert die Ausstellung Fotografien und Statements von 700 Menschen, die heute in Berlin leben. In Zusammenarbeit mit dem Stadtmuseum Berlin haben Studierende der Museumskunde von der Hochschule für Technik und Wirtschaft (HTW) Berlin diese Berliner gesucht, porträtiert und sie nach einem Statement zu Berlin befragt. Die 43 Interviewer führten die Befragungen im November 2011 durch.

Der konzeptionelle Rahmen

»Berlin bin ick – frech, arm aber sexy!« ... so äußert sich Norbert (48) aus Friedrichshagen zur Frage, warum er Berlin mag. Menschen wie er sollten in einer Ausstellung über Berliner dabei sein – Menschen, die hier wohnen, arbeiten und sich mit Berlin identifizieren. Der Gedanke dahinter: Eine Stadt wird von den Menschen geprägt, die in ihr leben. Sie machen Berlin nicht bekannt, aber sie machen Berlin aus. In der Ausstellung werden die 700 Befragten mittels 700 Würfeln inszeniert. Die hohe Anzahl bringt die Vielfalt, Vielseitigkeit und zugleich Individualität der heutigen Berliner zum Ausdruck. Auf vier Seiten des Würfels befinden sich folgende Informationen:

- persönliche Angaben
- das kurze Statement der Befragten zu Berlin
- ein Kartenausschnitt mit dem Wohnort
- das fotografische Porträt oder eine Silhouette.

Die Ziele des Projekts

Die Erhebung der für die Ausstellung notwendigen Daten und Fotoaufnahmen erfolgte im Rahmen eines Seminars über Besucherforschung und Besucherdienste. Für die Studierenden bestanden Lernziele unter anderem darin,

- Erfahrungen bei der Kontaktaufnahme mit Probanden bei einer Befragung zu sammeln
- sich erfolgversprechende Strategien bei der Akquise von Teilnehmenden an der Befragung zu erarbeiten
- an einem Teilbereich eines Ausstellungsprojekts mitzuwirken, von dem sie individuell als auch als Gruppe profitieren können.

Im Vorfeld waren die methodischen Anforderungen besprochen worden. Dabei zeigte sich, dass eine repräsentative Erhebung in der vorgegeben Zeit und mit den vorhandenen Mitteln nicht durchführbar war. Die Berücksichtigung der demografischen Verteilung von Berliner Bürgern etwa nach Alter, Geschlecht, Migrationshintergrund usw. stand somit nicht im Fokus.

Die Entscheidung des Ausstellungsteams fiel daher auf eine eher zufällige Auswahl von Vertretern aus der Bevölkerung. Menschen, die jeder aus seiner Nachbarschaft kennen könnte. Damit wird die Auswahl der Befragten zwar nicht statistisch relevant, aber – was für ein Ausstellungsprojekt bedeutsamer ist – authentisch. Um bei allem pragmatischen Vorgehen in der Ausstellung dennoch ein Spektrum an Berlinern präsentieren zu können, suchten die Studierenden Probanden,

- die aus möglichst unterschiedlichen Stadtteilen kamen, auch aus den weniger besiedelten Stadtteilen am Stadtrand Berlins und dort tagsüber anzutreffen waren
- die sich auch bei der November-Kälte und dem verbreiteten Zeitmangel ansprechen ließen
- die grundsätzlich bereit waren, persönliche Angaben und ein Porträtfoto für die Ausstellung zur Verfügung zu stellen.

Die museumskundliche Sicht

Trotz der Herausforderungen, die sich bei der Suche ergaben, gelang es den Bachelor-Studierenden dank ihres Engagements, 700 Berliner für die Teilnahme an der Befragung zu überzeugen. In einem Seminar des Masterstudiengangs Museumsmanagement & -kommunikation der HTW wurde das Konzept der Befragung und der Ausstellung auch unter dem Gesichtspunkt der Partizipation diskutiert. Die Einbeziehung der Bevölkerung in die Ausstellungskonzeption bringt demnach aus zwei wesentlichen Gründen einen Zugewinn:

- Historische Ausstellungen, die den Bezug zu heute, zur Lebenswelt des Publikums deutlich herstellen, gewinnen an Wert. Sie können durch den Lebensweltbezug beim Publikum Interesse wecken und bleiben bei vielen Besuchern in Erinnerung.
- Zeitgemäße Museen arbeiten nicht nur besucherorientiert, als öffentliche Einrichtungen in einer demokratischen Gesellschaft suchen sie auch neue Wege, sich zu öffnen. Es kommt verstärkt zu Vernetzungen mit anderen Einrichtungen. Befragungen des Publikums werden häufiger genutzt, aber auch die Partizipation von Teilen der Bevölkerung an Prozessen der Ausstellungsplanung und -umsetzung sind zunehmend anzutreffen.

Exkurs: Museen öffnen sich

Immer mehr Museen nähern sich dem Thema Partizipation zur Besuchergewinnung und -bindung an, z. B. durch Fotowettbewerbe, offene Diskussionsrunden mit Experten oder Foren im Internet. Hierbei gibt es verschiedene Stufen der Beteiligung durch die Bevölkerung. Die Partizipationsstufen beschreiben den Grad und die Form der Teilhabe der Öffentlichkeit im Planungsprozess eines Projekts einer Institution. Nach Cornelia Ehmayer (*Kulturvermittlung und Partizipation.*

Bewertung von fünf Kulturvermittlungsprojekten unter dem Aspekt der Partizipation, Wien 2002, S. 43.) gibt es in der Kulturvermittlung fünf solcher Stufen. Der Grad der Teilhabe der Partizipierenden an einem Projekt steigt entsprechend der Auflistung:

1. Aktivierung oder Information der Öffentlichkeit
2. Einflussnahme, Mitreden, Mitwirkung
3. Mitbestimmung
4. Mitgestaltung, Mitentscheidung
5. Selbstgestaltung oder Eigenständigkeit.

Eine klare Abgrenzung dieser Stufen ist nicht immer möglich, auch ihre Intensitäten sind unterschiedlich. Bei Projekten mit partizipativem Ansatz, beispielsweise bei einer Ausstellungsplanung, können mehrere Stufen in verschiedenen Phasen der Planung durchlaufen werden. Die Einflussnahme der Öffentlichkeit auf das Projekt hängt immer davon ab, wie viel die jeweilige Institution zulassen möchte und welche Partizipationsmethoden sie verwendet.

Einzugliedern wären die partizipativen Ansätze des Stadtmuseums Berlin für die Ausstellung »BERLIN*macher*« bei einer »Mitwirkung« von Teilen der Berliner Bevölkerung. Die Studierenden der HTW Berlin kann man mehr als aktive Partner in der »Mitwirkung« und »Mitgestaltung« eines Teils der Ausstellung betrachten, wobei der Prozess vom Museum kontrolliert wurde. Partizipation stellt einen Entwicklungsprozess dar. Das Stadtmuseum Berlin hat sich mit diesem Projekt den Herausforderungen und Möglichkeiten der Partizipation gestellt.

Erfahrungsbericht der Studierenden

Wir Studierenden hatten Anfang November ein Einführungsseminar, in dem uns vermittelt wurde, wie man im Rahmen einer Befragung auf Menschen zugeht und in welcher Reihenfolge die Fragen am besten gestellt werden könnten. Danach galt es, sich in der Gruppe selbst zu organisieren – Postleitzahlen der entsprechenden Stadtteile wurden herausgesucht, die Umgebung wurde vorab via Internet erforscht, und dann einigten wir uns, wo genau und wann wir die Befragung durchführen wollten. Da alle im Zweier- oder Dreier-Team unterwegs waren, hatten sich die Studierenden meist noch darauf geeinigt, ihre Aufgaben zu verteilen: eine(r) machte die Befragung, die/der andere das Foto.

In der Praxis zeigte sich dann, dass die Überzeugung der Berliner Passanten zur Teilnahme an der Ausstellung mit einigem Aufwand verbunden war. Die Reaktionen auf die Befrager waren sehr unterschiedlich. Natürlich hatten viele Passanten keine Zeit und kein Interesse. Das kalte, wenn auch teils sonnige Wetter im November lud wenige zum Anhalten ein. Aufgrund des roten Umhängebands des Stadtmuseums Berlin und des Klemmbretts mit den Fragebögen wurden wir wohl auch häufiger mit Spendensammlern verwechselt, denen man in Berlin oft begegnet. Das führte dazu, dass einige Teams dazu übergingen, Umhängeband und Klemmbrett eher bedeckt zu halten. Grundsätzlich machten fast alle Studierenden die Erfahrung, dass es für eine erfolgreiche Befragung meist darauf ankam, die Fragen und ihre Reihenfolge an den jeweiligen Gesprächspartner anzupassen.

Trotz einiger Schwierigkeiten bei der Suche nach Teilnehmern machten die Studierenden aber auch gegenteilige Erfahrungen. Unter den 700 Teilnehmenden gab es sogar einige, die die Befragung aktiv unterstützten. So hatte z. B. eine Frau in Konradshöhe, nachdem sie befragt worden war, selbst andere Passanten angesprochen und sie überredet, bei der Umfrage mitzumachen. Und als eine Gruppe Studierender das Stadtteilzentrum Fennpfuhl besuchte, wurde sie von dessen Mitarbeitern zu einem weiteren Besuch eingeladen, zu dem man dann potenzielle Teilnehmer des Stadtteils versammeln wollte. Die Erfahrungen auf der Suche nach Teilnehmern spiegeln sich in der Ausstellung im Spektrum der Statements wider, das erwartungsgemäß von starker Ablehnung der Befragung (und zugleich Nicht-Teilnahme) bis hin zur Befürwortung und Unterstützung der Befragung reicht. Während die einen sich nicht als Berliner fühlen (»Es gibt Gründe, warum ich hierher gezogen bin.«), hatten andere Spaß an der Befragung und freuen sich auf die Ausstellung, wo sie sich dann selbst »suchen und hoffentlich auch finden« wollen.

Ergebnisse I: Die Teilnehmer

Von den 700 Berlinern, die das Ausstellungsprojekt unterstützten, stimmten 564 Personen (81%) auch der Anfertigung und Verwendung eines Porträts zu. 386 Berliner gaben auch ihre E-Mail Adresse an, so dass Sie zum Begleitprogramm der Sonderausstellung eine Einladung zugeschickt bekommen konnten.

52 % Frauen und 48% Männer unterstützen die Erhebung, sie leben in 76 von 95 Stadtteilen. Somit konnten in 19 Stadtteilen der Stadtrandgebiete (20 %) trotz vieler Versuche keine Teilnehmenden gewonnen werden. Die Stadtteile, aus denen die meisten Teilnehmenden kamen, waren Spandau, Mitte und Neukölln. Unter den 700 teilnehmenden Berlinern wurde die Altersgruppe der 20- bis 29-Jährigen besonders stark angesprochen (31 %). Hier besteht ein Zusammenhang mit dem Alter der meisten Studierenden. Minderjährige wurden nicht in die Befragung einbezogen. (Diese machen statistisch einen Anteil von 14,5 % der Bevölkerung aus.) Ansonsten nimmt der Anteil der Befragten nach Alter von 18 % bei den 30- bis 39-Jährigen bis zu den 60- bis 69-Jährigen (8 %) und den über 70-Jährigen (6 %) stetig ab.

Der Anteil von Menschen, die aus Berlin stammen, ist mit 47 % am größten, gefolgt von 40 %, die aus anderen Orten Deutschlands nach Berlin kamen. 6 % stammen aus dem

EU-Ausland, 7 % aus sonstigen Ländern. Im Vergleich: Das Amt für Statistik Berlin-Brandenburg erhob für 2010 einen Ausländeranteil von 13 % bei einer Gesamteinwohnerzahl von 3 461 000. Der Anteil der Bürger aus der EU lag bei 4 % und der Anteil weiterer Ausländer bei 9 %.

Ergebnisse II: Die Antworten

Die Statements der Befragten zeigen ein breites Spektrum von Antworten. Die Bewohner von Berlin mögen ihre Stadt aus unterschiedlichen Gründen. Bei der Durchsicht der gesammelten Daten kristallisierten sich jedoch fünf Motive heraus, die in verschiedenen Facetten immer wieder auftauchten: die Themenfelder Freiheit, Heimat, Großstadt, Kultur und Natur.

Für die Analyse der Verteilung dieser Motive in der Gesamtheit der Statements mussten die Begriffe operationalisiert werden. Zu jedem Thema wurde eine Gruppe von Schlagworten gebildet, deren Häufigkeiten in den Texten gezählt wurden. Folgende Begriffsfelder sind den fünf Motiven zugeordnet.

- Heimat: Zuhause, »Meine Stadt«, Geburtsort, Familie, Freunde, Arbeitsplatz, (Kindheits-)Erinnerungen etc.
- Freiheit: Vielfalt, Toleranz, Miteinander, Entfaltungsmöglichkeiten, Unterschiede, Multi-Kulti, Selbstbestimmung, Chancen etc.
- Kultur: Kulturlandschaft, Kunst, Kreativität, Museen, Kino, Theater, Musik, Nachtleben, Party, Subkultur etc.
- Großstadt: Hauptstadt, lebendig, Veränderung, Angebote, Abwechselung, Geschwindigkeit, Konkurrenz, »Etwas los« etc.
- Natur: Grün, Wasser, Parks, Seen, Umland, Wald etc.

Legt man diesen Katalog an die Umfrageergebnisse an, ergibt sich folgendes Bild:

1. Freiheit = 253
2. Heimat = 167
3. Großstadt = 155
4. Kultur = 122
5. Natur = 95

Fazit

Berlin ist eine Stadt mit vielen Problemen. Die sozialen Gegensätze sind ausgeprägt, die Armut von Kindern und Alten ist größer als im Bundesdurchschnitt, die Arbeitslosenquote ist hoch. Nichtsdestotrotz – die Berliner mögen ihre Stadt. Sie leben gerne hier.

Ein Gang durch die Ausstellung zeigt, dass materielle Gründe dafür von nachgeordneter Bedeutung sind. Die Bewohner von Berlin schätzen an ihrem Wohnort vor allem die Freiheit, sich entfalten und selbstbestimmt leben zu können. Die Vielfalt von unterschiedlichen Lebensentwürfen und das Miteinander der verschiedenen Kulturen werden als eine Bereicherung empfunden. Dem Einzelnen wird seine Individualität zugesprochen. Das Gefühl, einer Gemeinschaft anzugehören, wird von der Heterogenität der Berliner nicht beeinträchtigt. 700 Berliner, die der Stadt und der Ausstellung ihr Gesicht geben, kamen durch das Projekt zu Wort: Für sie sind Offenheit und Freiheit wertvolles Kapital der Stadt Berlin.

Der besondere Dank und unsere Anerkennung gelten allen, die die Befragung unterstützt haben! Damit wurde dieser Teil der Ausstellung erst ermöglicht und in anschaulicher Weise der Bezug zu heutigen Berlinern hergestellt.

Das Studierenden-Team der HTW Berlin hinter den Angaben auf den 700 Würfeln

- aus dem Bachelor-Studiengang »Museumskunde«:
  Sara Aubron, Judit Behlert, Maria Bindel, Jonas Borowski, Sarah Day, Laura Diekmann, Jana Duddeck, Nicole Eichler, Anne Ewert, Tianyi Fan, Alexandra Flindris, S. F., Antonia Gäbler, Franziska Grigoleit, Robin Hemschrot, Meike Herdes, Uwe Hiltwein, Anika Janke, Kathleen Kemmler, Matthias Kirchner, Jan Klinkel, Alice Kopp, Sophia Krause, Lena Liesenfeld, Laura Maturana Heinz, Marie Meyer, Johannes Moser, Anika Niemeck, Stefanie Paß, Isabel Posselt, Jacqueline Reich, Anna Rosemann, Clara Sachs, Katrina Schmitz-Roeckerath, Linda Schöneberg, Régnier Siemund, Antonia Teweleit, Fanny Ulbrich, Tobias Vielmetter, Jenny Witt, Sarah Wohlschieß, Nina Zellerhoff
- aus dem Master-Studiengang »Museumsmanagement & -kommunikation«:
  Stefanie Kinsky, Sarah Kraschewski, Torsten Poschmann, Lisa Schultze, Eva Westphal.

Honig

umschalten

Taschenbücher
service

Ausstellung im Rahmen des Gesamtprojektes »775 Jahre Berlin«
Realisierung aus Mitteln der Stiftung Deutsche Klassenlotterie Berlin

Stiftung Stadtmuseum Berlin | Ephraim-Palais, 18. April bis 28. Oktober 2012

775 Jahre Berlin

Generaldirektorin
Dr. Franziska Nentwig

Wissenschaftlicher Beirat
Bodo-Michael Baumunk
Prof. Dr. Wolfgang Kaschuba
Sven Felix Kellerhoff
Dr. Andreas Ludwig
Prof. Dr. Tobias Nettke

Konzept
Prof. Dr. Dominik Bartmann
Dr. Tobias Böhm
Annette Bossmann
Sandra Delitz
Karin Dömsky
Anne Franzkowiak
Dr. Nele Güntheroth
Ines Hahn
Albrecht Henkys
Bettina Machner
Dr. Jan Mende
Thomas Meter
Bärbel Reißmann
Constanze Schröder
Peter Schwirkmann
Andreas Teltow
Heike-Katrin Remus
Angelika Ret
Ines Wenzel
Uwe Winkler

Lektorat der Biografien
Evelyn Dedio

Projektleitung
Prof. Dr. Dominik Bartmann

Organisation
Annette Bossmann
Sandra Delitz

Mitarbeit
Svenja Kauer

Leihverkehr
Dagmar Klische

Konservatorische Betreuung
Albrecht Henkys

Restaurierung
Karla Collmar
Christina Dill-Friedrich
Rolf Herzberg
Felicitas Klein
Katharina Plate
Ines Quitsch
Manfred Sährig

Ausstellungsgestaltung
Thomas Meter
Ines Wenzel

Umsetzung
Heike Adner
Druckerei Kuss GmbH
Gösta Gablick
Marianne Graetz
Jörg Hiecke
Stefan Petri
Eckard Ret
Lutz Simon
Klaus Vogel

Statik
Ingenieurbüro Rüdiger Jockwer

Medienstationen
Peter Schnappauf

Medienquellen
Deutsche Kinemathek – Museum für Film und Fernsehen
film & kunst / Edition filmmuseum
Hessischer Rundfunk
Margot Lincke-Madersbacher
Progress Film-Verleih
rbb Fernsehen
Reverse Angle
Eva Riehl
Stiftung Deutsches Rundfunkarchiv
Stiftung Stadtmuseum Berlin
Studio Hamburg Distribution & Marketing
SWR Media Services

Projekt »700 Berliner«
Tobias Nettke und Studierende
der Hochschule für Technik
und Wirtschaft Berlin

Veranstaltungsprogramm
Dr. Tobias Böhm
Dr. Claudia Gemmeke
Dr. Nele Güntheroth
Jan Schad

Veranstaltungsmanagement
Dr. Claudia Gemmeke
Jeanette Haße
Jana Kofahl

Museumspädagogisches Programm
Constanze Schröder

Marketing
Marcus Geschke
Julia Mitrach

Presse
Judith Kuhn
Anja Schulze

Dank für Unterstützung an
Dussmann Das KulturKaufhaus
Hessischer Rundfunk
Kulturprojekte Berlin
rbb Fernsehen
Senatsverwaltung für Stadtentwicklung und Umwelt, Berlin – Geoinformation
Stiftung Deutsche Klassenlotterie Berlin
Stiftung Deutsches Rundfunkarchiv

Förderer
STIFTUNG LOTTO
DEUTSCHE KLASSENLOTTERIE BERLIN

Medienpartner
rbb FERNSEHEN
zitty BERLIN

Kooperationspartner
htw. Hochschule für Technik und Wirtschaft Berlin
University of Applied Sciences
DRA Deutsches Rundfunkarchiv
Wall
NIKOLAI VIERTEL 1237

Leihgeber

Architekturmuseum, Technische Universität Berlin
Archiv zur Geschichte der Max-Planck-Gesellschaft, Berlin-Dahlem
Axel Springer Verlag AG, Unternehmensarchiv
Berliner Medizinhistorisches Museum der Charité
Berliner Spielleute Verein e.V.
Berufsausbildungszentrum Lette-Verein
Bezirksamt Mitte von Berlin, Tiefbau- und Landschaftsplanungsamt
Felix Blankenstein
Brandenburgisches Landeshauptarchiv
Harald Bretschneider
Bundesarchiv
Charité, Centrum für Human- und Geisteswissenschaften
Churchill Archives Centre, Cambridge
Der Polizeipräsident von Berlin, Polizeihistorische Sammlung
Deutsche Kinemathek – Museum für Film und Fernsehen
Deutsches Historisches Museum
Deutsches Hygiene-Museum Dresden
Deutsches Technikmuseum Berlin
Deutsches Theater, Archiv
Deutschlandradio
Domstift Brandenburg, Domarchiv
Evangelische Kirche Berlin-Brandenburg-schlesische Oberlausitz
Evangelischen Kirchengemeinde St. Petri-St. Marien
Feuerwehrmuseum Berlin
Beatrix Forck
Freie Universität Berlin, Bibliothek am Botanischen Garten und Botanischen Museum
Freie Universität Berlin, Hahn-Meitner-Bau
Freie Universität Berlin, Universitätsarchiv, APO-Archiv
Freie Universität Berlin, Universitätsarchiv, Plakatsammlung
Frisörmuseum Hans Zopf Eckernförde
Fuhrunternehmen Gustav Schöne
Geheimes Staatsarchiv – Preußischer Kulturbesitz
Georg- Kolbe-Museum
Alfred Gilka-Bötzow
Michael Gwisdek
Sarah Haffner
Uwe Hassbecker
Humboldt-Universität, Universitätsbibliothek
Institut für Geschichte der Medizin
Karin Jentsch (Familien-Archiv Bouché)
Jüdisches Museum Berlin
Inge Kundel-Saro
Kunstbesitz der Universität Leipzig
Landesarchiv Berlin
Gert Lehnhardt
Petra Louis
Magnus-Hirschfeld-Gesellschaft e. V.
Corbinian Matuschek
Museum für Kommunikation Frankfurt am Main
Museumsstiftung Post und Telekommunikation
Neue Synagoge Berlin – Centrum Judaicum
OSTKREUZ Agentur der Fotografen
Oliver Pretzel
Privatarchiv Hildebrandt
Robert-Havemann-Gesellschaft e. V.
Traudl Rosenthal
Sächsische Landesbibliothek – Staats- und Universitätsbibliothek Dresden
Sammlungen des Berlinischen Gymnasiums zum Grauen Kloster (Streitsche Stiftung)
Sammlung Hildegard Knef
Sammlung Paul Kohner Agency
Gernot Schaulinski
Schwules Museum
Staatliche Museen zu Berlin – Preußischer Kulturbesitz, Museum für Vor- und Frühgeschichte
Staatsarchiv der Freien und Hansestadt Hamburg
Staatsbibliothek zu Berlin – Preußischer Kulturbesitz
Staatsbibliothek zu Berlin – Preußischer Kulturbesitz, Musikabteilung mit Mendelssohn-Archiv
Stadt- und Pfarrkirche St. Marien, Lutherstadt Wittenberg
Andreas Teltow
Dr. Christiane Theobald / Staatsballett Berlin
Tierpark Berlin, Archiv
ullstein bild
Ungenannter Privatbesitz
Klaus Vogel
Willi Wedig
Württembergische Landesbibliothek Stuttgart
Zentral- und Landesbibliothek Berlin

www.stadtmuseum.de
www.facebook.com/Berlinmacher

Katalog

Herausgeber
Stiftung Stadtmuseum Berlin
Franziska Nentwig und Dominik Bartmann

Lektorat der Biografien
Bodo-Michael Baumunk

Autoren
Petra Kabus
Wolfgang Kaschuba
Tobias Nettke
Karin Rohnstock
Gernot Schaulinski
Michael Zürn
u. a.

Gestaltung
Susanne Bax

Projektorganisation im Kerber Verlag
Martina Kupiak

Reproduktionsfotografie
Hans-Joachim Bartsch
Friedhelm Hoffmann
Clemens Kirchner
Christel Lehmann
Jürgen M. Pietsch
Michael Setzpfandt
Beate Wätzel
Marion Wenzel
Jens Ziehe

Bildnachweis
bpk Bildagentur für Kunst, Kultur und Geschichte
(Wilhelm Hensel, Fanny Hensel mit ihrem Sohn Sebastian)
Kustodie der Universität Leipzig
(Anton Graff, Moses Mendelssohn)
bzw. Eigentümer / Leihgeber

Gesamtherstellung und Vertrieb
Kerber Verlag, Bielefeld
Windelsbleicher Str. 166–170
33659 Bielefeld
Germany
Tel. +49 (0) 5 21/9 50 08-10
Fax +49 (0) 5 21/9 50 08-88
info@kerberverlag.com
www.kerberverlag.com

Kerber, US Distribution
D.A.P., Distributed Art Publishers, Inc.
155 Sixth Avenue, 2nd Floor
New York, NY 10013
Tel. +1 (212) 627-1999
Fax +1 (212) 627-9484

KERBER-Publikationen werden weltweit in führenden Buchhandlungen und Museumsshops angeboten (Vertrieb in Europa, Asien, Nord- und Südamerika).

Die Deutsche Nationalbibliothek verzeichnet diese Publikation in der Deutschen Nationalbibliografie; detaillierte bibliografische Daten sind im Internet über http://dnb.d-nb.de abrufbar.

ISBN 978-3-86678-665-3

www.kerberverlag.com

Printed in Germany